Wilfried Koch

Professionelles Programmieren von Anfang an

mit Free Pascal und der freien Entwicklungsumgebung Lazarus

Teil 1

In der Reihe „Informatik ganz einfach" (Herausgeber Prof. Dr.-Ing. Wilfried Koch, Hochschule Ravensburg-Weingarten) sind bisher folgende Bücher erschienen:

Band 1   *C++Builder Rezeptbuch – Teil 1*

Band 4   *C++Builder Rezeptbuch – Teil 2*

In der selben Reihe sind für die nächste Zeit folgende Neuerscheinungen geplant:

Band 2   *Multimediaprogrammierung leicht gemacht – Teil 1 Video*

Band 5   *Multimediaprogrammierung leicht gemacht – Teil 2 Audio*

Band 6   *Professionelles Programmieren*
            von Anfang an - Teil 2

Um den Zugangscode für die Serviceseiten dieses Buches zu erhalten Senden Sie bitte eine Kopie Ihres Kaufbelegs an okomedien@gmx.de.

Wilfried Koch

Professionelles Programmieren von Anfang an

mit Free Pascal und der freien Entwicklungsumgebung Lazarus

Ein praxisnahes Lehrbuch für Ein- und Umsteiger

Teil 1

**Pascal
Entwicklungsumgebung Lazarus
Grundlagen der
objektorientierten Programmierung
Einfache Grafikanwendungen**

Reihe „Informatik ganz einfach"

Band 3

Obwohl sämtliche in diesem Buch enthaltenen Darstellungen, Verfahren und Informationen nach bestem Wissen zusammengestellt und mit Sorgfalt getestet wurden, sind Fehler nicht vollständig auszuschließen. Deshalb sind die in diesem Buch enthaltenen Informationen mit keiner Garantie oder Verpflichtung verbunden. Autor und Verlag übernehmen deshalb keinerlei Verantwortung und werden deshalb keine daraus folgende oder sonstige Haftung für Schäden übernehmen, die auf beliebige Art aus der Benutzung dieses Buchs oder Teilen davon entsteht.

In gleicher Weise übernehmen Verlag und Autor keine Gewähr dafür, dass die beschriebenen Verfahren frei von Schutzrechten Dritter sind. Die Wiedergabe von Warenbezeichnungen, Gebrauchsnamen, Markennamen usw. in diesem Buch berechtigt deshalb auch ohne besondere Kennzeichnung nicht dazu, dass solche Namen im Sinne der Warenzeichen- und Markenschutz-Gesetzgebung als frei zu betrachten wären und daher von jedermann in beliebiger Weise benutzt werden dürften.

Die Deutsche Bibliothek – CIP Einheitsaufnahme

Ein Titelsatz für diese Publikation ist bei der
Deutschen Bibliothek erhältlich.

© 2016 Wilfried Koch

Herstellung: Books on Demand GmbH, Norderstedt

Verlag: Oberkochener Medienverlag, Oberkochen

Printed in Germany

ISBN 978-3-945899-01-4

Die URLs zum Buch:

www.informatik-ganz-einfach.de

www.okomedien.de/buecher/informatik-ganz-einfach/laz1

Inhaltsverzeichnis (Schnellübersicht)

1. Hintergrund und Anwendung dieses Buches...17

2. „Hallo Welt" - Ihr erstes Programm..23

3. Von Typen, Variablen, Bezeichnern, Operatoren und ähnlichem – der Weg zu Ihrem ersten wirklich nützlichen Programm..50

4. So kommt die Logik in Ihr Programm – Logisches, Boolesches und Relationales.....85

5. Damit Ihre Arbeit einfacher wird: Standardprozeduren und -funktionen...................96

6. Es geht nicht immer nur geradeaus - Steuerstrukturen...116

7. Ihr Programm braucht Umgebungskontakt - Daten-Ein- und Ausgabe, Speichern von Texten..162

8. Programmieren mit Bausteinen – Prozeduren, Funktionen und Units.....................181

9. Die Bedienoberfläche „verkauft" Ihr Programm – erste Schritte in Richtung grafische Bedienoberflächen..221

10. Die liebe Verwandtschaft – Datenfelder (arrays)......................................253

11. Noch mehr Typen – Zähltypen, Teilbereichstypen und Mengen...........................275

12. Record-Verdächtiges – Arbeiten mit komplexen Datenstrukturen..........................290

13. Sie wissen nicht was noch kommt – Dynamische Daten...303

14. Am Ende ist nicht alles vorbei – Einfache Persistenzlösungen...............................330

15. Die Welt besteht aus Klassen und Objekten – Grundlagen der objektorientierten Programmierung..342

16. Ein Bild sagt mehr als 1000 Worte – Einfache Grafikprogrammierung.................361

17. Geben Sie es der Grafik zurück – Interaktive Grafikprogrammierung...................401

18. Denn was man schwarz auf weiß besitzt.... – Arbeiten mit dem Drucker..............425

Inhaltsverzeichnis

1. Hintergrund und Anwendung dieses Buches...17

   1.1. Zielsetzung...17

   1.2. Programmieren – worum geht es dabei überhaupt?........................17

      1.2.1. Programmiersprachen...17

      1.2.2. Syntax und Semantik...18

      1.2.3. Vom Compiler zur Integrierten Entwicklungsumgebung.........19

   1.3. Pascal – Ein kurzer historischer Überblick....................................20

      1.3.1. Der Anfang...20

      1.3.2. Wichtige Implementationen...20

      1.3.3. Free Pascal und Lazarus..20

   1.4. Didaktische Ausrichtung..21

   1.5. Wenn Sie nicht Seite für Seite vorwärts arbeiten wollen...............22

2. „Hallo Welt" - Ihr erstes Programm...23

   2.1. Aufgabe: Erstellen Sie eine (Konsol-) Anwendung........................23

   2.2. Der Beitrag von Pascal..23

      2.2.1. Aufbau eines Programms...23

      2.2.2. Syntaxdiagramme (Fahrdiagramme)..25

      2.2.3. Darstellung von Texten..27

      2.2.4. Ausgabeanweisung..27

      2.2.5. Elementare Eingabeanweisung..28

   2.3. So nützen Sie Lazarus..29

      2.3.1. Ohne Installation geht gar nichts..30

      2.3.2. Start der IEU von Lazarus...39

      2.3.3. Die Bedienoberfläche (Standardeinstellung)............................39

      2.3.4. Auswahl einer Programmschablone..41

      2.3.5. Ergänzung des Programmrahmens mit dem Quelltexteditor......42

      2.3.6. Speichern und Laden von Dateien und Projekten.....................45

      2.3.7. Übersetzen Sie Ihr Projekt..46

   2.4. Lösung..47

      2.4.1. So erstellen Sie Ihr Programm..47

      2.4.2. Kommentare...48

   2.5. Übungsaufgaben zu Kapitel 2...49

      2.5.1. Änderung des Ausgabetextes..49

2.5.2. Langer Ausgabetext...49
2.6. Lösungen zu den Übungsaufgaben zu Kapitel 2................................49
2.6.1. Lösung Änderung des Ausgabetextes......................................49
2.6.2. Lösung Langer Ausgabetext...49
3. Von Typen, Variablen, Bezeichnern, Operatoren und ähnlichem – der Weg zu Ihrem
ersten wirklich nützlichen Programm...50
3.1. Aufgabe: Elementares Rechnen mit ganzen Zahlen...........................50
3.1.1. Aufgabenstellung: Ermittlung von Polynomwerten.....................50
3.1.2. Der Beitrag von Pascal...51
3.1.3. Lösung...65
3.2. Aufgabe: Elementares Rechnen mit Gleitkommazahlen.......................66
3.2.1. Aufgabenstellung: Ermittlung von Polynomwerten.....................66
3.2.2. Der Beitrag von Pascal...66
3.2.3. Lösung...74
3.2.4. Weitere Aufgaben...75
3.3. Aufgabe: Elementare Textverarbeitung.......................................80
3.3.1. Aufgabenstellung...80
3.3.2. Der Beitrag von Pascal...80
3.3.3. Der Beitrag von Lazarus...81
3.3.4. Lösung...83
4. So kommt die Logik in Ihr Programm – Logisches, Boolesches und Relationales.....85
4.1. Aufgabenstellung..85
4.1.1. Schloss und Schlüssel (Umgang mit Bitmustern)........................85
4.1.2. Boolesche Algebra...85
4.1.3. Vergleiche von ganzen Zahlen, Gleitkommazahlen und Texten.........85
4.2. Der Beitrag von Pascal..86
4.2.1. Logische Operatoren und Ausdrücke.......................................86
4.2.2. Der Datentyp boolean, Boolesche Operatoren und Ausdrücke..........88
4.2.3. Relationale Operatoren und Ausdrücke....................................89
4.3. Lösungen..90
4.3.1. Schloss und Schlüssel..90
4.3.2. DeMorgansche Regeln...91
4.3.3. Hilfe mein Computer rechnet verkehrt – Relationale Ausdrücke,
Informationsdarstellung und andere Feinheiten................................93
5. Damit Ihre Arbeit einfacher wird: Standardprozeduren und -funktionen...............96

5.1. Aufgabenstellung..96
    5.1.1. Verschiedenes aus Mathematik und Physik..............................96
    5.1.2. Ermittlung der numerischen Codierung von Textzeichen...............97
    5.1.3. Handhabung von Zeichenketten...97
    5.1.4. Verzeichnis- und Dateibehandlung.......................................98
    5.1.5. Datums- und Zeitbehandlung..98
5.2. Der Beitrag von Pascal..98
    5.2.1. Units der Laufzeitbibliothek (Paket RTL)................................99
    5.2.2. Mathematik...102
    5.2.3. Behandlung von Textketten..106
    5.2.4. Dateibehandlung...107
    5.2.5. Zeit- und Datumsangaben..108
    5.2.6. Automatische Typenkonvertierung.......................................109
5.3. Lösungen...109
    5.3.1. Verschiedenes aus Mathematik und Physik.............................109
    5.3.2. Ermittlung der numerischen Codierung von Textzeichen...............111
    5.3.3. Handhabung von Zeichenketten..111
    5.3.4. Aufgaben zur Verzeichnis- und Dateibehandlung.......................113
    5.3.5. Datums- und Zeitbehandlung..114
6. Es geht nicht immer nur geradeaus - Steuerstrukturen.............................116
6.1. Einfache Fallunterscheidung..117
    6.1.1. Aufgabe: Werte einer abschnittsweise definierten Funktion berechnen......117
    6.1.2. Beitrag von Pascal: Bedingte Anweisungen (Verzweigungen)..............118
    6.1.3. Der Beitrag von Lazarus - Syntaxsensitiver Editor....................123
    6.1.4. Der Beitrag von Lazarus – Debugger zum Ersten.......................125
    6.1.5. Lösung..130
    6.1.6. Weitere Aufgaben..131
6.2. Mehrfachverzweigungen..133
    6.2.1. Aufgabe: Gewinnhöhe in Abhängigkeit von der Losnummer ermitteln......133
    6.2.2. Aufgabe: Erstellung eines Rechentrainers.............................134
    6.2.3. Der Beitrag von Pascal...134
    6.2.4. Der Beitrag von Lazarus – Debuggen von Mehrfachverzweigungen......136
    6.2.5. Lösungen...138
6.3. Wiederholte Ausführung von Anweisungen...143
    6.3.1. Aufgaben zur wiederholten Ausführung von Anweisungen................143
    6.3.2. Der Beitrag von Pascal - Wiederholte Ausführung von Operationen

(Schleifenbildung)..144
6.3.3. Der Beitrag von Lazarus – Eingabehilfen des Editors.................152
6.3.4. Der Beitrag von Lazarus – Debuggen von Schleifen..................153
6.3.5. Lösungen..154
6.4. Sonstige Möglichkeiten der Programmsteuerung...........................157
6.4.1. Aufgaben, die besondere Steuerkonstrukte einsetzen................157
6.4.2. Der Beitrag von Pascal - Sonstige Möglichkeiten der Programmsteuerung
....158
6.4.3. Lösung..159
7. Ihr Programm braucht Umgebungskontakt - Daten-Ein- und Ausgabe, Speichern von
Texten..162
7.1. Aufgabenstellung..162
7.1.1. Erstellen, anzeigen und abspeichern einer Textinformation.........162
7.1.2. Einlesen und Anzeigen auf der Festplatte gespeicherter Texte......163
7.2. Der Beitrag von Pascal (klassisch prozedural)...............................163
7.2.1. Schreib- und Leseanweisungen..163
7.2.2. Dateiarten...165
7.2.3. Textdateien...165
7.2.4. Prozeduren und Funktionen für die Dateibearbeitung................165
7.3. Der Beitrag von Lazarus...171
7.3.1. Fehlerbehandlung...171
7.3.2. Abschlussbehandlung..177
7.3.3. Besondere Aspekte des Debuggens...177
7.4. Lösung...178
7.4.1. Erstellen, anzeigen und abspeichern einer Textinformation.........178
7.4.2. Einlesen und Anzeigen auf der Festplatte gespeicherter Texte......179
8. Programmieren mit Bausteinen – Prozeduren, Funktionen und Units..........181
8.1. Prozeduren (Benutzerdefinierte Anweisungen).............................181
8.1.1. Aufgaben..181
8.1.2. Der Beitrag von Pascal..181
8.1.3. Der Beitrag von Lazarus..185
8.1.4. Lösung...186
8.2. Funktionen...189
8.2.1. Aufgaben..189
8.2.2. Der Beitrag von Pascal..189

8.2.3. Der Beitrag von Lazarus...191

8.2.4. Lösung..192

8.3. Implementationspraxis von Funktionen und Prozeduren.........................193

8.4. Verschachtelte Unterprogramme..195

    8.4.1. Gültigkeit von Bezeichnern bei verschachtelten Unterprogrammen..........195

    8.4.2. Aufruf geschachtelter Unterprogramme...197

    8.4.3. Die forward-Deklaration...198

8.5. Rekursion - Prozeduren und Funktionen arbeiten für sich selbst.....................198

    8.5.1. Aufgaben..198

    8.5.2. Der Beitrag von Pascal...199

    8.5.3. Lösung...200

    8.5.4. Der Beitrag von Lazarus...201

    8.5.5. Lösung...203

8.6. Funktions- und Prozedurvariable..203

    8.6.1. Aufgabe..203

    8.6.2. Der Beitrag von Pascal...204

    8.6.3. Der Beitrag von Lazarus...207

    8.6.4. Lösung...208

8.7. Units..208

    8.7.1. Aufgaben..209

    8.7.2. Der Beitrag von Pascal...209

    8.7.3. Der Beitrag von Lazarus...214

    8.7.4. Lösung...218

9. Die Bedienoberfläche „verkauft" Ihr Programm – erste Schritte in Richtung grafische Bedienoberflächen...221

9.1. Objektorientierte Programmierung ganz kurz...221

9.2. Umstellung der Programme aus den Kapiteln 2 und 3 auf eine grafische Bedienoberfläche..223

9.3. Der Beitrag von Pascal..223

9.4. Der Beitrag von Lazarus..223

    9.4.1. Anwendung mit grafischer Bedienoberfläche..................................225

    9.4.2. Objektinspektor...228

    9.4.3. Komponenten für die Datenausgabe..235

    9.4.4. Komponenten für die Programmsteuerung.......................................237

    9.4.5. Komponenten für die Dateneingabe..240

9.4.6. Komponenten für die Textbearbeitung..................................247

9.4.7. Komponenten zur Gliederung der Fenster.............................249

9.5. Nicht alles, was Sie für Ihre Arbeit benötigen, kann in diesem Buch stehen – Die Hilfefunktionen..................................251

10. Die liebe Verwandtschaft – Datenfelder (arrays)..................................253

10.1. Aufgabenstellung..................................253

10.1.1. Arbeiten mit einer Messwerttabelle..................................253

10.1.2. Gliederung von Umsätzen nach Umsatzart und -monat..................................254

10.1.3. Lösung eines Linearen Gleichungssystems..................................255

10.2. Der Beitrag von Pascal..................................255

10.2.1. Strukturierte Datentypen..................................255

10.3. Datenfelder..................................256

10.3.1. Feldgrenzen..................................257

10.3.2. Feldtypen..................................260

10.4. Der Beitrag von Lazarus..................................260

10.4.1. Bedienoberfläche..................................260

10.5. Lösungen..................................262

10.5.1. Aufgabe Messwerttabelle..................................262

10.5.2. Aufgabe Umsatzübersicht..................................264

10.5.3. Aufgabe Lösung eines Linearen Gleichungssystems..................................266

11. Noch mehr Typen – Zähltypen, Teilbereichstypen und Mengen..................................275

11.1. Aufgabenstellung..................................275

11.1.1. Selbstdokumentierender Quelltext, Verbesserung des Dokumentationswerts
..................................275

11.1.2. Betrachtung von Unterbereichen..................................275

11.1.3. Kombination von Eigenschaften..................................276

11.2. Der Beitrag von Pascal..................................276

11.2.1. Aufzählungstypen (enumerated Types)..................................276

11.2.2. Teilbereichstypen (subrange types)..................................279

11.2.3. Mengentypen..................................281

11.2.4. Die for - in - Schleife..................................285

11.3. Der Beitrag von Lazarus..................................286

11.4. Lösung..................................287

11.4.1. Aufzählungstypen..................................287

11.4.2. Verbesserung des Dokumentationswerts durch Nutzung von Teilbereichs-

und Aufzählungstypen...287

11.4.3. Teilbereichstypen...288

11.4.4. Mengen...288

12. Record-Verdächtiges – Arbeiten mit komplexen Datenstrukturen.......................290

12.1. Die Aufgabe...290

12.1.1. Komplexe, logisch miteinander verbundene Daten aus der technischen
Datenverarbeitung...290

12.1.2. Komplexe, logisch miteinander verbundene Daten aus der kommerziellen
Datenverarbeitung...290

12.2. Der Beitrag von Pascal — Record-Datentypen......................................291

12.2.1. Syntax und Anwendungsmöglichkeiten..291

12.2.2. Zuweisungsoperationen auf Records und Teile von Records.......................293

12.2.3. Die with- (Pseudo-) Anweisung...295

12.2.4. Record-Konstante..296

12.2.5. Varianten-Records...297

12.3. Lösung..298

12.3.1. Record-Datentyp aus der technischen Datenverarbeitung.........................298

12.3.2. Beispiel für den Record-Datentyp aus der kommerziellen
Datenverarbeitung...300

12.4. Problemgerechte Datendarstellung durch Verwendung von Records...................300

12.4.1. Verwendung von Record-Datentypen zur Darstellung von Matrizen und
Vektoren..300

12.4.2. Ausblick auf erweiterte Möglichkeiten..302

12.5. Debugging...302

13. Sie wissen nicht was noch kommt – Dynamische Daten.................................303

13.1. Aufgaben..303

13.1.1. Wechselnder Speicherplatzbedarf...303

13.1.2. Kellerspeicher, Stack (LIFO)..303

13.1.3. Schieberegister, Warteschlange (FIFO).......................................304

13.1.4. Ringspeicher..304

13.2. Der Beitrag von Pascal..305

13.2.1. Zeiger..305

13.3. Lösungen..307

13.3.1. Wechselnder Speicherbedarf im Programm.......................................307

13.3.2. Lineare Listen..311

13.3.3. Kellerspeicher mit Visualisierung...313

13.3.4. Warteschlange mit Visualisierung...317

13.3.5. Ringspeicher mit Visualisierung...321

14. Am Ende ist nicht alles vorbei – Einfache Persistenzlösungen..............................330

14.1. Aufgabe: Lesen und Speichern mit dem Dateisystem...............................330

14.2. Der Beitrag von Pascal..330

14.2.1. Definition von Binärdateien..331

14.2.2. Verknüpfung der logischen mit der physikalischen Datei.........................331

14.2.3. Öffnen und Schließen...331

14.2.4. Schreiben und Lesen..331

14.2.5. Positionieren..332

14.3. Lösung...332

14.3.1. Dateneingabe im Dialog..332

14.3.2. Datenspeicherung..334

14.3.3. Schreiben auf die Datei...334

14.3.4. Lesen von der Datei und Datenanzeige..334

14.3.5. Programmcode..335

15. Die Welt besteht aus Klassen und Objekten – Grundlagen der objektorientierten
Programmierung..342

15.1. Aufgabe..342

15.2. Der Beitrag von Pascal..342

15.2.1. Eigenschaften...344

15.2.2. Methoden..344

15.2.3. Sichtbarkeit..346

15.3. Der Beitrag von Lazarus...347

15.3.1. CodeExplorer..347

15.3.2. Code-Browser..349

15.4. Lösung...349

15.4.1. Hauptprogramm ProHaushaltsBuch..351

15.4.2. Unit UHaushaltsbuch...351

15.4.3. Unit UFrmMainHaushalt...355

16. Ein Bild sagt mehr als 1000 Worte – Einfache Grafikprogrammierung..................361

16.1. Aufgaben...361

16.1.1. Darstellung eines Funktionsgraphen..361

16.1.2. Turm von Hanoi..361

16.2. Der Beitrag von Pascal..362

16.3. Der Beitrag von Lazarus...362

    16.3.1. Zeichenfläche TCanvas...362

    16.3.2. Schreib- und Zeichenwerkzeuge..364

    16.3.3. Methoden von TCanvas...367

    16.3.4. Darstellung von Bitmaps...369

16.4. Lösungen...372

    16.4.1. Darstellung eines Funktionsgraphen....................................372

    16.4.2. Türme von Hanoi..387

17. Geben Sie es der Grafik zurück – Interaktive Grafikprogrammierung...................401

17.1. Aufgaben..401

    17.1.1. Interaktives Zeichnen von Funktionsgraphen........................401

    17.1.2. Grafische Lösung transzendenter Gleichungen.....................401

17.2. Der Beitrag von Pascal..402

17.3. Der Beitrag von Lazarus...402

    17.3.1. Mausereignisse..402

17.4. Lösungen...402

    17.4.1. Interaktives Zeichnen von Funktionsgraphen........................402

    17.4.2. Grafische Lösung transzendenter Gleichungen.....................417

18. Denn was man schwarz auf weiß besitzt.... – Arbeiten mit dem Drucker..............425

18.1. Aufgaben..425

    18.1.1. Erster Umgang mit dem Drucker...425

    18.1.2. Drucken eines einfachen Texts...425

    18.1.3. Drucken eines Texts mit eingebauter Grafik.........................425

18.2. Der Beitrag von Lazarus...426

    18.2.1. Drucker-Unit Printers...426

    18.2.2. Dialoge zum Einrichten des Drucks und des Druckers..........428

    18.2.3. Umgang mit JPEG-Dateien...430

18.3. Lösungen...431

    18.3.1. Erster Umgang mit dem Drucker...431

    18.3.2. Drucker- und Seiteneinstellungen vornehmen und einen Text drucken....433

    18.3.3. Drucken eines Texts mit eingebauter Grafik.........................438

Vorwort

„Schon wieder ein neues Programmierbuch" mag der eine oder andere stöhnen, der in Werbung oder Buchhandel auf dieses Buch stößt. Meine Antwort darauf ist „ja und zwar aus gutem Grund", denn es ist durchaus lohnend, sich mit (Free-) Pascal und Lazarus näher zu befassen!

Was spricht für das Arbeiten mit (Free-) Pascal und Lazarus?

Für den Einsteiger bietet Lazarus eine komfortable Entwicklungsumgebung für die Erstellung von Programmen mit grafischer Bedienoberfläche. Lazarus basiert auf der Programmiersprache Pascal bzw. deren Implementation Free Pascal. Pascal wurde nicht zuletzt für Ausbildungszwecke entwickelt und hat aufgrund seiner sauberen Definition seine Eignung für die für die Schul- und Hochschulausbildung unter Beweis gestellt.

Für Umsteiger von Delphi und anderen Programmierumgebungen ist Lazarus vor allem dann interessant, wenn man bei der Gestaltung seiner Applikation bisweilen gewisse Kompromisse eingehen kann. Dass Lazarus Delphi momentan, was den Umfang angeht, noch nicht ebenbürtig ist, kann man nicht wegdiskutieren. Man kann jedoch annehmen, dass die stetig wachsende Gemeinschaft der Lazarus-Nutzer und vor allem auch der aktiven Kontributoren daran arbeiten wird, diese Lücke zu schließen.

> Lazarus wächst rasch und kontinuierlich

Gerade aufgrund der nach Ansicht des Verfassers derzeit sehr restriktiven Lizenzpolitik von Embarcadero – dem derzeitigen Anbieter von Delphi - bietet die kostenlose Verfügbarkeit von Lazarus nicht nur Schulen und interessierten Privatleute sondern auch Unternehmen die Möglichkeit, Kosten im Bereich der Lizenzierung zu reduzieren und gleichzeitig in einer weitgehend Delphi-kompatiblen Programmierumgebung zu arbeiten. Lazarus ist als Multiplattformumgebung angelegt, d. h. dass damit Programme für verschiedene Betriebssystemumgebungen entwickelt werden können. Der Schwerpunkt dieses Buches liegt allerdings beim Einsatz unter Windows.

> Lazarus ist eine Multiplattformumgebung. Der Buchschwerpunkt liegt auf aber Windows-Anwendungen

Dieses Buch wendet sich sowohl an Ein- als an Umsteiger. Dabei folgt es einem klaren didaktischen Konzept. Anhand typischer Beispielaufgaben werden Schritt für Schritt Lernziele festgelegt um das Know-How weiter zu entwickeln. Innerhalb einer jeden Aufgabe wird dargelegt, welche Eigenschaften von Pascal und Lazarus für die Bearbeitung der Aufgabe von Bedeutung sind und wie man sie einsetzen sollte. Schließlich wird die komplette Lösung der jeweiligen Aufgabe vorgestellt. Abgeschlossen wird jeder Lernschritt durch Übungsaufgaben, mittels derer das im jeweiligen Kapitel erworbene Wissen vertieft werden kann.

> Das klare didaktische Konzept unterstützt **Ein**- und **Um**steiger.

Dabei werden u. a. folgende Themen behandelt:

- Programmierung in Pascal von den Anfängen bis zu den fortgeschrittenen Feinheiten (Zeiger, Rekursion, Dateiverkehr …)
- Implementation zahlreicher grundlegender Algorithmen.

- Programmierung von Aufgaben aus dem Mathematikunterricht der Realschulen, der Gymnasien und der Anfangssemester der Hochschulen.
- Pascalentwicklung mit Verwendung einer grafischen Benutzeroberfläche
- Elementare Grafikprogrammierung

Nach dem Studium dieses Buches sind Sie in der Lage ein repräsentatives Spektrum von Aufgaben zu lösen, die durch die Sprachdefinition von (Free-) Pascal abgedeckt sind. Anders als wenn Sie sich ausschließlich auf Free-Pascal stützen würden, werden Ihre Programme fast von Anfang an mit einer professionellen grafischen Bedienoberfläche versehen sein, die sich auf die Softwarebibliothek LCL (Lazarus Component Library) stützt. LCL ist auf Sprachebene (Pascal) mit der von Delphi verwendeten VCL (Visual Component Libray) weitgehend schnittstellenkompatibel, sodass Delphi- und Lazarus-Know-How in den meisten Fällen austauschbar wird. Der zweite Teil (Band 6 dieser Reihe „Informatik ganz einfach") wird weiteren Themen wie Datenbanken, Internet und speziellen Fragen der Systemprogrammierung gewidmet sein.

Die grafische Bedienoberfläche gehört selbstverständlich dazu.

Frühzeitig wird in diesem Buch auf die Erstellung zeitgemäßer Bedienoberflächen Wert gelegt. Die für die Erstellung der grafischen Bedienoberfläche erforderlichen Kenntnisse in objektorientierter Programmierung werden anfänglich pragmatisch entsprechend dem aktuellen Bedarf vermittelt (Kapitel 9). Später erfolgt dann eine systematische Einführung (Kapitel 15).

Aktuelle Informationen zu diesem Buch, wie Korrekturen, Antworten auf Leserfragen oder auch Bestellmöglichkeiten für CDs mit dem Programmcode zu meinen Büchern finden Sie im Internet unter **www.okomedien.de**

Ein Buch wie dieses kann nicht ohne die tatkräftige Unterstützung Dritter zustande kommen. Ich danke meinen Studenten für die zahlreichen Diskussionen und Anregungen, meinem Sohn Matthias für das Korrekturlesen und die Erprobung der Programmbeispiele und nicht zuletzt meiner Frau Ruth für ihre Geduld.

Aktuelle Informationen zum Thema des Buches erhalten Sie unter der Service-Adresse **www.okomedien.de/service/laz1**. Ihre Zugangsdaten erhalten Sie gegen Übersendung (Email) des Kaufbelegs und Nennung Ihrer Email-Adresse.

Sie brennen sicher schon darauf, Ihre Arbeit mit Lazarus zu beginnen. Laden Sie die Integrierte Entwicklungsumgebung Lazarus aus dem Internet herunter. Installieren und starten Sie Lazarus (näheres finden Sie in 2.3.1) und arbeiten Sie sich dann Schritt für Schritt anhand des Lehrtexts und der Beispiele vorwärts.

Ich wünsche Ihnen eine erfolgreiche Einarbeitung in Lazarus und anschließend eine erfolgreiche Projektarbeit!

Oberkochen im Juni 2016

Wilfried Koch

1. Hintergrund und Anwendung dieses Buches

1.1. Zielsetzung

Dieses Buch führt anhand leicht verständlicher Beispiele aus der Schul- und Hoch-schulausbildung in die Programmierung mit einer auf Pascal basierenden Sprache ein. Es wendet sich einerseits an komplette Programmieranfänger, bietet aber auch Fortgeschrittenen und Umsteigern von anderen Entwicklungsumgebungen die erforderlichen Informationen.

1.2. Programmieren – worum geht es dabei überhaupt?

Ein Programm ist eine Arbeitsvorschrift für einen Rechner. Es gibt – wenigstens im Falle von FreePascal-/Lazarus-Programmen an, welche Arbeitsschritte ein Rechner zur Bearbeitung einer Aufgabe ausführen muss.

Die Erstellung eines Programms ist letztlich die Erstellung einer Arbeitsvorschrift. Arbeitsvorschriften sind Ihnen zur Genüge bekannt: Kochrezepte, Gebrauchsanwei-sungen, Bastelanweisungen aber auch Musiknoten gehören beispielsweise dazu. Während in den hier genannten Fällen Menschen die Arbeitsvorschriften ausführen, sind es im Falle von Programmen Rechner.

1.2.1. Programmiersprachen

Menschen können nach entsprechender Ausbildung Arbeitsvorschriften, die ihnen in natürlichen Sprachen wie Deutsch, Englisch oder auch Chinesisch aber auch in grafischer Form (z. B. Musiknoten) erteilt werden, korrekt interpretieren. Hingegen „verstehen" die meisten Rechner bis heute nur Programmiersprachen.

Wenn man Programmiersprachen betrachtet so muss man zwischen den maschinen-nahen (niederen) und den höheren Programmiersprachen unterscheiden.

Programmie-rung in Ma-schinen-sprache:

Zu den niederen Programmiersprachen gehören vor allem die Maschinensprachen der jeweiligen Rechner. Sie sind im allgemeinen prozessorspezifisch[1]. Sie sind für den Rechner für den sie entwickelt wurden direkt und problemlos, für den Men-schen aber vergleichsweise schwer verständlich. Sie bestehen letztlich aus ziemlich abstrakten Zahlenfolgen. Für Menschen ist es zwar möglich in einer Maschinen-sprache zu programmieren, die Arbeitsgeschwindigkeit bei der Programmerstellung ist bei dieser Vorgehensweise jedoch unakzeptabel niedrig und die Fehleranfällig-

Zeitaufwand und Fehleran-fälligkeit sind hoch.

---

1 Der Prozessor ist derjenige Teil Ihres Rechners, der die eigentliche „Rechenarbeit" leistet.

keit in der Regel sehr hoch. Aus diesem Grund wurde schon früh Möglichkeiten ge-sucht, um die Programmierarbeit wirtschaftlicher gestalteten. Man „erfand" die Pro-grammiersprachen.

In einem ersten Schritt entstanden die noch sehr maschinennahen Assembler-sprachen. Üblicherweise wird bei diesen Sprachen der Operationscode des Befehls durch einen mnemotechnischen Buchstabencode (z. B. ADD statt 100_{16} für Additi-on). Operanden können wahlweise durch Zahlen oder alphanumerische Symbole dargestellt werden.

Aus verschiedenen Gründen und vor verschiedenen fachlichen und geschäfts-politischen Hintergründen entstanden in den letzten 50 Jahren zahlreiche höhere Programmiersprachen. Die meisten von ihnen basieren auf einer Art mathema-tischer Notation die mit ein paar englischen Vokabeln kombiniert ist. Der folgende Text zeigt einen Ausschnitt aus einem Programm in der höheren Programmier-sprache Pascal:

```
if a >= b then
   c := 1
else
   c := 2;
```

Dieses kurze Programmstück sagt aus, dass falls der Wert von a größer oder gleich dem Wert von b ist, der Variablen c der Wert 1 zugewiesen wird. Andernfalls be-kommt c den Wert 2.

1.2.2.   Syntax und Semantik

Als Syntax bezeichnet man die Lehre vom Satzbau. So wie in einer natürlichen Sprache aus dem verfügbaren Wortschatz nach bestimmten Regeln korrekte Sätze gebildet werden, werden auch die Sätze (Audrücke, Anweisungen...) eines Pro-gramms nach festen Regeln gebildet. Die Syntaxregeln einer Programmiersprache können mit Methoden wie der Backus-Naur-Form (BNF) oder Syntaxdiagrammen wie sie in diesem Buch vorzugsweise zur Anwendung kommen dargestellt werden.

Die Semantik beschäftigt sich mit der Bedeutung der Sätze. Syntaktisch korrekte Sätze können semantisch falsch sein. Diese semantischen Fehler können zu einem gewissen Teil vom Compiler entdeckt werden. Sie dürfen nicht mit logischen Feh-lern verwechselt werden.

Beispiel:

```
var a, b, c: integer;
…...........
…...........
a := b or c;
```

Der Programmausschnitt ist zwar syntaktisch korrekt, aber semantisch fehlerhaft, da mit or nur Daten vom Typ boolean verknüpft werden dürfen.

In natürlicher Sprache ist das vergleichbar mit den Sätzen

• Herr Maier isst sein Auto.

und

• Herr Maier wäscht sein Auto.

Beide Sätze sind syntaktisch korrekt. Semantisch korrekt ist nur der letztere.

1.2.3. Vom Compiler zur Integrierten Entwicklungsumgebung

Die Texte, die der Programmierer[2] in dieser Sprache erstellt, kann der Rechner nicht direkt verstehen. Sie müssen für ihn in seine Maschinensprache übersetzt werden. Diese Übersetzung kann vor oder während der Ausführung des Programms erfolgen.

Erfolgt die Übersetzung vor der Programmausführung, so spricht man von einer Compilierung, das Programm, das die Übersetzung ausführt ist der Compiler.

Compilierung vor der Programmausführung, **Interpretation** während der Programmausführung.

Die Übersetzung während der Programmausführung bezeichnet man als Interpretation und das dafür eingesetzte Programm entsprechend als Interpreter.

In der Softwareindustrie werden heute sowohl interpretierbare Sprachen als auch compilierbare Sprachen eingesetzt. Compilierbare Sprachen erzielen wesentlich besseres Laufzeitverhalten als interpretierbare. Bei gleicher Aufgabenstellung und gleichem Rechner sind die Laufzeiten von compilierten Programmen kürzer als von interpretierten, da die zeitaufwändige Übersetzung bereits vor der Ausführung erfolgte.

Meist besteht ein Programm aus mehreren Teilen (Modulen). Die Module, die der Programmierer in der (höheren) Programmiersprache - z. B. Pascal - schreibt, nennt man Quellmodule. Werden sie übersetzt, so entsteht daraus die Objektmodule. Die Verknüpfung der Objektmodule durch den Binder (Linker) führt dann zum lauffähigen Programm (Laufzeitprogramm, Laufzeitsystem, Executable).

Quellcode→Objektcode (Compiler)

Objektcode→Ausführbares Programm (Linker)

Editor, Compiler, Binder und Debugger werden heute üblicherweise innerhalb eines einzigen Programms betrieben. Dieses wird als integrierte Entwicklungsumgebung

---

2 Alles was dieses Buch über den Umgang mit dem Entwicklungssystem Lazarus darstellt gilt selbstverständlich gleichermaßen für männliche und weibliche Nutzer. Der übersichtlicheren Darstellung wegen wird ab sofort nur noch die männliche Form verwendet.

(IEU, engl. Integrated Development Environment (IDE)) bezeichnet. Lazarus ist ein Beispiel für eine solche Integrierte Entwicklungsumgebung. Weitere IEUs sind z. B. Microsoft Visual Studio, Embarcadero RADS, Qt oder Java Swing.

1.3. Pascal – Ein kurzer historischer Überblick

1.3.1. Der Anfang

Pascal ist eine Weiterentwicklung von Algol 60 einer besonders in Europa populären frühen höheren Programmiersprache. Die Sprache Pascal wurde von Niklaus Wirth an der Eidgenössischen Technischen Hochschule in Zürich vor allem in Hinblick auf die Verbesserung der Programmierausbildung entwickelt.

Pascal zwingt zu einem klaren Umgang mit Daten- und Programmstrukturen und fördert auf diese Weise die Erstellung von wohl strukturiertem und gut verständlichem Code

1.3.2. Wichtige Implementationen

Sehr große Verbreitung in der professionellen Programmierung fand Pascal als Borland/Turbo Pascal (später Delphi). Dabei handelt es sich um gegenüber dem Ur-Pascal wesentlich erweiterte und verbesserte Versionen. Diese bieten neben dem ursprünglichen Sprachumfang von Pascal einen einfachen Zugriff auf wichtige Funktionen des Betriebssystems. Später kamen dann noch objektorientierte Elemente hinzu.

1.3.3. Free Pascal und Lazarus

Free Pascal ist ein unter der GNU Lesser General Public License stehendes Open-Source-Projekt, das sich zum Ziel gesetzt hat, einen freien 32 bzw. 64-Bit-Compiler zu erstellen, der 100-prozentig kompatibel zu Turbo Pascal und Delphi sein soll und mittlerweile eine leichte Portierung von Pascal-Programmen auf fast alle gängigen Betriebssysteme und Hardwareplattformen ermöglicht.

Lazarus ist eine Integrierte Entwicklungsumgebung (IEU, engl. IDE für Integrated Development Environment) für Free Pascal, die auch verschiedene Komponenten zur Verfügung stellt. Die IDE ist sehr Delphi-ähnlich gestaltet und verwendet unter Unix das GTK+[3] als Grafik-Toolkit, unter Windows (Win32/Win64/Windows CE)

---

3   GTK+ = **GTK+** (*GIMP Toolkit*) ist eine freie Komponentenbibliothek unter der LGPL (Lesser Gnu Public License), mit der grafische Benutzeroberflächen (GUI) für Software erstellt werden können.

setzt es auf dem nativen[4] API[5] auf, und auf Apple-Betriebssystemen kann wahlweise das native Carbon-API oder das X-Window-System verwendet werden. Darüber hinaus unterstützt Lazarus Cross Compiling, so dass auch Software für weitere Plattformen wie Windows CE, OS/2, Palm OS oder Nintendo DS entwickelt werden kann. Lazarus ist noch nicht fertiggestellt. In kurzen Abständen werden aber neue Betaversionen veröffentlicht, die – je nach Plattform in unterschiedlichem Maße – einen wachsenden Teil der geplanten Funktionalität implementieren. [LAZHOME]

1.4. Didaktische Ausrichtung

Grundsätzlich ist dieses Buch als Programmierlehrbuch nach dem Prinzip „Learning by Doing" angelegt. Das Erlernen der Programmiersprache erfolgt dabei durch Erarbeiten von Programmlösungen. Seine Gliederung orientiert sich an den zu erwerbenden Programmierkenntnissen. Diese werden von Kapitel zu Kapitel durch auf einander aufbauende Programmieraufgaben erweitert. D. h. von Aufgabe zu Aufgabe werden die Kenntnisse vertieft. Gleichzeitig dringen Sie von Kapitel zu Kapitel tiefer in die Möglichkeiten der Entwicklungsumgebung Lazarus ein.

Die Kapitel dieses Lehrbuchs sind durchgängig in folgende vier Abschnitte gegliedert:

- Aufgabenstellung: Welche Aufgabe soll das Programm erfüllen? Wie soll es eingesetzt werden?
- Beitrag von Pascal: In diesem Abschnitt wird dargestellt, welche (Free-) Pascal-Sprachelemente Sie zur Lösung der Aufgabe benötigen und was Sie bei ihrer Benutzung beachten müssen. Sowohl für Pascal als auch für Lazarus (nächster Absatz) werden im allgemeinen nur solche Elemente aufgeführt die in vorangegangenen Kapiteln noch nicht besprochen wurden
- Beitrag von Lazarus: Hier erfahren Sie, welche Teile der Entwicklungsumgebung Lazarus Sie zur Programmentwicklung einsetzen müssen und welche Hilfe Sie von diesen erwarten können.
- Lösung: Vorstellung und Erläuterung des kompletten Programmtexts.
- Weitere Aufgaben, ggf. mit Lösungen.

---

4   Nativ von engl. native (=eingeboren) bezeichnet eine Entwicklung oder ein Subsystem, die/das vom Grundsatz her zu einer bestimmten Arbeitsumgebung (Hardware und/oder betriebssystem) gehört.

5   API: Application Programming Interface, Schnittstelle eines Programms A (häufig so wie auch hier eines Betriebssystems), die es ermöglicht die Fähigkeiten dieses Programms A durch ein Programm B zu nutzen.

Wer ein Lehrbuch wie dieses schreibt, steht manchmal vor dem Problem von Ei und Henne, d. h., dass zur Erklärung des momentan erarbeiteten Stoffs idealerweise Elemente erforderlich wären, die erst in späteren Kapiteln erarbeitet werden. Um Sprünge im Text zu vermeiden wird in diesem Fall folgendermaßen vorgegangen:

- Die gestellte Aufgabe wird zunächst mit den bis zum jeweiligen Kapitel vorgestellten verfügbaren Sprachmitteln gelöst. Das führt zu verständlichen, funktionierenden, aber nicht optimalen und vielleicht etwas umständlichen Lösungen.

- Wenn in späteren Kapiteln zusätzliches Wissen erarbeitet wurde, das elegantere Lösungen ermöglicht, wird die Aufgabenstellung nochmals aufgenommen. Ein Beispiel dafür ist der Richtigkeitsnachweis für die DeMorganschen Regeln, der erstmals in 4.3.2 auftritt und für den dann in 11.4.1.1 eine wesentlich elegantere Lösung gezeigt wird.

1.5. Wenn Sie nicht Seite für Seite vorwärts arbeiten wollen.......

Dieses Buch wendet sich sowohl an absolute Anfänger als auch an ein breites Spektrum von Quereinsteigern.

Anfängern ohne Vorkenntnisse empfehle ich, dieses Buch von Anfang an Seite für Seite gründlich durchzuarbeiten.

Wenn Sie schon Pascal-Grundkenntnisse besitzen und vor allem an einer Einarbeitung in die Windows-Programmierung interessiert sind, werden Sie nach einem kurzen Studium von Kapitel 1 wahrscheinlich vor allem die Kapitel 9, 15 bis 18 intensiv durcharbeiten und die übrigen eher zum Nachschlagen nutzen.

Wer sich speziell für die Grafikprogrammierung interessiert wird sich vor allem mit den Kapiteln 16 und 17 befassen.

Wenn Sie eine Lösungshilfe für ein bestimmtes Anwendungsgebiet suchen, dann sollten Sie im Stichwortverzeichnis unter **Anwendungsthemen** nachsehen.

2. „Hallo Welt" - Ihr erstes Programm

2.1. Aufgabe: Erstellen Sie eine (Konsol-) Anwendung

In diesem Kapitel erfahren Sie, wie Sie mittels Lazarus ein minimales Programm erstellen können. Das Programm soll ganz einfach den Text "Hallo Welt" auf dem Bildschirm des Rechners ausgeben.

Dabei verzichten Sie zunächst auf eine grafische Benutzeroberfläche (engl. Graphical User Interface (GUI)) auch Windows oder Fensteroberfläche genannt, sondern Sie beschränken sich zunächst auf eine Anwendung mit alphanumerischer Benutzeroberfläche bei der die Ausgabe Zeichen für Zeichen direkt auf dem Bildschirm erfolgt, eine so genannte Konsolanwendung.

Zunächst werden nur Konsolanwendungen erstellt.

2.2. Der Beitrag von Pascal

2.2.1. Aufbau eines Programms

Ihre Programmieraufgabe besteht in der Erstellung eines einzelnen Programms. Grundsätzlich werden Programme durch das Schlüsselwort `program` auf das der Name des Programms folgt eingeleitet. Den Kern des Programms, den so genannten Anweisungsteil, in dem niedergeschrieben wird, was das Programm tun soll, leitet das Schlüsselwort `begin` ein und das Schlüsselwort `end` auf das ein Punkt folgt schließt ihn ab (Syntaxdiagramm 2.1).

Ein Schlüsselwort in Pascal ist eine vorgeschriebene Zeichenfolge die innerhalb des Programms nur in einer genau festgelegten Bedeutung verwendet werden darf. So darf z. B. der Bezeichner `program` z. B. ausschließlich zur Definition des Programmanfangs verwendet werden. In den Tabellen 2.1 bis 2.3 wird eine Übersicht über die Pascal-Schlüsselwörter gegeben. Der genaue Umfang der Schlüsselwörter hängt vom eingestellten Modus ab.

Ein Schlüsselwort hat eine genau festgelegte Bedeutung. Nur in dieser darf es verwendet werden.

Für den Namen (Bezeichner) des Programms gelten - wie für alle anderen im Programm auftretenden Bezeichner auch - die folgenden Regeln (Syntaxdiagramm 2.2):

• Der Bezeichner muss aus Buchstaben (A...Z, a...z, underscore (_) oder Dezimaliffern bestehen.

• Er muss mit einem Buchstaben oder underscore beginnen.

Zwischen groß
und klein ge-
schriebenen
Zeichen wird
nicht unter-
schieden.

- In Pascal wird nicht zwischen Groß- und Kleinbuchstaben unterschieden. In anderen Programmiersprachen (z. B. in C oder C++) ist das durchaus der Fall. D. h. die Zeichenfolgen MeinProgramm und MEINPROGRAMM werden als identische Bezeichner behandelt.

- Die Länge des Bezeichners ist grundsätzlich beliebig. In besonderen Implementations- oder Anwendungsfällen können aber Längenbeschränkungen vorgesehen sein.

absolute	and	array	asm	begin
case	const	constructor	destructor	div
do	downto	else	end	file
for	function	Goto	if	implementation
in	inherited	inline	interface	label
mod	nil	not	object	of
on	operator	or	packed	procedure
program	record	reintroduce	repeat	self
set	shl	shr	string	then
to	type	unit	until	uses
var	while	with	xor	

Tabelle 2.1: Liste der Pascal-Schlüsselwörter (Turbo-Pascal-Modus)

dispose	false	true	exit	new

Tabelle 2.2: Liste der zusätzlichen Schlüsselwörter (Free-Pascal-Modus)

as	class	dispinterface	except	exports
finalization	finally	initialization	inline	is
library	on	out	packed	property
raise	resourcestring	threadvar	try	

Tabelle 2.3: Liste der zusätzlichen Schlüsselwörter (Object-Pascal-Modus)

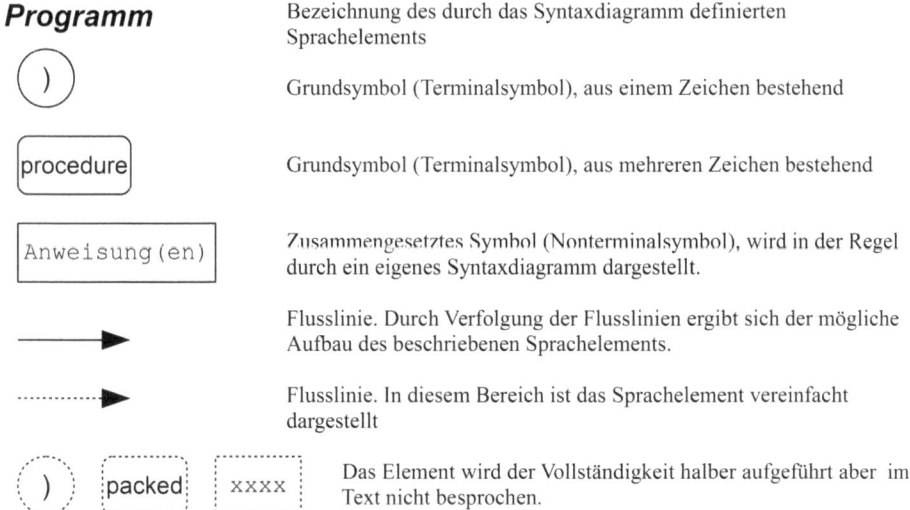

Abbildung 2.1: Darstellungselemente der Syntaxdiagramme

Diese Regeln begegnen uns in ähnlicher Form in jeder Programmiersprache als Regeln zur Bildung von Bezeichnern (Namen) (Syntaxdiagramm 2.2).Das Grundmuster für ein Programm hat demnach das folgende Bild:

```
program Name_Des_Programms;
...
begin
...
end.
```

2.2.2. Syntaxdiagramme (Fahrdiagramme)

Bei der Anwendung von Programmiersprachen müssen genau wie bei natürlichen Sprachen strenge Regeln eingehalten werden, da sie eine genau definierte Syntax (Grammatik) besitzen. Zur Beschreibung der Syntax kann man freie Prosa- oder auch formale Texte (z. B. die Backus-Naur-Form (BNF)) benutzen. Besonders anschaulich sind jedoch Syntaxdiagramme (bisweilen auch Fahrdiagramme genannt). Die 4 bzw. 5 Elemente dieser Diagramme sind in Abbildung 2.1 dargestellt. Mit ihrer Hilfe können neu eingeführte Sprachelemente durch Grundsymbole und bereits zuvor definierte Sprachelemente beschrieben werden.

- Terminalsymbole sind Grundsymbole der Programmiersprache, die nicht weiter aufgeteilt werden können. Je nach der Länge des eingetragenen Textes werden sie als Kreise oder Rechtecke mit abgerundeten Ecken dargestellt. Terminalsym-

bole können Einzelzeichen (Buchstaben Dezimalziffern, gewisse Sonderzeichen
(z. B. +, -,*...), Zeichen kombinationen (z. B. (/) oder Schlüsselwörter sein. Für
die Beschriftung der Terminalsymbole wird eine serifenlose Schrift (Arial) verwendet.

- Nichtterminalsymbole (zusammengesetzte Symbole) sind Symbole, die nach bestimmten Regeln aus Nichtterminalsymbolen und/oder Terminalsymbolen gebildet werden. Für die Beschriftung der Nichtterminalsymbole wird eine Serifem-
schrift (Courier New) verwendet.

- Flusslinien stellen dar, wie die Symbole aus denen ein Wort besteht aufeinander-
folgen. Flusslinien können nur in einer Richtung durchlaufen werden. An Verzweigungen kann eine beliebige Richtung eingeschlagen werden.

- Dort wo die Syntax aus didaktischen Gründen vorläufig unvollständig dargestellt
werden gestrichelte (— — — —) Flusslinien eingesetzt.

Syntaxdia-
gramme wer-
den nur im
unbedingt
notwendigen
Umfang ein-
geführt.

Um den Umfang des Buches nicht zu sehr aufzublähen werden Sytaxdiagramme
nur in dem Maße gebracht, wie sie zum Verständnis von Lazarus erforderlich sind.
Auf eine vollständige Syntaxdarstellung in Form von Syntaxdiagrammen wird verzichtet.

Die wesentlichen bis jetzt eingeführten Sprachelemente und Konstrukte von Pascal
sind nachstehend als Syntaxdiagramme dargestellt:

Programm

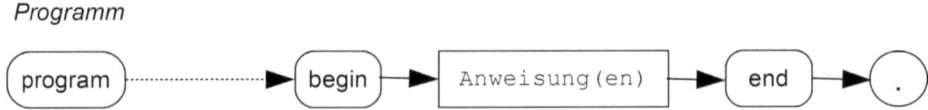

Syntaxdiagramm 2.1: Programm (vereinfacht)

Bezeichner

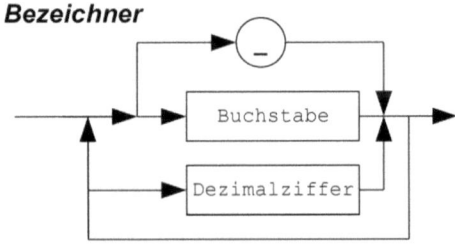

Syntaxdiagramm 2.2: Bezeichner

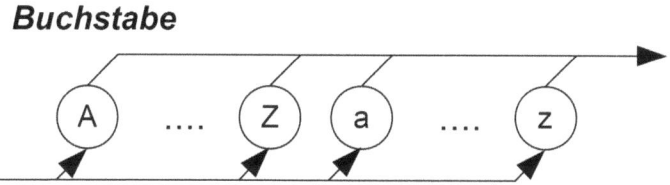

Syntaxdiagramm 2.3: Buchstabe

2.2.3. Darstellung von Texten

Texte, genauer Textkonstante, werden in Pascal durch eine beliebige, der Aufgabenstellung entsprechende Zeichenfolge, die durch Hochkommata (') begrenzt ist dargestellt. Das Hochkomma finden Sie im rechten Teil Ihrer Tastatur auf der selben Taste wie das #[6].

Das Hochkomma finden Sie auf der selben Taste wie das #

Wie stelle ich ein Hochkomma dar?

Wie bisher besprochen wird Hochkomma wird zur Begrenzung von Texten in Textkonstanten verwendet. Es ist also selbst nicht Bestandteil des Texts. Was ist zu tun, wenn ein Hochkomma im Text benötigt wird? Die Lösung ist einfach: Wenn in einer Textkonstanten ein Hochkomma auftreten soll, so sind stattdessen zwei Hochkommata zu verwenden.

Unseren Text *Hallo Welt* schreiben wir im Programm in der Form `'Hallo Welt'`. An die Stelle von *Onkel Tom's Hütte* tritt `'Onkel Tom''s Hütte'`.

Ein Hochkomma, das geschrieben werden soll wird in der Anweisung des Programms verdoppelt.

2.2.4. Ausgabeanweisung

Die Datenausgabe kann in Pascal mit den Anweisungen `Write(Liste)` und `WriteLn (Liste)` erfolgen[7]. Die Liste kann sehr viele verschiedene Formen annehmen (...). Im einfachsten Fall besteht sie lediglich aus einer Konstanten. Weitere Erläuterungen zur Parameterliste bei der Pascal Ein-/Ausgabe finden Sie in Kapitel Fehler: Referenz nicht gefunden. Das Schreiben beginnt bei beiden Anweisungen am aktuellen Ort des Bildschirmcursors.

Bei `Write` werden genau die in den Listenelementen enthaltenen Zeichen ausgegeben. Bei diesen Zeichen kann es sich um so genannte darstellbare Zeichen (z. B. A bis Z und a bis z aber auch + - ( ) u. ä.) oder auch um nicht darstellbare Zeichen (Steuerzeichen wie z. B. den Zeilenvorschub oder auch ein akustisches Signal) handeln. Bei `WriteLn` ist die Sache ähnlich. Nur wird dort an die auszudruckenden

---

6   Gilt für Deutsche Tastaturen
7   Die ausführliche Behandlung der Ein- und Ausgabe erfolgt in Kapitel Fehler: Referenz nicht gefunden

HalloWeltHalloWelt

HalloWelt
HalloWelt

Abbildung 2.2: Zweimalige
Anwendung von Write(...);

Abbildung 2.3: Zweimalige An-
wendung von WriteLn(...);

Zeichen ein Wagenrücklauf[8] und ein Zeilenvorschub angefügt. Nach der Ausführung von `WriteLn` steht der Cursor auf Spalte 1 der Folgezeile.

Nach zweimaliger Ausführung von

```
Write('Hallo Welt');
```

ergibt sich die folgende Bildschirmansicht gemäß Abbildung 2.2.

Entsprechend ergibt sich nach zweimaliger Ausführung von

```
WriteLn ('Hallo Welt');
```

eine Bildschirmansicht gemäß Abbildung 2.3.

2.2.5. Elementare Eingabeanweisung

Wenn alles genau so funktionieren würde, wie Sie es nach der Aufgabenstellung wahrscheinlich erwarten, brauchten Sie sich mit den Informationen dieses Abschnitts gar nicht zu befassen. Da das Programm jedoch einen zwar erklärbaren aber wahrscheinlich für den Anfänger unerwarteten Effekt zeigen wird - das Fenster in dem die Anwendung läuft, schließt sich bereits Sekundenbruchteile nach dem Programmstart wieder - benötigen Sie schon hier die Möglichkeit, auf die Betätigung einer Eingabetaste (hier der Enter-Taste) zu warten.

Programmfenster schließt sich sofort – Abhilfe unumgänglich.

In einfachster Weise tun Sie das mit der Eingabeanweisung `Readln`. Bei Ausführung wartet das Programm auf eine Eingabe in Form der Betätigung der Enter-Taste. Nach der Betätigung dieser Taste wird der Schreibcursor auf die Spalte 1 der Folgezeile gesetzt und die Programmausführung wird mit der auf `Readln` folgenden Anweisung fortgesetzt.

---

8 Diese heute noch übliche Bezeichnung ist historisch zu verstehen, da früher die Positionieren und auf den Zeilenanfang durch Verschieben des "Wagens" des Ausgabegeräts (Fernschreiber, elektrische Schreibmaschine o. ä.) erfolgte, auf dem das Papier eingespannt wurde

2.3. So nützen Sie Lazarus

Lazarus ist eine so genannte Integrierte Entwicklungsumgebung (IEU, engl. IDE Integrated Development Environment). In dieser IEU sind praktisch alle für die Programmentwicklung notwendigen Funktionen unter einer Bedienoberfläche vereint. Die wesentlichen hiervon sind:

- Der Editor zum Erstellen und Bearbeiten der Programmtexte (Quelldateien).
- Der Übersetzer zum Umwandeln von Quelldateien in Objektdateien.
- Der Binder (Linker), der mehrere Dateien – vor allem Objektdateien – zu einem lauffähigen Programm zusammenfügt.
- Der Debugger, der eine schrittweise Ausführung des Programms ermöglicht und einen Blick in dessen Inneres erlaubt.

Für Ihr erstes Programm benötigen Sie mindestens die drei erstgenannten Bestandteile von Lazarus. Wenn die Programmgröße und damit auch die Möglichkeit Fehler zu machen dann nur ein wenig wächst, werden Sie auch auf die vierte Komponente - den Debugger - nicht verzichten können.

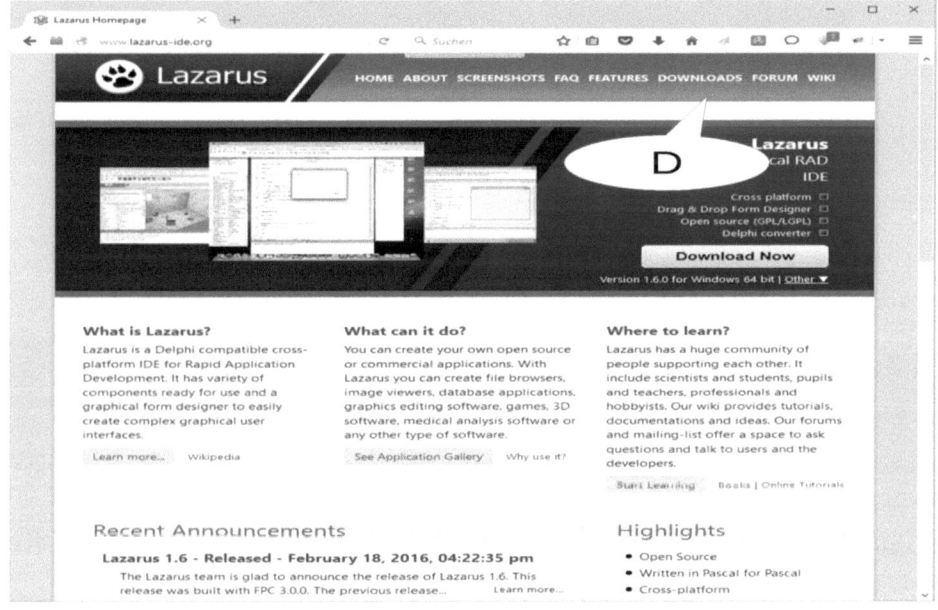

Abbildung 2.4: Lazarus Homepage mit Download-Link (D) für die freie Entwicklungsumgebung Lazarus

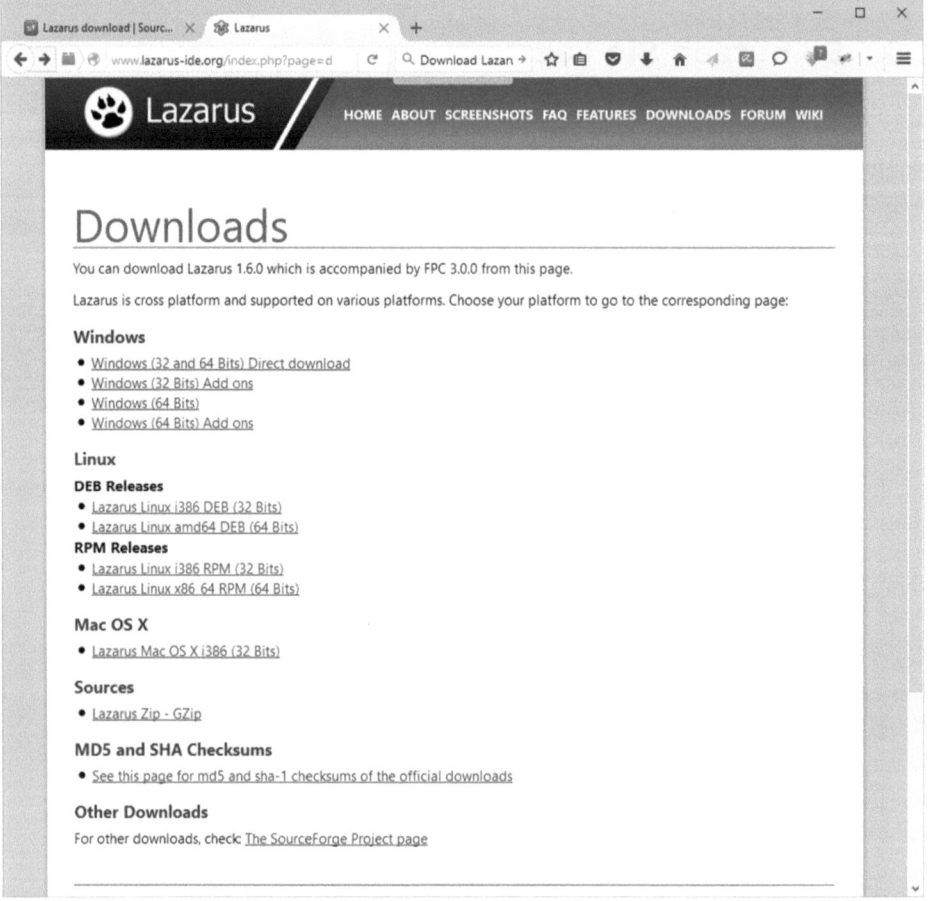

Abbildung 2.5: Lazarus Downloadseite

2.3.1.   Ohne Installation geht gar nichts

2.3.1.1.   So finden Sie Lazarus

Das Arbeiten mit Lazarus setzt natürlich die Installation dieser Entwicklungsumgebung voraus. Also stellt sich die Frage: Woher bekomme ich Lazarus?

Kaufen müssen Sie Lazarus nicht. Sie finden die freie Entwicklungsumgebung Lazarus im Internet unter **http://www.lazarus-ide.org/** (Abbildung 2.4).

Die ausführliche deutschsprachige Dokumentation finden Sie unter **http://wiki.Free Pascal.org/Lazarus_Documentation/de** und das deutschsprachige Forum unter **http://www.lazarusforum.de** .

Oben links auf der Homepage (Abbildung 2.4, Markierung D) finden Sie den Download-Link, der Sie auf die eigentliche Download-Seite führt (Abbildung 2.5). Hier werden Ihnen Downloads für die verschiedensten Betriebssysteme angeboten darunter 32- und 64-Bit-Windows-Versionen. Weitere Versionen stehen für die Betriebssysteme Linux und Mac OS zur Verfügung. Auf einen Blick erfahren Sie auf dieser Seite auch welche Version die derzeit neueste ist. Der eigentliche Download

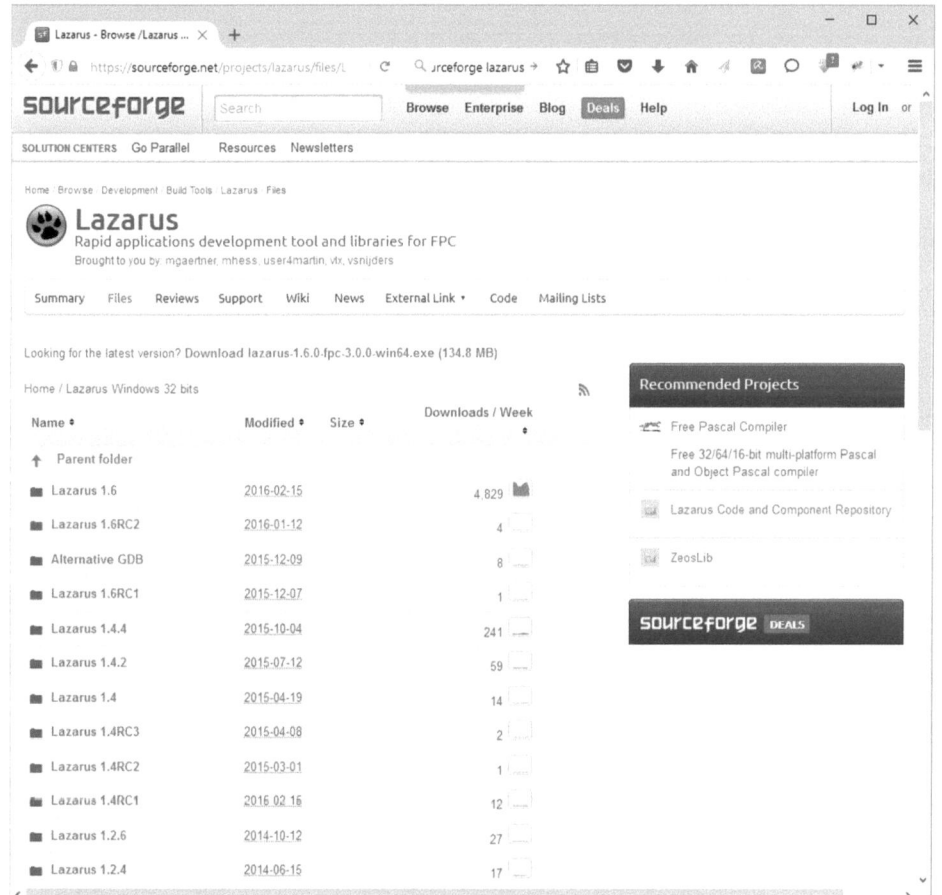

Abbildung 2.6: Lazarus Downloadmöglichkeiten bei SourceForge.

erfolgt dann über weine weiteren Link bei SourceForge (Abbildung 2.6). Hier können Sie auch ältere Versionen abrufen und Sie sehen auf einen Blick in welchem
Umfang die Versionen genutzt werden.

In unserem Fall (März 2016) ist die neueste Version die Windows 64 Bit Version
lazarus-1.6.0-fpc-3.0.0-win64.exe (134,8 MB). Für die Entwicklung von 32 Bit-
Anwendungen auf 64-Bit-Systemen gibt es einen Zusatz für die Entwicklungsumgebung der in der Datei **lazarus-1.6.0-fpc-3.0.0-cross-i386-win32-win64.exe**.

Da sich dieses Buch schwerpunktmäßig mit Windows-Programmierung befasst und
Sie außerdem mit möglichst aktueller Software arbeiten möchten, laden Sie die
Datei **lazarus-1.6.0-fpc-3.0.0-win64.exe** herunter (Abbildung 2.5 und 2.6).

2.3.1.2. Setup

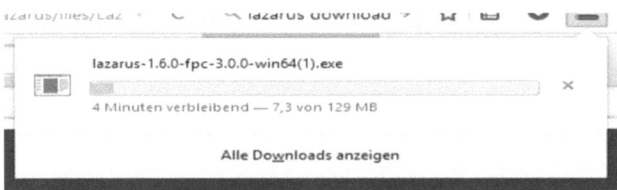

*Abbildung 2.7: Fortschrittsanzeige für den Lazarus-
Download*

*Abbildung 2.8: Eintrag der Lazarus-Installationsdatei
im Download-Fenster des Internet-Browsers (hier
Mozilla Firefox) nach erfolgtem Download*

Nach dem Herunterladen starten Sie die Installation von Lazarus durch einen Doppelklick mit der linken Maustaste auf den Namen der verwendeten Lazarus-Installationsdatei. In unserem Fall ist das **lazarus-1.6.0-fpc-3.0.0-win64.exe** . Das Anklicken erfolgt im Download-Fenster des Internet-Browsers (Abbildung 2.8). Ebenso
gut könnte es im Internet Explorer geschehen.

Danach erscheint ein Fenster gemäß Abbildung 2.10 und Ihnen wird mitgeteilt, dass Windows den Herausgeber des Programms nicht identifizieren kann. Sie werden deshalb gefragt ob Sie die Installation trotzdem durchführen möchten. Da Sie das tun wollen betätigen Sie die Schaltfläche Ausführen.

Abbildung 2.10: Zustimmung zur Ausführung des Installationsprogramms

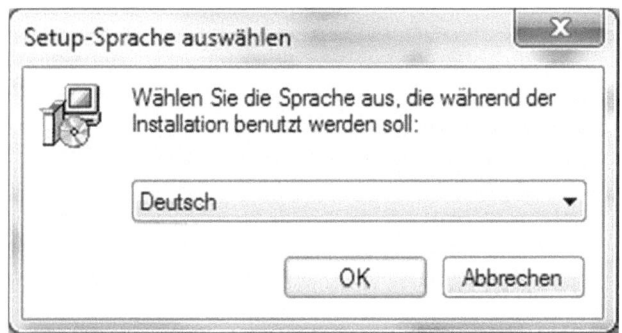

Abbildung 2.9: Auswahl der Dialogsprache für die Lazarus-Installation

Abbildung 2.11: Lazarus-Setup, Begrüßungsfenster

Danach erscheint – von der verwendeten Windows-Version abhängig – ein Fenster, mittels dessen das Setup-Programm Ihnen mitteilt, dass es Änderungen am Rechner vornehmen möchte. Dem müssen Sie ggf. zustimmen.

Anschließend wird die Dialogsprache für das Setup Ihrer Lazarus-Installation bestimmt (Abbildung 2.9).

Danach begrüßt Sie der Lazarus Setup-Assistent (Abbildung 2.11).

Im nächsten Schritt legen Sie fest, in welchem Verzeichnis die Lazarus-Dateien abgelegt werden sollen. Standardmäßig wird hierfür **C:\Lazarus** angeboten (Abbildung 2.12).

Danach müssen Sie noch den Installationsumfang wählen. Neben der vollständigen Installation, für die Sie sich entscheiden sollten, wird eine kompakte Installation (nur die notwendigsten Komponenten) und eine benutzerdefinierte Installation angeboten. Hier wird über die Installation der Qt-Interface-DLL sowie die Zuordnung verschiedener Dateiendungen zu Lazarus entschieden (Abbildung 2.13).

In zwei weiteren Fenstern machen Sie Angaben zum Startmenü-Ordner (Abbildung 2.14) und zur Desktop-Verknüpfung (Abbildung 2.15).

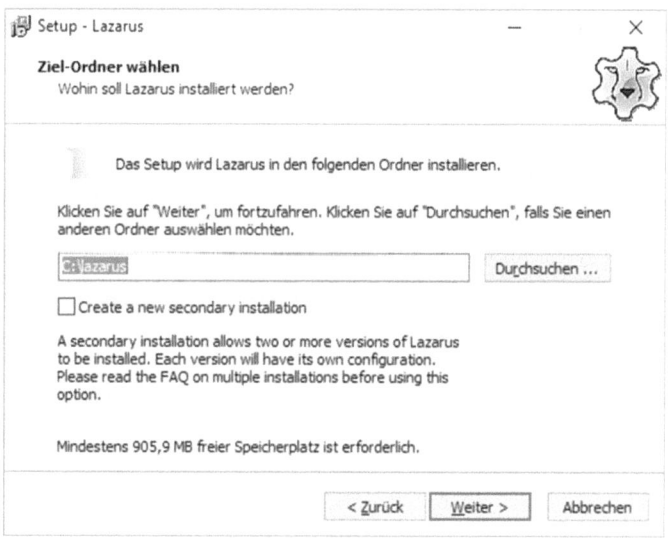

Abbildung 2.12: Angaben zum Installations-Ordner.

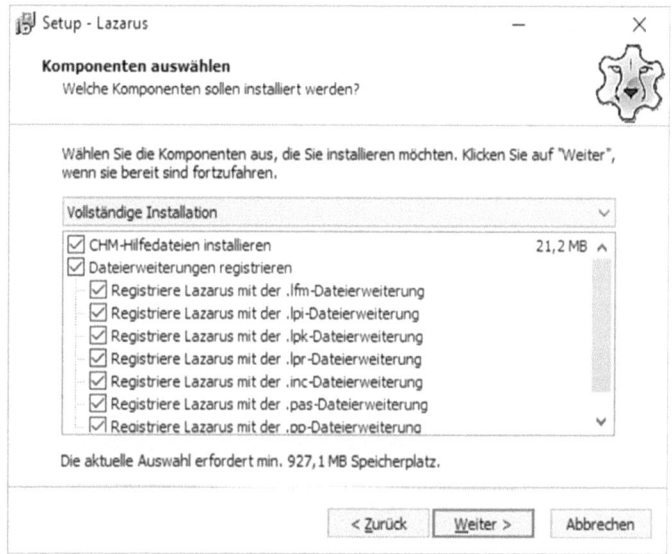

Abbildung 2.13: Auswahl des Installationsumfangs und Zuordnung von Dateiendungen zum Programm Lazarus.

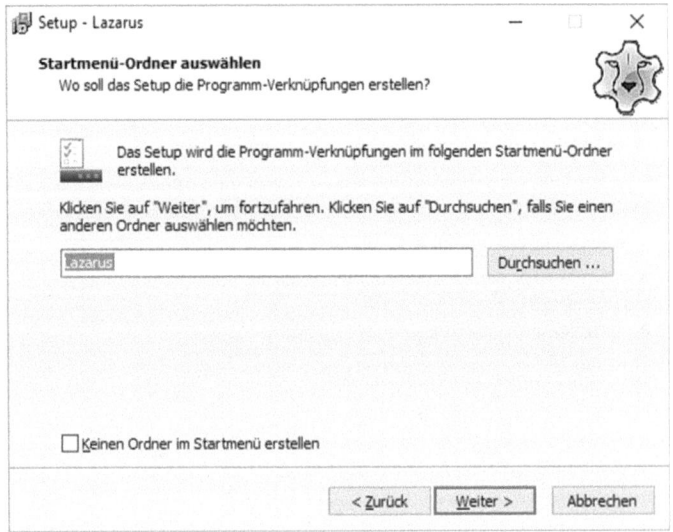

Abbildung 2.14: Angabe des für die Erstellung des Start-
menü-Ordners

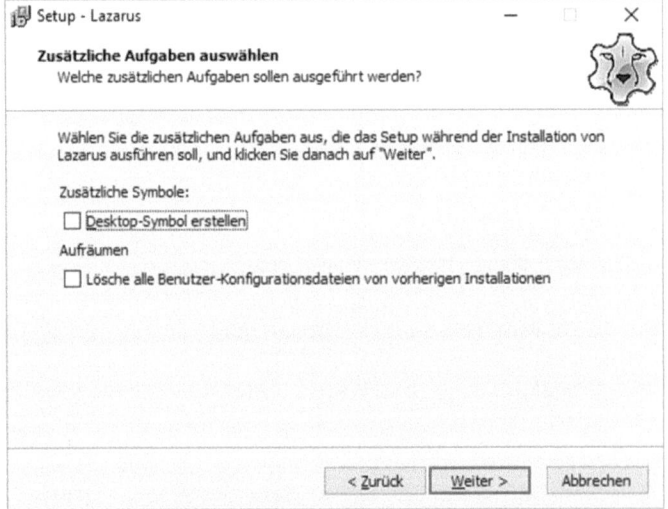

Abbildung 2.15: Zusätzliche Aufgaben (Angaben zur Erstellung des Desktop-Symbols und zum Aufräumen al-
ter Konfigurationsdateien)

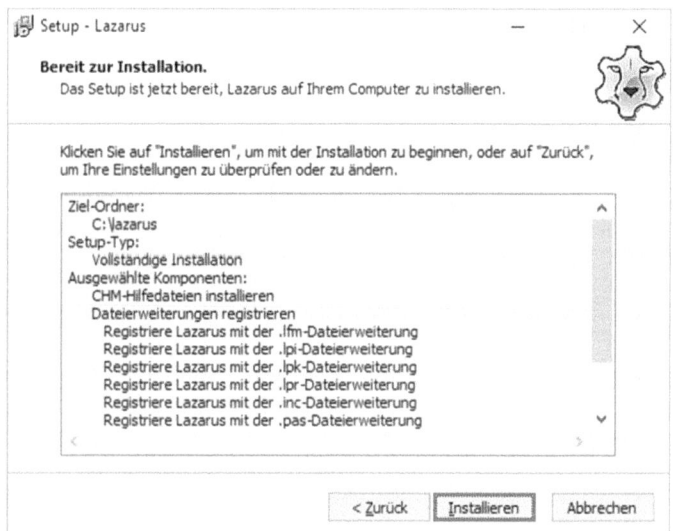

Abbildung 2.16: Übersicht über die für die Installation ausgewählten Einstellungen.

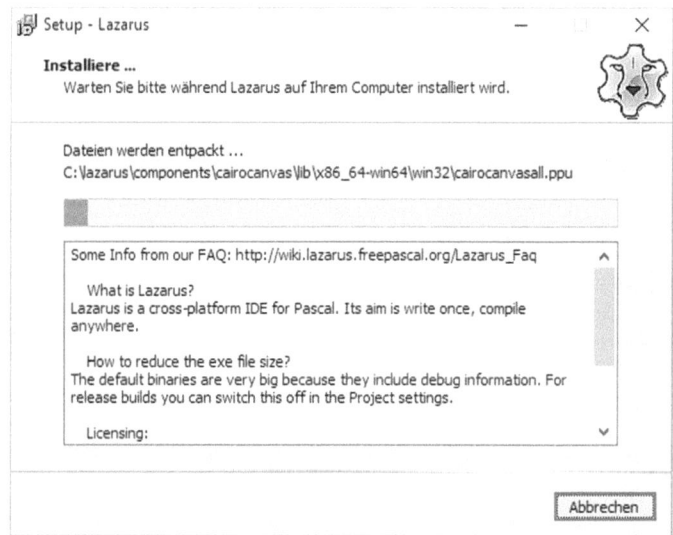

Abbildung 2.17: Anzeige des Installationsfortschritts

Als Startmenüordner wird standardmäßig **Lazarus** vorgeschlagen. Es kann jedoch jeder beliebige andere Name gewählt werden. Auch das Einfügen in einen bereits bestehenden Startmenü-Ordner ist möglich (Abbildung 2.12. Ebenso kann auf einen Startmenü-Eintrag verzichtet werden (Häkchen bei Keinen Ordner im Startmenü erstellen setzen).

Wenn das Häkchen im Formular Zusätzliche Aufgaben auswählen (Abbildung 2.15) gesetzt ist, wird ein Desktop-Symbol für Lazarus erstellt.

Danach erscheint eine Zusammenstellung aller für die Installation gewählten Parameter (Abbildung 2.16). Wenn Sie jetzt die Schaltfläche Installieren betätigen startet die Installation. Dabei wird der Stand der Installation durch einen grünen Balken dargestellt. Ebenso wird der Name der Datei, die momentan installiert wird angezeigt (Abbildung 2.17).

Nach Abschluss der kompletten Lazarus-Installation erscheint die Fertigmeldung gemäß Abbildung 2.18.

Abbildung 2.18: Meldung über die Fertigstellung der Lazarus-Installation

2.3.2.   Start der IEU von Lazarus

Nach der Installation können Sie
das Programm Lazarus starten. Klicken Sie hierzu auf das Programm-
startsymbol in der Schnellstartleiste.
Es erscheint das Programmmenü.
Wenn Sie hier   Alle Programme
wählen erscheint eine Liste der aus-
wählbaren Programme.

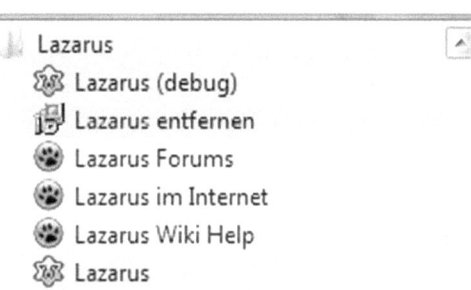

Wählen Sie aus dieser Liste Lazarus (Verzeichnis) und dann nochmals   Lazarus   (Programm)
(Abbildung 2.19). Lazarus erscheint
dann standardmäßig mit der in

*Abbildung 2.19: Anwahlmöglichkeiten im
Verzeichnis Lazarus*

Abbildung 2.20 dargestellten Bedienoberfläche.

2.3.3.   Die Bedienoberfläche (Standardeinstellung)

Die Bedienoberfläche von Lazarus (Abbildung 2.20) besteht in der Standardeinstellung aus drei Fenstern:

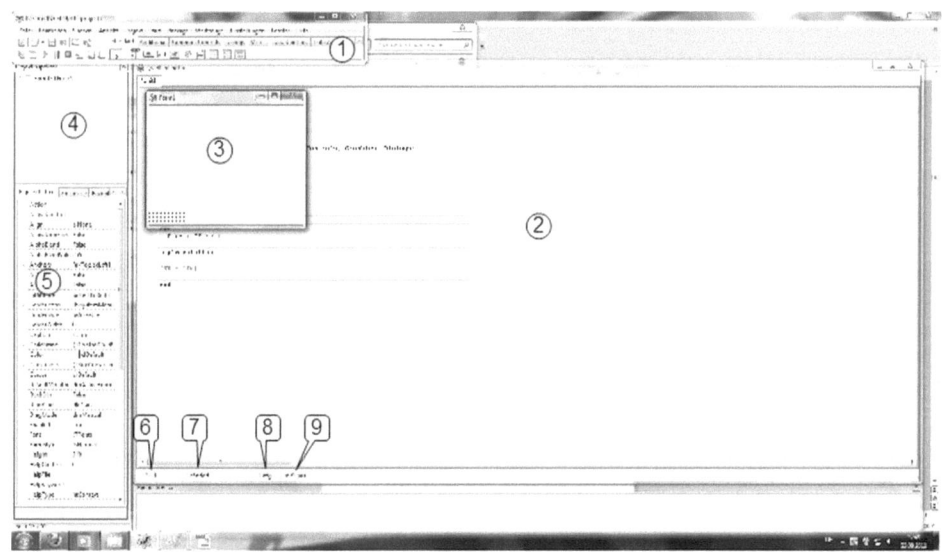

Abbildung 2.20: Bedienoberfläche von Lazarus

- Dem Hauptfenster (1)
- Dem Objektinspektor (4 und 5) und
- Dem Quelltexteditor (2) ggf. mit Formularen im Entwurfsmodus (3). Die Punkte 6 bis 9 behandeln Details des Queltexteditors.

Das Hauptfenster (1) dient der allgemeinen Programmbedienung und der Auswahl der visuellen Programmkomponenten. Auf dem oberen Rand finden Sie die Bezeichnung der verwendeten Lazarus-Version und des momentan bearbeiteten Projekts. Darunter finden Sie die Menüpunkte in der bei Windows-Programmen üblichen Anordnung.

Im dritten Abschnitt finden Sie links Schaltflächen, mittels derer Sie wesentliche Programmfunktionen direkt und ohne Umweg über das Menü aufrufen können. Im rechten Bereich ist die Werkzeugpalette untergebracht mittels derer Sie die visuellen Komponenten anwählen können. Diese werden vor allem für die Windows-Programmierung benötigt und kommen ab Kapitel 9 zum Einsatz.

Der Objektinspektor (4 und 5) unterstützt Sie bei der Anwendung und Einstellung visueller Komponenten also vorzugsweise im Umfeld des formularorientierten[9] Programmierens. Mehr dazu erfahren Sie ebenfalls ab Kapitel 9.

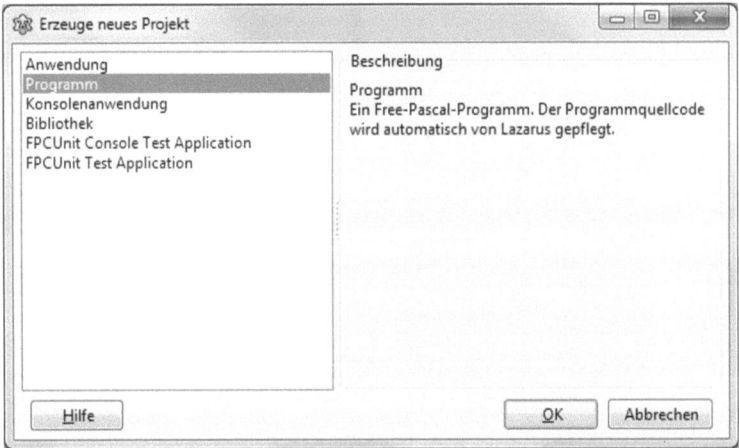

Abbildung 2.21: Auswahlfenster für Projektschablonen (erreichbar mit Projekt|Neues Projekt....)

---

9 Der Begriff wurde eingeführt um sowohl Windows als auch Linux und evtl. weitere Betriebssysteme einzubeziehen.

Im Textmodus dient der Quelltexteditor zum Bearbeiten des Quelltexts, im Formularmodus (vorzugsweise) zum interaktiven Erstellen von formularorientierten Programmen. Das Umschalten zwischen Text- und Formularmodus erfolgt mittels der Taste F12.

2.3.4. Auswahl einer Programmschablone

Beim Start bietet Ihnen Lazarus standardmäßig ein leeres Projekt der Kategorie Anwendung an. Dabei handelt es sich um ein Projekt mit grafischer Bedienoberfläche. Wie oben dargestellt werden Sie jedoch zunächst ein Programm mit einer zeichenorientierten, alphanumerischen Benutzeroberfläche („DOS-Anwendung") erstellen. Auch hierfür bietet Lazarus Programmschablonen.

Mit Projekt | Neues Projekt ... öffnen Sie das in Abbildung 2.21 dargestellte Auswahlfenster für Projektschablonen. Wenn Sie dort Einfaches Programm wählen wird im Quelltexteditor eine Schablone für ein Einfachstprogramm angelegt. Da es

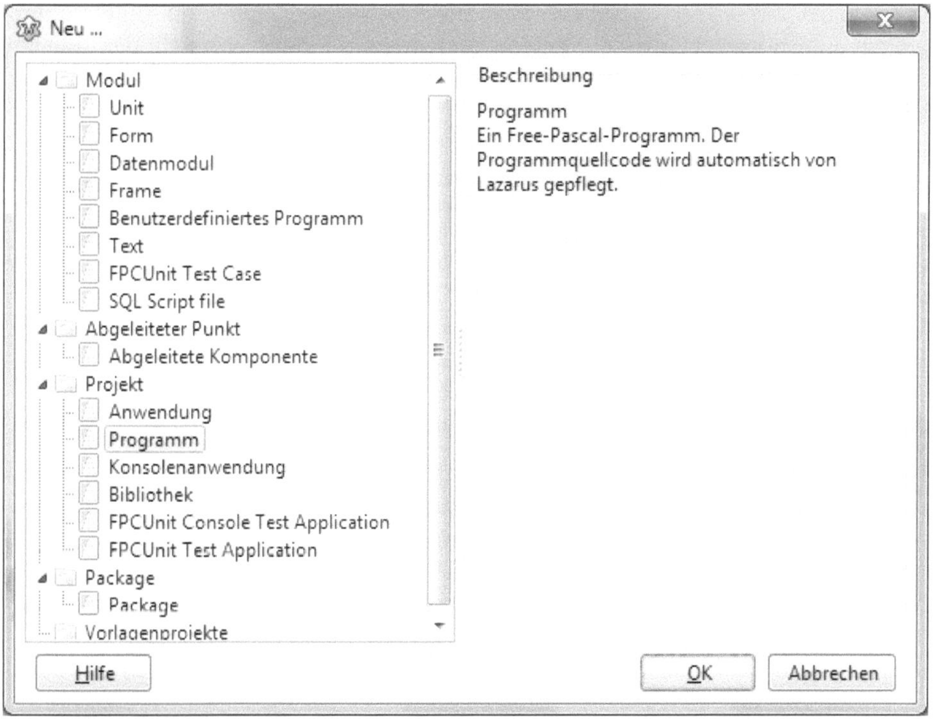

Unter Anwendung im Sinne von Abbildung 3.2 ist eine Anwendung mit grafischer Bedienoberfläche zu verstehen.

Zunächst bitte ausschließlich die Schablone **Einfaches Programm** wählen (weder **Anwendung** noch **Konsolanwendung**) !!

Abbildung 2.22 Auswahlfenster für Modulschablonen (erreichbar mit Datei\Neu...)

sich um keine formularorientierte Anwendung handelt bleibt der Objektinspektor leer. Desgleichen wird natürlich kein Formular im Entwurfsmodus angelegt.

In ähnlicher Weise können Sie unter Datei|Neu … ein Fenster (Abbildung 2.22) aufrufen in dem Schablonen für Programme und Programmkomponenten abgerufen werden können. Wählen Sie auch hier unter Projekt den Eintrag Einfaches Programm. Es öffnet sich ein Editierfenster mit dem nachstehend dargestellten minimalen Programmtext:

```
program Project1;

begin
end.
```

Durch Standard-Pascal sind die erste und die beiden letzten Zeilen der Programmschablone definiert. Die Bedeutung der übrigen Zeilen – diese berücksichtigen Besonderheiten der Entwicklungsumgebung – wird an späterer Stelle erläutert. Vorläufig müssen Sie diesen Zeilen keine nähere Beachtung schenken.

In ähnlicher Weise können Sie sich auch mit Projekt|Konsolanwendung einen Programmrahmen vorgeben lassen. Projekt|Anwendung hingegen erstellt den Rahmen für eine Anwendung mit grafischer Bedienoberfläche. Dieses Thema wird ab Kapitel 9 behandelt.

2.3.5.   Ergänzung des Programmrahmens mit dem Quelltexteditor

Bestimmte Vorgaben der Entwicklungsumgebung sollte der Programmieranfänger keinesfalls ändern.

Den Programmtext der Schablone müssen Sie nun gemäß der Aufgabenstellung ergänzen. Diese Ergänzung erfolgt zwischen den Schlüsselwörtern begin und end. Die restlichen Programmzeilen – sie dienen der Anpassung an unterschiedliche Betriebssysteme – wären bei unserer extrem einfachen Anwendung sogar verzichtbar. Aus Gründen der Systematik sollte man Sie aber als von der Entwicklungsumgebung vorgegebene feste Größe betrachten und vorläufig nichts daran verändern.

Für diese Ergänzung des Programmrahmens zum anforderungsgemäßen Programm benutzen Sie den Editor. Der steht Ihnen immer dann zur Verfügung, wenn das Editorfenster aktiv ist. Das ist dann der Fall, wenn der Rand des Fensters dunkel eingefärbt ist. Die Aktivierung erfolgt durch Klicken im Editorfenster mit der linken Maustaste.

Wenn sie den Klick im Clientbereich[10] des Editorfensters ausführen, dann positionieren Sie damit zugleich den Cursor. Geschrieben wird grundsätzlich an der Cursorposition, wobei das Schreiben einfügend oder ersetzend (überschreibend) erfolgen kann. Die Umschaltung des Schreibmodus erfolgt mit der Taste Einfg. Welcher Schreibmodus aktuell eingestellt ist, wird an der Unterseite des Editorfensters angezeigt[11] (Einfg oder Üb) (Abbildung 2.20, (8)). Ebenfalls dort wird die Cursorposition im Format Zeile:Spalte (6), der Änderungszustand (Text geändert oder nicht (7)) und der Name der aktuell angewählten Datei (9) angezeigt.

Der Cursor kann innerhalb der Datei (vom Anfang bis zur letzten aktuell existierenden Zeile) freizügig mit der Maus oder mit den Tasten ⬅, ⬆, ➡ und ⬇ positioniert werden. Eine Verlängerung der Datei ist durch Schreiben am Dateiende möglich.

```
uses
   {$IFDEF UNIX}{$IFDEF UseCThreads}
   cthreads,
   {$ENDIF}{$ENDIF}
   Classes
   { you can add units after this };

{$R *.res}
```

Abbildung 2.24: Entfalteter Programmblock

```
uses    ...

{$R *.res}
```

Abbildung 2.23: Zusammengefalteter Programmblock

---

10 Clientbereich = derjenige Bereich, in dem untergeordnete Elemente (z. B. Schaltflächen oder Textfelder) platziert werden können.
11 In Abbildung 2.20 ist Einfügen (Anzeige *Einfg*) dargestellt.

Auf- und Zuklappen von Blöcken

Auf dem Editierfenster finden Sie links vom Clientbereich eine grau schattierte Zone, in der Details zum Editiervorgang eingestellt und Angaben für den Debug-Vorgang (Erläuterung ab 6.1.4) gemacht werden können.

Im weißen Bereich direkt vor dem Text finden Sie kleine Schaltflächen **+** und **-** . Durch Betätigung von **+** (Abbildung 2.24) wird ein Block entfaltet. Betätigung von **-** faltet ihn wieder zusammen (Abbildung 2.23).

Individuelle Einstellungen für den Editor

Die Editoreinstellungen können dem Bedarf des Nutzers in vielfältiger Weise ange-passt werden. Wenn Sie Einstellungen|Einstellungen... wählen öffnet sich das Fenster IDE Einstellungen (32). Unter Editor|Allgemein (Abbildung 2.26) können

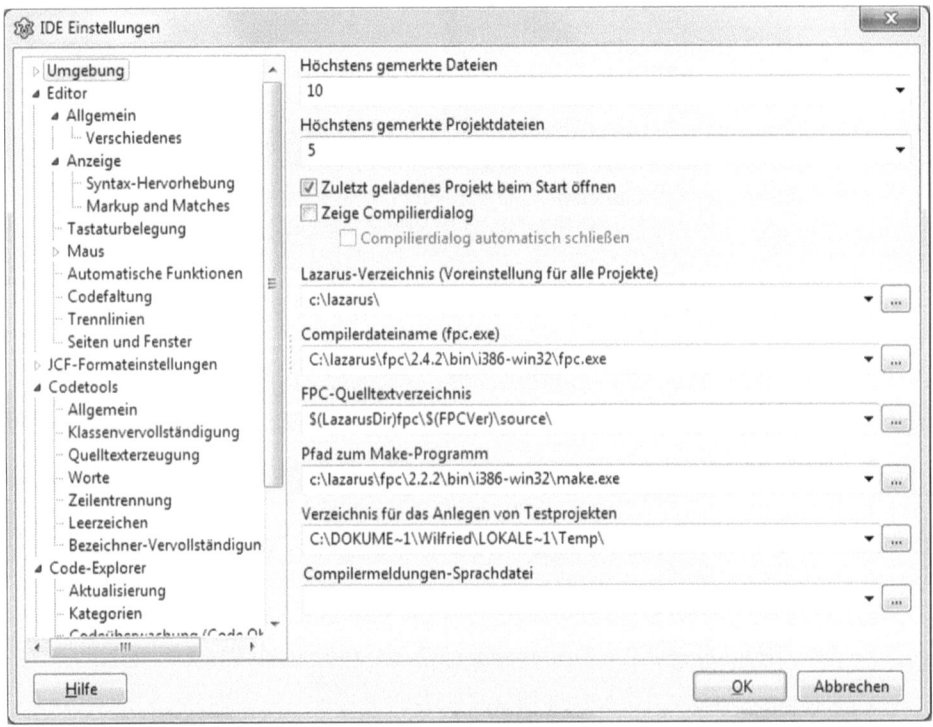

Abbildung 2.25: Allgemeine Einstellmöglichkeiten für die Lazarus-Entwicklungs-
  umgebung

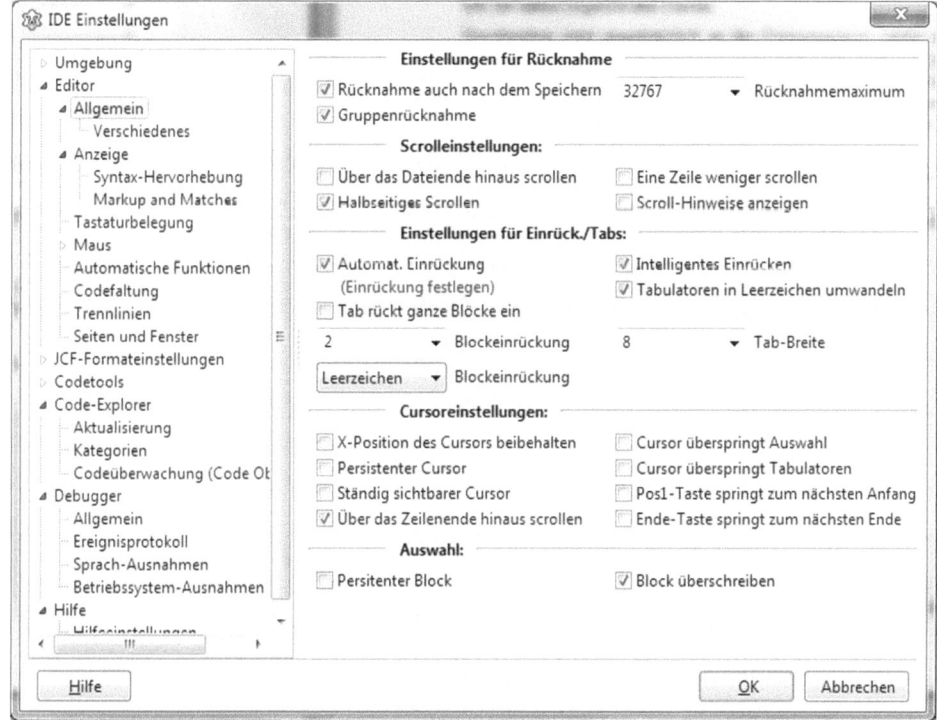

Abbildung 2.26: Einstellungen für den Editor

in diesem Fenster zahlreiche individuelle Einstellungen vorgenommen werden. Auf einige Möglichkeiten, die schon bei der Erstellung der ersten Programme von Bedeutung sein können wird nachstehend eingegangen. Weitere Themen werden später dort behandelt wo sie unmittelbar für die Programmentwicklung benötigt werden.

Die Hilfefunktion für diese und vergleichbare Seiten existiert in Form eines Wikis. Sie ist hier wie in den meisten Fällen sehr gut, aber vorläufig nur in Englisch verfügbar.

Gute Hilfe in Form eines Wikis – leider nur auf Englisch!

2.3.6. Speichern und Laden von Dateien und Projekten

Das neu erstellte Projekt speichern Sie mit Projekte|Projekt speichern unter … Wenn Sie das Projekt unter dem Dateinamen **MeinProjekt.lpi** im Verzeichnis XX speichern, werden dort zunächst vier Dateien angelegt:

- **MeinProjekt.lpi:** Projektinformationsdatei im XML-Format. Sie enthält Informationen über wesentliche Einstellungen und Bestandteile des Projekts. Eine komfortable Betrachtung und Änderung der Datei ist u. a. über den Menüpunkt Projekt|Projektinspektor ... möglich. (Details hierzu finden Sie in 8.7.3.1)
- **MeinProjekt.lpr**: Der Quelltext Ihres (Haupt-) Programms.
- **MeinProject.ico**: Ein dem Programm zugeordnetes grafisches Symbol (Auswahlmöglichkeit). Diese Symbol erscheint z. B. Auf dem Bildschirm, wenn Sie eine Verknüpfung zur ausführbaren Datei (**MeinProjekt.exe**, s.u.) auf den Desktop legen.
- **MeinProjekt.res**: Resourcendatei. Beinhaltet Details der grafischen Bedienoberfläche, z. B. Beschriftungen, Bilder...

2.3.7. Übersetzen Sie Ihr Projekt

Die Übersetzung (und bei erfolgreicher Übersetzung auch das Binden (Linken)) Ihres Projekts starten Sie am einfachsten durch Betätigen der Schaltfläche .

Dabei entsteht im Projektverzeichnis zusätzlich die Datei **MeinProjekt.exe**. Das ist die ausführbare Programmdatei (executable), also letztlich das Programm, das bei seiner Ausführung die geforderte Aufgabenstellung löst.

Weiterhin wird im Projektverzeichnis – das ist das Verzeichnis, das die vier oben genannten Dateien enthält – das Verzeichnis **lib** und darin wiederum das Verzeichnis i386-win32 (Lösungen Windows 32Bit) und/oder das Verzeichnis x86_64-win64 (Lösungen Windows 64Bit) angelegt. Das enthält die Dateien

Diese Dateien finden Sie im Unterverzeichnis lib\i386-win32 bzw. lib\ix86_64-win64 des Projektverzeichnisses XX.

- **MeinProjekt.compiled**: Free-Pascal-Übersetzungsstatus (XML-Datei).
- **MeinProjekt.o**: Der Objectcode Ihres (Haupt-)programms. Sofern Sie ein Hauptprogramm übersetzt haben, können Sie diese Datei löschen. Wenn eine Unit () übersetzt wurde, ist diese Datei zu erhalten, da sie beim Einbinden der Unit in eine übergeordnete Programmeinheit benötigt wird (näheres finden Sie in Abschnitt 8.7).
- **MeinProject.or**: Ein dem Programm zugeordnetes grafisches Symbol (Auswahlmöglichkeit). Diese Symbol erscheint z. B. auf dem Bildschirm, wenn Sie eine Verknüpfung zur ausführbaren Datei (**MeinProjekt.exe**, s.u.) auf den Desktop legen.
- **MeinProjekt.res**: Resourcendatei. Eine Kopie der oben beschriebenen Datei gleichen Namens.

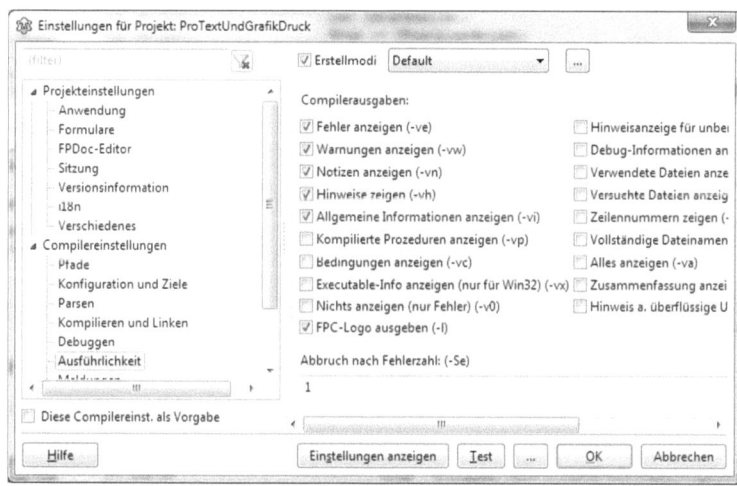

Abbildung 2.27: Dialogfenster zum Einstellen der Ausführlichkeit
der Fehlermeldungen

Wesentliche Ereignisse, die während des Übersetzungsvorgangs eintreten, werden im Fenster Nachrichten angezeigt. Wie ausführlich die Darstellung erfolgen soll, können Sie im Dialog mit Projekt|Projekteinstellungen|Ausführlichkeit einstellen. Das Fenster (Abbildung 2.27) bietet zahlreiche Möglichkeiten. Auf jeden Fall ist es empfehlenswert, die Fehler und die Warnungen anzeigen zu lassen. Die übrigen Anzeigen sollten nur bei Bedarf und mit Bedacht ausgewählt werden. Zu viele Anzeigen verlängern den Übersetzungsprozess und sind schwer auszuwerten. Bei Bedarf – z. B. bei hartnäckigen Fehlern sollte man daher eher mehrmals übersetzen und nacheinander wechselnd immer nur einige wenige Anzeigen einschalten.

2.4. Lösung

2.4.1. So erstellen Sie Ihr Programm

Komplettieren Sie das Programm, indem Sie direkt nach dem Schlüsselwort `begin` die Ausgabeanweisung

```
WriteLn ('Hallo Welt');
```

einfügen.

Wenn Sie jetzt das Programm öffnen und starten erleben Sie eine unangenehme Überraschung. Der Bildschirm flackert kurz auf und schließt dann wieder. Das war es dann vorläufig.

Was Sie hier tun können wurde bereits auf Seite 28 erläutert.

Sie müssen eine Anweisung einbauen, die das Programm zunächst anhält und es erst nach einer Bedienhandlung (hier Betätigung der Enter-Taste) fortsetzt. Das erreichen Sie, indem Sie im Anschluss an die Schreibanweisung die Leseanweisung `ReadLn` einbauen (Abschnitt 2.2.5). Das komplette Programm lautet dann

```
program project1;

begin
  WriteLn ('Hallo Welt'); //Dies sind die beiden
  ReadLn;                  //individuellen Programmzeilen
end.
```

2.4.2. Kommentare

Wenn Sie den obigen Programmcode kritisch betrachten, fallen Ihnen sofortdie Abschnitte in den geschweiften Klammern ({...}) auf. Hierbei handelt es sich – wenigstens im syntaktischen Sinne – um Kommentare.

Kommentare können über mehrere Zeilen reichen. Alternativ können Sie Kommentare auch mit (/....../) begrenzen. Beide Darstellungsformen sind gleichwertig. Die jeweilige Kombination der Begrenzer muss eingehalten werden. Z. B. ist die Kombination { `Kommentartext` /) unzulässig.

Der Kommentar kann in beliebiger Weise zwischen Sprachelementen platziert werden.

```
WriteLn {Schreibanweisung}('Hallo Welt'){Ausgabetext};
```

Zeilenkom-
mentare rei-
chen nur bis
zum Zeilenen-
de.

Eine weitere Variante des Kommentars ist der Zeilenkommentar bei dem der Kommentar durch zwei Schrägstriche eingeleitet wird. Dieser Kommentar besitzt kein Abschlusssymbol. Er reicht stets bis zum jeweiligen Zeilenende.

Kommentare können auch geschachtelt werden.

Im obigen Beispiel beginnen die meisten „Kommentare" mit einem $-Zeichen. Dieses Zeichen markiert eine Compiler-Anweisung (Compiler-Direktive). Das ist eine Anweisung, die ein bestimmtes Verhalten des Compilers vorgibt. Erläuterungen hierzu finden Sie u. a. in 3.3.3.1 ab Seite 81.

Bei einfachen Programmen können die Zeilen nach dem Programmnamen `project1` und vor `begin` sogar entfallen. Das Programm reduziert sich dann auf die folgenden Zeilen:

```
program project1

begin
```

```
  WriteLn ('Hallo Welt'); //Dies sind die beiden
  ReadLn;                  //individuellen Programmzeilen
end.
```

2.5. Übungsaufgaben zu Kapitel 2

2.5.1. Änderung des Ausgabetextes

Ändern Sie das Programm so ab, dass statt *Hallo Welt* der Text *Fischer's Fritz fischt frische Fische.* ausgegeben wird.

2.5.2. Langer Ausgabetext

Geben Sie den Text

```
Schmidt GmbH und Co. KG Herrn Dr. Hans Maier
```

```
Große Marktstraße 13 12345 Hintertupfingen-Vorderhausen
```

in **zwei** Zeilen aus. Dabei darf im Programmcode jede Zeile höchstens 30 Zeichen enthalten.

2.6. Lösungen zu den Übungsaufgaben zu Kapitel 2

2.6.1. Lösung *Änderung des Ausgabetextes*

```
program project2;

{$mode objfpc}{$H+}


begin
  WriteLn ('Fischer''s Fritz fischt frische Fische');
  ReadLn;
end.
```

2.6.2. Lösung *Langer Ausgabetext*

```
program project3;


begin
  Write ('Schmidt GmbH und Co. KG ');
  WriteLn ('Herrn Dr. Hans Maier');
  Write ('Große Marktstraße 13 12345');
  WriteLn ('Hintertupfingen-Vorderhausen');
  ReadLn;
end.
```

3. Von Typen, Variablen, Bezeichnern, Operatoren und ähnlichem – der Weg zu Ihrem ersten wirklich nützlichen Programm

3.1. Aufgabe: Elementares Rechnen mit ganzen Zahlen

3.1.1. Aufgabenstellung: Ermittlung von Polynomwerten

In diesem Abschnitt werden Programme zur Berechnung von Polynomwerten erstellt. Zuerst erfolgt die Berechnung für Polynome mit ganzzahligen Koeffizienten und Stützstellen. Anschließend werden Programme erstellt, in denen reellwertige Koeffizienten und Stützstellen auftreten können.

3.1.1.1. *Ermittlung des Werts eines Polynoms 3. Ordnung an <u>einer</u> bestimmten Stelle*

Zunächst ist der Wert der Polynomfunktion $y = 3 \cdot x^3 + 7 \cdot x^2 - 3 \cdot x + 4$ an der Stelle x = 5 zu ermitteln, was der Ermittlung des Werts des Ausdrucks $3 \cdot 5^3 + 7 \cdot 5^2 - 3 \cdot 5 + 4$ entspricht.

Erstellen Sie zwei Lösungsvarianten:

* Realisierung von Polynomkoeffizienten und Stützstelle mit numerischen Konstanten.
* Realisierung von Polynomkoeffizienten und Stützstelle mit symbolischen Konstanten.

3.1.1.2. *Ermittlung von Polynomwerten an verschiedenen Stellen und für verschiedene Polynome*

Üblicherweise muss man davon ausgehen dass die Berechnung nicht nur für eine Stelle und auch nicht nur für ein feststehendes Polynom erfolgen soll. Deshalb ist das Programm so abzuändern, dass zwar die Polynomfunktion[12] $y = a \cdot x^3 + b \cdot x^2 + c \cdot x + d$ gleich bleibt, die Werte von a, b, c, d und x jedoch geändert werden können.

a, b, c, d und x seien **ganze Zahlen** die per Dialog eingegeben werden. y ist nach der Berechnung auf dem Bildschirm auszugeben.

---

12 In dieser Funktion sind a, b, c und d die Polynomkoeffizienten und x das Argument

3.1.2. Der Beitrag von Pascal

3.1.2.1. *Rechnerinterne Darstellung ganzer Zahlen*

Ganze Zahlen werden im Rechner zahlweise, Zeichen und Zeichenketten hingegen

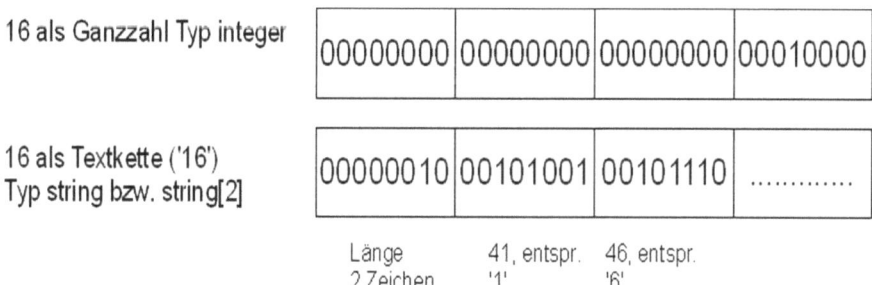

Abbildung 3.1: Rechnerinterne Realisierung von 16 als Ganzzahl und als Textkette (zum Typ String s. a. 3.3.2.2)

zeichenweise verschlüsselt.

Die Zahl 16 als Ganzzahl wird üblicherweise als Dualzahl in (mindestens) 5 Bits dargestellt. Diese Zahl ist als Ganzes zu betrachten. Eine Zuordnung einzelner Bits zu einzelnen Dezimalstellen ist nicht möglich. Dagegen erfolgt in Textketten die Informationsdarstellung zeichenweise. Jedes Textzeichen, jede Dezimalziffer ist im Programmcode individuell identifizierbar (Abbildung 3.1).

Mit den Anweisungen `Write` und `WriteLn` werden die Daten in der Parameterliste (d. h. in der Klammer) automatisch in die richtige Form gebracht (konvertiert). Sowohl bei der Anwendung der Anweisung WriteLn(16) als auch bei WriteLn('16') erscheint als Ausgabe 16. Im ersten Fall wird eine ganze Zahl, im zweiten Fall eine Textkette ausgegeben.

Die einzelnen Ziffern ganzer Zahlen (außer bei Zahlen zur Basis 2 (Dualzahlen)) sind im Programmcode nicht identifizierbar. S.a. Abbildung 3.1. Die Zeichen von Textketten werden als Gruppen von 8 Bits (Bytes) dargestellt. Je nach Codierung belegt ein Zeichen ein oder mehrere Bytes.

8 Bits bilden 1 Byte

3.1.2.2. *Ordinale Datentypen*

Ordinalzahlen sind ganzzahlig und geordnet. Sie besitzen einen kleinsten und einen größten Wert. In handelsüblichen Rechnern werden Ordinalzahlen heute fast ausschließlich als Dualzahlen in der 2-Komplement-Darstellung (Abbildung 3.2) darge-

16 als Ganzzahl Typ integer

| 00000000 | 00000000 | 00000000 | 00010000 |

1-Komplement der obigen Zahl

| 11111111 | 11111111 | 11111111 | 11101111 |

2-Komplement der obigen Zahl (entspricht der Integer-Ganzzahl -16)

| 111111111 | 11111111 | 11111111 | 11110000 |

Abbildung 3.2: Komplemente von 16 als Basis der rechnerinternen Darstellung von -16

stellt. Was heißt das? Bekanntlich stehen innerhalb des Rechners sogenannte Bits, die den Wert 0 oder 1 annehmen können zur Informationsdarstellung zur Verfügung. Eine Gruppe von Bits (in der Regel 8) bezeichnet man als Bytes. Eine ganze Zahl ist ein oder mehrere Bytes lang. Zu den ordinalen Datentypen gehören auch andere Grundtypen von (Free) Pascal wie `boolean` und `char`.

3.1.2.3. Ganzzahlige (Integer-) Datentypen

Ganzzahlimplementationen auf Digitalrechnern unterscheiden sich hinsichtlich des Vorzeichens und der Länge.

D		K W	Größ W	Anzahl By
byte		0	$255 = 2^8-1$	1
word		0	$65.535 = 2^{16}-1$	2
integer		$-2.147.483.648 = -2^{31}$	$2.147.483.647 = 2^{31}-1$	4
cardinal		0	$4.294.967.295 = 2^{32-1}$	4
pointer		0	$4.294.967.295 = 2^{32-1}$	4
PtrInt	Diese Typen haben die selbe	-2.147.483.648	2.147.483.647	4
PtrUInt	Länge wie ein Zeiger (pointer)	0	4.294.967.295	4

Tabelle 3.1: Wertebereich der vordefinierten ganzzahligen Datentypen auf 32-Bit-Plattformen

Datentyp		Kleinster Wert	Größter Wert	Anzahl Bytes
byte		0	$255 = 2^8 - 1$	1
word		0	$65.535 = 2^{16} - 1$	2
integer		$-2.147.483.648 = -2^{31}$	$2.147.483.647 = 2^{31} - 1$	4
cardinal		0	$4.294.967.295 = 2^{32-1}$	4
pointer		0	$2^{64} - 1$	8
PtrInt	Diese Typen haben die selbe Länge wie ein Zeiger (pointer)	-2^{63}	$2^{63} - 1$	8
PtrUInt		0	$2^{64} - 1$	8

Tabelle 3.2: Wertebereich der vordefinierten ganzzahligen Datentypen auf 64-Bit-Plattformen

Bei vorzeichenbehafteten Zahlen (z. B. beim Datentyp `integer`) nimmt das höchstwertige Bit im Falle negativer Zahlen den Wert eins an. Bei vorzeichenfreien Zahlen (z. B. beim Datentyp `word`) hat es keine besondere Bedeutung. Vorzeichenbehaftete Zahlen werden üblicherweise in der 2-Komplement-Darstellung (nicht in der 1-Komplement-Darstellung!!) dargestellt. Stehen für eine Zahl n Bits zur Verfügung, so reicht ihr Wertebereich bei vorzeichenbehafteten Zahlen von -2^{n-1} bis $2^{n-1} - 1$. Bei vorzeichenfreien Zahlen erstreckt er sich von 0 bis $2^n - 1$.

Vorzeichenbehaftete Zahlen verwenden üblicherweise die 2-Komplement-Darstellung

`byte`, `word`, `integer` und `cardinal` sind Datentypen, die in allgemeinen Berechnungen verwendet werden.

3.1.2.4. Vereinbarungsteil

Der Vereinbarungsteil in dem Konstante, Variable, Typen, Prozeduren und Funktionen vereinbart werden, ist im Programm zwischen den Schlüsselwörtern `program` und `begin` zu finden. Vereinbarungsteile treten auch in später behandelten Elementen wie Prozeduren, Funktionen, Klassen und Units auf. Hierauf wird bei Besprechung der betreffenden Elemente näher eingegangen.

Die Syntax für den Vereinbarungsteil finden Sie in Syntaxdiagramm 3.1. Eine erweiterte Version der Syntax für das Programm zeigt Syntaxdiagramm 3.7.

Vereinbarungsteil

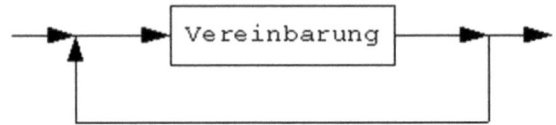

Syntaxdiagramm 3.1: Vereinbarungsteil

Vereinbarung

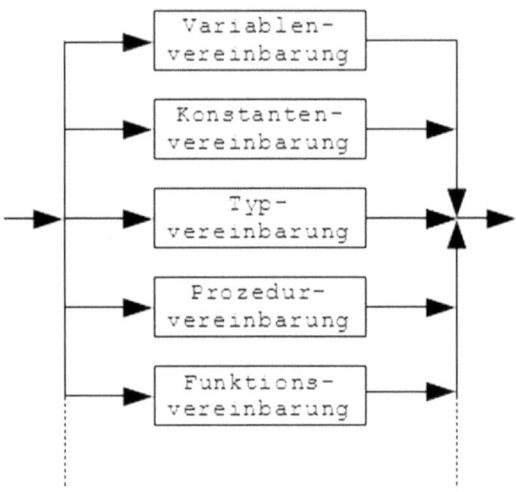

Syntaxdiagramm 3.2: Vereinbarung

Programm

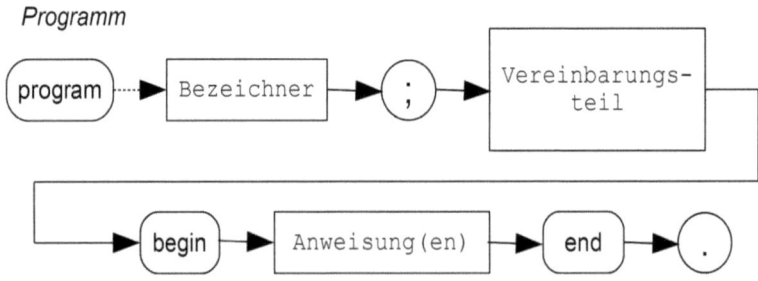

Syntaxdiagramm 3.7: Programm, (erweiterte Version)

Ganzzahl

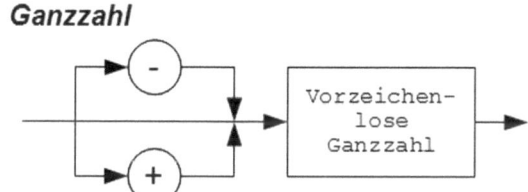

Syntaxdiagramm 3.3: Ganzzahl

Vorzeichenlose Ganzzahl

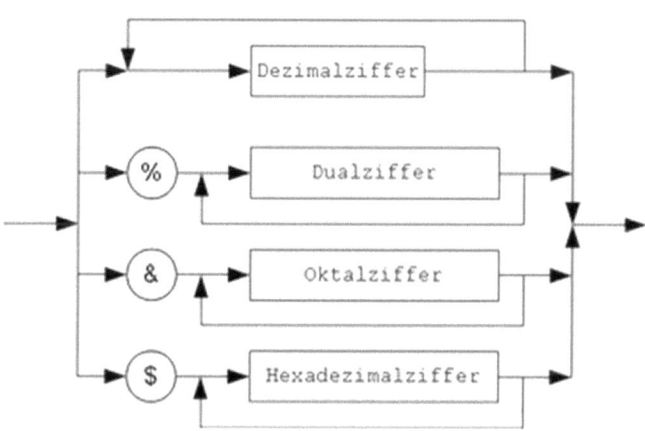

Syntaxdiagramm 3.4: Vorzeichenlose Ganzzahl

Dezimalziffer

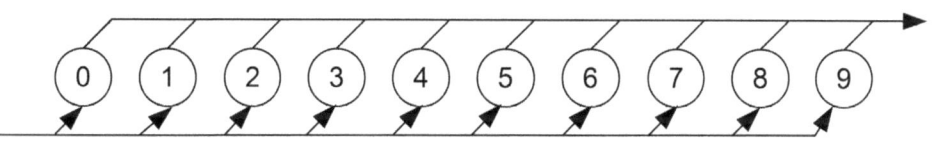

Syntaxdiagramm 3.5: Dezimalziffer

Ganzzahlige Konstante und Variable

Ganzzahlige Konstante können als Dezimal-, Hexadezimal-, Oktal- oder Dualkonstante dargestellt werden.

Hexadezimalziffer

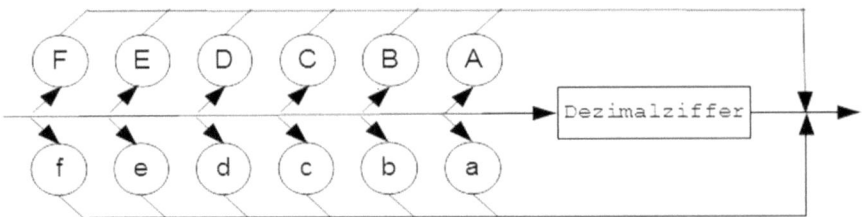

Syntaxdiagramm 3.8: Hexadezimalziffer

Oktalziffer   **Dualziffer**

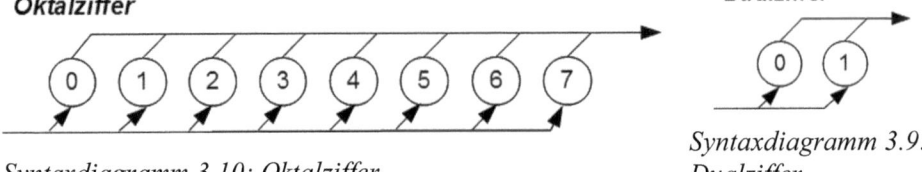

Syntaxdiagramm 3.9:
Dualziffer

Syntaxdiagramm 3.10: Oktalziffer

Dezimalkonstante bestehen aus einer beliebigen Folge der Ziffern 0 bis 9, der ggf. ein Vorzeichen (+ oder –) vorangehen kann.

Bei Hexadezimalkonstanten geht der ersten Ziffer ein $ (Dollarzeichen) voraus. Oktalzahlen beginnen mit einem & und Dualzahlen mit einem %.

Das Syntaxdiagramm 3.4 zeigt die Syntax einer vorzeichenlosen Ganzzahl.

Konstante können durch das Programm nicht geändert werden.

Ganzzahlige Konstanten können als Zahlkonstante oder als symbolische Konstante auftreten. Zahlkonstante werden direkt dargestellt. Für symbolische Konstante wird ein Bezeichner eingeführt, dem im Vereinbarungsteil hinter dem Schlüsselwort const der Konstantenwert zuzuweisen ist.

Eine Veränderung von Variablen durch das Programm ist möglich.

Symbolische Konstante haben während der gesamten Prozessdauer (d. h. solange das Programm ausgeführt wird) den selben Wert, der durch das Programm nicht geändert werden kann.

Sollen Werte durch das Programm geändert werden können, so müssen sie als Variable vereinbart werden. Das geschieht im Vereinbarungsteil hinter dem Schlüsselwort var.

Jedes Symbol muss vor der Verwendung vereinbart werden.

Für jedes Symbol, sei es eine Konstante oder eine Variable gilt grundsätzlich:
Wenn Sie im Anweisungsteil auf ein Symbol verwenden möchten, müssen Sie es vorher im Vereinbarungsteil durch eine Deklaration (Vereinbarung) bekannt ma-

Variablenvereinbarung

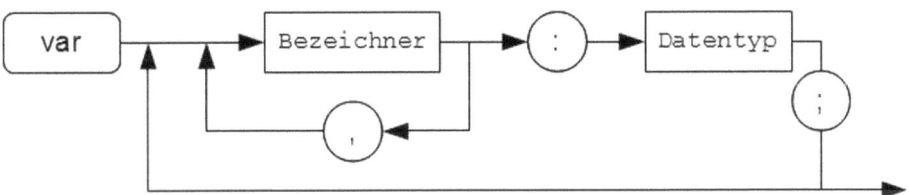

Syntaxdiagramm 3.11: Variablenvereinbarung

Konstantenvereinbarung

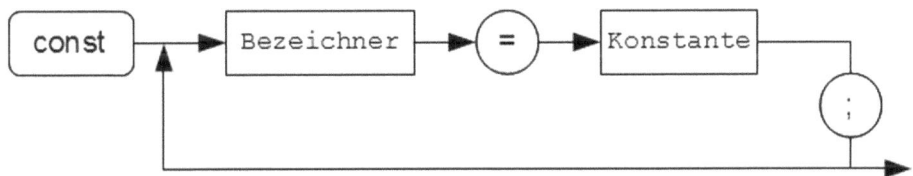

Syntaxdiagramm3.12: Konstantenvereinbarung

chen. Syntaxdiagramm3.12 zeigt die Syntax für die Konstanten-, 3.11 diejenige für die Variablenvereinbarung.

Durch die Konstanten-/Variablenvereinbarung wird eine bestimmte Anzahl von Bytes auf dem Rechner zur Aufnahme der jeweiligen Größe reserviert. Die Anzahl der reservierten Bytes ergibt sich aus dem vereinbarten Datentyp (Tabellen 3.1 und 3.2). Der Variablenbezeichner bezeichnet symbolisch den Ort des Speichers. Der Wert der Bits am entsprechenden Speicher Ort entspricht dem Wert der Konstanten / Variablen

In der ersten Programmversion taucht als einzige Variable y auf. Dementsprechend lautet die Variablenvereinbarung:

```
var
  y: integer;
```

Die Konstanten können direkt in den arithmetischen Ausdruck zur Berechnung von y eingesetzt werden werden oder als symbolische Konstante vereinbart werden. In diesem Fall lautet die Konstantenvereinbarung

```
const
  a = 3;
  b = 7;
  c = -3;
  d = 4;
  x = 5;
```

Für die zweite Programmversion müssen Sie die Konstantenvereinbarung durch eine Variablenvereinbarung ersetzen. Diese lautet wie folgt:

```
var
  a: integer;
  b: integer;
  c: integer;
  d: integer;
  x: integer;
  y: integer;
```

Etwas kürzer könnten Sie die Vereinbarung auch in der folgenden Form schreiben:

```
var
  a, b, c, d, x, y: integer;
```

Ich empfehle Ihnen aber aus Gründen der Selbstdokumentation des Programmcodes die zuerst eingeführte Version zu verwenden. Dann können Sie die Variablen nach nachstehendem Muster leicht durch integrierte Kommentare beschreiben:

```
var
  a: integer; //Polynomkoeffizient 3. Ordnung
  b: integer; //Polynomkoeffizient 2. Ordnung
  c: integer; //Polynomkoeffizient 1. Ordnung
  d: integer; //Polynomkoeffizient 0. Ordnung
  x: integer; //Unabhängige Variable
  y: integer; //Polynomwert
```

3.1.2.6. *Arithmetische Ausdrücke mit ganzen Zahlen und Wertzuweisung*

(Ganzzahligen) Variablen können im Programm Werte zugewiesen werden. Die Wertzuweisung erfolgt durch den Zuweisungsoperator (:=) in einer Zuweisungsanweisung (Syntaxdiagramm 3.14). Die Zuweisungsanweisung ist eine von zahlreichen Anweisungsarten, die Pascal kennt (Syntaxdiagramm 3.13).

Auf Konstante kann keine Wertzuweisung erfolgen.

Das Resultat steht grundsätzlich links vom Zuweisungsoperator. Es handelt sich dabei immer um eine Variable. Konstante sind dort nicht zulässig, da sie nicht verändert werden können, andererseits eine Zuweisung aber in der Regel eine Wertveränderung zur Folge hat. Rechts vom Zuweisungsoperator steht ein Ausdruck mittels dessen der zugewiesene Wert ermittelt wird (Syntaxdiagramm 3.15).

Anweisung

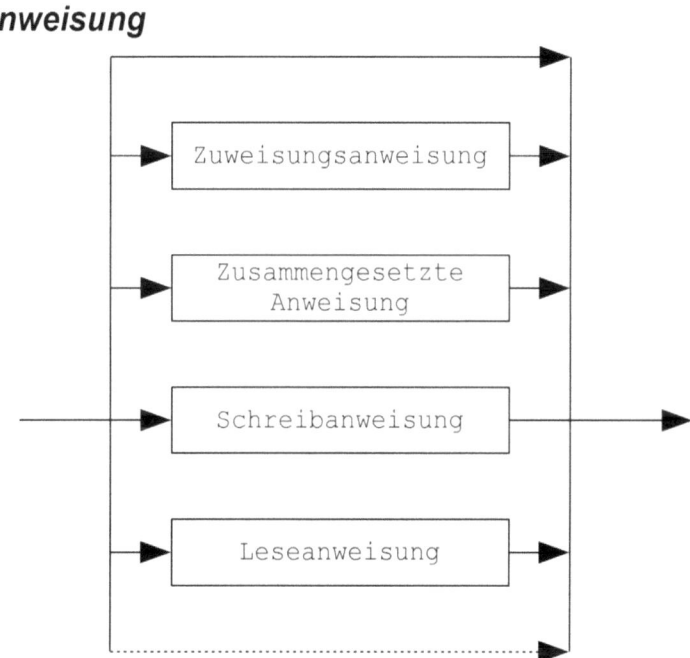

Syntaxdiagramm 3.13: Syntaxdiagramm für Anweisung (beispielhaft)

Ausdrücke können aus einfachen Bausteinen in vielfältiger Weise zusammengesetzt werden. Näheres können Sie den Syntaxdiagrammen für Einfache Ausdrücke (Syntaxdiagramm 3.16), Termen (Syntaxdiagramm 3.17) und Faktoren (Fehler: Referenz nicht gefunden) entnehmen. Bei der Erläuterung der Syntax wird hier etwas vorgegriffen, d. h. es werden Sprachelemente vorgestellt, die zum jeweiligen Syntaxdiagramm gehören, aber erst in späteren Kapiteln zum Einsatz kommen.

Zuweisungsanweisung

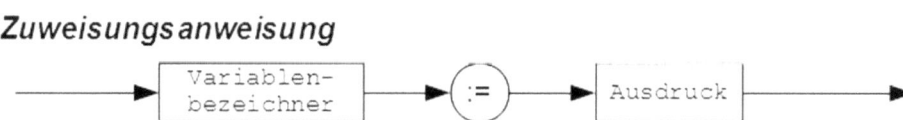

Syntaxdiagramm 3.14: Zuweisungsanweisung

Ausdruck

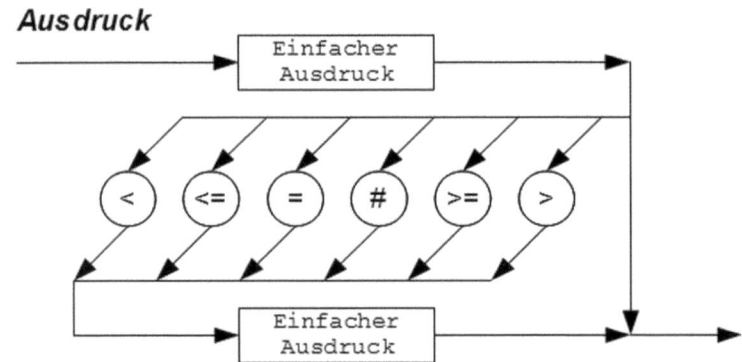

Syntaxdiagramm 3.15: Ausdruck

Einfacher Ausdruck

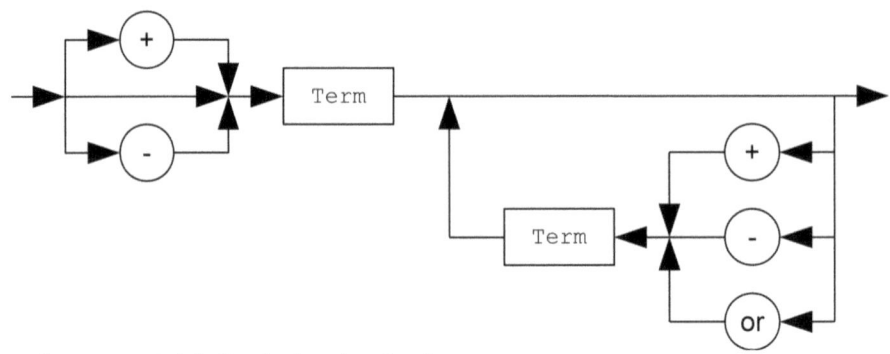

Syntaxdiagramm 3.16: Einfacher Ausdruck

Term

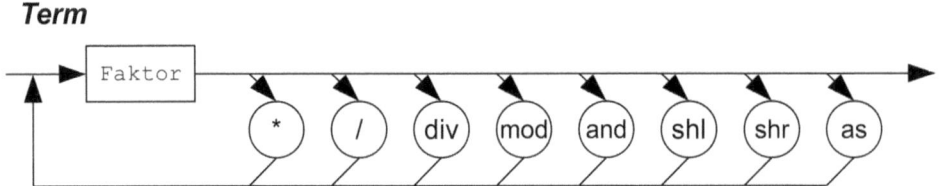

Syntaxdiagramm 3.17: Term

3.1.2.7.   Arithmetische Operatoren für ganze Zahlen

Faktor

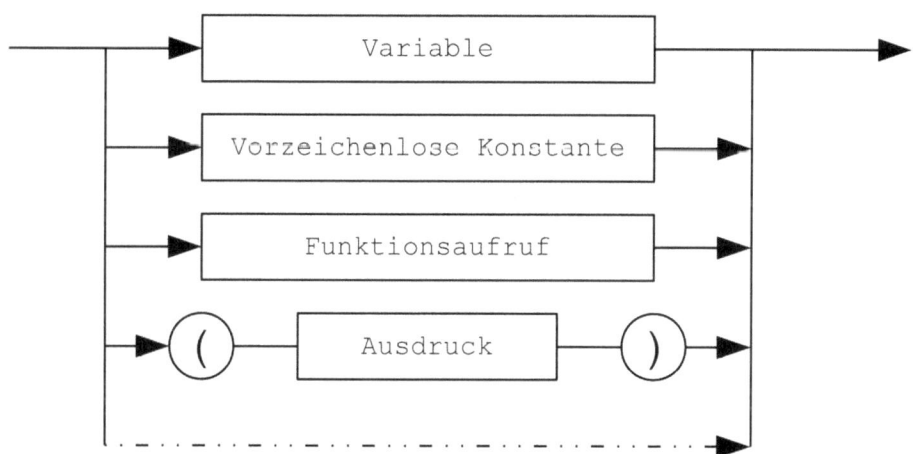

Syntaxdiagramm 3.18: Faktor

Für ganze Zahlen sind die arithmetischen Operatoren +, - ,*, DIV und MOD definiert. + steht für Addition, - für Subtraktion, * für Multiplikation, DIV für ganzzahlige Division und MOD für die Modulooperation, d. h. für die Bildung des Divisi-
onsrests bei ganzzahliger Division.

Operand 1	Operator	Operand 2	Ergebnis
	+		-4
	-		-10
-7	*	3	-21
	DIV		-2
	MOD		-1

*Tabelle 3.3: Beispiel für die Wirkung der arithmetischen Operatoren für ganze Zah-
len.*

Beispiel:

```
a := 7 DIV 2;
b := 7 MOD 2:
```

liefert für a den Wert 3 und für b den Wert 1;

Für arithmetische Berechnungen orientiert sich der Aufbau von Ausdrücken stark an der bekannten Schreibweise aus der Mathematik. So treten die bekannten Operatoren auf und für die Priorität der Operatoren gelten die aus der Mathematik bekannten Regeln (vor allem Punktrechnung vor Strichrechnung). Will man der Strichrechnung die Priorität vor der Punktrechnung einräumen, so können wie in der klassischen Algebra Klammern eingesetzt werden.

Die Priorität der Operationen kann durch Klammersetzung beeinflusst werden.

Bei Verwendung numerischer Konstanten hat die Zuweisungsanweisung die folgende Form:

```
y := 3*5*5*5 + 7*5*5 + -3*5 + 4
```

bzw. mit Klammern (Hornerschema)

```
y := ((3*5 + 7)*5 - 3)*5 + 4
```

Bei Verwendung von symbolischen Konstanten bzw. Variablen sieht sie folgendermaßen aus:

```
y := a*x*x*x + b*x*x + c*x + d
```

bzw. mit Klammern (Hornerschema)

```
y := ((a*x + b)*x + c)*x + d
```

Durch die Verwendung der Klammern im Rahmen der Hornerschemas wird die Zahl der Multiplikationen - mit entsprechender Verkürzung der Rechenzeit - von 6 auf 3 reduziert.

Vorteil des Honerschemas: Weniger Multiplikatonen = weniger Rechenzeit

3.1.2.8. *Ausgabe ganzer Zahlen*

Basis der Ausgabe sind die bereits bekannten Anweisungen *WriteLn* und *Write*. Bisher haben Sie diese Anweisungen als Werkzeug zur Ausgabe von Zeichenketten kennen gelernt. Dies funktioniert relativ einfach, da die Ausgabegeräte (vor allem Drucker) in der Regel Zeichenketten als Eingabedaten erwarten.

In ähnlicher Weise kann die Ausgabe ganzer Zahlen erfolgen. Die Variable y kann beispielsweise mit der Anweisung

```
Write (y)
```

oder

```
WriteLn (y)
```

ausgegeben werden. Diese Ausgabeanweisungen beinhalten für Ganzzahlwerte (Ausdrücke, Variable, symbolische und numerische Konstante) eine implizite Typenkonvertierung. Die in Binärform vorliegenden ganzzahligen Werte werden im

Zuge dieser Konvertierung ohne weitere Programmierung in Zeichenketten umgewandelt (s. a. 3.1.2.3).

Anstelle von symbolischen Größen können ganzzahlige Werte auch direkt als Konstante ausgegeben werden, z. B. in der Form:

```
WriteLn (-29)
```

statt

```
y:= 29;
WriteLn(y)
```

Der aktuell verwendete Parameter (hier – 29) muss syntaktisch einer Ganzzahlkon-
stante entsprechen (Syntaxdiagramme 3.3 bis 3.10).

3.1.2.9. *Eingabe ganzer Zahlen*

Die Eingabe einer ganzen Zahl erfolgt mittels der Anweisung `ReadLn`. Die Zahlen
dürfen in jeder beliebigen, syntaktisch korrekten Form eingegeben werden.

Beispiel

Die Zahl -156$_{10}$ kann u. a. in der Form

- -156
- -$9C
- -$9c
- -%10011100
- -&234

eingegeben werden.

3.1.2.10. *Zulässiger Wertebereich*

Die Tabellen 3.1 und 3.2 geben die zulässigen Wertebereiche der verschiedenen
Ganzzahltypen an. Der für ein Element vorgegebene zulässige Wertebereich darf
keinesfalls verlassen werden. Das gilt:

- Für die Eingabe
- Für **jede** Zwischenrechnung
- Für die Ausgabe

Betrachten Sie bitte folgendes Beispiel:

Der zulässige
Wertebereich
muss **zu je-
der Zeit** ein-
gehalten wer-
den.

```
var a, b, c : byte;
….....
  Write ('Bitte a eingeben: ');
  ReadLn(a);
  Write ('Bitte b eingeben: ');
  ReadLn(b);
  c := a+b;
  WriteLn ('c=',c);
  WriteLn ('c=',a+b);
  ReadLn ;
….....
```

Bei Eingabe von jeweils 200 für a und b wird für c der Wert 144 und für a+b der Wert 400 ausgegeben. Wie erklärt sich dieser (scheinbare) Widerspruch?

Das Beispiel aus Abbildung 3.3 schafft hier Klarheit:

Im Falle der Berechnung von a+b wird das Resultat in einem 4 Bytes großen Zwischenpuffer gespeichert (Typ extended). Unmittelbar nach der Berechnung erfolgt die Ausgabe aus diesem Puffer.

Im Falle der Berechnung von c wurde die Summe a+b zunächst der Variablen c zugewiesen. Hierbei wird der Informationsumfang von 4 Bytes auf 1 Byte reduziert, was wie in Abbildung 3.3 dargestellt zu einer Verfälschung der Daten führt.

Im ersten Fall erfolgt die Rechnung durchgängig mit Variablen von einem Byte Länge. Ein Übertrag, der sich durch die Addition ergibt wird abgeschnitten. Daher lautet das Ergebnis 400 - 256 = 144. Hierin entspricht 256 dem verlorenen Übertrag.

Führt man die Addition direkt in der Schreibanweisung durch, so steht ein Puffer zur Verfügung der den Übertrag aufnehmen kann. **Auf das Vorhandensein eines**

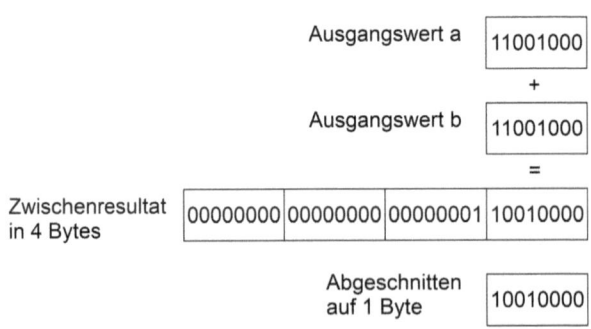

Abbildung 3.3: Begründung des „Rechenfehlers" bei der Addition zweier Zahlen vom Typ byte.

solchen Puffers sollte man als Programmierer aber nicht unbedingt vertrauen sondern die Datentypen ausreichend bemessen.

3.1.3. Lösung

3.1.3.1. Erste Programmversion (Ganzzahlen): Numerische Konstante im Anweisungsteil

```
Begin
  WriteLn(((3*5 + 7)*5 - 3)*5 + 4);
  ReadLn();
end
```

3.1.3.2. Zweite Programmversion (Ganzzahlen): Symbolische Konstante im Anweisungsteil

Gegenüber der vorigen Lösung kommt im Vereinbarungsteil die Vereinbarung der Konstanten hinzu. Ebenfalls werden im arithmetischen Ausdruck zur Ermittlung von y die numerischen Konstanten durch symbolische Konstanten ersetzt.

Die symbolischen Konstanten a, b, c, d und x repräsentieren Adressen (Orte) im Arbeitsspeicher. Der Wert der Konstanten entspricht dem Inhalt des Arbeitsspeicher an diesem Ort. Sinngemäß gilt das auch für die Variablen (s. a. 3.1.3.3).

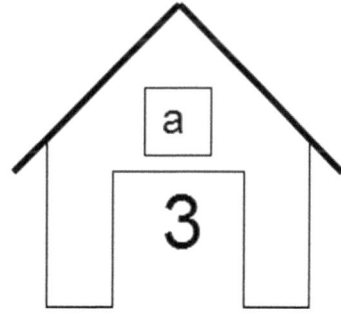

Abbildung 3.4: Vergleich mit dem realen Leben: der Wert 3 „wohnt" im Gebäude mit der Adresse a

Wenn man die Verhältnisse im Rechner mit denen der realen Welt vergleichen will, kann man hinter der Adresse a ein Haus sehen, in dem der Wert 3 „wohnt". Bei Konstanten ändert sich der Bewohner (Wert) während des Prozesses nicht während das bei Variablen meist der Fall ist (Abbildung 3.3).

```
Const
  a = 3;
  b = 7;
  c = -3;
  d = 4;
  x = 5;
begin
  WriteLn(((a*x + b)*x + c)*x + d);
  ReadLn();
end
```

3.1.3.3.   *Dritte Programmversion (Ganzzahlen): Alle Parameter als Variable*

Im Vereinbarungsteil werden die Konstantenvereinbarungen durch Vereinbarungen gleichnamiger Variabler ersetzt. Die Initialisierung entfällt.

Im Anweisungsteil werden die Werte der Polynomparameter a, b, c und d sowie der Stützstelle x über Leseanweisungen eingelesen. Die Zuweisungsanweisung wird variiert (muss nicht sein!), die Ausgabeanweisung bleiben unverändert.

```
var
  a, b, c, d,       //Polynomkoeffizienten
  x,                //Stützstelle
  y : integer;      //Funktionswert
begin
  WriteLn('Polynomkoeffizient 3. Ordnung a = '); ReadLn(a);
  WriteLn('Polynomkoeffizient 2. Ordnung b = '); ReadLn(b);
  WriteLn('Polynomkoeffizient 1. Ordnung c = '); ReadLn(c);
  WriteLn('Polynomkoeffizient 0. Ordnung d = '); ReadLn(d);
  WriteLn('Stuetzstelle '); ReadLn(x);
  y := ((a*x + b)*x + c)*x + d;
  WriteLn(y);
  ReadLn();
end;
```

3.2. Aufgabe: Elementares Rechnen mit Gleitkommazahlen

3.2.1. Aufgabenstellung: Ermittlung von Polynomwerten

Wie schon unter 3.1.1.2 ist der Wert der Funktion $y = a \cdot x^3 + b \cdot x^2 + c \cdot x + d$ zu berechnen. Allerdings smüssen a, b, c, d und x diesmal nicht unbedingt ganze Zahlen sein. Auch die Eingabe von Zahlen mit Nachkommastellen muss möglich sein. Sie sollen per Dialog eingegeben werden. Der Wert von y ist nach der Berechnung auf dem Bildschirm auszugeben.

3.2.2. Der Beitrag von Pascal

3.2.2.1.   *Gleitkomma-Datentypen*

Reelle Zahlen, die ggf. auch einen Dezimalseparator enthalten können, werden standardmäßig durch den Datentyp `real` dargestellt. Die Implementation dieses Datentyps hängt von der verwendeten Hardware ab. Neben `real` stehen auch die Datentypen `single` (4 Bytes) und `double` (8 Bytes) zur Verfügung. Mehr Informationen zur Implementation von Gleitkommazahlen geben Ihnen die Tabelle 3.4 und die Abbildungen 3.5. bis 3.7.

Datentyp	betragskleinster von null abweichender Wert	betragsgrößter Wert	An-zahl Bytes
real (mit Hardware-Unterstützung)	$\approx \pm 5.0 \times 10^{-324}$	$\approx \pm 1.798 \times 10^{308}$	8
real (ohne Hardware-Unterstützung)	$\approx \pm 1.5 \times 10^{-45}$	$\approx \pm 3.403 \times 10^{38}$	4
extended	$\approx \pm 1.9 \times 10^{-4932}$	$\approx \pm 1.1 \times 10^{4932}$	10
double	$\approx \pm 5.0 \times 10^{-324}$	$\approx \pm 1.798 \times 10^{308}$	8
single	$\approx \pm 1.5 \times 10^{-45}$	$\approx \pm 3.403 \times 10^{38}$	4
currency	-922337203685477.5808 kleinster Wert	922337203685477.5807 größter Wert	8

Tabelle 3.4: Wertebereich der vordefinierten Gleitkomma-Datentypen (der kleinste/größte positive Wert gleicht dem betragsmäßig kleinsten/größten negativen Wert, Ausnahme bei Typ currency. S. a. Tabelleneintrag)

Abbildung 3.5: Prinzipieller Aufbau einer Gleitkommazahl vom Typ single (IEEE-Gleitkommaformat, 32 Bit)

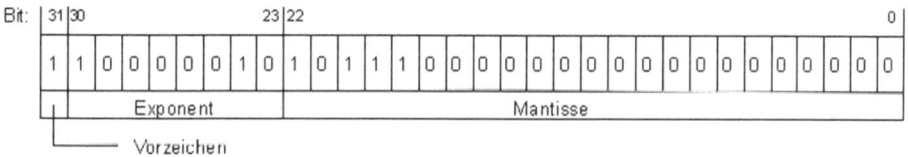

Abbildung 3.6: Implementation der Zahl -13,75 als 32-Bit-Gleitkommazahl im IEEE-Format

Am Beispiel der Zahl $-13{,}75_{10}$ wird nachstehend gezeigt wie diese als Gleitkomma-zahl vom Typ `single` im IEEE-Format codiert wird:

Umwandlung einer Dezimalzahl in eine Dualzahl

Vorkommastellen:

Die Stellen der Dualzahl ergeben sich aus dem Divisonsrest bei der sukzessiven Di-vision einer ganzen Zahl (der Vorkommastellen) durch 2. Die erste Division führt zur niedrigstwertigen Stelle

13/2	=	6 Rest 1	=	Niedrigstwertiges Bit
6/2	=	3 Rest 0		
3/2	=	1 Rest 1		
1/2	=	0 Rest 1	=	Höchstwertiges Bit

Nachkommastellen:

Die Nachkommastellen (hier 0,75) werden mit 2 multipliziert. Wenn das Resultat den Wert 1 übersteigt, besitzt die höchstwertige Nachkommastelle den Wert 1 an-sonsten wird sie zu 0. Vom Resultat (hier 1,5) wird der Überhang (hier 1) abgezo-gen und der Rest wiederum mit 2 multipliziert. Aus dem Überhang ergibt sich die zweithöchste Nachkommastelle.

Dieser Vorgang wird solange es erforderlich ist wiederholt. Die Berechnung kann z. B. abgebrochen werden, wenn der ermittelte Rest den Wert 0 annimmt, wenn eine Periode auftritt oder wenn die erforderliche Zahl an Nachkommastellen ermittelt wurde.

$0{,}75 \cdot 2$	=	1,5	Überhang 1	=	Höchstwertiges Bit	Rest	0,5
$0{,}5 \cdot 2$	=	1,0	Überhang 1			Rest	0
…..	..	…..	.. ….			….	…
$0 \cdot 2$	=	0	Überhang 0	=	Niedrigstwertiges Bit		

Damit gilt: $13{,}75_{10} = 1101{,}1100000_2$

Normalisierung:

Die Zahl 13,75 wird in eine Dualzahl umgewandelt, bei der lediglich eine 1 vor dem Dezimalseparator steht. Die Skalierung erfolgt ggf. über Dualexponenten. Die Zahl bekommt damit die Form: $1,...\cdot2^n$.

In unserem Fall bedeutet das: $13,75_{10} = 1101,110000_2 = 1,101110000_2 \cdot 2^{11_2}$

Vorzeichen:

Bit 31 = 1 wegen des negativen Vorzeichens.

ACHTUNG:

$$2^{11_2} = 2^{3_{10}}$$

entspricht
dem Faktor 8

Exponent:

Damit auch negative Exponenten durch positive Zahlen dargestellt werden können wird der tatsächliche Exponent um einen Konstantwert, Bias genannt, erhöht. In unserem Fall hat der Bias den Wert 127_{10} bzw. 11111111_2.

Addiert man den Exponenten zum Bias, so ergibt sich der um den Bias korrigierte Exponent zu $11111111_2 + 11_2 = 10000010_2$.

Mantisse:

Die Mantisse im IEEE-Format besitzt die so genannte Hidden-Bit-Darstellung. Dabei wird die ohnehin immer vorhandene Vorkomma-Eins der normierten Zahl weg-

Gleitkommazahl

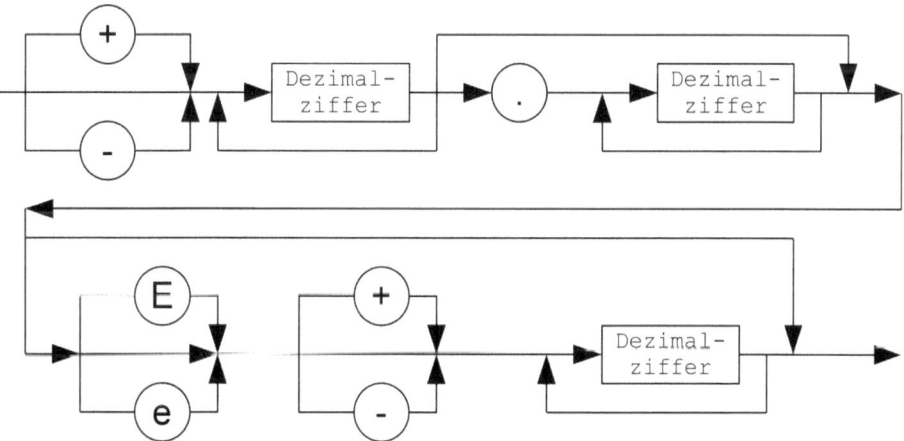

Syntaxdiagramm 3.19: Gleitkommazahl

gelasssen. Lediglich die Nachkommastellen der Mantisse werden in den Mantissen-bits dargestellt.

Bei einer Darstellung in 4 Bytes (32 Bits) ergibt sich das in Abbildung 3.6 gezeigte Bitmuster.

Die Zahl 0 wird gleichwertig als +0 (00000000 00000000 00000000 00000000) oder -0 (10000000 00000000 00000000 00000000) dargestellt.

Sonderfall: Datentyp currency

Der Datentyp `currency` stellt innerhalb der Gleitkommatypen einen Sonderfall dar.

Genau genommen handelt es sich dabei um einen Ganzzahltyp, der eine Breite von 8 Byte einnimmt. Die Einheit, die von einem Byte repräsentiert wird ist dabei aber nicht 1 sondern 0.0001. Wenn Sie unter Verwendung des Datentyps `currency` 2.0 und 3.0 miteinander multiplizieren so ist das Resultat 6.0. Im Arbeitsspeicher wird diese Zahl durch die Bitfolge[13] 1110101001100000 (entspricht 60000_{10})) darge-stellt.

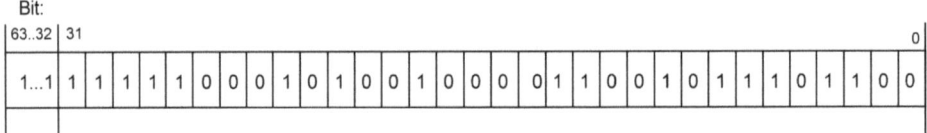

Abbildung 3.7: Darstellung der Zahl -12345,6789 beim Datentyp currency

Negative Zahlen werden wie beim Typ `integer` im 2-Komplement dargestellt. Abbildung 3.7 zeigt, wie die Zahl -12345,6789 rechnerintern im Datentyp `currency` dargestellt wird.

3.2.2.2.   Dezimalseparator

Im Regelfall wird als Dezimalseparator der angelsächsische Dezimalpunkt verwen-det. Das gilt z. B. für die Eingabe mit `ReadLn` und die Ausgabe mit `Write` bzw. `WriteLn`.

---

13 Daten vom Typ `currency` sind 64 Bit breit. Die Zahl besitzt zusätzlich 48 führende Nullen, die hier aus Übersichtlichkeitsgründen nicht dargestellt wurden.

In einzelnen Fällen, die in Zusammenhang mit der Lokalisierung[14] der Windows-Bedienoberfläche stehen, kann auch das Komma als Dezimalseparator Verwendung finden. Hierauf wird im weiteren Verlauf dieses Buches (z. B. in Kapitel 9) noch näher eingegangen.

3.2.2.3.   Gleitkomma-Konstante und -Variable

Gleitkommakonstante können in zwei unterschiedlichen Formen dargestellt werden, der Festkommadarstellung und der Exponentialdarstellung.

Konstante in Festkommadarstellung können mit einem Vorzeichen beginnen, danach folgt optional der Vorkommateil und der Nachkommateil. Vor- und Nachkommateil werden gemäß angelsächsischem Brauch durch den Dezimalpunkt voneinander getrennt.

Konstante in Exponentialdarstellung kommen vor allem bei der Darstellung von Zahlen deren Betrag wesentlich (d. h. um mehrere Dezimastellen) größer oder kleiner als 1 ist zur Anwendung. Sie bestehen aus einer Konstanten in Festkommadarstellung an die der Exponent angehängt wird. Diese besteht aus e oder E, optional einem Vorzeichen und einer Ganzzahl. Die Ganzzahl steht für den Dezimalexponenten.

-1.2345e-27 entspricht der Dezimalzahl $-1{,}2345 \cdot 10^{-27}$. Gleichwertig wären beispielsweise die Darstellungen -0.12345e-26 oder -12345E-31.

Operand 1	Operator	Operand 2	Ergebnis
-7.2	+	5.4	-1.8
	-		-12.6
	*		-38.88
	/		-1.3333333333...

Tabelle 3.5: Beispiel für die Wirkung der arithmetischen Operatoren bei Gleitkommazahlen

---

14 Lokalisierung = Anpassung eines Programms an die Gegebenheiten am Einsatzort. Das betrifft z. B. die Sprache, Währungsangaben und die Zahlendarstellung (Dezimlakomma oder -punkt). Wenn Sie ein Betriebssystem mit deutschsprachiger Bedienoberfläche verwenden, arbeiten Tabellenkalkulationsprogramme wie MS Excel oder OpenOffice Calc meist mit dem Komma als Dezimalseparator.

Dezimaltrenner ist im Standardfall gemäß angelsächsischem Brauch der Punkt. Eine Formatierung der Art, dass landesübliche Dezimalseparatoren verwendet werden können (D: Komma) ist möglich

3.2.2.4. Arithmetische Operatoren für Gleitkommazahlen

Für Gleitkommazahlen sind die arithmetischen Operatoren +, - ,*,und / definiert.

+ steht für Addition, - für Subtraktion, * für Multiplikation, / für Division (s. a. Tabelle 3.5).

/ kann auch auf ganze Zahlen angewendet werden. Das Ergebnis hat in diesem Fall (anders als beim Operator DIV!!) einen Gleitkommatyp.

5 DIV 2 ergibt 2, 5/2 ergibt 2.5.

3.2.2.5. Arithmetische Ausdrücke mit Gleitkommazahlen

Für die Wertzuweisung und die Priorität der Operatoren gilt das zu den ganzen Zahlen gesagte (z. B. was die Klammersetzung angeht) sinngemäß.

3.2.2.6. Automatische Typenkonvertierung

Ganzzahltyp statt Gleitkommatyp JA Gleitkommatyp statt Ganzzahltyp NEIN

Ganzzahlen sind eine Untermenge der Gleitkommazahlen, deshalb können Ganzzahlen durchgängig dort eingesetzt werden, wo an sich Gleitkommazahlen vorgesehen sind. Umgekehrt ist der Einsatz von Gleitkommazahlen anstatt von Ganzzahlen nicht möglich. Beispielhaft zeigt das folgende Codestück.

```
...
var
  a, b : single;
  i, j: integer;
begin
  a := 4; //OK
  i := a; //Übersetzungsfehler
  a := i; //OK
  j := 4; //OK
  a := j; //OK
end.
...
```

Die Zuweisung eines Gleitkommawerts an eine Ganzzahlvariable führt hier zu einem Übersetzungsfehler.

3.2.2.7. Ausgabe von Gleitkommazahlen

Basis der Ausgabe sind die bereits bekannten Anweisungen `WriteLn` und `Write`. Diese Ausgabeanweisungen beinhalten für Gleitkommazahlen wie auch schon für Ganzzahlen eine implizite Typenkonvertierung. Die in Binärform vorliegenden Gleitkommawerte werden dadurch ohne weitere Programmierung in Zeichenketten umgewandelt.

```
var a: single;
.....
```

```
a := 29.64;
WriteLn(a);
```

Auf dem Bildschirm erscheint in diesem Fall 2.963999939E+01

```
var b: double;
.....
b := 29.64;
WriteLn(b);
```

Auf dem Bildschirm erscheint in diesem Fall 2.96400000000000E+001

In beiden Fällen sind diese Werte sehr unübersichtlich. Sinnvoll ist es, die Zahl der ausgegebene Nachkommastellen z. B. auf zwei zu beschränken (s. u.).

Das Erscheinungsbild der auszugebenden Zahl kann durch zwei Parameter gestaltet werden:

- **Die Angabe der Feldweite w.** Das ist die Anzahl der gesamten Stellen, mit denen die Zahl ausgegeben wird. Ist die tatsächlich benötigte Stellenzahl z größer als w, so erfolgt die Ausgabe mit z Stellen. Wenn w ausreichend bemessen ist, erfolgt die Ausgabe in der Festkommadarstellung. Ist w zu klein, wird automatisch auf die Exponentialdarstellung umgeschaltet, falls diese zu einer kürzeren Darstellung führt.

- **Die Angabe der gewünschten Nachkommastellen n.** Das ist die Zahl derjenigen Stellen, die rechts vom Dezimalseparator ausgegeben wird. Fehlt diese Angabe, dann werden alle Dezimalstellen ausgegeben.

Die Erzeugung eines bestimmten Erscheinungsbild bei der Datenausgabe wird als Formatierung bezeichnet.

Der Programmcode

```
var a: single;
.....
a := 29.64;
WriteLn(a:10:2);
```

führt zur Ausgabe von

```
     29.64
```

Beachten Sie bei dieser Ausgabe bitte die vorangestellten Leerzeichen (sog. „führende blanks").

Mit dem Programmcode

```
var a: single;
.....
```

```
a := 29.64;
WriteLn(a:0:2);
```

wird die Ausgabe

```
29.64
```

erzeugt. Trotz der Feldweitenangabe von 0 wird die Zahl in der erforderlichen Min-
destbreite von 5 Zeichen ausgegeben. Die Zahl der Nachkommastellen entspricht
dem in der Ausgabeanweisung angegebenen Wert von 2.

Eine Ganz-
zahlformatie-
rung erfolgt
allein mit der
Feldweitenan-
gabe.

Auch bei Ganzzahlen ist eine Formatangabe möglich, allerdings darf sie nur die
Feldweite aber keine Nachkommastellen umfassen.

Direktausgabe
von Gleit-
kommawerten
ist möglich.

Anstelle in Form symbolischer Größen können Gleitkommawerte auch direkt ausgegeben werden, z. B. in der Form:

```
WriteLn (29.64)
```

3.2.2.8. Eingabe von Gleitkommazahlen

Die Eingabe einer Gleitkommazahl erfolgt mittels der Anweisung `ReadLn`. Die
Zahlen dürfen in jeder beliebigen, syntaktisch korrekten Form eingegeben werden.

Beispiel

-12345.6789 kann u. a. in der Form

- -123456789e-4
- -1.23456789e4
- -12345.6789
- -12.3456789E+3

eingegeben werden.

Der Versuch eine Zahl in unkorrekter Form einzugeben führt ggf. zu einem Laufzeitfehler. Details hierzu finden Sie unter 7.3.1

3.2.3. Lösung

Prinzipiell können Sie die Lösung aus 3.1.3.3 übernehmen. Unterschiede ergeben
sich im Vereinbarungsteil und in der Ausgabeanweisung.

Im Vereinbarungsteil müssen Sie jetzt statt der ganzzahligen Typen Gleitkommatypen einführen. Dabei können Sie zwischen den folgenden Datentypen wählen:

- real,

3. Von Typen, Variablen, Bezeichnern, Operatoren und ähnlichem – der Weg zu Ihrem
ersten wirklich nützlichen Programm

75

- single,
- double und
- extended.

Einzelheiten zu den Datentypen finden Sie in Tabelle 3.4.

```
var
  a, b, c, d ,x, y: double;
begin
  WriteLn('Polynomkoeffizient 3. Ordnung a = '); ReadLn(a);
  WriteLn('Polynomkoeffizient 2. Ordnung b = '); ReadLn(b);
  WriteLn('Polynomkoeffizient 1. Ordnung c = '); ReadLn(c);
  WriteLn('Polynomkoeffizient 0. Ordnung d = '); ReadLn(d);
  WriteLn('Stuetzstelle '); ReadLn(x);
  y := ((a*x + b)*x + c)*x + d;
  WriteLn(y);
  ReadLn();
end.
```

3.2.4. Weitere Aufgaben

3.2.4.1. *Volumensberechnung für verschiedene Körper*

Erstellen Sie je ein Programm zur Berechnung des Volumens folgender Körper:

- Würfel
- Quader
- Kugel
- Kreisring (Torus)
- Kegel

Die Maße der einzelnen Körper werden per Dialog eingegeben. Welche Daten im einzelnen erforderlich sind, geht aus Tabelle 3.6 hervor. Für eine fehlerfreie Eingabe hat der Benutzer selbst Sorge zu tragen. Eine Fehlerbehandlung wird nicht vorgesehen.

Die unten stehenden Lösungen wurden mit den bis hierher besprochenen Sprachmitteln erstellt. Möglichkeiten für eine vereinfachte und elegantere Programmierung ergeben sich zum Beispiel durch die in den Kapiteln 5 und 8 eingeführten Elemente. Darauf wird weiter unten eingegangen.

Würfel

```
program ProVolumenWuerfel;

var
```

```
   Kantea : double;
   V: double;
begin
   Write ('Bitte Kantenlaenge eingeben: ');
   ReadLn(Kantea);
   V := Kantea*Kantea*Kantea;
   WriteLn (V);
   Write ('Mit ENTER-Taste schliessen');
   ReadLn();
end.
```

Quader

```
program ProVolumenQuader;

var
   Kantea : double;
   Kanteb : double;
   Kantec : double;
   V : double;
begin
   Write ('Bitte Länge der Kante a eingeben: ');
   ReadLn(Kantea);
   Write ('Bitte Länge der Kante b eingeben: ');
   ReadLn(Kanteb);
   Write ('Bitte Länge der Kante c eingeben: ');
   ReadLn(Kantec);
   V := Kantea*Kanteb*Kantec;
   WriteLn (V);
   Write ('Mit ENTER-Taste schliessen');
   ReadLn();
end.
```

Kugel

```
program ProVolumenKugel;

var
   r : double;
   V: double;
const
   Pi = 3.1415926535897932;
begin
   Write ('Bitte Radius eingeben: ');
   ReadLn(R);
   V := 4/4*Pi*r*r*r;
   WriteLn (V);
   Write ('Mit ENTER-Taste schliessen');
   ReadLn();
end.
```

Kreisring (Torus)

```
program ProVolumenTorus;

var
```

Körper	Einzugeben sind:	Formel
Würfel	Kantenlänge a	$V = a^3$
Quader	Kantenlänge a, b und c	$V = a \cdot b \cdot c$
Kugel	Radius r	$V = \dfrac{4}{3} \cdot \pi \cdot r^3$
Kreisring (Torus)	Radien von Kreisring (R_R) und Querschnitt (r_Q)	$V = 2 \cdot \pi^2 \cdot R_R \cdot r_Q^{\,2}$
Kegel	Grundradius (r) und Höhe (h)	$V = \dfrac{2}{3} \cdot \pi \cdot r^2 \cdot h$

Tabelle 3.6: Körper für die die Volumenberechnung erfolgt, die erforderlichen Eingabedaten und die Formeln für die Volumensberechnung

```
  RR : double;
  rQ : double;
  V : double;
const
  Pi = 3.1415926535897932;
begin
  Write ('Bitte Ringradius RR eingeben: ');
  ReadLn (RR);
  Write ('Bitte Querschnittsradius rQ eingeben: ');
  ReadLn (rQ);
  V := 2*Pi*Pi*RR*rQ*rQ;
  WriteLn (V);
  Write ('Mit ENTER-Taste schliessen');
  ReadLn ();
end.
```

Kegel

```
program ProVolumenKegel;

var
  r : double;
  h : double;
  V : double;
const
  Pi = 3.1415926535897932;
begin
  Write ('Bitte Radius r eingeben: ');
  ReadLn (r);
  Write ('Bitte Höhe h eingeben: ');
  ReadLn (h);
```

```
    V := r*r*Pi*h/3;
    WriteLn (V);
    Write ('Mit ENTER-Taste schliessen');
    ReadLn();
end.
```

3.2.4.2.   Berechnung der Dichte für verschiedene Materialien

Gegeben seinen homogene Quader eines bestimmten Materials. Die Kantenlängen seien a, b und c gemessen in Zentimeter. Für jeden Quader ist außerdem die Masse m in kg bekannt. Erstellen Sie ein Programm, das das aus diesen bekannten Daten die Dichte γ des Quaders in kg/dm^3 (= kg/l) ermittelt.

Im Programm sehen Sie drei Variable *Kantea*, *Kanteb* und *Kantec* für die Kantenlängen, eine Variable *Masse* für die Masse und eine Variable *Dichte* für die Dichte vor. Für alle diese Variable wählen Sie den selben Gleitkommatyp, vorzugsweise double.

Die Anweisung zur Berechnung der Dichte lautet dann

```
Dichte := Masse/Kantea/Kanteb/Kantec/0.001;
```

oder gleichwertig

```
Dichte := Masse/(Kantea*Kanteb*Kantec*0.001);
```

Gesamtlösung

```
program ProDichteQuader;
var
    Kantea : double;
    Kanteb : double;
    Kantec : double;
    Masse  : double;
```

$$\gamma[\,kg/l\,] = \gamma[\,kg/dm^3\,] =$$

$$\frac{m[\,kg\,]}{\left(a[\,cm\,]\cdot 0,1\cdot[\frac{dm}{cm}]\cdot b[\,cm\,]\cdot 0,1\cdot[\frac{dm}{cm}]\cdot c[\,cm\,]\cdot 0,1\cdot[\frac{dm}{cm}]\right)} =$$

$$\frac{m[\,kg\,]}{a\cdot b\cdot c\cdot 0,001\cdot[\,dm^3\,]}$$

Formel 3.1: Ermittlung der Dichte eines Quaders,
einschließlich der Dimensionsanpassung

```
 Dichte : double;
begin
  Write ('Bitte Laenge der Kante a in cm eingeben: ');
  ReadLn (Kantea);
  Write ('Bitte Laenge der Kante b in cm eingeben: ');
  ReadLn (Kanteb);
  Write ('Bitte Laenge der Kante c in cm eingeben: ');
  ReadLn (Kantec);
  Write ('Bitte Masse des Quaders in kg eingeben: ');
  ReadLn (Masse);
  Dichte := Masse/Kantea/Kanteb/Kantec/0.001;
  WriteLn (Dichte:0:3, ' kg/dm^3');
  Write ('Mit ENTER-Taste schliessen');
  ReadLn ();
end.
```

3.2.4.3. Lösung einer Verhältnisgleichung

Wenn 250g Butter 1,57€ kosten, wieviel (= unbekannter Wert x) kosten dann 320g?

Ansatz:

x : 1,57€ = 320g : 250g oder x : a = b : c.

Das Programm soll den Preis der Grundmenge a, den Wert der Grundmenge b und die gewünschte Menge c erfragen, daraus x errechnen und diesen Wert darstellen.

Vorbereitung der Rechnung:

Für Verhältnisgleichungen gilt die Regel:

Das Produkt der Innenglieder ist gleich dem Produkt der Außenglieder.

Also folgt aus der Gleichung: $x:a=c:b$ die Gleichung $x \cdot b = a \cdot c$ und dann die Lösung $x = \dfrac{a \cdot c}{b}$.

Bzw. mit den vorgegebenen Werten $x = \dfrac{1,57 \,€ \cdot 320\,g}{250\,g}$.

```
program ProVerhaeltnisgleichung;
var
  a, b, c, x: single;
begin
  Write ('Schritt 1: Bitte geben Sie den Preis');
  Write ('für eine bestimmte Menge (z. B. 100(g)) ein. ');
  ReadLn (a);
  Write ('Schritt 2: Die Menge ein, deren Preis zu berechnen ist. ');
  ReadLn (b);
  Write ('Schritt 3: Bitte geben Sie die Menge ein,');
  Write (' deren Preis bekannt ist. (s. a. Schritt 1)');
  ReadLn (c);
  x := a * b / c;
```

```
  Write ('Der Preis für ');Write (b:0); Write (' g beträgt')
  Write (x:0:2); WriteLn ('Euro');
ReadLn();
end.
```

3.3. Aufgabe: Elementare Textverarbeitung

3.3.1. Aufgabenstellung

Der Text einer Briefanrede ist aus den drei einzelnen Komponenten Höflichkeits-floskel, Titel und Name zusammen zu setzen und anschließend auszugeben.

In der ersten Version sollen die drei Komponenten als Konstante fest im Programm implementiert sein. In der zweiten Programm werden sie per Dialog vorgegeben.

Bei der Eingabe per Dialog sollen Eingabeaufforderung und Dialogeingabe in der-selben Reihe erscheinen.

3.3.2. Der Beitrag von Pascal

3.3.2.1. Der Datentyp char

Der Datentyp char dient der Darstellung einzelner Zeichen. Zur Codierung dieses Datentyps steht traditionell ein Byte zur Verfügung was die Codierung von 256 ver-schiedenen Zeichen ermöglicht. Welche Zeichen mit den Werten 0 bis 127 codiert werden, wird durch den ASCII-Standard vorgegeben. Die Zeichenzuordnung zu den Werten 128 bis 255 ist implementationsabhängig. Die Definition erfolgt über so genannte Codeseiten (Codepages).

3.3.2.2. String-Datentypen

In Pascal gibt es das Schlüsselwort string, das den Typ von Zeichenketten be-zeichnet. FreePascal kennt als besondere Ausprägung davon ShortStrings wie TurboPascal und AnsiStrings wie Delphi.

Datentyp	Eigenschaften
string[n]	Max. n Zeichen
string	Max. 255 Zeichen
ShortString	Max. 255 Zeichen
AnsiString	Max. 2^{32} Zeichen

Tabelle 3.7: Datentypen für die Implementation von Zeichenketten

3.3.2.3. Operatoren für Zeichenketten

Zur Verbindung von Zeichenketten steht der „+"-Operator zur Verfügung. Auf das Zusammenwirken von Zeichenketten und relationalen Operatoren wird in Kapitel 4 eingegangen. Darüber hinaus bieten zahlreiche (Standard-) Prozeduren und Funktionen komfortable Möglichkeiten zur Handhabung von Zeichenketten (5).

Operand 1	Operator	Operand 2	Ergebnis
Gleitkomma	+	darstellung	Gleitkommadarstellung

Tabelle 3.8: + Operator für Zeichenketten

3.3.2.4. Ausgabe von Zeichenketten

Für die Ausgabe von Zeichenketten gilt das zuvor Gesagte sinngemäß. Als Parameter in der Schreibanweisung können Textkonstante (Zeichenketten), Symbolische Textkonstante, Variable oder Textausdrücke auftreten.

```
program ProStringausgabe;
var
  s: AnsiString;
begin
  s := 'Das ist ';
  Write(s);
  WriteLn ( 'ein Text.');
end.
```

3.3.2.5. Eingabe von Zeichenketten

Beliebige Zeichenketten können mit `Write` und `WriteLn` eingelesen und an Variable von Typ `string`, `shortString` oder `AnsiString` zugewiesen werden.

```
program ProStringeingabe;
var
  s: AnsiString;
begin
 ReadLn (s);
end.
```

3.3.3. Der Beitrag von Lazarus

3.3.3.1. Compilereinstellungen

Compilereinstellungen können für

- das gesamte Programm
- einzelne Quelldateien

- Teile von einzelnen Quelldateien

festgelegt werden.

Auf Compilerschalter sind Sie schon gestoßen, wenn Sie eine Programmschablone benutzt haben (Kapitel 2.3.4). Der dort auftretende „Kommentar" {$H+} besagt, dass Strings, die mit dem Typ string vereinbart wurden grundsätzlich als ShortStrings angelegt werden. {$H-} bewirkt, dass nur wenn der Typ mit Größenangabe versehen wurde ein ShortString angelegt wird und ansonsten ein AnsiString.

Einstellungen durch Compilerschalter gelten so lange, bis sie widerrufen werden. Durch gezielte Verwendung dieser Compilerschalter können Sie die Übersetzung von Programmen, Programmteilen und Programmabschnitten steuern.

3.3.3.2. *Codierungsprobleme*

Wenn Sie Ihr Programm mit Hilfe von Lazarus unter Windows entwickeln und die Zeile WriteLn ('Onkel Tom''s Hütte') codieren werden Sie sich wundern, was diese bewirkt:

Im "DOS-Fenster" wird nicht etwa wie erwartet Onkel Tom's Hütte sondern Onkel Tom's H╣┬tte angezeigt. Dieser Mangel wird durch die Verwendung unterschiedlicher Zeichensätze unter DOS und Windows/Lazarus hervorgerufen. Unter DOS wird in unserem Fall als Zeichensatz die so genannte Codepage 850 verwendet. Das ist ein 8-Bit-ASCII[15]-Zeichensatz in dem mit den Zahlen 128 bis 255 in Westeuropa gebräuchliche Sonderzeichen. z. B. die deutschen Umlaute, codiert werden können.

Lazarus nutzt den UTF8-Zeichensatz. Bei der UTF8-Codierung werden für ein Zeichen ggf. mehrere Bytes benötigt. Z. B. wird ü mit der Bitfolge 195 188 codiert.

Aus der Codetabelle geht hervor, dass ü in der Codepage 850 mit 129 bzw. 81_{16} codiert ist. Da Programmbetrieb und -entwicklung mit zwei verschiedenen Zeichensätzen erfolgen muss das bei der Programmierung berücksichtigt werden. Das kann z. B. dadurch erfolgen dass das ü nicht als Zeichen sondern im Zifferncode vorgegeben wird. Statt

s := 'Onkel Tom''s Hütte'

schreiben Sie

s := 'Onkel Tom''s H'+ #$81 + 'tte'

---

15 ASCII = American Standard Code for Information Interchange (Amerikanischer Standardcode für Informationsaustausch.

was zur beabsichtigten Ausgabe führt.

Codierung Deutscher Sonderzeichen auf der Codepage 850:

3.3.4. Lösung

Öffnen Sie wie unter 2.3.4 dargestellt die Schablone Programm und entfernen Sie aus dem automatisch erstellten Code alle überflüssigen Zeilen. Sehen Sie drei Konstante *Hoeflichkeitsfloskel*, *Titel* und *Name* vor und initialisieren Sie sie sachgerecht mit einer Zeichenkette. Für die Anrede wird eine Variable *Anrede* vom Typ string eingeführt.

Zeichen	ä	ö	ß	ü	Ä	Ö	Ü
Codepage 850	84_{16}	94_{16}	$E1_{16}$	81_{16}	$8E_{16}$	99_{16}	$9A_{16}$

Tabelle 3.9: Codierung Deutscher Sonderzeichen auf der Codepage 850 [MSDN1]

Der Wert von *Anrede* wird durch Verbinden der drei Konstanten mittels des Operators + gebildet. Zur Sicherstellung der Lesbarkeit werden dabei zwischen die Konstanten Leerzeichen eingefügt.

```
program Project1;
const
  Hoeflichkeitsfloskel = 'Sehr geehrte Frau';
  Titel = 'Dr.';
  Name = 'Maier';
var
  Anrede : string;
begin
  Anrede := Hoeflichkeitsfloskel + ' ' + Titel + ' ' + Name;
  WriteLn (Anrede);
  WriteLn ('Mit ENTER-Taste schliessen');
  ReadLn();
end.
```

Alternativ könnte auf Variable *Anrede* verzichtet werden. In diesem Falle würde das Zusammenfügen der Textbestandteile direkt in der Parameterliste der Schreibanweisung erfolgen. Statt

```
  Anrede := Hoeflichkeitsfloskel + ' ' + Titel + ' ' + Name;
  WriteLn (Anrede);
```

heißt es dann

```
WriteLn (Hoeflichkeitsfloskel + ' ' + Titel + ' ' + Name);
```

Im zweiten Fall werden die Größen *Hoeflichkeitsfloskel*, *Titel* und *Name* als Variable vom Typ string realisiert. Im Anweisungsteil müssen Sie dann für jede Variable die Ausgabe eines Anforderungstexts Write('Bitte xxx eingeben') und eine Eingabeanweisung (ReadLn(xxx)) vorsehen. Dadurch, dass Sie *Write* statt *WriteLn* verwenden erscheinen Eingabeaufforderung und Eingabe in der selben Zeile.

```
program project1;
var
  Hoeflichkeitsfloskel : string;
  Titel : string;
  Name : string;
  Anrede : string;
begin
  Write ('Bitte Hoeflichkeitsfloskel eingeben: ');
  ReadLn(Hoeflichkeitsfloskel);
  Write ('Bitte Titel eingeben: ');
  ReadLn(Titel);
  Write ('Bitte Namen eingeben: ');
  ReadLn(Name);
  Anrede := Hoeflichkeitsfloskel + ' ' + Titel + ' ' + Name;
  WriteLn (Anrede);
  WriteLn ('Mit ENTER-Taste schliessen');
  ReadLn();
end.
```

Weiterführende Ausführungen zu den Ein-/Ausgabeprozeduren finden Sie in Kapitel Fehler: Referenz nicht gefunden.

4. So kommt die Logik in Ihr Programm – Logisches, Boolesches und Relationales

4.1. Aufgabenstellung

4.1.1. Schloss und Schlüssel (Umgang mit Bitmustern)

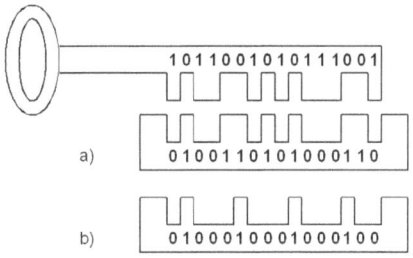

Das Profil des Bartes eines einfachen Schlüssels kann durch eine Bitfolge beschrieben werden, ebenso die Führung für den Schlüssel im Schloss. Das kann in der in Abbildung 4.1 dargestellten Weise erfolgen. Kerben/Nuten im Bart des Schlüssels oder in der Führung werden mit 0, Vorsprünge mit 1 codiert.

Für einen Schlüssel mit dem Bart mit der Codierung m und ein Schloss mit der

Abbildung 4.1: Schlüssel und Führungen. Der gezeigte Schlüssel passt sowohl zu Führung a) als auch zu Führung b).

Führung mit der Codierung n soll bestimmt werden, ob Schloss und Schlüssel zusammenpassen.

4.1.2. Boolesche Algebra

Erstellen Sie ein Programm mit dessen Hilfe die Richtigkeit der DeMorganschen Regeln nachgewiesen werden kann.

Diese lauten $\bar{a} \vee \bar{b} = \overline{a \wedge b}$ und $\bar{a} \wedge \bar{b} = \overline{a \vee b}$.

Symbolik: $a \vee b$: Oder, $a \wedge b$: Und, $\bar{a}$: Negation.

4.1.3. Vergleiche von ganzen Zahlen, Gleitkommazahlen und Texten

4.1.3.1. Vergleichsausdrücke

Geben Sie drei Gleitkommawerte (Typ `real`, `single` oder `double`) a, b und c mit maximal zwei Nachkommastellen ein. Ermitteln Sie den Wert von `a*b` `op` `c` wobei `op` für

- gleich
- ungleich
- größer
- größer oder gleich
- kleiner
- kleiner oder gleich

stehen kann.

Testen Sie insbesondere mit den beiden Datensätzen

a = 2.00; b = 2.00; c = 4.00 und

a = 0.3; b = 10.00; c = 3.00 und bewerten Sie die erhaltenen Ergebnisse.

4.1.3.2. Vereinfachung relationaler Ausdrücke

Vereinfachen Sie den booleschen Ausdruck in der folgenden Zuweisungsanweisung:

```
y := (not (a > b) ) and  (not (b < c))
```

4.1.3.3. Relationale Ausdrücke mit Einzelzeichen und Textketten

Bestimmen Sie die alphabetische Reihenfolge der innerhalb folgenden Textkettenpaare. Geben Sie das im Alphabet weiter vorn stehende Wort aus. Der Einfachheit darf von einer durchgängigen Kleinschreibung ausgegangen werden:

- hans – haus
- motor – mond
- heu – heute

4.2. Der Beitrag von Pascal

4.2.1. Logische Operatoren und Ausdrücke

FreePascal stellt die in Tabelle 4.2 aufgelisteten logischen Operatoren zur Verfügung.

Logische Operatoren verknüpfen ganzzahlige Größen bitweise. Ist z. B. die Zuweisung `c := a op b` gegeben, dann gilt für ein einzelnes Bit i des Resultats c:
$c_i := a_i op b_i;$

Für a, b und c vom Typ `word` gilt folgendes Beispiel:

```
a := %1010101010101010;
b := %1111111111111111;
c := a and b;
c := %1010101010101010;
```

In hexadezimaler Schreibweise ergibt sich folgendes:

```
a := $AAAA;
b := $FFFF;
c := a and b;
```

c hat den Wert $AAAA;

Operator (op)		Bedeutung
Pascal	**Mathematik**	
and	$\wedge$	Und-Verknüpfung des Bitmusters
or	$\vee$	Oder-Verknüpfung des Bitmusters
not	$\neg$	Negation des Bitmusters (unär)
xor	$\underline{\vee}$	Exklusiv-Oder-Verknüpfung des Bitmusters
<< shl	Betragsmäßig ≈Multiplikation mit 2^n	Linksverschiebung des Bitmusters (Linksshift)
>> shr	Betragsmäßig ≈ganzzahlige Division durch 2^n	Rechtsverschiebung des Bitmusters (Rechtsshift)

Tabelle 4.2: Logische Operatoren in Free Pascal

a	b	c := not a	c := a and b	c := a or b	c := a xor b
%11001100	%10101010	%00110011	%10001000	%11101110	%01100110
		c := a >> 2	c:= a shr 3	c := a << 1	c:= a shl 4
%11001100	%10101010	%00110011	%00011001	%10011000	%11000000

Tabelle 4.1: Wirkung der logischen Operatoren

Sind a, b und c ungleich lang (z. B. a vom Typ `integer` (4 Bytes) und b und c vom Typ `word` (2 Bytes) so werden die Operanden automatisch an den Resultatstyp angepasst. In diesem Falle heißt das, dass zur Resultatsermittlung nur die 16 niedrigwertigsten Bits von a herangezogen werden.

Beispiel:

```
a := %10101010101010101010101010101010;
b := %1111111111111111;
c := a and b;
```

c hat den Wert %1010101010101010;

Für a und c vom Typ `integer` und b vom Typ `word` gilt in diesem Fall:

```
c := %00000000000000001010101010101010
```

4.2.1.1.   Schiebeoperationen

Die Schiebeoperationen `shr` und `shl` implementieren so genannte logische Schiebeoperationen. Dabei gehen bei `shr` rechts und bei `shl` links Stellen verloren. Entsprechend werden bei `shr` links und bei `shl` rechts jeweils Nullen nachgezogen.

```
%10101010101010101010101010101010 shr 2
```

liefert den Wert %00101010101010101010101010101010.

```
%00101010101010101010101010101010 shl 2
```

liefert den Wert %10101010101010101010101010101000.

Abgesehen vom Stellenverlust entspricht für positive bzw. vorzeichenlose Zahlen `shr` n einer Division durch 2^n und `shl` n einer Multiplikation mit 2^n.

4.2.2.   Der Datentyp boolean, Boolesche Operatoren und Ausdrücke

Während in 4.2.1 aus mehreren Bits bestehende Bitmuster betrachtet wurden, in den jedes einzelne Bit den Wert 0 (`false`) oder 1 (`true`) annehmen kann, repräsentiert bei Größen vom Typ `boolean` die gesamte Größe – sei es eine Konstante oder Variable - entweder den Wert `true` oder `false`.. Aus diesem Grunde könnte sie durch 1 Bit realisiert werden. Aus praktischen Gründen, z. B. wegen des einfacheren Speicherzugriffs wird jedoch der Datentyp `boolean` durch ein Byte realisiert. In diesem Byte sind die 7 höchstwertigsten Bits immer 0, das niedrigwertigste wechselt zwischen 0 (`false`) und 1 (`true`).

4.2.3. Relationale Operatoren und Ausdrücke

Für Vergleiche stehen die in Tabelle 4.3 aufgeführten Operatoren zur Verfügung. Prinzipiell haben diese Operatoren in Programmierung und Mathematik die gleiche Bedeutung. Besonderheiten sind beim Rechnen mit Gleitkommazahlen zu beachten.

Operator (op)		Bedeutung
Pascal	*Mathematik*	
not	¬	nicht (unär)
and	∧	und
or	∨	oder
xor	⊻	exklusiv oder

Tabelle 4.5: Boolesche Operatoren in Free Pascal

a	b	c := not a	c := a and b	c := a or b	c := a xor b
false	false	true	false	false	false
false	true	true	false	true	true
true	false	false	false	true	true
true	true	false	true	true	false

Tabelle 4.4: Wirkung der booleschen Operatoren

Operator		Bedeutung
Pascal	*Mathematik*	
=	=	gleich
<>	≠	ungleich
>	>	größer
>=	≥	größer oder gleich
<	<	kleiner
<=	≤	kleiner oder gleich

Tabelle 4.3: Vergleichsoperatoren (Relationale Operatoren) in Pascal

4.2.3.1. Relationale Operatoren und Textketten

Mittels der relationalen Operatoren können Sie einen alphabetischen Vergleich von Zeichenketten gemäß der Binärcodierung durchführen. Für das Vergleichsergebnis ist der aktuelle wert der Zeichenkette, nicht der Datentyp entscheidend. So ist z. B. `'Hans'` kleiner als `'Hugo'` oder `'Hans1'`. Dabei ist belanglos ob mit den Typen `String`, `AnsiString`, `String [n]` oder mit einem Typenmix gearbeitet wird. Das kann für eine lexikalische Sortierung ausgenützt werden. Allerdings wird auch zwischen `'hans'` und `'Hans'` unterschieden. Um Groß- und Kleinschreibung zu kompensieren können Sie die Operation

```
string1 op16 string2;
```

durch die Operation

```
UpCase(string1) op UpCase(string2);
```

ersetzen;

Umlaute und nationale Sonderbuchstaben (z. B. ß) werden bei dieser Vorgehens-weise nicht korrekt berücksichtigt. Diese Zeichen können nur mittels aufwendiger Programmierung berücksichtigt werden.

4.3. Lösungen

4.3.1. Schloss und Schlüssel

Betrachten Sie Schlüsselbart und Führung, so erkennen Sie dass der Schlüssel dann im Schloss gedreht werden kann, wenn sich entweder eine Nut (Ziffer %0) und ein Zinken (Ziffer %1) oder zwei Nuten gegenüberstehen.

Die Variable m beschreibe den Bart des Schlüssels und die Variable n die Führung im Schloss. Damit der Schlüssel im Schloss gedreht werden kann, muss für alle Bits von m und n gelten: $m_i \wedge n_i = 0$. D. h. Die UND-Verknüpfung zwischen m und n muss 0 ergeben. Im nachstehenden Beispiel entsprechen m und n die Variablen `Bart` und `Fuehrung`.

```
program ProSchluessel;

var
   Bart      : integer;
   Fuehrung  : integer;
   passt     : integer;
begin
   Bart      :=  %1011001010111001;
```

---

16 Op steht für eine beliebige Stringoperation.

```
   Fuehrung :=  %0100110101000110;
   passt := Bart and Fuehrung;
   writeln (passt);
   ReadLn ();
end.
```

Das Programm liefert das Resultat 0, was besagt, dass Schlüssel und Schloss in diesem Fall zusammenpassen.

4.3.2. DeMorgansche Regeln

Die Richtigkeit der DeMorganschen Regeln ist per Programm nachgewiesen, wenn
für alle möglichen Kombinationen von a und b die linke Seite der Regelgleichung
mit der rechten Seite übereinstimmt.

Die Lösung für diese Aufgabe fällt an dieser Stelle recht lang und umständlich aus,
da verschiedene Sprachelemente, die eine kompaktere Darstellung ermöglichen
würden noch nicht eingeführt sind. Eine wesentlich kompaktere Lösung in der alle
relevanten Möglichkeiten von Free Pascal berücksichtigt sind, finden Sie unter
11.4.1.1

Mit später
vorgestellten
Sprachmitteln
(s. 11.4.1.1)
gestaltet sich
die Lösung
wesentlich
kürzer.

```
program ProDeMorgan;

var
  a: boolean;
  b: boolean;
  c1l: boolean;
  c1r: boolean;
  c2l: boolean;
  c2r: boolean;
begin
  a := false; b:= false;
  c1l := not a or not b;
  c1r := not (a and b);
  c2l := not a and not b;
  c2r := not (a or b);;
  Write (' a = ');
  Write (a);
  Write ('    b = ');
  WriteLn (b);
  Write ('Regel 1: links = ');
  Write (c1l);
  Write ('    rechts = ');
  WriteLn (c1r);
  Write ('Regel 2: links = ');
  Write (c2l);
  Write ('    rechts = ');
  WriteLn (c2r);
  a := false; b:= true;
  c1l := not a or not b;
  c1r := not (a and b);
  c2l := not a and not b;
  c2r := not (a or b);;
```

```
  Write (' a = ');
  Write (a);
  Write ('     b = ');
  WriteLn (b);
  Write ('Regel 1: links = ');
  Write (c1l);
  Write ('    rechts = ');
  WriteLn (c1r);
  Write ('Regel 2: links = ');
  Write (c2l);
  Write ('    rechts = ');
  WriteLn (c2r);
  a := true; b:= false;
  c1l := not a or not b;
  c1r := not (a and b);
  c2l := not a and not b;
  c2r := not (a or b);;
  Write (' a = ');
  Write (a);
  Write ('     b = ');
  WriteLn (b);
  Write ('Regel 1: links = ');
  Write (c1l);
  Write ('    rechts = ');
  WriteLn (c1r);
  Write ('Regel 2: links = ');
  Write (c2l);
  Write ('    rechts = ');
  WriteLn (c2r);
  a := true; b:= true;
  c1l := not a or not b;
  c1r := not (a and b);
  c2l := not a and not b;
  c2r := not (a or b);;
  Write (' a = ');
  Write (a);
  Write ('     b = ');
  WriteLn (b);
  Write ('Regel 1: links = ');
  Write (c1l);
  Write ('    rechts = ');
  WriteLn (c1r);
  Write ('Regel 2: links = ');
  Write (c2l);
  Write ('    rechts = ');
  WriteLn (c2r);
  ReadLn ();
end.
```

4.3.3. Hilfe mein Computer rechnet verkehrt – Relationale Ausdrücke, Informationsdarstellung und andere Feinheiten

4.3.3.1. *Gleich oder nicht gleich – das ist hier die Frage...*

Die Aufgabe aus 4.1.3.1 können Sie **oberflächlich betrachtet** mit dem folgenden Programm lösen, dessen Kernpunkt der Vergleich a*b = c ist:

```
program ProRealVergleich;
var
    a : single;
    b : single;
    c : single;

begin
  WriteLn ('Vergleichsausdruck  a*b = c');
  WriteLn ('Bitte geben Sie a ein: '); ReadLn(a);
  WriteLn ('Bitte geben Sie b ein: '); ReadLn(b);
  WriteLn ('Bitte geben Sie c ein: '); ReadLn(c);
  Writeln (a*b = c);
  ReadLn();
end.
```

Wenn Sie hier a = 0.3, b = 10 und c = 3 eingeben, dann liefert das Programm das Ergebnis *false*. Das hat seine Ursache darin, dass 0.3 auf dem Rechner nicht exakt dargestellt werden kann. Es gilt: $0.3_{10} = 0.0\overline{1010}_2$. Somit kann 0.3_{10} nicht durch eine Dualzahl mit endlicher Stellenzahl dargestellt werden. Das bedeutet, dass das Produkt 0.3*10 auf einem Rechner, der ja eine endliche Stellenzahl besitzt, nicht exakt als 3.0 dargestellt wird. Aus diesem Grunde liefert dann der Vergleich das Ergebnis *false*.

Das ist ein grundsätzliches Problem der meisten Gleitkommadarstellungen in Digitalrechnern. Sie gehen dem aus dem Weg, wenn Sie nicht gegen einen Wert, sondern gegen ein Toleranzband vergleichen. Nachstehend finden Sie die angepasste Lösung. Die Wahl der Breite des Toleranzbandes von 2*delta (hier $2 \cdot 10^{-6}$) ist vom Anwendungsfall und vor allem vom Datentyp abhängig.

Mit a = 0.3, b = 10 , c = 3 funktioniert das Programm einwandfrei mit a = 0.3, b = 10^8 (10E8), c = $3*10^7$ (3E7) tritt der oben beschriebene Programmfehler erneut auf.

Wenn Sie in diesem Fall delta auf 1 oder 10 erhöhen erhalten Sie wieder das gewünschte Ergebnis.

Das hier beobachtete Problem kommt dadurch zustande, dass bei Verwendung des Datentyps single die beiden Zahlen $3*10^7$ und $(3*10^7 + 2 \cdot 10^{-6})$ aufgrund der Rundung rechnerintern durch das gleiche Bitmuster dargestellt werden. Durch Ver-

Durch eine Dualzahl endlicher Länge kann 0.3_{10} nicht exakt dargestellt werden.

Grundsätzliches Problem: Gleitkommawerte sind in vielen Fällen nicht exakt!

Das Toleranzband ist anwendungsabhängig zu wählen.

wendung von Datentypen mit mehr Mantissenstellen (z. B. `double` oder `exten-`
`ded`), wird die Wahrscheinlichkeit, dass solche Probleme auftreten reduziert aber
nicht ausgeschlossen.

Grundsätzlich erlaubt eine größere Anzahl der Mantissenstellen, was gleichbedeu-
tend mit einer größeren Auflösung ist, kleinere Vergleichsschranken (`deltas`).

```
program ProRealVergleichBand;
var
   a : single;
   b : single;
   c : single;
const
   delta = 1e-6;

begin
  WriteLn ('Vergleichsausdruck  a*b = c');
  WriteLn ('Bitte geben Sie a ein: '); ReadLn(a);
  WriteLn ('Bitte geben Sie b ein: '); ReadLn(b);
  WriteLn ('Bitte geben Sie c ein: '); ReadLn(c);
  Writeln ((a*b < c+delta) and (a*b > c-delta));
  ReadLn();
end.
```

Diesem Problem kann man dadurch abhelfen, dass man delta abhängig vom Wert
der eingegebenen Zahlen vorgibt.

```
program ProRealVergleichBand2;
var
   a : single;
   b : single;
   c : single;
   delta: single;

begin
  WriteLn ('Vergleichsausdruck  a*b = c');
  WriteLn ('Bitte geben Sie a ein: '); ReadLn(a);
  WriteLn ('Bitte geben Sie b ein: '); ReadLn(b);
  WriteLn ('Bitte geben Sie c ein: '); ReadLn(c);
  delta := (a*b + c) * 1e-6;
  Writeln ((a*b < c+delta) and (a*b > c-delta));
  ReadLn();
end.
```

Die Funktion
Abs erlaubt
eine optimie-
rung der Lö-
sung (S.a.
5.2.2.1)

Diese Lösungen eignen sich allerdings nur wenn die Variable delta einen positiven
Wert besitzt. Durch Verwendung der Funktion *Abs* (5.2.2.1) kann eine codeopti-
mierte Lösung erstellt werden, die außerdem auch für negative Werte von `delta`
tauglich ist.

4.3.3.2.   Bitte „Schnellsch(l)üsse" vermeiden!!

Vereinfachen bedeutet in diesem Fall die Beseitigung der Negationen.

Wenn Sie die rechte Seite vorschnell „vereinfachen", d. h. wenn Sie > durch < ersetzen und umgekehrt und darüber hinaus die Negationen entfernen, dann lautet die
Zuweisungsanweisung: `y := (a < b) and ( b > c )` und das ist schlicht
falsch.

Das erstaunt vielleicht zunächst, aber **not (a > b)** ist eben **nicht   a < b** sondern
a <= b!!

Die richtige Lösung lautet also `y := (a <= b) and (b >= c)`.

Sie können das überprüfen, in dem Sie in die drei Zuweisungen aus der Aufgabenstellung bzw. den obigen Lösungsansätzen a = b = c = 1 einsetzen:

- `y := (not (a > b) ) and (not (b < c)):`
  Für `y := (not (1 > 1)) and (not (1< 1))` – die Anweisung aus der
  Aufgabenstellung - erhalten Sie y = true,

- `y := (a < b) and ( b > c ):`
  Für die vorschnelle „Lösung" `y := (1 < 1) and (1 > 1)` erhalten Sie den
  Wert y = false und

- `y := (a <= b) and (b >= c):`
  Für die korrekte Lösung `y := (1 <= 1) and (1 >= 1)` erhalten Sie wiederum den Wert y = true.

4.3.3.3.   *Relationale Ausdrücke mit Textketten*

```
program ProStringVergleich;
var
   a : AnsiString;
   b : String[200];
begin
  WriteLn ('Vergleich zweier Textketten');
  WriteLn ('Bitte geben Sie Textkette a ein: '); ReadLn(a);
  WriteLn ('Bitte geben Sie Textkette b ein: '); ReadLn(b);
  Writeln (a < b );
  Writeln (a = b );
  Writeln (a > b );
  ReadLn();
end.
```

Durch die Operatoren = und <> kann die Gleichheit und Ungleichheit zweier Textketten bestimmt werden. Gleichheit / Ungleichheit bezieht sich auf den tatsächlich
vorhandenen Text.

Die Negation
von a > b ist
a ≤ b!!

5. Damit Ihre Arbeit einfacher wird: Standardprozeduren und -funktionen

5.1. Aufgabenstellung

5.1.1. Verschiedenes aus Mathematik und Physik

5.1.1.1. *Trigonometrische Berechnungen*

Ermittlung der unbekannten Seite eines rechtwinkligen Dreiecks

Eine Straße sei 2,4 km lang (Fahrweg) und habe eine Steigung von 20%.

- Welche Höhe wird dabei überwunden?
- Wie groß ist der Steigungwinkel im Bogenmaß?
- Wieviel Grad beträgt die Steigung ?

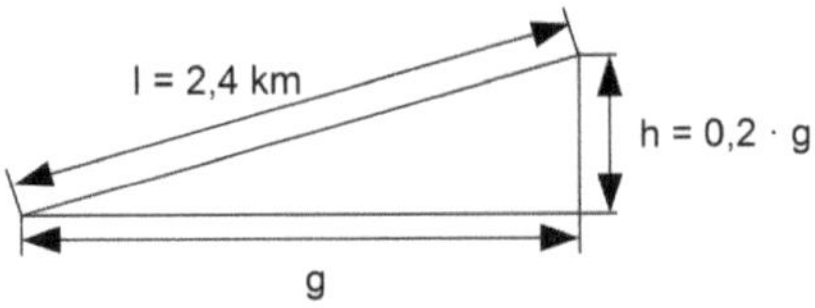

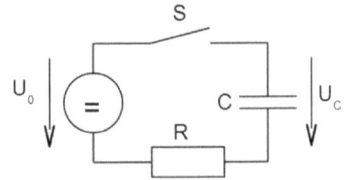

Abbildung 5.1: Lageskizze zu Aufgabe aus 5.1.1.1

5.1.1.2. *Physikalische Ausgleichsvorgänge*

Spannungsverlauf in einem RC-Glied

Gegeben sei eine RC-Schaltung nach Abbildung 5.25.2. Der Kondensator sei anfänglich entladen ($U_C(0) = 0$). Zur Zeit t = 0 wird der Schalter S geschlossen.

Schreiben Sie ein Programm, das die Spannung U_C zu einem beliebigen Zeitpunkt t_1 ermittelt.

Abbildung 5.2: RC-Glied

Die Werte für C, R, U_0 und t_1 sollen im Dialog eingegeben werden. Für die korrekte Dateneingabe (nur positive Werte) ist der Anwender verantwortlich.

Für die Kondensatorspannung zum Zeitpunkt $t_1 \geq 0$ gilt $U_C = U_0 \cdot \left(1 - e^{\frac{-t_1}{R \cdot C}} \right)$

5.1.1.3. Optimierung des Vergleichs von Gleitkommazahlen aus Abschnitt 4.3.3.1

Vereinfachen Sie den Gleitkommavergleich aus Abschnitt 4.3.3.1 unter Benutzung einer geeigneten Standardfunktion.

5.1.2. Ermittlung der numerischen Codierung von Textzeichen

Ermitteln Sie durch welche Dezimalzahl ein beliebiges auf der Tastatur eingegebenes Zeichen dargestellt wird.

5.1.3. Handhabung von Zeichenketten

5.1.3.1. Funktionen zum Suchen in Zeichenketten

Suchen einer bestimmten Zeichenkombination in einem vorgegebenen Text

Ermitteln Sie, ob und ggf. an welcher Stelle die Zeichenfolge *ieg* in den beiden folgenden Texten vorkommt:

- Stuttgart liegt in Baden-Württemberg.
- Stuttgart ist die Hauptstadt von Baden-Württemberg.

5.1.3.2. Verarbeiten von Zeichenketten

Gegeben seien die beiden Textketten

- 'Muenchen ist eine deutsche Stadt.' und
- 'Man sagt, Stuttgart sei die Hauptstadt von Bayern.'

Schreiben Sie ein Programm, das die Aussage der zweiten Textkette korrigiert und zur Korrektur den Text aus der ersten Textkette verwendet.

5.1.3.3. Sonstige Funktionen für Zeichenketten

Ermitteln Sie die Länge einer Zeichenkette vom Typ `String`, `ShortString` oder `AnsiString`. Gesucht ist die tatsächliche Länge der Textkette d. h. die momentan vorhandene Zeichenanzahl, nicht der für die Textkette reservierte Speicherplatz.

5.1.4.   Verzeichnis- und Dateibehandlung

5.1.4.1.   Ermitteln ob eine Datei existiert.

Ermitteln Sie, ob eine Datei gegebenen Namens bzw. Pfades existiert.

5.1.4.2.   Ermittlung des kompletten Dateipfades

Ermitteln Sie zu einer gegebenen Datei (Dateiname) den kompletten Dateipfad.

5.1.4.3.   Ermitteln der Dateierweiterung

Ermitteln Sie für eine vorgegebene Datei die Namenserweiterung.

5.1.4.4.   Umbenennen einer Datei.

Weisen Sie einer Datei, die durch ihren Namen bzw. Pfad beschrieben ist, einen anderen Namen zu, der per Dialog vorgegeben wird.

5.1.5.   Datums- und Zeitbehandlung

5.1.5.1.   Ermittlung einer Zeitdifferenz

Bilden Sie die Differenz von 11 Stunden 27 Minuten und 13 Sekunden und 8 Stunden, 54 Minuten und 41 Sekunden.

5.1.5.2.   Ermittlung einer Zeitsumme

Bilden Sie die Summe von 11 Stunden 27 Minuten und 13 Sekunden und 8 Stunden, 54 Minuten und 41 Sekunden.

5.2.   Der Beitrag von Pascal

Free Pascal stellt Ihnen zahlreiche Standardprozeduren und -funktionen zur Verfügung. Standardprozeduren bzw. -funktionen sind vordefinierte bzw. vorgefertigte Prozeduren und Funktionen zur Lösung häufig wiederkehrender Aufgaben.[17] Der Unterschied zwischen Prozeduren und Funktionen besteht darin, dass Prozeduren wie Anweisungen gehandhabt werden (sie tun etwas) während Funktionen Ausdrücken entsprechen (sie ermitteln einen Wert eines bestimmten Typs).

Drei Standardprozeduren – *Write*, *WriteLn* und *ReadLn* – haben Sie bereits kennen gelernt.

---

17 Prozeduren und Funktionen werden in Kapitel 8 ausführlich behandelt. Insbesondere wird auf die
   Erstellung individueller Prozeduren und Funktionen eingegangen.

In ähnlicher Bedeutung wie die Begriffe Standardprozedur/-funktion tauchen auch die Begriffe vordefinierte Prozedur/Funktion und Bibliotheksprozedur/-funktion auf.

(Standard-) Prozeduren und Funktionen können nach unterschiedlichen Kriterien klassifiziert werden. Üblich ist z. B. die Gliederung nach Fachgebieten (Mathematik, Ein-/Ausgabe, Behandlung von Datum und Uhrzeit, …..) oder nach dem Datentyp des Funktionsresultats. In diesem Buch erfolgt die Gliederung primär nach dem Fachgebiet und sekundär nach dem Datentyp.

Die Standardfunktionen sind im wesentlichen in zwei Bibliotheken untergebracht, Der Free Pascal-Laufzeit-Bibliothek (Free Pascal Runtime Library (RTL)) und Bibliothe der freien Komponenten (Free Component Library (FCL)). Die vollständige Information über die beiden Bibliotheken finden Sie im Internet unter

* ftp://ftp.freepascal.org/pub/fpc/docs-pdf/rtl.pdf [FPREFFCL] und
* ftp://ftp.freepascal.org/pub/fpc/docs-pdf/fcl.pdf [FPREFFCL] bzw.
* http://FreePascal.org/docs-html/rtl/index.html und
* http://FreePascal.org/docs-html/fcl/index.html.

Units, Prozeduren und Funktionen: Nutzung hier pragmatisch behandelt – Erstellung in Kapitel 8

In diesem Kapitel wird nur die Nutzung vorgefertigter Programmbausteine (Units, Prozeduren und Funktionen) behandelt. Die Erstellung eigener Programmbausteine wird in Kapitel 8 besprochen.

5.2.1. Units der Laufzeitbibliothek (Paket RTL)

Die Laufzeit-Bibliothek enthält die für den Programmiereinsteiger bedeutenden Komponenten. Sie ist die Grundlage aller Free Pascal Programme und. umfasst:

* Die grundlegenden Units von denen die meisten Programme Gebrauch machen und die mehr oder weniger auf allen Plattformen[18] zur Verfügung stehen, die Free Pascal unterstützt.

* Es gibt Units zur Herstellung der Kompatibilität mit der Turbo-Pascal-Laufzeitbibliothek und der Kompatibilität mit Delphi.

---

18 Der Begriff Plattform bezeichnet die Betriebssystemumgebung (z. B. Windows oder Linux) unter der Lazarus/FreePascal ausgeführt wird.

- Auf diesen beiden Unitgruppen, baut eine Reihe von Units auf, die Tastatur, Maus und Textbildschirmverarbeitung als plattformübergreifende Lösung unterstützt.

- Units die die Besonderheiten einer Plattform implementieren. Diese werden in der Regel benötigt um die Turbo Pascal oder Delphi Units zu unterstützen.

Units, die der obigen Beschreibung nicht entsprechen gehören nicht zu RTL sondern sollten in der FCL oder in frei zusammengestellten Paketen[19] enthalten sein.

Außer Prozeduren und Funktionen, denen in diesem Kapitel vor allem unser Augenmerk gilt, können in Units auch Definitionen von

- Typen (insbesondere auch Klassen (15),
- Konstanten (3.1.2.5, 3.2.2.3) und
- Variablen (3.1.2.5, 3.2.2.3)

enthalten sein. So sind z. B. in der Unit **System** alle grundlegenden Datentypen definiert.

Name	Funktion/Einsatzbereich
BaseUnix	*Grundlegende Unix Funktionalität*
Classes	*Basisklassen für RTL*
clocale	*Initialisierung der Internationalisierungseinstellungen der C-Bibliothek*
cmem	*Ersatz des Speichemanagers unter Verwwendung des C-Speichermanagers.*
Crt	*Bildschirm und Tastaturbehandlungs-Unit von Turbo Pascal*
cthreads	*Initialisierung des Threadmanangers mit einem POSIX Threadmanager*
ctypes	*Allgemeine C-Typendefinitionen*
cwstring	*Manager für Breite Strings (wide strings) mit einer C-basierten implementation*
dateutils	*Routinen für die Manipulation von Datum und Uhrzeit*
Dos	*DOS - Turbo Pascal MS-DOS interface*
dxeload	*DXE-Datei in den Speicher laden*
dynlibs	*Unterstützung für dynamisch ladbare Bibliotheken über verschiedene Plattformen hinweg*

---

19 Pakete sind Gruppen von Units, die weitgehend beliebig zusammengestellt werden können.

Name	Funktion/Einsatzbereich
emu387	Unterstützung für Koprozessoremulation
exeinfo	Liefert Informationen zur ausführbaren Datei
getopts	GNU kompatibler Zugang zu Kommandozeilenoptionen
go32	GO32-Zugang zur 32-Bit-DOS-Erweiterung
gpm	Schnittstelle zur GPM (General Purpose Mouse) Bibliothek
Graph	TP compatible unit to handle screen graphics.
heaptrc	Funktionen für das Heap Debugging
ipc	Unix Inter Process Kommunikation Funktionen
keyboard	Zugang zu Low-Level Tastatur-Funktionen
lineinfo	Rückgabe von Quelltextinformationen beim Debug-Vorgang.
Linux	Linuxspezifische Betriebssystemaufrufe
lnfodwrf	Rückgabe von Quelltextinformationen beim Debug-Vorgang.
math	Zusätzliche mathematische Routinen
matrix	Unit für die Behandlung zwei-, drei- und vierdimensionaler Matrizen.
mmx	Zugang zu den MMX-Funktionen des Prozessors
Mouse	Unit zur Behandlung von Mausereignissen
Objects	Turbo-Pascal-kompatible Basisobjekte
objpas	Kompatibilitätsmodule für Delphi oder Objectpascal
oldlinux	1.0.X Version der Linux Unit – existiert nur noch aus Kompatibilitätsgründen
ports	Zugang zu Hardware Ports
printer	Zugang zum Drucker
Sockets	TCP/IP Sockets Funktionen
strings	Routinen für nullterminierte Strings (PChar)
strutils	Verschiedene Routinen zur Stringbehandlung
System	System
sysutils	Verschiedene Hilfsroutinen (utilities)
types	Verschiedene Typen
typinfo	Zugang zur Laufzeit-Typeninformation (Run-Time Type Information (RTTI))
Unix	Erweiterte Unix Funktionalität

Name	Funktion/Einsatzbereich
unixtype	Grundlegende Unix-Typen
unixutil	Unix Hilfsroutinen
video	Unit für die Bildschirmbehandlung
wincrt	Unterstützende Fensterroutinen für die Unit Graph
x86	Intel X86 spezifische Routinen für Unix Plattformen

Tabelle 5.1: Überblick über die Units der Free Pascal Runtime Library (RTL)

Wesentliche der in der RTL definierten Komponenten werden in den folgenden Abschnitten dargestellt. Dabei kann aus Platzgründen nur auf die zentralen Anwendungsaspekte eingegangen werden. Wer sich für Details interessiert sollte die ausführliche Dokumentation [FPREFRTL] zu Rate ziehen.

5.2.2. Mathematik

Der Ort der Routine – die Unit – muss dem Programm bekannt gemacht werden.

Uses einfügen!

Mathematische Routinen sind - wie andere Bibliotheksroutinen auch - nicht in allen Fällen ohne weiteres in Ihrem Programm verfügbar. Sie sind in speziellen Modulen (sog. Units[20]) implementiert. Ihre IEU ist nach der Installation so eingestellt, dass Elemente aus der Unit System automatisch eingebunden werden. Für andere Units (z. B. `Math`) müssen Sie in Ihrem Programm angeben, dass Sie die fragliche Unit – benutzen wollen. Hierzu fügen Sie die Zeile

```
uses Math;
```

direkt hinter der Programmdefinition ein.

5.2.2.1. Allgemeines

Prozedur- bzw. Funktionsspezifikation	Wirkung	Unit
Odd (i:integer):boolean	Ermittlung ob i ungerade ist odd(14) = false odd(15) = true	System
Pred (o:beliebigerOrdinaltyp): beliebigerOrdinaltyp[21]	Ermittlung des Vorläufers in der Zahlenfolge pred (true) = false pred (15) = 14 pred ('c') = 'b'	System

---

20 Mehr zum Thema Units erfahren Sie ebenfalls in Kapitel 8
21 Das Resultat (die Funktion) hat den selben Typ wie das Argument.

Prozedur- bzw. Funktionsspezifikation	Wirkung	Unit
Succ (o: beliebigerOrdinaltyp): beliebigerOrdinaltyp	Ermittlung des Nachfolgers in der Zahlenfolge succ (false) = treu succ (15) = 16 succ ('c') = 'd'	System
Dec (i:integer):integer	i um 1 verringern i := 14; dec (i); i besitzt jetzt den Wert 13	System
Inc (i:integer):integer	i um 1 erhöhen i := 14; inc (i); i besitzt jetzt den Wert 15	System
Ord (o: beliebigerOrdinaltyp): integer	Ordnungs- (Positions-) Funktion für alle Ordinaltypen (integer, char, Aufzählungstypen ...) ord ('1') = 49 (= Position im ASCII-Alphabet) ord (true) = 1[22]	System
Round (x: extended):integer	Runden round (11.89) = 12 round (-11.89) = -12	System
Trunc (x: extended):integer	Abschneiden der Nachkommastellen trunc (11.89) = 11 trunc (-11.89) = -11	System
Hi (iw: IntegerOderWord): Wordtyp[23]	Gibt die höherwertige Hälfte von iw zurück. Ist iw vom Typ byte, dann ist auch das Resultat vom Typ byte aber die vier höchstwertigen Bits haben den Wert 0.	System
Abs (x: VarReal): VarReal[24]	Berechnung des Absolutwerts von x Abs (10.35) = 10.35 Abs(-10.35) = 10.35	System
Exp (x: VarReal): VarReal	Exponentialfunktion	System

---

22 Der Positionswert entspricht der Dualzahl mit der die entsprechende Größe codiert wird. Je nach Datentyp erfolgt die Interpretation als Dezimalzahl mit oder ohne Vorzeichen: Z. B. gilt bei Ganzzahltypen ord (-100) = -100, bei Buchstaben ord ('A') = 65. Mehr hierzu in 11.2.1

23 IntegerOrWord steht für einen beliebigen vorzeichenbehafteten oder vorzeichenfreien Ganzzahltyp. Wordtyp ist ein vorzeichenfreier Ganzzahltyp, der halb so lang ist wie IntegerOrWord.

24 In Unit System gilt `type VarReal = extended;`

Prozedur- bzw. Funktionsspezifikation	Wirkung	Unit
Frac (x: VarReal): VarReal	Ermittlung des Dezimalrests Frac (10.97) = 0,97	System
Round (x: VarReal):VarReal	Runden Round (11.89) = 11.0 Round (-11.89) = -11.0[25]	System
Ln (x: VarReal): VarReal	Berechnung des natürlichen Logarithmus von x Laufzeitfehler[26] bei x ≤ 0	System
Log10 (x: VarReal): VarReal[27]	Berechnung des Logarithmus von x zur Basis 10 Laufzeitfehler[28] bei x ≤ 0	Math
Pi():VarReal	Berechnung der Ludolfschen Zahl π = 3.1415926535897932385	System
Power (x: VarReal, y: VarReal): VarReal	Berechnung des Werts xy Power (3,4) = 81	Math
Random (l: LongInt):LongInt Random (l: Int64):Int64 Random: extended	Zufallszahl generieren: Random (a:T) : T. Mit T = longint oder int64 wird eine ganzzahlige Zufallszahl zwischen 0 und a-1 generiert. Random: es wird eine Gleitkomma-Zufallszahl a (Typ extended) [0 ≤ a < 1] generiert.	System
Randomize	Zufallszahlengenerator initialisieren. Belegung der Variablen Randseed unter Benutzung der Systemuhr	System
Sqr [29] (x: VarReal): VarReal	Quadrierung sqr (2.5) = 6.25	System

---

25 Im Prinzip wie Trunc aber Ergebnistyp extended
26 Für die Behandlung von Laufzeitfehlern im arithmetischen Bereich gelten die Darstellungen aus 7.3.1 sinngemäß.
27 In Unit Math gilt `type float = extended;`
28 Für die Behandlung von Laufzeitfehlern im arithmetischen Bereich gelten die Darstellungen aus 7.3.1 sinngemäß.
29 Verwechslungsgefahr mit Funktion sqrt !

Prozedur- bzw. Funktionsspezifikation	Wirkung	Unit
Sqrt[30] (x: VarReal): VarReal	Bildung der Quadratwurzel von x sqrt (20.25) = 4.5 Laufzeitfehler[31] bei x < 0	System

Tabelle 5.2 Mathematische Funktionen allgemeiner Art aus der Free Pascal Runtime Library

Viele der o. g. Funktionen haben Übergabeparameter eines Gleitkommatyps. An deren Stelle dürfen auch Größen eines Ganzzahltyps stehen. Andersherum dürfen an der Stelle von Ganzzahlparametern keine Gleitkommagrößen verwendet werden.

5.2.2.2.   Trigonometrische Funktionen

Prozedur- bzw. Funktionsspezifikation	Wirkung	Unit
Arccos (x: VarReal): VarReal	Berechnung des Arcuscosinus von x	Math
Arcsin (x: VarReal): VarReal	Berechnung des Arcussinus von x	Math
Arctan (x: VarReal): VarReal	Arcustangens (inverse Tangensfunktion)	System
Cos (x: VarReal): VarReal	Berechnung des Cosinus von X	System
Cotan (x: VarReal): VarReal	Berechnung des Cotangens von x	Math
Hypot(x: VarReal, y VarReal): VarReal	Ermittlung der Hypotenuse eines rechtwinkligen Dreiecks Hypot (3, 4) = 5	Math
Sin (x: VarReal): VarReal	Berechnung des Sinus von X	System
Tan (x:VarReal): VarReal	Berechnung des Tangens von x	Math

Tabelle 5.3: Trigonometrische Funktionen aus der Free Pascal Runtime Library

---

30 Verwechslungsgefahr mit Funktion sqr !
31 Für die Behandlung von Laufzeitfehlern im arithmetischen Bereich gelten die Darstellungen aus 7.3.1 sinngemäß.

5.2.2.3. Statistikfunktionen

Prozedur- bzw. Funktionsspezifikation	Wirkung	Unit
Mean (x:array of extended): VarReal	Bildung des Mittelwerts der in x enthaltenen Werte[32]	Math
Randgm (mean: VarReal; stddev: VarReal):VarReal[33];	Generiert bei Anwendung in großer Häufigkeit Zufallszahlen mit dem Mittelwert mean und der Standardabweichung stddev	Math

Tabelle 5.4: Statistikfunktionen aus der Free Pascal Runtime Library

5.2.3. Behandlung von Textketten

FreePascal bietet zahlreiche Funktionen und Prozeduren zur Behandlung von Textketten. Viele davon finden Sie in der Unit *SysUtils*. Einige wichtige Systemfunktionen zur Behandlung von Textketten sind in der nachstehenden Tabelle beschrieben.

Prozedur-[34]/Funktionsspezifikation	Wirkung	Unit
Copy (s: String; Index: integer; Anzahl: integer): String	Kopiert aus der Textkette s Anzahl Zeichen ab der Position Index in die Ergebnistextkette. Die Ergebnistextkette entspricht dem Funktionswert.	System
Delete (var s: String; Index: integer; Anzahl: integer)	Löscht ab der Position index Anzahl Zeichen aus der Zeichenkette s. s wird verändert. Das Ergebnis steht in s.	System
Insert (Einschub: String; var s: string, Index: integer)	Fügt die Zeichenkette Einschub an der Position Index in den die Zeichenkette s ein. s wird verändert. Das Ergebnis steht in s	System
LeftStr (const S:string; Count: Integer): string;	Liefert einen String mit den ersten Count Zeichen von S	SysUtils
Length (S:string): integer	Ermittlung der Textlänge von S.	System
Pos (substr: string; s: string): integer	Ermittlung der Position von substr in s. Falls substr nicht in s enthalten ist, nimmt Pos	System

---

32 Details zum Thema Datenfelder / Arrays finden Sie in Kapitel 10
33 Sinngemäß wie 27
34 Delete und Insert sind Prozeduren

	den Wert 0 an.	
RightStr (const S:string; Count: Integer): string;	Liefert einen String mit den letzten Count Zeichen von S	SysUtils

Tabelle 5.5: Funktionen zur Behandlung von Textketten aus der Free Pascal Runtime Library

5.2.4. Dateibehandlung

Einige wichtige Systemfunktionen zur Dateibehandlung sind in der nachstehenden Tabelle beschrieben.

Prozedur- bzw. Funktionsspezifikation	Wirkung	Unit
DiskFree (drive: Byte): Int64	Ermittlung des freien Speicherplatzes in einem logischen Laufwerk. drive ist die Nummer des Laufwerks: 0 = aktuelles Laufwerk 1 = 1. Floppy Laufwerk (A) 2 = 2. Floppy Laufwerk (B) 3 = 1. Harddisk-Partition (C) 4-26 = alle weiteren Laufwerke und Partitionen (D bis Z)	SysUtils
ExpandFileName (S: string): string	Für eine gegebene Datei (S) wird der komplette Pfadname ermittelt.	SysUtils
ExtractFileExt (S: string): string	Für eine gegebene Datei (S) wird der Name der Erweiterung (einschl. Punkt) ermittelt.	SysUtils
FileExists (S: string): boolean	Ermittlung, ob eine Datei existiert. S ist der Dateibezeichner entweder relativ zum Programmverzeichnis oder absolut.	SysUtils
RenameFile (Alt: String; Neu:String): boolean	Datei umbenennen (eigentlich umkopieren). Neu kann ein voller Dateipfad sein. Der Funktionswert ist nach erfolgreichem Abschluss true	SysUtils

Tabelle 5.6: Funktionen zur Dateibehandlung aus der FreePascal Runtime Library

5.2.5. Zeit- und Datumsangaben

Einige wichtige Systemfunktionen für den Umgang mit Zeit- und Datumsangaben sind in der nachstehenden Tabelle beschrieben. Eine vollständige Zusammenstellung von Funktionen und Prozeduren zur Dateibehandlung finden Sie in [WIKDATTIM].

Datums- und Zeitangaben können in binärer Form kompakt in Daten vom Typ TDateTime gespeichert werden. Zum Weiterverarbeiten oder zum Drucken sollten Datums- und Zeitwerte hingegen im Type Word oder String vorliegen.

Prozedur- bzw. Funktionsspezifikation	Wirkung	Unit
Date: TDateTime	Ermittlung des aktuellen Datums. Uhrzeitteil null	Sysutils
DateToStr (Date: TDateTime) : String	Umwandlung des als Zahl vom Typ TDateTime gespeicherten Datums in eine Textkette	System
Now: TDateTime	Ermittlung des aktuellen Datums und der aktuellen Uhrzeit.	Sysutils
StrToDate (const s string) : TDateTime	Umwandlung einer Textkette im Datumsformat in einen Wert vom Typ TDateTime Format der Textkette	Sysutils
StrToDateTime (const s string) : TDateTime	Umwandlung einer kombinierten Textkette im Zeitformat in einen Wert vom Typ Tdate-Time. Format der Textkette: Datum blank Uhrzeit	Sysutils
StrToTime (const s string) : TDateTime	Umwandlung einer Textkette im Zeitformat in einen Wert vom Typ TDateTime. Format der Textkette: hh:mm:ss:zzz	Sysutils
Time: TDateTime	Ermittlung der aktuellen Uhrzeit. Datumsteil null	Sysutils

Tabelle 5.7: Funktionen zur Bearbeitung von Zeit- und Datumsangaben aus der Free Pascal Runtime Library (Auswahl, die vollständige Liste finden Sie unter [WIKDATTIM])

5.2.6. Automatische Typenkonvertierung

Ganzzahl statt
Gleitkomma:
JA!

Sinngemäß wie in 3.2.2.6 auf Seite 72 dargestellt können überall dort wo die Parameterliste Gleitkommatypen (zumeist den Typ `extended`) vorsieht auch Ganzzahltypen verwendet werden. **Umgekehrt ist das nicht möglich.**

Gleitkomma
statt Ganzzahl:
NEIN!

Ebenso kann ein Gleitkommatyp in der Parameterliste durch einen beliebigen anderen Gleitkommatyp ersetzt werden. Das kann natürlich Auswirkungen auf die Rechengenauigkeit haben. Beispielsweise zieht Umspeichern von einer double- auf eine single-Variable in vielen Fällen einen Genauigkeitsverlust nach sich.

5.3. Lösungen

5.3.1. Verschiedenes aus Mathematik und Physik

5.3.1.1. *Trigonometrische Berechnungen*

Gegeben sind Fahrweg l und Steigung p.

Gesucht sind

- die auf dem Fahrweg l überwundene Höhe h und
- der Steigungswinkel im Gradmaß α_G

Es bestehen die folgenden Zusammenhänge:

Höhenunterschied: $h = p \cdot g$ (1)

Projektion des Fahrwegs auf die Horizontale: $g = l \cdot \cos \alpha$ (2)

Steigung: $p = \tan \alpha$ (3)

(3) nach α aufgelöst

Steigungswinkel im Bogenmaß: $\alpha = \arctan p$ (4)

Steigungswinkel im Gradmaß: $\alpha_G = 180°/\pi \cdot \alpha$

$$= 180°/\pi \cdot \arctan p \qquad (5)$$

(2) in (1)

Höhenunterschied: $h = p \cdot l \cdot \cos \alpha$ (6)

(4) in (6)

Höhenunterschied: $h = p \cdot l \cdot \cos (\arctan p)$ (7)

Die Gleichungen (4), (5) und (7) liefern die gesuchten Werte.

Das nachstehende Programm *ProTrigon* löst die geforderte Aufgabe.

```
program ProTrigon;

var
  l     : double; //Fahrweg
  g     : double; //Projektion des Fahrwegs in die Horizontale
  p     : double; //Steigung in % (Tangens*100)
  pp    : double; //Steigung (Tangens)
  h     : double; //Hoehenunterschied
  alpha : double; //Steigungswinkel im Bogenmaß
  alphag: double; //Steigungswinkel in Grad

begin
  Write('Bitte geben Sie den Fahrweg in m ein: '); ReadLn (l);
  Write('Bitte geben Sie die Steigung in % ein: '); ReadLn (pp);
  p:= pp/100;
  alpha := Arctan (p); //Gleichung (4)
  h := p * l * Cos (alpha); //Gleichung (6)
  alphag := 180/Pi() * alpha; //Gleichung (5)
  WriteLn ('Ueberwundener Hoehenunterschied: ',h:6:2, 'm');
  WriteLn ('Steigungswinkel im Bogenmaß          : ',alpha:6:3);
  WriteLn ('Steigungswinkel im Gradmaß           : ',alphag:6:2, 'Grad');
  ReadLn();
end.
```

5.3.1.2.   *Physikalische Ausgleichsvorgänge*

Spannungsverlauf in einem RC-Glied

Mit den obigen Angaben kann die gegebene Aufgabenstellung direkt umgesetzt werden. Dabei kommt die Standardfunktion *Exp* (Exponentialfunktion, „e-Funktion") zum Einsatz.

```
program ProRCGlied1;

var
  C:  double; //Kapazität des Kondensators in Farad
  R:  double; //Widerstand des ohmschen Widerstands in Ohm
  U0: double; //Quellenspannung in Volt
  UC: double; //Kondensatorspannung in Volt
  T1: double; //Nach dem Einschalten der Spannung verstrichene Zeit
begin
  Write ('Versorgungsspannung U0/[Volt]:    '); ReadLn (U0);
  Write ('Widerstand R/[Ohm], (> 0!):   '); ReadLn (R);
  Write ('Kapazitaet C/[Farad], (> 0!):   '); ReadLn (C);
  Write ('Messzeitpunkt t1/[Sekunde], (> 0!):   '); ReadLn (T1);
//
  UC := 1 - Exp (-t1/(R*C));
  WriteLn ('Kondensatorspannung UC = ',UC:6:2, 'Volt ');
  WriteLn ('Zeitpunkt t1 = ',T1:6:2, 'Sekunden');
  ReadLn();
end.
```

5.3.1.3.   Optimierung des Vergleichs von Gleitkommazahlen aus 4.3.3.1

Unter Nutzung der Funktion Abs kann das Programm so umgestaltet werden, dass der Vergleichsausdruck in der Schreibanweisung wesentlich vereinfacht wird und dass außerdem die dynamische Ermittlung des Schwellenwertes unabhängig vom Vorzeichen der Differenz a*b − c erfolgen kann.

```
program ProRealVergleichBandAbs;
var
    a : single;
    b : single;
    c : single;
    delta: single;

begin
  WriteLn ('Vergleichsausdruck  a*b = c');
  WriteLn ('Bitte geben Sie a ein: '); ReadLn(a);
  WriteLn ('Bitte geben Sie b ein: '); ReadLn(b);
  WriteLn ('Bitte geben Sie c ein: '); ReadLn(c);
  delta := abs ((a*b + c) * 1e-6); //Dynamische Ermittlung des
                                   //Schwellenwertes
  Writeln (Abs(a*b-c)<delta);
  ReadLn();
end.
```

5.3.2.   Ermittlung der numerischen Codierung von Textzeichen

Die numerische Codierung von Textzeichen entspricht der Ordnungsposition. Daher muss die Ordnungsfunktion den Code des entsprechenden Zeichens liefern (gilt nur bei Codierung in einem Byte!).

```
program ProPosInChar;

var
    c      : char;

begin
  Write ('Bitte geben Sie ein Zeichen ein: '); ReadLn(c);
  WriteLn ('Ordnungsposition = ', ord(c));
  ReadLn();
end.
```

5.3.3.   Handhabung von Zeichenketten

5.3.3.1.   Suchen in Zeichenketten

```
program ProSuchInText;
const
  s1 = 'Stuttgart liegt in Baden-Württemberg';
  s2 = 'Stuttgart ist die Hauptstadt von Baden-Württemberg';
```

```
var
  iegpos: integer;
begin
  iegpos := Pos ('ieg', s1);
  if iegpos > 0 then
    Writeln ('In der Textkette s1 steht ''ieg'' ab Position ', iegpos, '.')
  else
    Writeln ('In der Textkette s1 kommt ''ieg'' nicht vor.') ;
    iegpos := Pos ('ieg', s2);
  if iegpos > 0then
    Writeln ('In der Textkette s2 steht ''ieg'' ab Position', iegpos, '.')
  else
    Writeln ('In der Textkette s2 kommt ''ieg'' nicht vor.') ;
  Readln;
end.
```

5.3.3.2.   Funktionen zum Verarbeiten von Zeichenketten

Die beiden in der Aufgabenstellung gegebenen Textketten werden als Stringkon-stante (Textkettenkonstante) implementiert. Aus der ersten Textkette wird der Text Muenchen mittels der Funktion *Copy* entnommen in der zweiten Textkette wird die Position von Stuttgart mit der Funktion *Pos* ermittelt und dann das Wort Stuttgart mit der Prozedur *Delete* gelöscht. Anschließend wird an der Stelle, wo vorher Stuttgart stand, mittels der Funktion *Insert* das Wort Muenchen eingefügt.

```
program ProVerarbText;
uses Sysutils;
const
  s1 = 'Muenchen ist eine deutsche Stadt.';
var
  PosMuen: integer;
  PosStutt: integer;
  s2 : String;
  saux: String;
begin
  s2 := 'Man sagt, Stuttgart sei die Hauptstadt von Bayern.';
  PosMuen := Pos ('Muenchen', s1); //Könnte entfallen, da Position leicht
                                    //ersichtlich ist.
  saux := Copy (S1, 1, 8);
  PosStutt := Pos ('Stuttgart', s2);
  Delete  (s2, PosStutt, 9);
  Insert  (saux, s2, PosStutt);
  Writeln (s2);
  Readln;
end.
```

5.3.3.3.   Sonstige Funktionen für Zeichenketten

Ermittlung der Länge einer Zeichenkette

Mittels der Funktion *Length* wird die Länge einer Zeichenkette ermittelt.

Das nachstehende Codestück bewirkt die Ausgabe von 8 und 14.

```
var
  a: string;
begin
....·······
  a := 'Dies ist';
  Writeln (Length (a));
  a := ' unser Text.';
  Writeln (Length (a));
....·······
end;
```

5.3.4.   Aufgaben zur Verzeichnis- und Dateibehandlung

Alle vier im Abschnitt 5.1.4gestellten Aufgaben werden innerhalb des Programms ProFileOp gelöst.

Die Ermittlung, ob eine Datei existiert erfolgt auf äußerst einfache Weise mit der booleschen Funktion *FileExists*. Diese Funktion liefert den Wert *true* falls die angegebene Datei existiert, ansonsten liefert sie den Wert *false*.

Für einen gegebenen relativen[35] Dateibezeichner liefert die Funktion *ExpandFileName* den kompletten absoluten Dateinamen (Datei und kompletter Pfad) zurück. *ExtractFileExt* liefert die Erweiterung des Dateinamens einschließlich des Punktes.

Mit der Funktion *RenameFile* wird die vorgegebene Datei umbenannt. Wenn der Vorgang erfolgreich war ist der Funktionswert *true*.

```
program ProFileOp;

{$mode objfpc}{$H+}

uses sysutils;

Var
  QuelleExistiert : boolean
  NeuerName: string;
  Quelldateiname : string;

begin
  Writeln ('Geben Sie den Quelldateinamen ein');
  Readln   (Quelldateiname);
  QuelleExistiert := FileExists (Quelldateiname);
  Writeln ('Die Quelldatei existiert:',QuelleExistiert);
  Writeln ('Der Quelldateiname ist ', Length (Quelldateiname), ' Zeichen
lang');
  Writeln ('Der vollständige Pfadname lautet:');
  Writeln (ExpandFileName (Quelldateiname));
  Writeln ('Dier Erweiterung des Dateinamens lautet:');
  Writeln (ExpandFileName (Quelldateiname));
  Writeln ('Datei umbenennen. Bitte geben Sie den neuen Dateinamen ein');
```

35Relativ zum Pfad des ausgeführten Programms.

```
   Readln (NeuerName);
   if QuelleExistiert then
      RenameFile (Quelldateiname, NeuerName);
   Writeln ('Die neue Datei existiert:',FileExists (NeuerName));
   Readln;
end.
```

5.3.5. Datums- und Zeitbehandlung

5.3.5.1. Ermittlung einer Zeitdifferenz

Zeitangaben im Format Stunden:Minuten:Sekunden können in Free Pascal sehr
einfach als Textketten dargestellt werden. Diese beanspruchen jedoch unnötig viel
Speicherplatz und eignen sich außerdem nicht zum einfachen Rechnen im Bereich
von Sekunden, Minuten und Stunden.

Hier hilft Ihnen der binäre Datentyp TDateTime weiter. In diesem Datentyp sind
Zeiten so implementiert, dass sie leicht addiert oder subtrahiert werden können.

Zu Konvertierung von Textketten in den Typ TDateTime steht die Funktion
StrToTime zur Verfügung. Den umgekehrten Vorgang (Zeitformat in Textkette)
implementiert die Funktion *TimeToStr*.

```
program ProZeitDiff;
uses Sysutils;
const
  ZeitNeu = '11:27:13';
  ZeitAlt = '8:54:41';
var
  Diff: TDateTime;
begin
  Diff := (StrToTime(ZeitNeu)- StrToTime(ZeitAlt));
  Writeln (' Die Differenz zwischen ',ZeitNeu, ' und ', ZeitAlt,
           ' betraegt ', TimeToStr (Diff));
  ReadLn;
end.
```

Vertauscht man in der obigen Rechnung Subtrahend und Minuend, so erhält man
trotzdem das selbe Resultat (implizite Absolutwertbildung).

5.3.5.2. Addition von Zeiten

Die Addition von Zeiten geschieht sinngemäß wie deren Subtraktion.

```
program ProZeitSum;
uses Sysutils;
const
  ZeitNeu = '11:27:13';
  ZeitAlt = '8:54:41';

begin
  Writeln (' Die Summe von ',ZeitNeu, ' und ', ZeitAlt,
```

```
          ' betraegt ', TimeToStr (StrToTime(ZeitNeu)
                              +StrToTime(ZeitAlt)));
   ReadLn;
end.
```

6. Es geht nicht immer nur geradeaus - Steuerstrukturen

Bisher haben Sie sich ausschließlich mit linearen Abläufen beschäftigt. Dabei wurden sämtliche Anweisungen des Programms nacheinander ausgeführt. Im nun beginnenden Kapitel werden Elemente eingeführt, die es ermöglichen, dass Anweisungen nur unter bestimmten Bedingungen ausgeführt werden, wobei eine ein- oder auch eine mehrfache (Schleifen-) Ausführung des jeweiligen Programmstücks möglich ist.

Mehr programmiertechnische Gestaltungsmöglichkeiten bieten mehr Gelegenheit Fehler zu machen.

Die Verwendung dieser neuen Konstrukte ermöglicht wesentlich komplexere Programme und damit auch wesentlich mehr Möglichkeiten bei der Programmierung Fehler zu machen. Aus diesem Grund werden zusammen mit denjenigen Sprachmitteln, deren Verwendung zu komplexeren Programmen führt Möglichkeiten aufgezeigt, Fehler zu vermeiden bzw. schneller zu finden.

Zur Fehlervermeidung tragen grafische Darstellungen wie die Struktogramme bei. Das beschleunigte Auffinden von Fehlern wird durch den Debugger unterstützt.

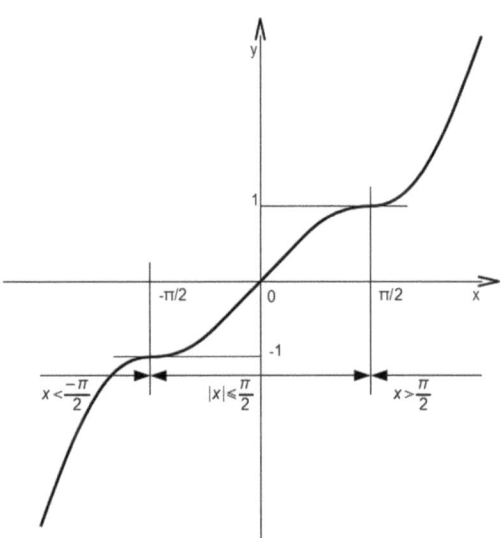

Abbildung 6.1: Um die Werte der abgebildeten Funktion zu berechnen benötigen Sie Steuerstrukturen

6.1.   Einfache Fallunterscheidung

6.1.1.   Aufgabe: Werte einer abschnittsweise definierten Funktion berechnen

Bis jetzt wurden im systematischen Teil, d. h. ab Kapitel 3 dieses Buches, nur "geradcaus führende" Programme behandelt. Selbst das Lösen einer einfachen Aufgabe, wie das Berechnen von Werten der in Abbildung 6.1 dargestellten Funktion ist mit den bis jetzt bekannten Mitteln noch nicht möglich.

Die in Abbildung 6.1 dargestellte Funktion ist abschnittsweise durch die folgenden Gleichungen beschrieben:

$$y = - (x + \pi/2)^2 - 1 \qquad \text{für } x < - \pi/2$$

$$y = \sin(x) \qquad \text{für } - \pi/2 \leq x \leq \pi/2$$

$$y = (x - \pi/2)^2 + 1 \qquad \text{für } x > \pi/2$$

Zur Lösung dieser Aufgabe müssen Sie abhängig vom Wert der Variablen x Verzweigungen im Programm vorsehen, um die abschnittsweise unterschiedlichen Berechnungen ausführen zu können.

Folgende Fälle sind zu unterscheiden:

1: $|x| \leq \pi/2 \rightarrow y = \sin(x)$

2: $|x| > \pi/2$ UND

      2.1: $x < - \pi/2 \rightarrow - (x + \pi/2)^2 - 1$

      2.2: $x > \pi/2 \quad \rightarrow (x + \pi/2)^2 + 1$

oder bei Betrachtung bezüglich x = 0 (Symmetrie)

      2.1: $x < 0 \rightarrow - (x + \pi/2)^2 - 1$

      2.2: $x > 0 \rightarrow (x + \pi/2)^2 + 1$

Sie benötigen also die Möglichkeit, eine Anweisung in Abhängigkeit von einer Bedingung auszuführen.

6.1.2. Beitrag von Pascal: Bedingte Anweisungen (Verzweigungen)

Bedingungsanweisungen gestatten es, Anweisungen abhängig von der Erfüllung oder Nichterfüllung von Bedingungen auszuführen. Damit können Fallunterscheidungen, wie sie für die oben stehende Aufgabe benötigt werden, implementiert werden.

6.1.2.1. Formulierung der Fallunterscheidungen in Pascal

Das Syntaxdiagramm 6.1 zeigt den Aufbau der Bedingungsanweisung für die Fallunterscheidung in Pascal.

Bedingungsanweisung

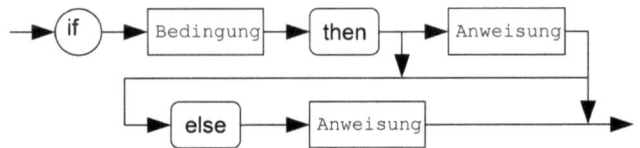

Syntaxdiagramm 6.1: Bedingungsanweisung

Hinter **then** und **else** darf jeweils nur eine Anweisung stehen.

Besonders wichtig ist, dass hinter `then` und `else` jeweils nur eine einzige Anweisung stehen darf. Will man an einer dieser Stellen mehrere einzelne Anweisungen unterbringen, so muss diese einzelne Anweisung eine Verbundanweisung sein. Das bedeutet weiterhin, dass vor `else` kein Semikolon stehen darf. Ein Semikolon ist nicht Bestandteil einer Anweisung, sondern es trennt zwei Anweisungen. Ein Semikolon direkt vor dem `else` würde bedeuten, dass eine Leeranweisung als zweite Anweisung zwischen Semikolon und `else` stünde. Damit wäre obige Syntaxvorschrift, die besagt dass auf `then` und `else` jeweils nur eine Anweisung folgen darf, verletzt.

Vor dem **else** darf kein **;** stehen!!

Bedingung

Die Bedingung kann auf verschiedene Weise gebildet werden. Möglich sind z. B.:

- Boolesche Konstante[36]
- Booolesche Variable
- Booolesche Ausdrücke
- Relationale Ausdrücke (Vergleiche)

---

36 Syntaktisch möglich aber von der Anwendung her sinnlos, da damit die Auswahl immer festliegt.

Die Bedingung kann den Wert `true` oder `false` annehmen. Im Falle von `true` wird die Anweisung hinter `then`, im Falle von `false` die hinter `else` ausgeführt. Wobei sowohl die Anweisung hinter `then` als auch die hinter `else` eine Leeranweisung sein darf. Dabei macht es natürlich keinen Sinn, wenn an beiden Orten eine Leeranweisung steht.

Bedingung

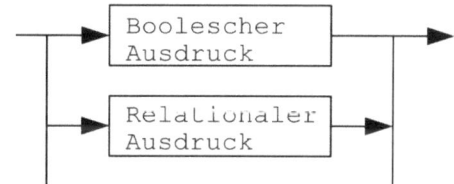

Syntaxdiagramm 6.2: Bedingung (teilweise)

6.1.2.2. *Ein Bild sagt mehr als 1000 Worte - Struktogramme (Nassi-Shneiderman-Diagramme)*

Struktogramme (Nassi-Shneiderman-Diagramme) sind graphische Darstellungsmittel für Programme. Sie sind in DIN 66261 genormt. Sie eignen sich besonders zur Darstellung von Algorithmen. Da sie aus Blöcken mit einem Ein- und Ausgang bestehen, unterstützen sie einen wohlstrukturierten Codierstil.

Der Grundblock, der z. B. eine Anweisung symbolisieren kann, besteht aus einem einfachen Rechteck. Die Oberseite steht für den Eingang in den Block, die Unterseite für den Ausgang. Die Bedeutung des Blocks wird durch einen Texteintrag in dessen Innerem angegeben. Das Prinzip *Oberseite entspricht Eingang – Unterseite entspricht Ausgang* trifft auf alle elementaren Struktogrammelemente zu.

Struktogramme werden in diesem Buch zur Darstellung von Algorithmen verwendet. Sie können in allen Phasen der Programmentwicklung eingesetzt werden. Dementsprechend können die Texteinträge mit allen Zwischenstufen von groben Beschreibungen bis zu detaillierten Codefragmenten reichen.

Struktogramme erzwingen die Erstellung von Programmbausteinen mit genau je einem Eingang und Ausgang.

Der Texteintrag richtet sich nach der Entwicklungsphase

Anweisung

Abbildung 6.2: Grundsymbol eines Struktogramms

Der Grundblock (Abbildung 6.2), der z. B. eine Anweisung symbolisieren kann, besteht aus einem einfachen Rechteck. Die Oberseite steht für den Eingang in den Block, die Unterseite für den Ausgang. Die Bedeutung des Blocks wird durch einen Texteintrag in dessen Innerem angegeben. Dieser Texteintrag muss vorhanden sein, es sei denn es handele sich um eine leere Anweisung.

Aus einer Aneinanderreihung von Grundblöcken entsteht die Sequenz (Abbildung 6.3).

Abbildung 6.3: Darstellung einer Anweisungsfolge im Struktogramm

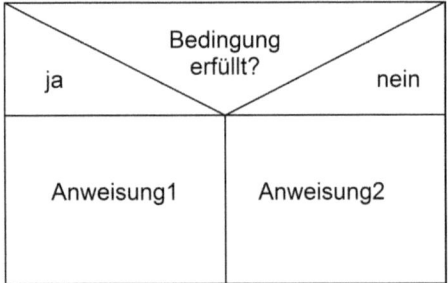

Abbildung 6.4: Darstellung einer zwei-seitigen Bedingungsanweisung im Struktogramm

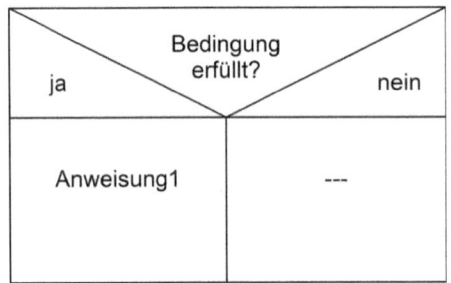 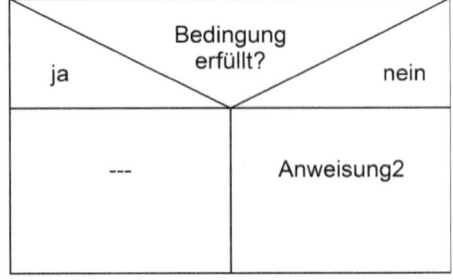

Abbildung 6.6: Darstellung von einseitigen Bedingungsanweisungen (Leeranweisung hinter then bzw. else)

Das Symbol für eine Bedingungsanweisung ist in Abbildung 6.4 dargestellt. Ist die angegebene Bedingung erfüllt dann wird der linke Pfad (Spalte ja) ansonsten der rechte (Spalte nein) durchlaufen.

Bei zweiseitigen Bedingungsanweisungen wird in jeder Spalte eine Anweisung ausgeführt. Bei einseitigen Bedingungsanweisungen wird nur in einer Spalte eine Anweisung ausgeführt. Die entweder auf `then` oder auf `else` folgt (Abbildung 6.6).

Die weiteren Grafiksymbole zur Darstellung von Struktogrammen werden nach Bedarf eingeführt.

6.1.2.3. *Schachtelung von Bedingungsanweisungen*

In einem Programm finden Sie die nachstehende Anweisung:

```
if  boolescher_Ausdruck_1 then
if  boolescher_Ausdruck_2 then
Anweisung_1 else Anweisung_2;
```

Wie ist diese Anweisung zu interpretieren? Welchem der in den Abbildungen Abbildung 6.5 und 6.7 gezeigten Struktogramme entspricht diese Anweisung?

Für die Zuordnung der Anweisungen zu den Bedingungen in geschachtelten Struktogrammen gibt es eine einfache Regel:

Ein `else` **gehört immer zum nächsten davor liegenden** `then`.

Also gehört der obige Programmcode zu Abbildung 6.5.

Die komplette Fallunterscheidung für das Beispiel aus 6.1.1 ist im Struktogramm in Abbildung 6.8 auf Seite 122 dargestellt.

> Ein **else** gehört immer zum nächsten davor liegenden **then**.

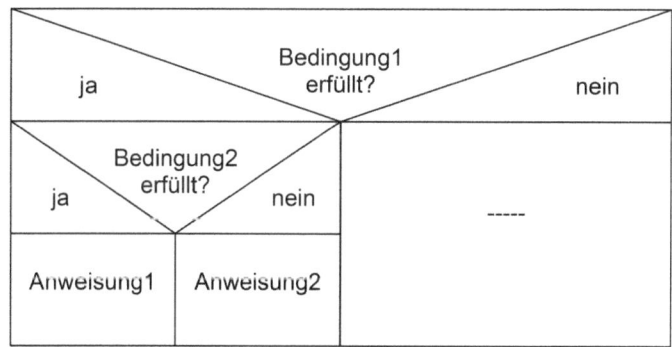

Abbildung 6.5: Struktogramm für eine geschachtelte Bedingungsanweisung (Alternative 1)

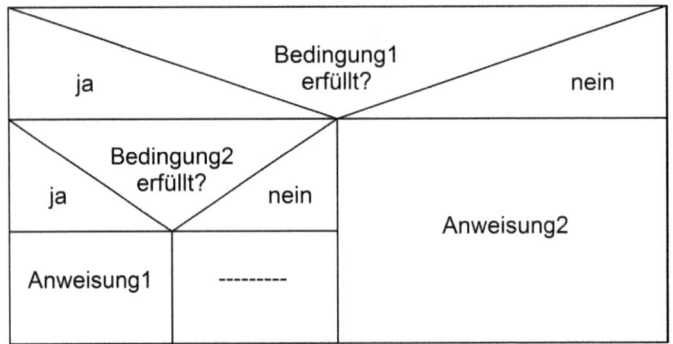

Abbildung 6.7: Struktogramm für eine geschachtelte Be-
dingungsanweisung (Alternative 2)

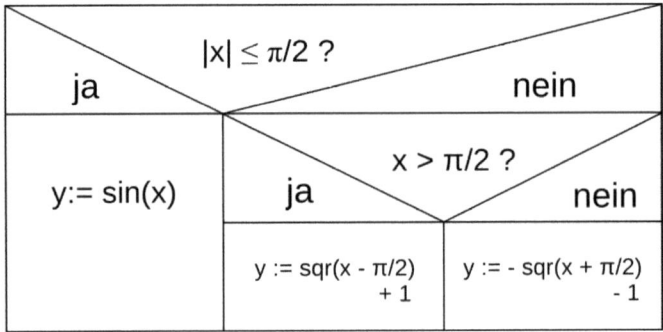

Abbildung 6.8: Struktogramm für die Fallunterscheidungen in der Aufgabe aus
6.1.1

Das entspricht nachstehendem Codestück:

```
if abs (x) <= Pi_Halbe { für alle - Pi_Halbe <= x <= + Pi_Halbe} then
{ Fall 1}
y := sin(x)
else { Fall 2} if x < -Pi_Halbe { auch möglich: x < 0 } then
   if x < PI / 2 {auch möglich: x < 0} then
   { für alle x < - Pi_Halbe } { Fall 2.1 }
      y := - sqr( x + Pi_Halbe) - 1
   else { für alle x > + Pi_Halbe , übergeordnete Abfrage beachten }
   { Fall 2.2 }
      y := sqr( x - Pi_Halbe) + 1; //Ersatz bedingter Anweisungen durch
                                   //Boolesche Ausdrücke
```

6.1.2.4. Ersatz von Bedingungsanweisungen

Es gibt Fälle in denen eine Bedingungsanweisung durch eine einfache Anweisung ersetzt werden kann. Die Anweisung

```
if a = b then
  c := true
else
  c := false;
```

kann ersetzt werden durch

```
c := (a = b);
```

6.1.3. Der Beitrag von Lazarus - Syntaxsensitiver Editor

Wenn Sie einige Zeit mit dem in der Integrierten Entwicklungsumgebung enthaltenen Quelltexteditor gearbeitet haben, werden Ihnen die Unterschiede zu einem herkömmlichen Editor aufgefallen sein: Viele Textelemente werden im Zuge einer Syntaxprüfung während der Eingabe ganz ohne Ihr Zutun fett, kursiv und/oder farbig dargestellt.

6.1.3.1. Syntaxhervorhebung

Ob ein Wort im Editor fett oder kursiv, schwarz oder farbig angezeigt wird stellen Sie nicht individuell ein, sondern es ergibt sich aus der Rolle des Textstücks in der

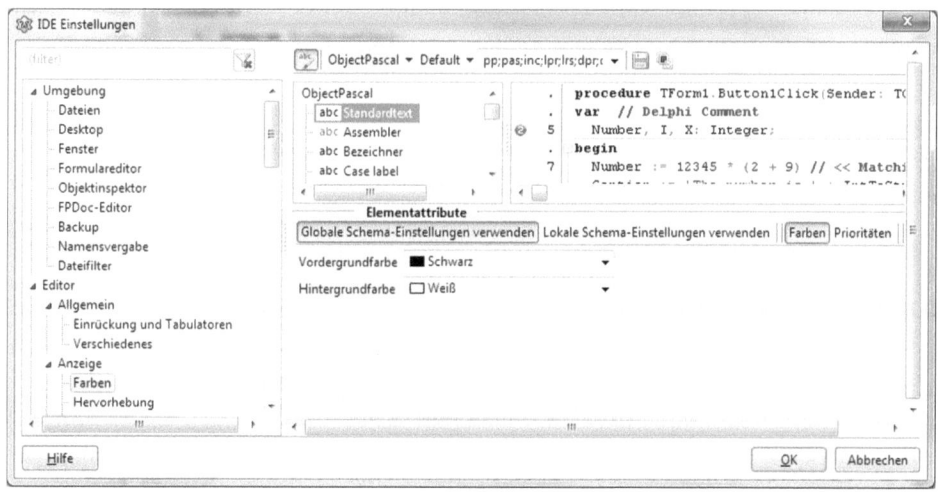

Abbildung 6.9: Einstellmöglichkeiten für den Quelltexteditor bezüglich Farben und Schriftstil

Programmsyntax. Für die mit Lazarus erstellten Programmlistings gilt das sinnge-mäß.

So werden Schlüsselwörter standardmäßig schwarz und fett, Symbole dünn und rot, Kommentare blau und fett geschrieben. Die Einstellung für die Syntaxhervorhebung kann extrem individualisiert werden. Über Werkzeuge|Einstellungen.... öffnen Sie ein Fenster mit der Überschrift IDE-Einstellungen. Auf dessen linker Seite finden Sie einen Menübaum. Wenn Sie dort Umgebung | Anzeige | Farben wählen, er-scheint das in Abbildung 6.9 gezeigte Formular.

Hier können Sie für die verschiedenen Sprachelemente Schriftstil, Vordergrundfar-be (=Schriftfarbe), Hintergrundfarbe und Rahmenfarbe einstellen. Diese Einstellun-gen können individuell für verschiedene Einsatzfälle (z. B. ObjectPascal, C++, HTML...) definiert und abgespeichert werden. Rechts oben wird sichtbar gemacht, wie sich die gewählten Einstellungen im jeweiligen Programmtext auswirken. Mit der Schaltfläche [abc] können Sie zwischen Standardeinstellung und syntaxsensitiver Einstellung wechseln.

6.1.3.2. Textvervollständigung

begin ... end

Viele Elemente des Programms treten nicht allein, sondern immer in Verbindung mit anderen auf. So gehört zu einem `begin...` grundsätzlich ein `...end`. Wenn Sie einen Programmtext erstellen, in dem das Schlüsselwort `begin` vorkommt, wird deshalb nach dem nächsten Zeilenabschluss automatisch ein `end;` eingefügt.

Diese automatische Ergänzung funktioniert (noch) nicht für `begin....end.` auf Programmebene. An-sonsten gilt sie aber sinngemäß auch für andere Schlüsselwortpaare

6.1.3.3. Orientierungshilfe

Zuordnung begin....end

In umfangreichen Programmtexten ist es oft sehr schwierig nachvollziehbar welches `end` zu welchem `begin` gehört. Hier hilft Lazarus Ihnen auf ganz einfache Weise: Wenn Sie ein beliebiges `end` in Ih-rem Programmcode anklicken, dann wird dieses und gleichzeitig das zugehörige `begin` rot eingerahmt.

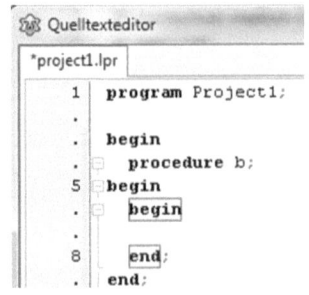

Abbildung 6.10: Auffin-den des zugeordneten begin / end

6.1.4.   Der Beitrag von Lazarus – Debugger zum Ersten

6.1.4.1.   Debugger, was ist das? Was leistet er?

Der Debugger erlaubt es, ein Programm schrittweise auszuführen und dabei dessen Innenleben näher zu betrachten. Z. B. können Sie mit seiner Hilfe ermitteln, ob auf Ihre Eingaben in erwarteter Weise reagiert wird.

Voraussetzung für den Blick ins Innere Ihres Programms ist die Übersetzung Ihres Programmes im Debug-Modus und die Auswahl eines Debuggers.

Übersetzung im Debug-Modus

Damit ihr Programm mit dem Debugger ausgewertet werden kann, muss es in geeigneter Weise – nämlich im Debug-Modus – übersetzt werden. Die erforderliche Einstellung nehmen Sie bei den Projekteinstellungen vor.

Wählen Sie hierzu Projekt im Hauptmenü Projekt und Projekteinstellungen… im folgenden Untermenü. Dadurch öffnet sich ein Fenster mit der Überschrift Einstellungen für Projekt: *Projektname*. Im linken Bereich dieses Fenster finden Sie einen Menübaum. Wenn Sie hier Compilereinstellungen | Debuggen wählen, nimmt das Fenster die Abbildung 6.11 gezeigte Form an. Hier ist bei Debugger-Informationen für GDB erzeugen das Häkchen zu setzen.

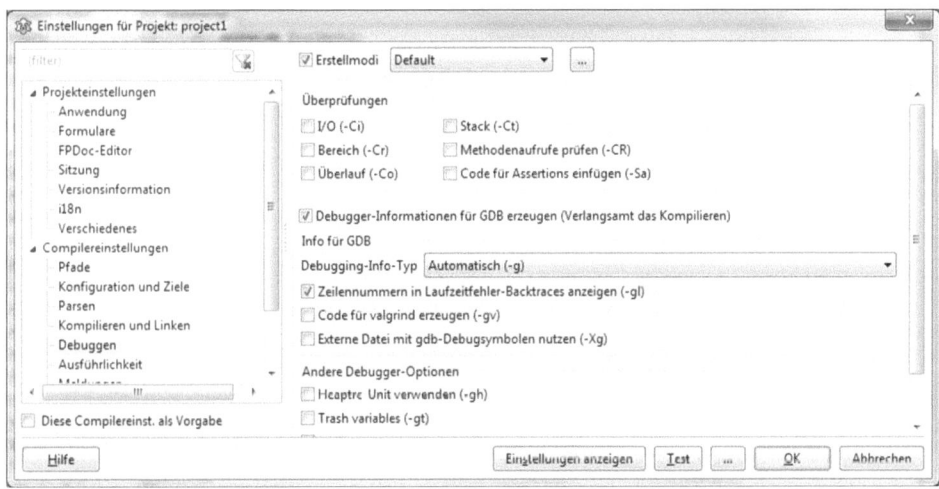

Abbildung 6.11: Festlegung der Debug-Einstellungen für das aktuelle Projekt.

Auswahl eines Debuggers

Das Einstellfenster für die Auswahl des Debuggers erreichen Sie über die Menüaus-
wahl Werkzeuge|Einstellungen... Danach öffnet sich ein Fenster mit der Über-
schrift IDE Einstellungen. Im linken Teil dieses Fensters ist ein Menübaum zu sehen. Im rechten Teil werden die Dialogelemente dargestellt, die dem aktuellen
Menüpunkt im Menübaum zugeordnet sind.

Zweckmäßig
arbeiten Sie
mit dem vor-
eingestellten
GNU-Debug-
ger

Nach der Auswahl von Debugger|Allgemein erscheint das in Abbildung 6.12 ge-
zeigte Dialogfenster. Üblicherweise ist der GNU-Debugger voreingestellt, mit dem
Sie auch zweckmäßigerweise arbeiten. Sofern Sie Windows als Betriebssystem verwenden, wird der GNU-Debugger mit Lazarus installiert. In anderen Betriebssystemumgebungen müssen Sie ihn evtl. separat installieren.

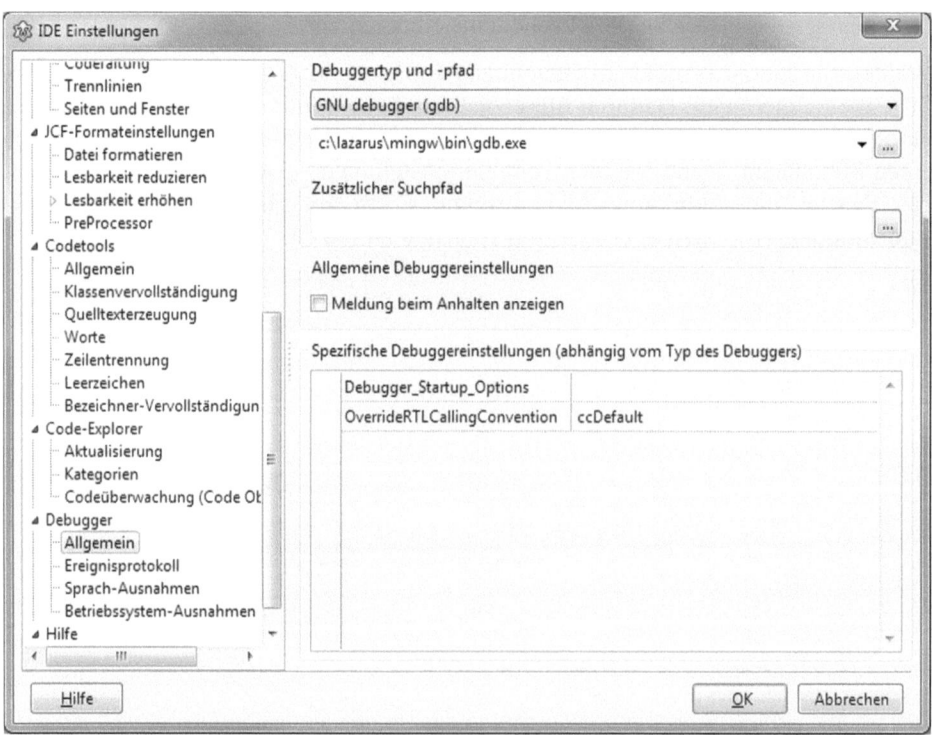

Abbildung 6.12: Einstellfenster für die Grundeigenschaften des Debuggers

6.1.4.2.   Erste Schritte mit dem Debugger

Wenn Sie nach dieser Vorbereitung ein Programm übersetzt haben, können Sie es unter Betätigung der Taste $\boxed{\text{F8}}$ Schritt für Schritt abarbeiten.

Dieses Vorgehen ist schon bei kleinen Programmen sehr aufwendig und kaum vertretbar. Bei großen Programmen ist es schlicht nicht zielführend.

Hier kommen jetzt die Haltepunkte ins Spiel. Sie ermöglichen es Ihnen, das Programm über weite Strecken in herkömmlicher Weise auszuführen und es nur an den potentiell fehlerhaften Stellen schrittweise abzuarbeiten. Dazu setzen Sie im Editorfenster auf die erste Zeile nach dem ersten `then` einen Haltepunkt (Breakpoint). Dies erfolgt durch Anklicken des grauen Bereiches vor der Zeile im Programmlisting. Nach dem Anklicken wird die betreffende Zeile rot markiert. Vor der Zeile ist ein roter Kreis mit einem Fragezeichensymbol (Abbildung 6.13). Durch Linksklick auf den roten Kreis wird der Haltepunkt nach Art eines Tastschalters aktiviert und deaktiviert, die Markierung verschwindet. Wenn Sie nochmals auf die selbe Stelle klicken erscheint die Markierung wieder und der Haltepunkt ist wieder aktiviert.

Haltepunkte ermöglichen zeiteffektives und damit wirtschaftliches Debuggen.

Bitte beachten Sie: Haltepunkte können nur auf solche Zeilen gesetzt werden, die zur Laufzeit mit einem blauen Kreis markiert sind (Abbildung 6.14). Haltepunkte an unzulässigen Orten werden in der aktuellen Version einfach ignoriert. Eine Übersicht über alle Haltepunkte des Projekts finden Sie unter Ansicht|Debugger|Haltepunkte (Abbildung 6.15).

Haltepunkte sind nur bei blauer Kreismarkierung vor der Zeile sinnvoll.

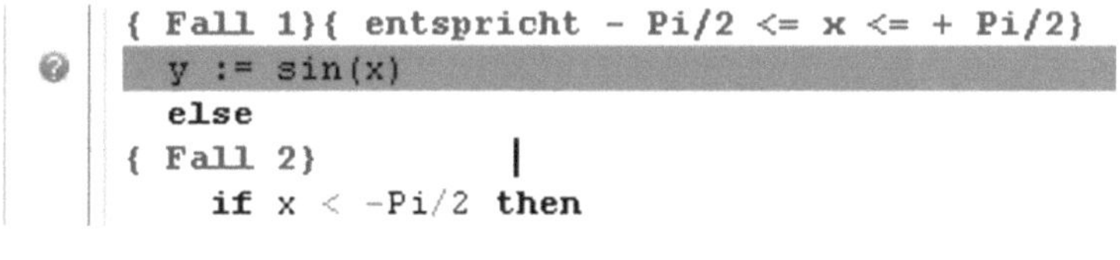

```
   { Fall 1}{ entspricht - Pi/2 <= x <= + Pi/2}
      y := sin(x)
      else
   { Fall 2}              |
       if x < -Pi/2 then
```

Abbildung 6.13: In einer Programmzeile gesetzter Haltepunkt

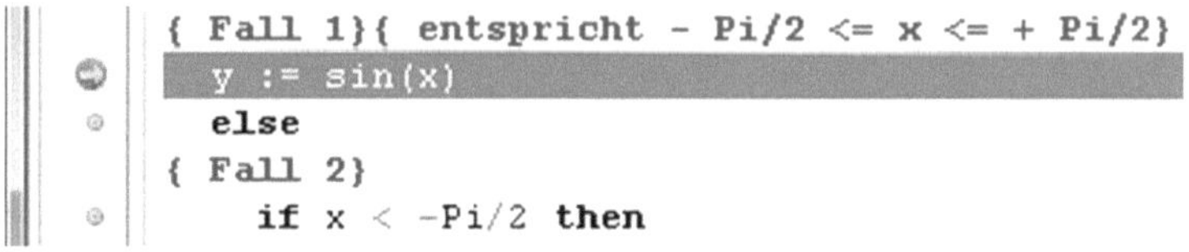

```
   { Fall 1}{ entspricht - Pi/2 <= x <= + Pi/2}
      y := sin(x)
      else
   { Fall 2}
       if x < -Pi/2 then
```

Abbildung 6.14: Editorfenster während eines Debuglaufs. Der Haltepunkt ist erreicht.

Status	Dateiname/Adresse	Zeile/Länge	Bedingung	Aktion	Laufzähler
? (On)	proFunktionswert1.lpr	3		Break	0
? (On)	proFunktionswert1.lpr	26		Break	0
? (On)	proFunktionswert1.lpr	33		Break	0

Abbildung 6.15: Übersicht über die bestehenden Haltepunkte

Haltepunkte wirken immer **vor** Ausführung der jeweiligen Programmzeile. Pro Zeile kann nur ein Haltepunkt gesetzt werden. Wenn Sie die Wirkung einzelner Anweisungen separat untersuchen möchten, dann darf sich in einer Zeile nur jeweils eine Anweisung befinden.

Wenn Sie das Programm mit ▶ [37] oder F9 starten läuft es so lange, bis ein Haltepunkt erreicht wird. Ist ein Haltepunkt erreicht, wird das Programmlisting an der entsprechenden Stelle sichtbar und ein grauer Pfeil zeigt auf die entsprechende Programmzeile.

Fortgesetzt werden kann das Programm durch

- ▶ oder F9: Das Programm läuft bis zum nächsten Haltepunkt oder bis zum Programmende.

- F4: Das Programm läuft bis zu der Stelle, an der der Cursor im Editierfenster für die Programmdatei gesetzt wurde.

- F8: Das Programm läuft bis zur bis zur nächsten Zeile des jeweiligen Programmlaufs.

- F7: Wenn die nächste Anweisung eine Funktion oder Prozedur ist, wird diese im Editierfenster angezeigt. Die Fortsetzung der Programmausführung erfolgt mit der ersten Anweisung dieser Funktion. Handelt es sich nicht um eine Funktion ist der Ablauf gleich wie bei der Betätigung von F8.

6.1.4.3. Fehlersuche

Kritische Punkte für effektives Debugging definieren.

Für die Fehlersuche setzen Sie an kritischen Stellen Ihres Programms Haltepunkte (Breakpoints). Dazu müssen Sie natürlich zuerst einmal diese kritischen Stellen bestimmen. Dies ist zu einem erheblichen Teil Erfahrungssache:

---

37 Schaltfläche in der Funktionsleiste

In (geschachtelten) Bedingungsanweisungen sind das zum einen die Anfänge der Zweige. D. h. die Orte direkt hinter hinter den `then`s und `else`s und zum anderen die Bedingungen selbst, insbesondere, wenn diese mittels komplizierter Ausdrücke oder Funktionen ermittelt werden.

Mit jeweils einem Haltepunkt am Anfang eines Zweiges können Sie testen, welchen Wert die Bedingung angenommen hat. Damit der Halt wirklich an jedem Zweiganfang erfolgen kann, sind beim Schreiben des Codes gewisse Konventionen einzuhalten. So muss nach `then` und `else` immer ein Zeilenumbruch erfolgen, damit der Halt direkt am Beginn des Zweiges erfolgen kann.

Wenn Sie komplexe Bedingungen im Detail testen möchten, empfiehlt es sich diese auf mehrere Zeilen zu verteilen. So können die Bedingungen schrittweise ausgewertet werden und Zwischenergebnisse angezeigt werden.

Einzelne Variable innerhalb der Bedingungen können angezeigt werden, indem Sie den Schreibcursor auf den entsprechenden Bezeichnern positionieren (Abbildung 6.16).

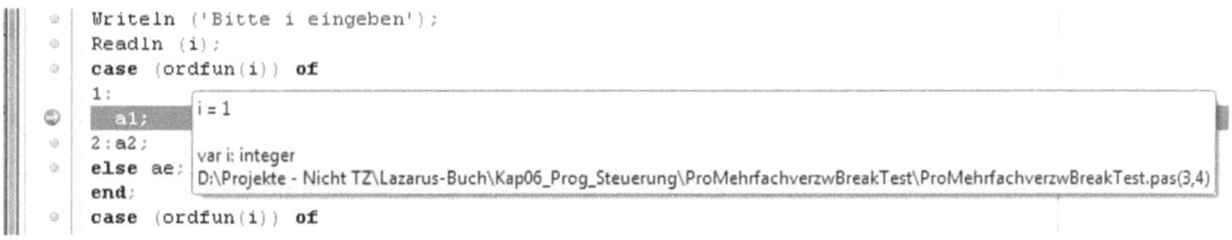

> Erfolgreicher Debugger-Einsatz verlangt die Einhaltung gewisser Konventionen bei der Code-Erstellung.

> Bessere Testbarkeit, wenn komplexe Bedingungen auf mehrere Zeilen aufgeteilt werden.

Abbildung 6.16: Anzeige eines Variablenwerts während des Debug-Vorgangs

Untersuchung und Manipulation von Daten

Praktisch an jedem Punkt eines Programms können Daten untersucht und manipuliert werden. Z. B. kann im Falle unseres Beispiels der Wert der Variablen `x` ausgewertet und geändert werden.

Wertanzeige im Debugger

Wenn Sie während des Debugvorgangs den Cursor im Edit-Fenster auf einen Bezeichner führen erscheint ein Hinweisfenster in dem der Wert der jeweiligen Variablen oder Konstanten angezeigt wird (Abbildung 6.16).

Angezeigt werden:

- Der Wert der Variablen
- Der Programmtext der Variablenvereinbarung

- Die Lage der Variablenvereinbarung (Laufwerk, Kompletter Dateipfad, Dateiname, Zeile, Spalte)

Komplexe Variable (Gemeint sind vor allem die Typenklassen Array und Record. Details hierzu folgen in den Kapiteln 10 und 12) werden in hierachisch organisierten Fenstern angezeigt, die mittels entsprechender Schaltflächen ($\boxed{+}$ oder $\boxed{-}$) geöffnet oder geschlossen werden (ähnlich wie in Abbildung 2.23 und 2.24).

6.1.5. Lösung

```
program proFunktionswert1;

var
  x, y: real;

begin
  Write ('x = ');
  ReadLn (x);
  if abs (x) <= Pi/2 {PI ist eine Systemfunktion von FreePascal, die
                      den Wert 3.141592653 (Ludolfsche Zahl) liefert.} then
{ Fall 1}{ entspricht - Pi/2 <= x <= + Pi/2}
    y := sin(x)
  else
{ Fall 2}
    if x < -Pi/2 then
    { Fall 2.1 }{für alle x < - Pi/2   (auch möglich: x < 0) }
      y := - sqr( x + Pi/2) - 1
    else
    { Fall 2.2 }{ für alle x > + Pi/2 , übergeordnete Abfrage beachten }
      y := sqr( x - Pi/2) + 1;
  WriteLn ('y = ',y:0:2);
  ReadLn ();
end.
```

Wenn die Laufzeit eine entscheidende Rolle spielt kann man $\pi/2$ als Konstante vorgeben oder die Funktion Pi anfänglich einmal aufrufen, den Wert durch 2 teilen und das Ergebnis in einer Variablen zwischenspeichern auf die dann im weiteren Programmverlauf zugegriffen wird.

```
program proFunktionswert2;

var
  Pi_Halbe, x, y: real;

begin
  Pi_Halbe := Pi/2; {Die Funktion Pi wird nur einmal aufgerufen,
                     Zeitersparnis!}
  Write ('x = ');
  ReadLn (x);
  if abs (x) <= Pi_Halbe then
{ Fall 1}{ entspricht - Pi_Halbe <= x <= + Pi_Halbe}
    y := sin(x)
```

```
    else
 { Fall 2}
     if x < -Pi_Halbe then
     { Fall 2.1 }{für alle x < - Pi_Halbe  (auch möglich: x < 0) }
        y := - sqr( x + Pi_Halbe) - 1
     else
     { Fall 2.2 }{ für alle x > + Pi_Halbe, übergeordnete Abfrage beachten }
        y := sqr( x - Pi_Halbe) + 1;
   WriteLn ('y = ',y:0:2);
   ReadLn();
end.
```

6.1.6.   Weitere Aufgaben

6.1.6.1.   *Ermittlung der Lösung einer quadratischen Gleichung ("Mitternachtsformel")*

Aufgabenstellung

Gegeben sei eine quadratische Gleichung $ax^2 + bx + c = 0$. Lösen Sie diese Gleichung. Verwenden Sie dazu die so genannte Mitternachtsformel

$$x_{1,2} = \frac{-b \pm \sqrt{b^2 - 4a \cdot c}}{2 \cdot a}$$

Die Koeffizienten a, b und c vom Typ `single` sollen im Dialog eingegeben werden.

Die drei Lösungsfälle:

• Zwei verschiedene reelle Lösungen
• Zwei zusammenfallende reelle Lösungen
• Zwei konjugiert komplexe Lösungen

sind zu unterscheiden und entsprechend darzustellen.

Lösung

Die Lösung führt auf eine geschachtelte Bedingungsanweisung. Zunächst werden die Diskriminante $d = b^2 - 4a \cdot c$ und die Zwischenwerte $\frac{-b}{2 \cdot a}$ und $\frac{\sqrt{d}}{2 \cdot a}$ ermittelt. Aus dem Wert der Diskriminante d ergibt sich der Lösungsfall. Die erste Bedingungsanweisung trennt zwischen Werten > 0 und ≤ 0. Im else-Zweig dieser Bedingung wird dann weiter zwischen Werten < 0 und $= 0$ unterschieden.

```
program proMitternachtsformel;
var
  a, b, c: single;
  d : single; //Diskriminante
  b1, d1 : single; //Hilfsgrößen
  x1, x2: single; //Lösungen, Realteil.
  y1, y2: single; //Lösungen, Imaginärteil.
Begin
  WriteLn ('Quadratische Gleichung a*x^2 + b*x + c = 0');
  Write ('Bitte geben Sie den Koeffizienten 2. O. (a) ein:  ');
  ReadLn (a);
  Write (' Bitte geben Sie den Koeffizienten 1. O. (b) ein:  ');
  ReadLn (b);
  Write ('Bitte geben Sie das Absolutglied (c) ein:  ');
  ReadLn (c);
  d := b * b - 4 * a * c;
  b1 := -b/2/a;
  d1 := sqrt(abs(d))/2/a;
  if d > 0 then
    begin
      WriteLn ('Zwei reelle Loesungen');
      x1 := b1 + d1;
      x2 := b1 - d1;
      WriteLn ('x1 = ',x1:0:3,'   ','x2 = ',x2:0:3);
    end
  else
    if d < 0 then
      begin
        WriteLn ('Zwei konjugiert komplexe Loesungen');
        x1 := b1;
        x2 := b1;
        y1 := d1;
        y2 := -d1;
        WriteLn ('Loesung 1: x1 = ',x1:0:3,'+',y1:0:3,'i');
        WriteLn ('Loesung 2: x2 = ',x2:0:3,'',y2:0:3,'i');
      end
    else
      begin
        WriteLn ('Zwei zusammenfallende Loesungen');
        x1 := b1;
        WriteLn ('x1,2 = ',x1:0:3);
      end;
  ReadLn();
end.
```

Wenn Sie das oben stehende Programm mit den folgenden Datensätzen testen

a	b	c
1	1	-2
1	0	-12.25
1	0	12.25
0.2	0.4	0.2

a	b	c
0.6	0.03	0.0375
0.6	0.03	0.000375

erhalten Sie die nachstehenden Lösungen:

- $x_1 = 1$; $x_2 = -2$
- $x_1 = 3{,}5$; $x_2 = -3{,}5$
- $x_1 = 3{,}5i$; $x_2 = -3{,}5i$
- $x = -1$
- $x_1 = -0{,}025 + 0{,}249i$; $x_2 = -0{,}025 - 0{,}249i$
- $x_1 = -0{,}025 + 0{,}000i$; $x_2 = -0{,}025 - 0{,}000i$

Wenn Sie diese Lösungen mit denen vergleichen, die Sie durch manuelles Rechnen ermitteln, dann stoßen Sie bei der letzten Lösung auf einen doppelten Widerspruch:

1. Statt einer zusammenfallenden Lösung erhalten Sie eine konjugiert komplexe Lösung.

2. In der konjugiert komplexen Lösung ist der Imaginärteil gleich null.

Beides lässt sich durch Rundungsfehler erklären. Wenn Sie das Resultat mit sechs statt drei Nachkommastellen ausdrucken, dann erscheint 0,000008i und nicht 0,000000i. Diese Rundungsfehler führen dann auch zu einer konjugiert komplexen statt einer zusammenfallenden Lösung. Wie derartige Rundungsfehler entstehen und wie man mit ihnen umgehen kann, wurde bereits in 4.3.3 ausführlich dargestellt.

Durch Rundungsfehler kommt es evtl. zu Abweichungen vom mathematisch exakten Resultat!!

6.2. Mehrfachverzweigungen

6.2.1. Aufgabe: Gewinnhöhe in Abhängigkeit von der Losnummer ermitteln

Bei einer Lotterie bekommen alle Teilnehmer deren Losnummer auf 33 endet 5,00€. Diejenigen deren Nummer auf 41 bis 47 endet bekommen 1,00€. Alle anderen Lotterieteilnehmer gehen leer aus. Erstellen Sie ein Programm, das die Losnummer im Dialog einliest und daraus den Gewinn ermittelt. Auf Fehlerbehandlung bei Eingabefehlern kann verzichtet werden.

6.2.2. Aufgabe: Erstellung eines Rechentrainers

Erstellen Sie ein Programm, das eine einfache Rechenaufgabe (ganzzahlige Addition, Subtraktion, Multiplikation oder Division) vorgibt und Sie auffordert, die Lösung einzugeben.

Die Summanden, der Subtrahend und der Minuend, der Multiplikand und der Dividend sollen sich im Zahlenraum von 1 bis 100 bewegen.

Der Multiplikator und der Divisor bewegt sich zwischen 1 und 10. Bei Divisionen soll sich kein Rest ergeben. Operanden und Operatoren sollen zufällig erzeugt werden.

6.2.3. Der Beitrag von Pascal

Für den Fall, dass wie in unserer Aufgabe Anweisungen abhängig von Ordinalwerten[38] durchzuführen sind, bietet Pascal die Mehrfachverzweigungsanweisung (case-Anweisung) an.

Mehrfachverzweigung

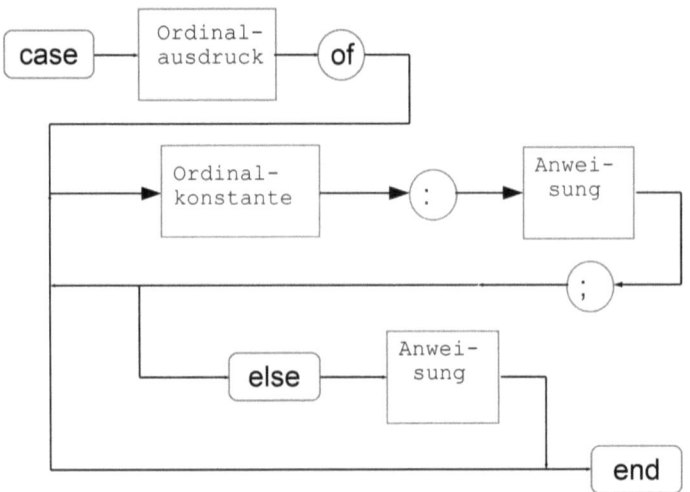

Syntaxdiagramm 6.3: Mehrfachverzweigung (vereinfacht)

---

38 In Kapitel 11.2.2 erfahren Sie, dass die Aktionen nicht nur abhängig von einzelnen Ordinalwerten sondern auch abhängig von Ordinalwertbereichen durchgeführt werden können.

Diese Anweisung erlaubt die mehrfache Programmverzweigung in Abhängigkeit vom Wert eines Ordinalausdrucks. Neben den verschiedenen (Spezial-) Fällen, die in Abhängigkeit von den Werten verschiedener Ordinalausdrücke ausgeführt werden, kann in der Mehrfachverzweigung auch ein Standardfall (Defaultfall) definiert werden. Dieser wird ausgeführt, wenn keiner der Ordinalausdrücke zutrifft. Fehlt der Standardfall so findet ggf. keine Aktion statt.

Syntaxdiagramm 6.3 zeigt die Syntax zur Mehrfachverzweigung. Bitte beachten Sie, dass als Schalterwerte nur Konstante zulässig sind.

Die Abbildungen 6.18 und 6.17 zeigen die Struktogramme der Mehrfachverzweigung.

1	2	3	. . . .	n-1	n
Anwei-sung 1	Anwei-sung 2	Anwei-sung 3	. . . .	Anwei-sung n-1	Anwei-sung n

Abbildung 6.18: Struktogramm zur Mehrfachverzweigungsanweisung ohne Defaultfall

1	2	3	. . . .	n-1	else (default)
Anwei-sung 1	Anwei-sung 2	Anwei-sung 3	. . . .	Anwei-sung n-1	Default-Anwei-sung

Abbildung 6.17: Struktogramm zur Mehrfachverzweigungsanweisung mit Defaultfall

Abarbeitung von Mehrfachverzweigungen

Bei der Abarbeitung einer Mehrfachverzweigung wird zunächst der Wert des Selektorausdrucks, das ist der Ordinalausdruck zwischen `case` und `of`, ermittelt. Dann wird diejenige Alternative ausgeführt, die dem Wert zugeordnet ist. Wenn dem Wert keine Alternative zugeordnet ist wird der Defaultzweig (else-Zweig) ausgeführt. Ist kein Defaultfall definiert, wird die Bearbeitung der Mehrfachverzweigung sofort beendet.

6.2.4. Der Beitrag von Lazarus – Debuggen von Mehrfachverzweigungen

Verwendung einfacher Haltepunkte

In Mehrfachverzweigungen ist beim Debuggen häufig zu untersuchen, ob die erwartete Alternative angesprungen wird. Zum Beispiel soll für den folgenden Beispielcode soll ermittelt werden, ob die Anweisung a21 ausgeführt wird:

```
case (ordfun(i)) of
1:a10,a11; 2:a20,a21;
else ae;
end
```

Da nur ein Haltepunkt pro Zeile (und zwar an deren Anfang) gesetzt werden kann, kann bei dieser Schreibweise nur festgestellt werden, ob die Marke 1 erreicht wurde. Das ist immer dann der Fall, wenn `ordfun(i)` den Wert 1 annimmt. Mit einem einfachen Haltepunkt ist es bei dieser Schreibweise nicht möglich, einen Halt nur für den Fall herbeizuführen, dass `a21` ausgeführt wird.

Das gleiche gilt auch für die folgende Schreibweise:

```
case (ordfun(i)) of
1: a10,a11;
2: a20;a21;
else ae;
end
```

Wenn Sie hier den Haltepunkt auf die dritte Zeile setzen können Sie nur feststellen, ob `ordfun(i)` den Wert 2 besitzt oder nicht. Sie können hier zwar erreichen, dass das Programm bei Erreichen der Marke 2 also unmittelbar vor Ausführung von a20 anhält. Ein Stop direkt vor a21 – erst nach der Ausführung von a20 - ist nicht möglich.

Wenn Sie die Zeilen weiter auseinanderziehen und die Anweisungen in verschiedene Zeilen schreiben, können Sie durch einen Haltepunkt in der fünften Zeile erreichen, dass nur dann angehalten wird, wenn a21 zur Ausführung kommt.

```
case (ordfun(i)) of
1: a10;
   a11;
2: a20;
   a21;
else ae;
end
```

Verwendung bedingter Haltepunkte

Mit einem bedingten Haltepunkt kann ohne besondere Anforderungen an die Schreibweise des Programmcodes der gleiche Effekt erreicht werden: Allerdings haben Sie in diesem Falle einen höheren Aufwand für die Definition des Haltepunkts.

Zunächst wird in bekannter Weise ein einfacher Haltepunkt angelegt. Wenn Sie mit der rechten Maustaste auf das Fragezeichensymbol klicken, das der mit dem Haltepunkt versehenen Zeile vorangestellt ist, öffnet sich ein Kontextmenü, das in Abbildung 6.19 teilweise dargestellt ist. Anklicken der Zeile Haltepunkt-Eigenschaften anzeigen in diesem Menü öffnet das in Abbildung 6.20 gezeigte Eigenschaften-Formular des Haltepunkts.

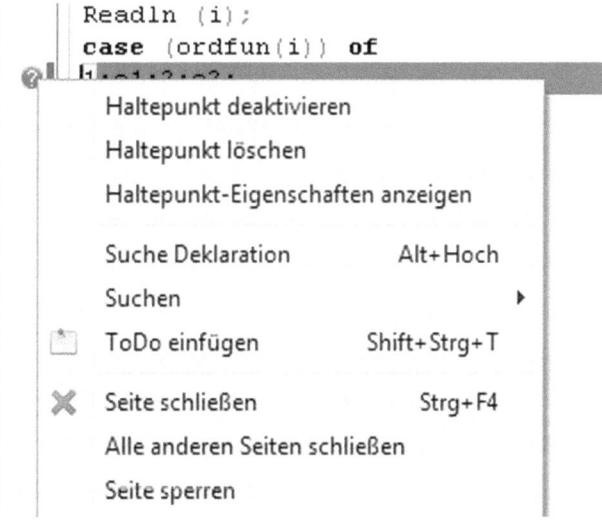

Abbildung 6.19: Kontextmenü eines Haltepunkts (Ausschnitt)

Abbildung 6.20: Eigenschaften-Formular des Haltepunkts

6.2.5. Lösungen

6.2.5.1. Ermittlung des Lotteriegewinns

Die Entscheidung Gewinn =

- 0,00 €
- 1.00 €
- 5,00 €

erfolgt mittels der case-Anweisung, die über die Endung der Losnummer (Variable *LosEndung*) gesteuert wird. Die Ermittlung der Endung der Losnummer erfolgt mittels des in Tabelle 3.3 auf Seite 61 vorgestellten Modulooperators.

```
program ProLosNummer;

Var
  LosEndung : integer;
  Losnummer : integer;
```

```
  Gewinn : currency;
begin
  Write ('Bitte geben Sie die Losnummer ein: '); ReadLn (Losnummer);
  LosEndung := LosNummer mod 100;
  case  LosEndung of  // es ginge auch >>  case LosNummer mod 100 of ...
    33:        Gewinn := 5;
    41, 42, 43, 44, 45, 46, 47: Gewinn := 1;
    else
           Gewinn :=0;
  end;
  Write ('Gewinn = ');
  Write (Gewinn:0:2);
  WriteLn (' EUR');
  ReadLn ();
end.
```

6.2.5.2.   Erstellung eines Rechentrainers

Erzeugung der Operatoren

Zur Erzeugung der Operatoren wird zunächst eine Zufallszahl im Bereich von 0 bis 3 erzeugt. Jeder dieser Zufallszahlen wird dann ein Operator zugeordnet: $0 \rightarrow$ +; $1 \rightarrow$ -; $2 \rightarrow$ *; $3 \rightarrow$ /.

Erzeugung der Operanden für die Addition und die Subtraktion

Es werden jeweils zwei Zufallszahlen im Bereich von 1 bis 100 erzeugt. Das geschieht mittels der Zufallsfunktion `Random (100)` zu der der Wert 1 addiert wird.

Erzeugung der Operanden für die Multiplikation

Es wird eine Zufallszahl im Bereich von 1 bis 100, die die Rolle des Multiplikanden einnimmt und eine weitere im Bereich zwischen 1 und 10, als Multiplikator eingesetzt wird, erzeugt. Für die Operandenerzeugung wird die Funktion `Random(100)` (Multiplikand) bzw. `Random(10)` (Multiplikator) verwendet.

Erzeugung der Operanden für die Division

Es werden zwei Zufallszahlen im Bereich 1 bis 10 erzeugt. Die erste der beiden ergibt den Quotienten, die zweite den Divisor, das Produkt der beiden den Dividenden.

Dialog

Aufgrund der oben beschriebenen Berechnungen wird intern eine Anweisung der Form

```
iResultat = <Operand1> <Operator> <Operand2>
```

ausgeführt. Außerdem wird auf dem Bildschirm die Aufgabenstellung durch einen Ausgabetext der Form

```
<Operand1> <Operator> <Operand2> =
```

ausgegeben (Variable *Dialogstring*). Im Anschluss an diesen Text kann mittels der Anweisung

```
ReadLn(iResultatDialog);
```

der durch manuelle Rechnung gewonnene Resultatswert eingegeben werden.

Wenn *iResultat* und *iResultatDialog* den gleichen Wert besitzen haben Sie die vorgegebene Aufgabe richtig gelöst. Hierüber informiert eine Text, der nach dem Vergleich von *iResultat* und i*ResultatDialog* ausgegeben wird.

```
program ProRechentrainer;
uses SysUtils;

Var
  iOperator: integer;
  iOperand1: integer;
  iOperand2: integer;
  iResultat: integer;
  iDialogResultat : integer;
  Dialogstring: String;
begin
  Randomize;
  iOperator := Random(4);
  case iOperator of
    0://Addition
      begin
      iOperand1 := Random(100)+ 1;
      iOperand2 := Random(100)+ 1;
      iResultat := iOperand1 + iOperand2;
      Dialogstring := IntToStr(iOperand1)+' + '+IntToStr(iOperand2)+' = ';
      end;
    1://Subtraktion
      begin
      iOperand1 := Random(100)+ 1;
      iOperand2 := Random(100)+ 1;
      iResultat := iOperand1 - iOperand2;
      Dialogstring := IntToStr(iOperand1)+' - '+IntToStr(iOperand2)+' = ';
      end;
    2://Multiplikation
      begin
      iOperand1 := Random(100)+ 1;
      iOperand2 := Random(10)+ 1;
      iResultat := iOperand1 * iOperand2;
      Dialogstring := IntToStr(iOperand1)+' * '+IntToStr(iOperand2)+' = ';
      end;
    3:Ganzzahlige Division, Rest unberücksichtigt.
      begin
      iOperand1 := Random(10)+ 1;
      iOperand2 := Random(10)+ 1;
      iOperand1 := iOperand1 * iOperand2;
      iResultat := iOperand1 DIV iOperand2;
      Dialogstring := IntToStr(iOperand1)+' / '+IntToStr(iOperand2)+' = ';
      end;
```

```
      else //andere Operationen sind nicht zulässig
         WriteLn ('Fehler"');
    end;
    WriteLn ('WelchenWert hat der folgende Ausdruck?');
    WriteLn (Dialogstring);
    Write ('Loesung:');
    ReadLn(iDialogResultat);
    if (iResultat = iDialogResultat) then
      WriteLn ('Richtig')
    else
      WriteLn ('Falsch');
    ReadLn;
end.
```

Ausgabe der Aufgabenstellung

Im Beispiel wird die Aufgabenstellung als Textkette ausgegeben. Dazu müssen die Operanden vom Typ `integer` in Textzeichen umgewandelt werden. Hierzu wird die Funktion `IntToStr` verwendet. Ähnliche Funktionen gibt es zur Umwandlung von Gleitkommazahlen (`FloatToStr`) und zur Rückumwandlung von Textketten in Binärgrößen (z. B. `StrToInt` und `StrToFloat`). Diese Funktionen sind zwar lazarusspezifisch, aber sehr leicht merk- und handhabbar.

Formatierung

Umwandlung von Integer-Typen (auch word o. ä) in Textketten:

```
var
  i: integer;
  s: String;
.....
.....
s := IntToStr (i);
```

Umwandlung von Textketten in Integer-Typen (auch word o. ä):

```
var
  i: integer;
  s: String;
.....
.....
i := StrToInt (s);
```

Umwandlung von Gleitkomma-Typen (auch double o. ä) in Textketten:

```
var
  f: single;
  s: String;
.....
.....
s := FloatToStr (f);
```

Die Ausgabe erfolgt in diesem Fall in einem Standardformat, wodurch die Zahlen oft sehr schwer lesbar werden.

Gleitkomma-Typen (auch double o. ä) in Textketten mit vorbestimmtem Erscheinungsbild (hier Festkommadarstellung, 6, Stellen gesamt, 2 Nachkommastellen).

```
var
  f: single;
  s: String;
…..
…..
s := FloatToStrF (f, ffixed, 6, 2);
```

StrToFloatF erlaubt zahlreiche Darstellungsarten, die u. anderem in der Hilfefunktion[39] ausführlich beschrieben sind. Die Parameter von *StrToFloatF* haben die folgende Bedeutung:

1: Variable, die als Textkette vorliegt und in eine binär dargestellte Zahl umgewandelt werden soll.

2: Art der Darstellung, hier Festkommaformat.

3: Stellenzahl gesamt.

4: Zahl der Nachkommastellen.

Evtl. 5: Parametersatz zur Beschreibung weiterer Einzelheiten.

FloatToStr, *FloatToStrF* und *StrToFloat* sind lokalisiert. D. h. In der Textkette wird der Landesübliche Dezimaltrenner (in Deutschland das Komma, im angesächsischen Bereich der Punkt) verwendet.

In der Textkette wird der landesübliche Dezimaltrenner verwendet.

Umwandlung von Textketten in Gleitkomma-Typen (auch double o. ä):

```
var
  f: single;
  s: String;
…..
…..
f := StrToFloat (s);
```

Fehler bei der Formatierung

Jede Zahl – Gleitkomma- oder Integertyp – kann in eine Textkette umgewandelt werden. Anders herum trifft das nicht zu. Der Versuch, Textketten, die keine Zahlen darstellen in Zahlen umzuwandeln löst eine Fehlermeldung aus (siehe 7.3.1).

Variante

Ändern Sie den Rechentrainer so ab, dass er sich nicht nur für ganze Zahlen sondern auch für Gleitkommazahlen eignet.

39http://lazarus-ccr.sourceforge.net/docs/rtl/sysutils/floattostrf.html

Hinweis

Berücksichtigen Sie bei der Programmanpassung alles, was in den zurückliegenden Kapiteln über die Unzuverlässigkeit von Gleitkommaoperationen gesagt wurde.

Lösung

- Die Integer-Variablen (ausgenommen `iOperator`) werden durch Gleitkomma-Variable ersetzt.

- Die Vergleiche zwischen Eingabewert und intern ermitteltem Wert werden mit einem Toleranzband versehen (siehe 4.3.3.1), damit für Produkte wie 30*0,1 der Wert 3 in allen Fällen als korrektes Resultat akzeptiert wird.

6.3. Wiederholte Ausführung von Anweisungen

6.3.1. Aufgaben zur wiederholten Ausführung von Anweisungen.

6.3.1.1. while-Anweisung (kopfgesteuerte Schleife)

Zinseszinsrechnung

Erstellen Sie ein Programm, das für einen verzinsten Betrag das Gesamtkapital einschließlich der Zinsen am Laufzeitende ermittelt. Anfangskapital, Zinsfuß, Laufzeit und Art der Zinsgutschrift (monatlich, 1/4-jährlich, jährlich) werden im Dialog vorgegeben. Der Einfachheit halber kann für die Laufzeit grundsätzlich von ganzen Monaten ausgegangen werden.

6.3.1.2. repeat-Anweisung (fußgesteuerte Schleife)

Eingabeüberwachung

Per Dialog soll die Solltemperatur für einen Raum eingegeben werden. Die Eingabe erfolgt als Gleitkommazahl. Die zulässige Solltemperatur beträgt $15°C \leq \delta \leq 25°C$. Die Eingabe (einschließlich der Eingabeaufforderung) ist so lange zu wiederholen, bis ein Wert zwischen 15 und 25 eingegeben wurde. Wenn eine Wiederholung der Eingabe angefordert wird, muss vor dem Anforderungstext das Wort FEHLER erscheinen.

Der Fall, dass syntaktisch falsche Gleitkommazahlen eingegeben werden, braucht nicht behandelt zu werden.

6.3.1.3.   for-Anweisung (Zählschleife)

Summation von Zahlen

Bilden Sie die Summe der aufeinanderfolgenden Ganzzahlen von a bis b (je einschließlich). a und b werden im Dialog vorgegeben.

6.3.2.   Der Beitrag von Pascal - Wiederholte Ausführung von Operationen (Schleifenbildung)

Kopfgesteuerte Schleife

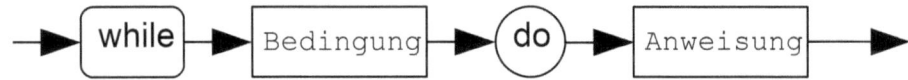

Syntaxdiagramm 6.4: Syntaxdiagramm der kopfgesteuerten Schleife

6.3.2.1.   while-Schleife (kopfgesteuerte Schleife)

Am Anfang der kopfgesteuerten Schleife wird in einer Bedingung hinter dem Schlüsselwort `while` überprüft, ob die Anweisung hinter dem auf die Bedingung folgenden `do` ausgeführt werden muss. Diese Anweisung wird auch als Schleifenrumpf bezeichnet.

Ist die Bedingung erfüllt (`true`), dann wird der Schleifenrumpf (die Anweisung nach dem `do`) ausgeführt. Danach wird die Bedingung erneut geprüft. Dies wird so lange wiederholt, bis die Bedingung den Wert `false` annimmt.

Ist die Bedingung `false` erfolgt die Programmfortsetzung hinter der Schleife.

Die kopfgesteuerte Schleife wird 0 bis n-mal durchlaufen. Dabei ist n nicht offensichtlich im Programm vorgegeben, sondern vom Verlauf der Berechnung in der

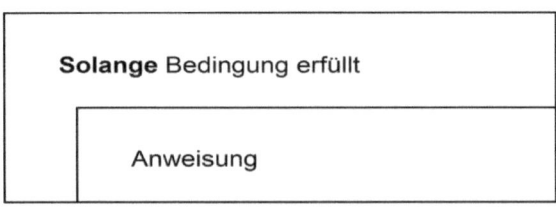

Abbildung 6.21: Struktogrammsymbol für eine kopfgesteuerte Schleife

Anweisung abhängig. Damit eine Beendigung der Schleife erfolgen kann, muss die Schleifenbedingung im Schleifenrumpf manipuliert werden.

Wie eine kopfgesteuerte Schleife im Struktogramm dargestellt wird, zeigt Abbildung 6.21.

Konstruktionsregeln für die kopfgesteuerte Schleife

*   Vorbedingungen richtig setzen. Im Kern geht es dabei um den Wert der Schleifenvariable vor Beginn der Ausführung der Schleife.
*   Schleifenbedingung richtig vorbereiten (auf einen bestimmten Wert setzen).
*   Anweisungsfolge in der Schleife (Schleifenrumpf) korrekt festlegen.
*   Schleifenbedingung im Schleifenrumpf mindestens an einer Stelle manipulieren.
*   Die Beendigungsbedingung muss gelegentlich erfüllt werden.

Einsatz der kopfgesteuerten Schleife

Die kopfgesteuerte Schleife kommt immer dann zum Einsatz, wenn nicht direkt bekannt ist, wie oft der Schleifenrumpf durchlaufen werden soll und die Möglichkeit besteht, dass der Schleifenrumpf gar nicht ausgeführt werden muss.

6.3.2.2. *repeat-Schleife (fußgesteuerte Schleife)*

Der Rumpf der fußgesteuerten Schleife wird zunächst einmal ausgeführt. Danach wird die Schleifenbedingung hinter `until` ausgewertet. Besitzt sie den Wert *true*, dann wird die Programmausführung hinter der Schleife fortgeführt. *false* führt zu einer erneuten Ausführung des Schleifenrumpfs.

Die fußgesteuerte Schleife wird 1 bis n-mal durchlaufen. Dabei ist n nicht unbedingt vorgegeben, sondern eventuell vom Verlauf der Berechnung in den Anweisungen abhängig. Damit eine Beendigung der Schleife erfolgen kann, muss die Schleifenbedingung im Schleifenrumpf manipuliert werden.

Anders als bei der kopfgesteuerten Schleife müssen hier mehrere Anweisungen zwischen `repeat` und `until` nicht zwischen `begin` und `end` eingeschlossen werden.

Fussgesteuerte Schleife

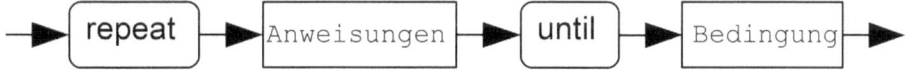

Syntaxdiagramm 6.5: Syntaxdiagramm der fußgesteuerten Schleife

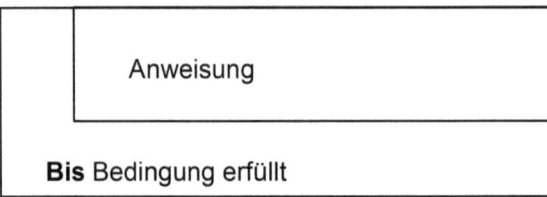

Abbildung 6.22: Struktogrammsymbol für eine fußgesteuerte Schleife

Konstruktionsregeln für die fußgesteuerte Schleife

• Vorbedingungen richtig setzen.
• Anweisungsfolge in der Schleife (Schleifenrumpf) korrekt festlegen.
• Schleifenbedingung im Schleifenrumpf mindestens an einer Stelle manipulieren.
• Die Beendigungsbedingung muss gelegentlich erfüllt werden.

Einsatz der fußgesteuerten Schleife

Die fußgesteuerte Schleife kommt immer dann zum Einsatz, wenn nicht direkt bekannt ist, wie oft der Schleifenrumpf durchlaufen werden soll und aber feststeht, dass der Schleifenrumpf mindestens ein Mal ausgeführt werden muss.

Im Struktogramm wird die fußgesteuerte Schleife wie folgt dargestellt:

6.3.2.3. for-Schleife (Zählscheife)

Die Zählschleife kann auf- oder abwärts durchlaufen werden. In beiden Fällen wird in einer Zuweisungsanweisung hinter dem `for` der Anfangswert der Zählvariablen ermittelt. Die Zuweisung muss an eine Variable eines Ordinaltyps erfolgen. Ordinaltypen sind soweit bis jetzt besprochen Ganzzahltypen (`integer` u. ä.) sowie die

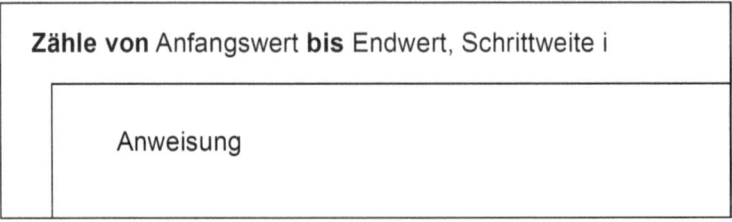

Abbildung 6.23: Struktogrammsymbol für eine Zählschleife

Zählschleife

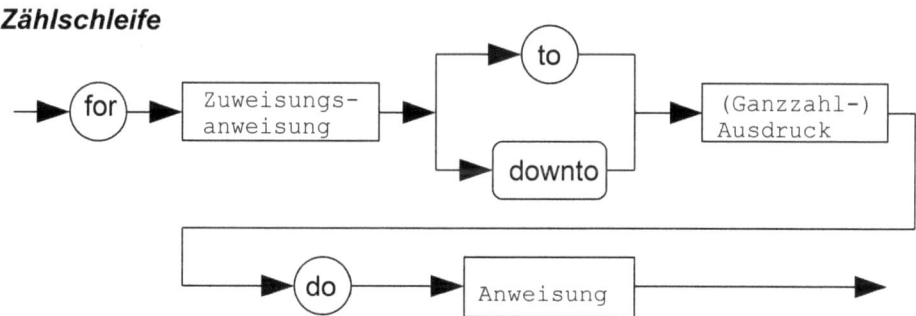

Syntaxdiagramm 6.6: Syntaxdiagramm der Zählschleife

Typen `boolean` und `char`. Im Kapitel 11 kommen noch die Aufzählungstypen hinzu.

Die Ordinalkonstante hinter `to` / `downto` gibt die Zählgrenze an, das ist der Wert der Zählvariable bis zu dem die Schleife durchlaufen wird. `to` bezeichnet eine aufwärts zählende, `downto` eine abwärts zählende Schleife.

Die aufwärtszählende Schleife wird ausgeführt, solange die Zählvariable kleiner oder gleich der Zählgrenze ist. Dabei wird nach jeder Ausführung des Schleifenrumpfs die Zählvariable um einen Schritt erhöht.

Umgekehrt wird die abwärts zählende Schleife ausgeführt, solange die Zählvariable größer oder gleich Zählgrenze ist. Dabei wird nach jeder Ausführung des Schleifenrumpfs die Zählvariable um einen Schritt verringert[40].Schrittweiten, deren Betrag von 1 abweicht können in Zählschleifen nicht direkt sondern nur auf Umwegen realisiert werden.

Beispiele für Zählschleifen:

```
for i := -10 to 17 do …

for i := 17 downto 10 do …

for i := 17 downto 25 do … //wird nicht ausgeführt

for i := 3*m to 17 do …   // wird nur für m <= 5 ausgeführt

for c:= 'A' downto 'Z' do … //wird nicht ausgeführt

for d:= 'a' to 'z' do … //wird ausgeführt
```

Im Struktogramm wird die Zählschleife wie folgt dargestellt[41]:

---

40 Bei integer z. B. von 11 auf 10; bei char von 'n' auf 'm'; bei boolean von true auf false.
41 In Struktogrammen für die Pascal-Programmierung kann die Schrittweitenangabe entfallen, da die Schrittweite grundsätzlich 1 oder -1 beträgt.

Einsatz der Zählschleife

Zählschleifen kommen dann zum Einsatz, wenn vor der Ausführung der Schleife feststeht, wie oft sie durchlaufen wird. D. h. sowohl der anfänglich durch die Zuweisungsanweisung zugewiesene Wert, als auch der Endwert müssen zu diesem Zeitpunkt feststehen. Eine Manipulation der Schleifenvariablen im Schleifenrumpf ist verboten und wird durch den Compiler moniert.

6.3.2.4.   Verschachtelte Schleifen

Schleifen können ineinander angeordnet (verschachtelt, engl. nested) werden. Die ineinander verschachtelten Schleifen können von derselben oder von unterschiedlicher Art sein. Die Schachtelungstiefe, d. h. die Zahl der ineinander verschachtelten Schleifen kann theoretisch beliebig groß sein.

Eine untergeordnete Schleife kann nur aus der direkt übergeordneten Schleife betreten werden.

Bei Abschluss einer untergeordneten Schleife erfolgt die Programmfortsetzung ausschließlich in der direkt übergeordneten Schleife.

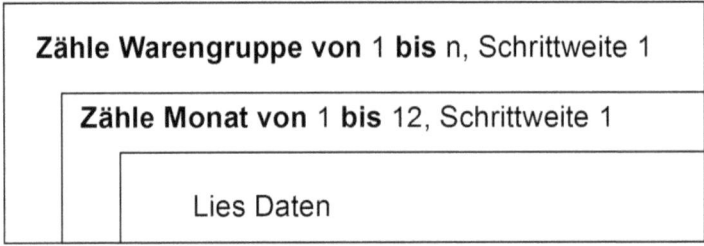

Abbildung 6.24: Struktogramm für verschachtelte Schleifen.

Anwendung:

Eingabe der Daten für eine Umsatztabelle

In den Spalten 1 bis n einer Tabelle werden die Umsätze für verschiedene Warengruppen gespeichert. In den Zeilen 1 bis 12 dieser Tabelle werden warengruppenspezifisch die monatlichen Umsätze eingetragen.

Im Struktogramm in Abbildung 6.24 wird nur die Schleifenstruktur betrachtet. Zur konkreten Programmierung der Tabelle verwendet man günstigerweise Datenfelder (Arrays). Diese werden in Kapitel 10 ausführlich besprochen.

6.3.2.5.   *Schleifenvariable vom Typ real*

Schleifenvariable vom Typ real sind in for-Schleifen von Pascal nicht zugelassen. Die Inkrementierung erfolgt immer mit der festen Schrittweite 1.

Aufgabe:

Tabellieren Sie die Funktion $y = x^2$ für $x = -1.2$ bis $x = 1.2$ mit Schrittweite 0.1. Verwenden Sie hierfür zum einen eine while- und zum anderen eine for-Schleife.

Lösung:

In der while-Schleife kann die Schrittweite von 0.1 direkt programmiert werden. Hingegen bedarf die Programmierung der for-Schleife bedarf einer gewissen Vorbereitung, da als Schrittweite im Programm nur der Wert 1 zulässig ist, sind die Grenzen des Zählbereichs und die Laufvariable mit dem Kehrwert (= 10) der spezifizierten Schrittweite (= 0.1) zu multiplizieren. Der tatsächlich verwendete Wert der Variablen wird mittels Division aus der Laufvariablen errechnet. Dieses Verfahren funktioniert nur, wenn die Produkte der Laufbereichsgrenzen (hier ± 1.2) mit dem Kehrwert der Schrittweite (hier 10) ganzzahlig sind.

```
program ProSchleifeReal;

var
  io : integer;
  ix : integer;
  iu : integer;
  x: single;
  xo: single;
begin
  xo := 1.2;
  x := - 1.2;
  while (x <= xo) do
    begin
      Write (x:6:2);
      WriteLn (sqr(x):6:2);
      x := x + 0.1;
    end;
  iu := Round (-1.2*10);
  io := Round (1.2*10);
  for ix := iu to io do
    begin
      x := ix/10;
      Write (x:6:2);
      WriteLn (sqr(x):6:2);
    end;
  ReadLn ();
end.
```

Kritische Würdigung:

Während die for-Schleife wie beabsichtigt arbeitet, werden für die while-Schleife lediglich die Ergebnisse für -1.2 ≤ x ≤ 1.1 ausgegeben. Das entspricht **nicht** der Spezifikation. Grund dafür ist die bereits in 4.3.3.1 dargestellte Tatsache, dass die meisten Dezimalbrüche nicht exakt als Gleitkommazahlen vom Typ `single` dargestellt werden können.

Es sei

Untere Laufbereichsgrenze: $g_u = c(-1.2)$ [42] bzw. $g_u \approx -1.2$

Schrittweite: $d = c(0.1)$ bzw. $d \approx 0.1$

Obere Laufbereichsgrenze: $g_o = c(1.2)$ bzw. $g_o \approx 1.2$

Im Regelfall gilt dann $g_o \neq g_u + d \cdot 24$. Aus diesem Grunde kommt es im obigen Beispiel zum Schleifenabbruch bereits nach n = 24 und nicht wie beabsichtigt nach n = 25 Durchläufen.

Abgeholfen werden kann dem indem ähnlich wie bereits in 4.3.3.1 besprochen kein fester Wert sondern ein Bereich der Breite `2*delta` für die obere Grenze der Laufvariablen x eingeführt wird. Der Abbruch erfolgt dann nicht beim Erreichen des exakten Werts von x_o, sondern beim Erreichen des Bereichs zwischen xo - `delta` und xo + `delta`. Delta wird anwendungsspezifisch gewählt. Es muss möglichst klein sein (deutlich kleiner als die Schrittweite von 0.1) aber immer noch so groß, dass der Bereich $x_o \pm \Delta$ beim Hochzählen erreicht wird.

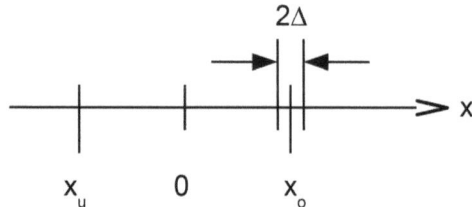

Abbildung 6.25: Einführung eines Grenzbereichs bei x_o wegen des Real-Vergleichs in der Schleifenbedingung

---

42 c(x) steht für rechnerinterne Repräsentation von x. Diese weichtin den meisten Fällen geringfügig von x ab. (c(x) = x ± Δx)

```
program ProSchleifeReal2;

const
  delta = 1e-6;
var
  io : integer;
  ix : integer;
  iu : integer;
  x: single;
  xo: single;
begin
  xo := 1.2;
  x := - 1.2;
  while (x<xo) or (Abs (x - xo)<delta) do
    begin
      Write (x:6:2);
      WriteLn (sqr(x):6:2);
      x := x + 0.1;
    end;
    iu := Round (-1.2*10);
    io := Round (1.2*10);
  for ix := iu to io do
    begin
      x := ix/10;
      Write (x:6:2);
      WriteLn (sqr(x):6:2);
    end;
  ReadLn ();
end.
```

6.3.2.6. Fehlergefahren bei der Programmierung von Schleifen

Endlosschleife

Sie beobachten den folgenden Effekt:

Ihr Programm läuft und läuft und hört gar nicht mehr auf. Dabei haben Sie doch (fast) alles richtig gemacht. Der Schleifenrumpf ist richtig codiert und auch die Schleifenbedingung und die Zählgrenzen sind korrekt gesetzt. Es fehlt also nichts. Stattdessen ist etwas zu viel im Code: Das Semikolon hinter dem do!!

Rundungsfehler

Rundungsfehler können zu Problemen führen, wenn Schleifenbedingungen in Abhängigkeit von Gleitkommagrößen ermittelt werden. Einzelheiten hierzu finden Sie in 4.3.3.1und 6.1.6.1.

6.3.3. Der Beitrag von Lazarus – Eingabehilfen des Editors

Anweisungen in eine übergeordnete Struktur einschließen

Mehrere aufeinanderfolgende Anweisungen können auf einfache Weise in eine übergeordnete Anweisung eingeschlossen werden. Dazu werden die Anweisungen, die eingeschlossen werden sollen markiert. Mit Projekt | Auswahl einschließen ... öffnen Sie dann ein Auswahlfenster (Abbildung 6.26) in dem durch Markierung einer Radioschaltfläche angegeben wird, in welche übergeordnete Struktur die ausgewählten Anweisungen eingeschlossen werden. Nachdem die Auswahl erfolgt ist, wird sie mit [Ok] bestätigt.

Beispiel:

Zunächst wird das untenstehende lineare Programm *Project1* erstellt:

```
program Project1;
var
  c: char;
begin
  Writeln ('Herzlich willkommen im Programm');
  Writeln ('Moechten Sie das Programm beenden');
  Writeln ('Bitte geben Sie j, J, n oder N ein');
  Readln (c);
  Writeln ('Das Programm wurde beendet');
  Readln;
end.
```

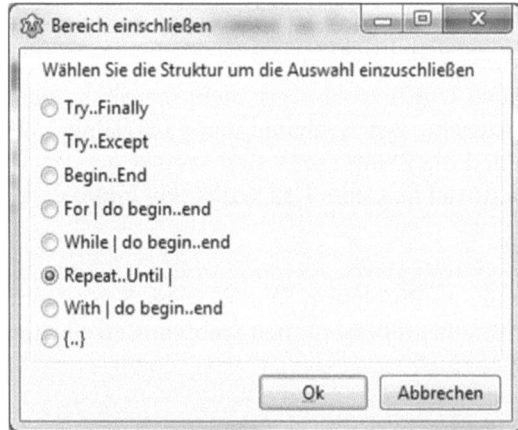

Abbildung 6.26: Auswahl der übergeordneten Struktur, in die die Anweisungen eingeschlossen werden.

Die drei Zeilen

```
Writeln ('Moechten Sie das Programm beenden');
Writeln ('Bitte geben Sie j, J, n oder N ein');
Readln (c);
```

sollen so lange wiederholt werden, bis ein großes oder ein kleines j eingegeben wurde. Da die drei Anweisungen mindestens einmal auszuführen sind, empfiehlt es sich, diese in eine `repeat...until...`-Struktur einzuschließen. Demnach werden die drei genannten Zeilen markiert und die Struktur wie in Abbildung 6.26 dargestellt ausgewählt. Das führt nach Betätigung von ⌊ Ok ⌋ zu folgendem Programmcode.

```
program Project2;
var
  c: char;
begin
  Writeln ('Herzlich willkommen im Programm');
  repeat
    Writeln ('Moechten Sie das Programm beenden');
    Writeln ('Bitte geben Sie j, J, n oder N ein');
    Readln (c);
  until;
  Writeln ('Das Programm wurde beendet');
  Readln;
end.
```

Jetzt ist nur noch die Bedingung für den Schleifenabbruch einzusetzen. Abgebrochen wird wird, wenn j oder J eingegeben wurde.

Elementar würden Sie das mit

```
until ((c) = 'J' or (c) = 'j');
```

programmieren. Etwas kompakter fällt der Code aus, wenn Sie unter Verwendung der Funktion *upcase* die eingegebenen Zeichen grundsätzlich in Großbuchstaben umwandeln und dann den Vergleich allein gegen den Großbuchstaben J durchführen.

```
until upcase (c) = 'J';
```

6.3.4. Der Beitrag von Lazarus – Debuggen von Schleifen

Beim Debuggen von Schleifen spielt zunächst das Beobachten der Schleifenbedingungen eine wesentliche Rolle. Dabei geht es um Fragen wie

• Wann wird der Schleifenrumpf betreten?

• Wird die Schleife zum richtigen Zeitpunkt verlassen?

Die Zahl der (vergeblichen)Stops wird durch den Einsatz bedingter Haltepunkte reduziert.

Wenn Sie z. B. das obige Programm *ProSchleifeReal* bezüglich der zweiten Fragestellung untersuchen möchten, so müssen Sie am Ende des Schleifenrumpfs einen Haltepunkt setzen und an diesem 24 mal anhalten. Nach 24 Durchläufen hat x den Wert 1.10000014 (0.1 ist nicht exakt darstellbar!). Nach einer weiteren Addition von 0.1 ist also die Schleifenbedingung nicht mehr erfüllt, was zum Verlassen der while-Schleife führt.

Große und verschachtelte Schleifen wirtschaftlich mit dem Debugger untersuchen

Im obigen Beispiel müssen Sie 23 Stops vergeblich durchlaufen, bis Sie die Ursache des Problems sehen. Das ist zwar noch machbar aber nicht gerade interessant und motivierend. Ganz anders sieht es bei einer größeren Anzahl (100...100...10000) von Schleifendurchläufen und -strukturen aus. In diesem Fall ist ein Stop bei jedem Durchlauf wegen des erforderlichen Zeitbedarfs unrealistisch. Deshalb muss versucht werden, die Anzahl unnötiger Stops, die für die Bewertung des Programmablaufs nichts bringen, zu reduzieren. Der Einsatz bedingter Haltepunkte hilft hier weiter. Durch geeignete Parametersetzung können Sie dafür sorgen, dass das Programm erst dann angehalten wird, wenn interessante Ergebnisse zu erwarten sind. Die Eigenschaften des Haltepunkts werden mittels des in Abbildung 6.20 dargestellten Dialogfensters eingegeben. Dabei haben Sie die folgenden Wahlmöglichkeiten:

- Sie geben an, nach dem wievielten Erreichen des Haltepunkts der erste Halt erfolgt (Dialogpunkt Zahl der Treffer). Im Falle von *ProSchleifeReal* wäre hier ein Wert von 23 oder 24 sinnvoll.

- Sie geben eine Bedingung an bei der der Halt erfolgen soll. Hierfür käme z. B. x >= 1.1 in Frage.

6.3.5. Lösungen

6.3.5.1. *Beispiel zur while-Schleife*

Vorbereitend wird aus dem Zinsfuß für die jährliche Verzinsung der Zinsfaktor für die tatsächliche Zinsperiode ermittelt. Für die monatliche Verzinsung bedeutet das Multiplikation mit 1/12, für die vierteljährliche mit 3/12 und für die jährliche mit 12/12. Die entsprechenden Faktoren können direkt aus *Verzinsung* entnommen werden.

Die Zeitzählung startet bei 0. Zu diesem Zeitpunkt steht das Startkapital zur Verfügung. Bis zum Ablauf der jeweiligen Zinsperiode bleibt das Kapital konstant. Nach Ablauf der Zinsperiode erhöht es sich um den den Faktor 1 + Zinsfaktor.

Beispiel:

Verzinsung: vierteljährlich. Erste Zinsgutschrift nach 3 Monaten.

Zinsfuß: .	*6%*
Anfangskapltal :	*1000,00€*
Monat 0:	*1000,00 €*
Monat 1:	*1000,00 €*
Monat 2:	*1000,00 €*
Monat 3:	*1015,00 € 1000€ ·(1+6·3/12/100) = 1015€)*

Der Zeitpunkt der Verzinsung (Zinsperioden und Laufzeiten seien grundsätzlich nur ganze Monate) ergibt sich daraus dass die Zinsperiode (*Verzinsung*) in der bisherigen Laufzeit (*ZeitZaehl*) ganzzahlig und ohne Rest enthalten ist. In diesem Fall gilt ZeitZaehl mod Verzinsung = 0.

```
program ProZinsesZins;

var
  Verzinsung : integer;
  Zinsfaktor : single;
  Zinsfuss : single;
  AktKapital: single;
  Startkapital: currency;
  Jahre: integer;
  Laufzeit : integer;
  Monate: integer;
  ZeitZaehl : integer;
begin
  Write ('Verzinsung: monatlich = 1, vierteljaehrlich = 3, jaehrlich = 12:
');
  ReadLn (Verzinsung);
  Write ('Zinsfuss in Prozent: ');
  ReadLn (Zinsfuss);
  Write ('Startkapital in EUR: ');
  ReadLn (Startkapital);
  Write ('Laufzeit in Monaten: ');
  ReadLn (Laufzeit);
  Zinsfaktor := Zinsfuss * Verzinsung/12/100;
  AktKapital := Startkapital;
  Zeitzaehl := 0;
  while ZeitZaehl <= Laufzeit do
  begin
    if ZeitZaehl > 0 then
      begin
      if ZeitZaehl mod Verzinsung = 0 then
        AktKapital := AktKapital * (1+Zinsfaktor)
      end
    else
      AktKapital := Startkapital;
```

```
      Monate := ZeitZaehl MOD 12;
      Jahre := ZeitZaehl DIV 12;
      WriteLn (Jahre:4, 'Jahre ',Monate:2 , ' Monate ',
                                    '   ',AktKapital:8:2);
      Inc (ZeitZaehl);
    end;
  ReadLn();
end.
```

6.3.5.2.   Beispiel zur repeat-until-Schleife

```
program ProEingabe;

const
  Text1 = 'FEHLER ';
  Text2 = 'Bitte geben Sie einen Wert zwischen 15.0 und 25.0 ein: ' ;
  Text3 = 'Ihre Eingabe ist zulaessig';
  TempMin = 15.0;
  TempMax = 25.0;
var
  TempSoll: single;
  AusgabeText : string;
begin
  AusgabeText := Text2;
  repeat
    Write (AusgabeText);
    ReadLn (TempSoll);
    AusgabeText := Text1 + Text2;
  until (TempSoll <= TempMax) and  (TempSoll >= TempMin);
  Write (Text3);
  ReadLn();
end.
```

6.3.5.3.   Beispiel zur for-Schleife

```
program ProAufsummierung;

var
  io, iu : integer;
  summe : integer;
  izaehl : integer;
begin
  Write ('Bitte untere Grenze fuer die Summenbildung eingeben:');
  ReadLn (iu);
  Write ('Bitte obere Grenze fuer die Summenbildung eingeben:');
  ReadLn (io);
  summe := 0;
  for izaehl := iu to io do
    summe := summe + izaehl;
  Write ('Die Summe der Zahlen von ',iu,' bis ', io, ' ist ', summe,'.');
  ReadLn ();
end.
```

6.4. Sonstige Möglichkeiten der Programmsteuerung

6.4.1. Aufgaben, die besondere Steuerkonstrukte einsetzen

6.4.1.1. Testautomatisierung

Beim (automatischen) Testen von technischen Produkten werden nacheinander verschiedene Prüfschritte durchgeführt. Die Komplexität dieser Prüfschritte kann unterschiedlich sein. In einfachen Fällen besteht ein Prüfschritt aus der Ermittlung eines Messwerts und der Überprüfung darauf, ob sich der Messwert innerhalb der zulässigen Grenzen bewegt.

Wenn man eine komplexe Fehlerdiagnosen erstellen will, wird man alle Prüfschritte durchführen und erst dann die Auswertung machen. In einfach gelagerten Fällen kann man annehmen, dass beim Auftreten eines Fehler der Test gescheitert ist. Die Programmierung dieses Falles soll hier näher betrachtet werden.

Beispiel:

- Eine Motorspannung soll zwischen 220 und 240 Volt betragen.
- Der Motorstrom soll zwischen 9 und 11 Ampere liegen.
- Die Drehzahl soll zwischen 850 und 1200 Umdrehungen pro Minute liegen.

Bei Auftreten eines Grenzwerts (z. B. einer Motorspannung von 220 Volt) gilt der Test als bestanden.

Das Einlesen der physikalischen Größen wird durch Dialoge simuliert. Wenn der Test bestanden wurde, soll der Text „Das Geraet ist in Ordnung" ansonsten soll der Text „Das Geraet ist fehlerhaft" ausgegeben werden. Eine Differenzierung nach Fehlern ist nicht verlangt.

6.4.1.2. Vereinfachung von Schleifenrümpfen

Eine Zählschleife besitze einen zweiteiligen Rumpf. Im ersten Teil wird eine Berechnung durchgeführt. Wenn das Resultat dieser Berechnung einen bestimmten Wert überschreitet, soll die Schleife sofort abgebrochen werden, ist das nicht der Fall, dann schließt eine weitere Berechnung an, deren Resultat ebenfalls zum vorzeitigen Schleifenabbruch führen kann.

6.4.2. Der Beitrag von Pascal - Sonstige Möglichkeiten der Programmsteuerung

6.4.2.1. *goto*

Das `goto` ist eigentlich der Todfeind jeder wohlstrukturierten Programmierung. Trotzdem kann die Verwendung von `goto` im einen oder anderen Fall zu übersichtlicherem Programmcode führen, wenn man sich dieses Sprachelements bedient. Mit `goto` kann die Programmausführung an einem fast beliebigen Punkte der durch das Sprungziel gegeben wird fortgesetzt werden.

Sprungziel sind Marken (`labels`), die ähnlich wie Variable vereinbart werden müssen. Bei einer Marke mit dem Namen Sprungziel geschieht das folgendermaßen:

```
label
    Sprungziel;
```

Das Sprungziel im Programm wird durch den Markenbezeichner, gefolgt von einem Doppelpunkt angegeben.

```
Sprungziel:
```

Die zugehörige Sprunganweisung lautet dann:

```
goto Sprungziel;
```

Mit `goto` können – anders als in frühen Programmiersprachen wie Fortran – nur Sprungziele im selben oder in übergeordneten Block angesprungen werden. Das schließt den ganz groben Missbrauch des `goto` aus. Extreme Fehlerquellen wie das Einspringen in eine Alternative einer Bedingungsanweisung oder in einen Schleifenrumpf werden dadurch eliminiert (Abbildung 6.27).

Ein Sprung in einen untergeordneten Block ist mit goto nicht möglich!!

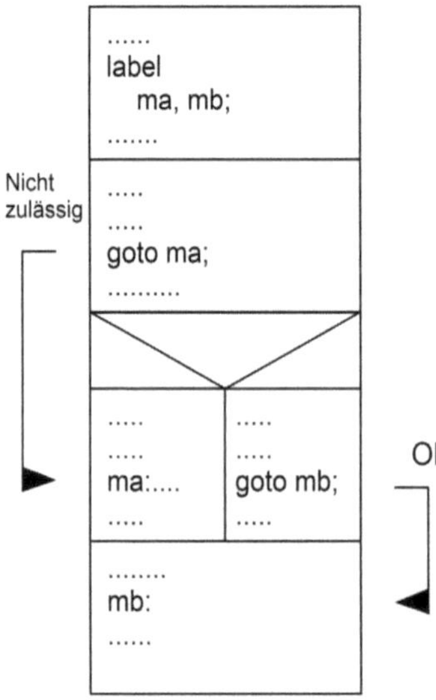

Abbildung 6.27: Marken und Sprünge

6.4.2.2. *break*

Bei break steht das Sprungziel immer fest, bei goto kann es - in gewissem Rahmen - vom Programmierer gewählt werden.

`break` ist eine spezielle Sprunganweisung, mit der aktuell bearbeitete Schleifenrumpf verlassen werden kann. Während beim `goto` ein Sprungziel angegeben werden kann, steht das beim `break` fest, nämlich die erste Anweisung nach dem verlassenen Schleifenrumpf. `break` wird vorzugsweise zum Verlassen komplexer Schleifenrümpfe eingesetzt.

6.4.2.3. *exit*

exit führt zur Beendigung des Programms oder Unterprogramms (s. a. 8.3.1.2).

6.4.3. Lösung

6.4.3.1. *Testautomatisierung*

Versucht man die Aufgabe mit den vor diesem Abschnitt bekannten Mitteln zu lösen so kommt man, wie aus Abbildung 6.28 entnommen werden kann zu sehr stark verschachtelten Strukturen. Dabei steigt die Schachtelungstiefe linear mit der Zahl der Prüfschritte.

Wesentlich einfacher wird das Struktogramm (Abbildung 6.29), wenn Sie die oben vorgestellten Anweisungen goto und exit bei der Programmierung verwenden. Hier werden 3 gleichartige Prüfblöcke hintereinander angeordnet, deren Nein-Zweig per goto-Anweisung mit einem Sprung zur Marke Fehler verlassen wird.

Der Ja-Zweig ist in allen Fällen leer. Wegen dieser Konstruktion wird nur vom Ja-Zeig aus auf die jeweils folgende Anweisung (den jeweils folgenden Prüfschritt) übergegangen. Auf den letzten Prüfschritt folgt dann eine Schreibanweisung die den Text *Das Geraet ist OK* ausgibt.

Hinter dieser Schreibanweisung für den Erfolgsfall wird bei der Marke *Fehler* die Schreibanweisung für den Fehlerfall angeordnet. Diese Schreibanweisung darf im Erfolgsfall nicht erreicht werden. Deshalb wird das Programm unmittelbar nach dem Schreiben des Erfolgstextes mit der Anweisung exit beendet.

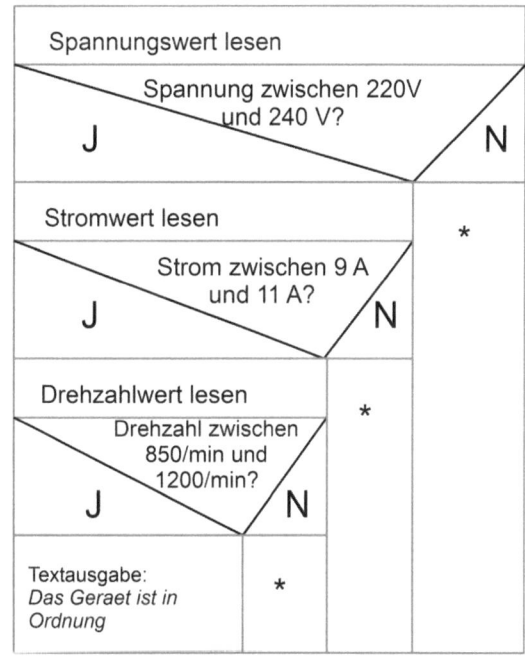

Abbildung 6.28: Goto-freie Programmierung eines Testablaufs

Mit diesen beiden Struktogrammen und dem zugehörigen Programmcode wurden zwei extreme Lösungsmöglichkeiten dargestellt, die die grundsätzlichen Lösungsmöglichkeiten deutlich machen. Zahlreiche Zwischenlösungen, die aber nichts grundsätzlich Neues bringen sind denkbar.

6.4.3.2. *Vereinfachung von Schleifenrümpfen*

Löst man das Problem klassisch, dann ergibt sich für diese Aufgabenstellung das in Abbildung 6.30 dargestellte Struktogramm. Sofern nur ein oder zwei Ausstiege aus dem Schleifenrumpf vorgesehen sind, mag diese Struktur praktikabel sein. Mit zunehmender Anzahl der Ausstiege nimmt die Übersichtlichkeit jedoch stark ab. Darüber hinaus folgt die bei dieser Lösung erforderliche Manipulation der Schleifenvariablen nicht gerade der reinen Lehre der strukturierten Codierung. Einfach und übersichtlich wird die Angelegenheit, wenn Sie zum Ausstieg aus der Schleife die Anweisung   `break`   benützen (Abbildung 6.31).

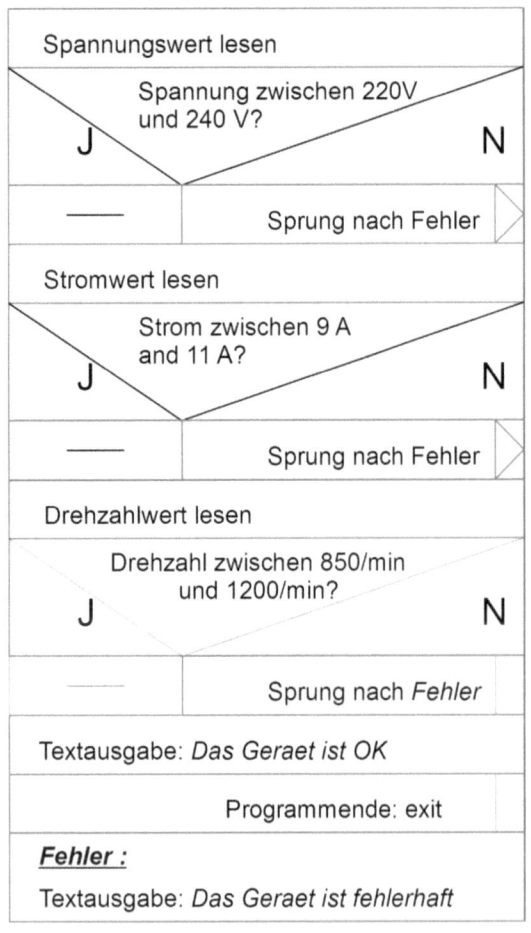

Abbildung 6.29: Programmierung des Testablaufs aus Abbildung 6.28 unter der Verwendung von goto und exit

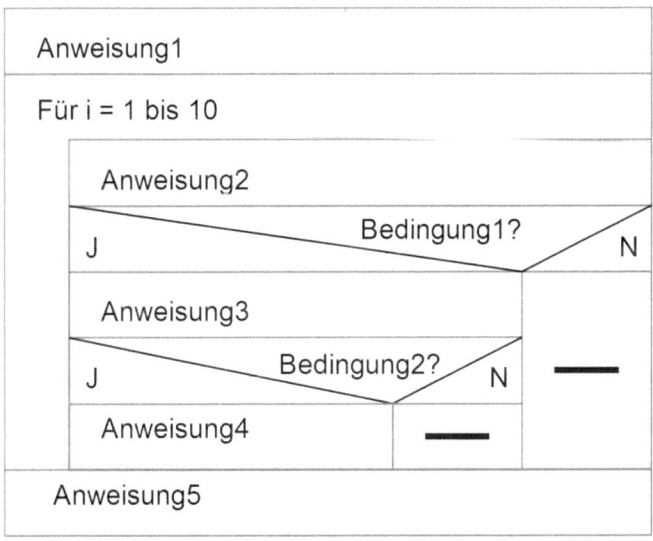

Abbildung 6.30: Ausstieg aus der Schleife in klassischer strukturierter Codierung.

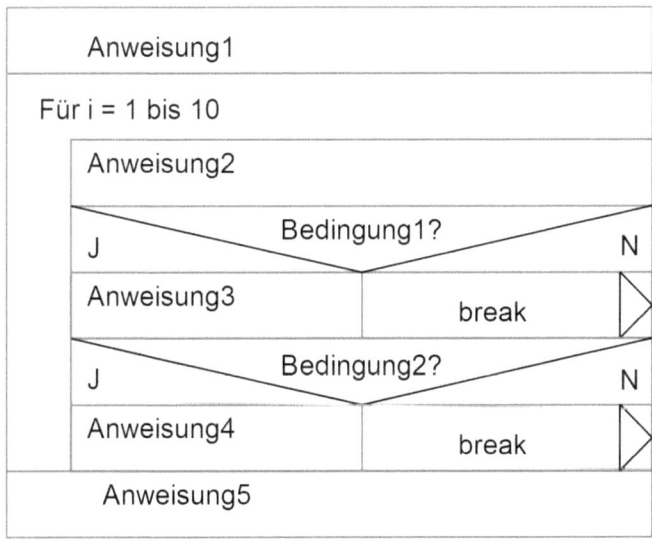

Abbildung 6.31: Ausstieg aus der Schleife unter Nutzung der break-Anweisung

7. Ihr Programm braucht Umgebungskontakt - Daten-Ein- und Ausgabe, Speichern von Texten

7.1. Aufgabenstellung

7.1.1. Erstellen, anzeigen und abspeichern einer Textinformation

Berechnen Sie für die Werte von $x = a$ bis b mit Schrittweite c ($b > a + c$, $c > 0$) die zweite bis vierte Potenz. Geben Sie das Resultat als Tabelle auf dem Bildschirm aus und speichern Sie das Ergebnis außerdem in der Datei **C:\Tabelle.txt** auf der Festplatte. Die Wert für a, b und c sollen per Dialog vorgegeben werden. Fehlerhafte Eingaben sind abzulehnen, sie dürfen nicht zu „Programmabstürzen" führen.

Für die Tabelle ist eine Überschrift der Form x   x^2   x^3   x^4 vorzusehen. Da die Ausgabe hoch gestellter Zeichen nur mit größerem Aufwand realisiert werden kann verwenden wir x^i als Umschreibung für x^i. Für die Spalten gelten die folgenden Breiten:

x, 6 Zeichen

3. x^2, 9 Zeichen

4. x ^3, 12 Zeichen

5. x^4, 15 Zeichen

Die Spaltenüberschriften sollen rechtsbündig über den Spalten stehen. Jede Zeile soll mit nur einer einzigen Anweisung ausgegeben werden.

Nach dem Anzeigen der Tabelle stellt das Programm die Frage Abspeichern? Wenn Sie J eintippen erfolgt die Abspeicherung und das Programm wird mit der Ausgabe „Abspeichern erfolgreich" beendet. Geben Sie etwas Anderes als J ein wird der Text „Programm ohne Abspeichern beendet" ausgegeben.

Mit welchen Fehlern sollte das Programm umgehen können? Erstellen Sie das Programm zunächst ohne Fehlerbehandlung und ergänzen Sie diese dann nachträglich.

7.1.2. Einlesen und Anzeigen auf der Festplatte gespeicherter Texte

7.1.2.1. Einlesen und Anzeigen eines Textes, der mit dem Lazarus-Texteditor erstellt wurde.

Ein Text, der mit dem Lazarus-Texteditor erstellt und auf der Datei **C:\Lazarus.txt** abgespeichert wurde soll mittels des Programms **ZeigeText.exe** auf dem Bildschirm angezeigt werden

7.1.2.2. Einlesen und Anzeigen einer Wertetabelle, die mit dem in 7.1.1 spezifizierten Programm erstellt wurde

Der gemäß 7.1.1 abgespeicherte Text soll von der Datei **C:\Tabelle.txt** eingelesen und mittels des Programms **ZeigeTabelle.exe** auf dem Bildschirm angezeigt werden.

7.2. Der Beitrag von Pascal (klassisch prozedural)

7.2.1. Schreib- und Leseanweisungen

Bis jetzt haben Sie die Lese- und Schreibanweisungen `ReadLn`, `Write` und `WriteLn` nur in stark vereinfachter Form verwendet. Die vollständige Syntax finden Sie in den Syntaxdiagrammen 7.1 bis 7.4.

Neu sind hier zwei Dinge:

* Die Nennung der Datei (file)
* Die Verwendung von Parameter*listen*

Unter `file`s sind ganz allgemein Orte zu verstehen, an denen Daten untergebracht werden können. Es kann sich dabei sowohl um physikalische Geräte wie den Bildschirm, logische Ausgabegeräte wie das Standardausgabegerät `stdout` oder um Dateien des Dateisystems (z. B. auf Festplatten oder Speicherkarten) handeln.

Standardeingabegerät: Tastatur
Standardausgabegerät: Bildschirm

Wenn in der Ausgabeanweisung keine Dateiangabe erfolgt, dann wird auf dem Standardausgabegerät `stdout` ausgegeben. Bei heutigen Rechnersystemen ist das in der Regel der Bildschirm. Fehlt die Dateiangabe in Eingabeanweisungen, dann wird auf dem Standardeingabegerät `stdin` eingegeben. Üblicherweise ist das die Tastatur.

Eingabeanweisung

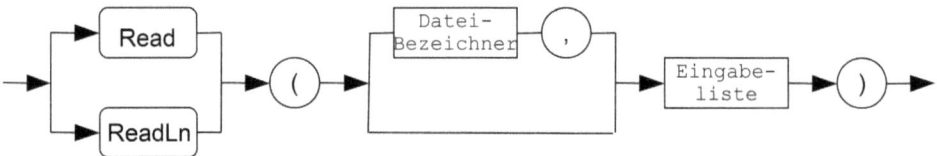

Syntaxdiagramm 7.1: Eingabeanweisung(en)

Aus den Syntaxdiagrammen 7.4 und 7.3 geht auch hervor, dass mittels einer Ausgabeanweisung mehr als ein Wert (seien es Konstante oder Variable) ausgegeben werden kann.

Bitte beachten Sie auch, dass die in einer Ausgabeanweisung auftretenden Ausdrücke nur vom Typ `char`, `String/Ansi-String`, von einem Integertyp (z. B. `integer`, `word`, `byte`,...) oder einem Gleitkommatyp (z. B. `single`, `double`, ...) sein dürfen. Wenn Sie diese Typen verwenden, findet automatisch eine implizite Typenkonvertierung statt. Dabei ist sichergestellt, dass die binär repräsentierten Daten in ASCII-Codierung ausgegeben werden.

Eingabeliste

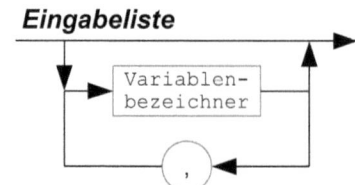

Syntaxdiagramm 7.2: Eingabeliste

Ausgabeliste

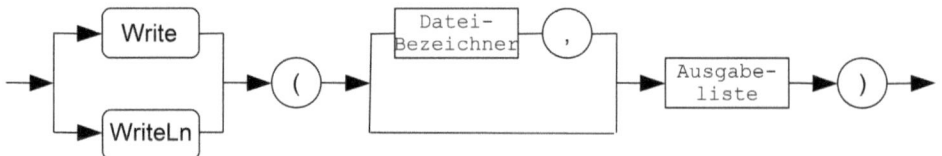

Syntaxdiagramm 7.3: Ausgabeliste

Ausgabeanweisung

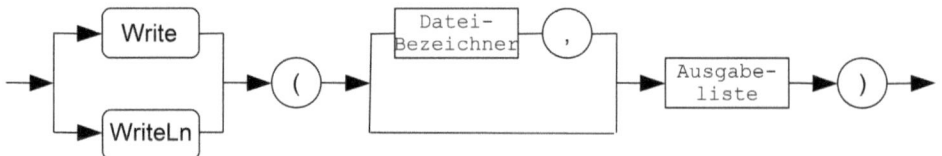

Syntaxdiagramm 7.4:Ausgabeanweisung(en)

7.2.2. Dateiarten

Man unterscheidet Dateien mit konstanter und variabler Datensatzlänge. In Dateien mit konstanter Datensatzlänge kann man auf jeden einzelnen Datensatz direkt zugreifen. Die Position der Daten (des Datensatzes) ermitteln Sie mit folgender Formel

Datensatzposition = Position des Dateianfangs + Datensatzlänge * Datensatznummer[43]

Bei variabler Datensatzlänge ist diese Formel nicht anwendbar. Um in diesem Fall z. B. den 68. Datensatz der Datei zu lesen muss man zunächst alle vorhergehenden 67 Datensätze lesen, braucht sie aber natürlich nicht auszuwerten.

7.2.3. Textdateien

Textdateien sind eine besondere Form abstrakter Geräte, die Daten aus dem Pascal-Programm (druck-)zeichenweise aufnehmen oder abgeben können. Neben den vordefinierten Dateien wie **stdout** können solche Dateien auch vom Benutzer definiert werden.

Abstrakt nennt man die Geräte deshalb, weil sie unabhängig von ihrer sehr unterschiedlichen physischen Ausprägung (Drucker, Festplatte, USB-Stick, Speicherkarte.....) vom Programm her einheitlich gesehen und angesprochen werden können.

Die Ein-/Ausgabe-Anweisungen sind unabhängig von der Art des Peripheriegeräts.

Textdateien werden in gleicher Weise wie herkömmliche Variable vereinbart.

Beispiel für die Vereinbarung einer Textdateivariablen mit dem Namen *Textspeicher*:

```
var
   Textspeicher : Text;
```

Außer Textdateien gibt es in FreePascal noch Binärdateien. In Lazarus kommen auch noch die Streams (Datenströme) hinzu. Binärdateien werden in Kapitel 14, Streams in einem Folgeband näher behandelt.

Binärdateien werden in Kapitel 14 behandelt.

7.2.4. Prozeduren und Funktionen für die Dateibearbeitung

Das Lesen von und Schreiben auf Dateien erfolgt in den in Abbildung 7.1 auf Seite 166 dargestellten Schritten.

---

43 0-basierte Zählung. D. h. die Zählung der Datensätze beginnt mit 0.

Lesen	Schreiben
Verbinden von abstrakten und physischen Dateien	
Zum Lesen öffnen	Zum Schreiben oder Anhängen öffnen
Lesen	Schreiben
Schließen	

Abbildung 7.1: Ablauf beim Lesen und Schreiben von Daten von/auf Dateien

7.2.4.1.   Verbindung von abstrakten und physischen Dateien

Bevor Sie mit Dateien (z. B. auf der Festplatte) arbeiten müssen Sie die abstrakte Textdatei mit der Sie in den Lese- und Schreibanweisungen Ihres Programmes arbeiten mit der physischen Datei auf dem Datenträger verbinden. Diese Verbindung erfolgt mit der Prozedur.

```
procedure Assign (Textdateibezeichner : Text , PhysischeDatei: string).
```

Die physische Datei wird durch eine Zeichenkette beschrieben. Sie enthält den Dateipfad in der Schreibweise des jeweils verwendeten Betriebssystems als absolute oder relative Angabe.

Wenn Sie z. B. eine Textdatei `Textspeicher` (programminterner Bezeichner) mit der physischen Datei **C:\Archiv\MeineDaten.dat** verbinden möchten, d. h. sie möchten die Daten, die Sie programmintern als Datei `Textspeicher` ansprechen von der Datei **C:\Archiv\MeineDaten.dat** des Dateisystems lesen oder auf diese schreiben, müssen Sie die Anweisungen

```
Assign (Textspeicher , 'C:\Archiv\MeineDaten.dat')
```

verwenden.

Die in der Textkette genannte Datei kann bereits existieren oder auch nicht. Mehr dazu erfahren Sie im folgenden Abschnitt.

7.2.4.2.   Öffnen von Textdateien

Das Öffnen einer Datei bezeichnet die Vorbereitung für die Ein- oder Ausgabe. Dabei ist zu unterscheiden zwischen

- Öffnen zum Lesen.
- Öffnen zum Schreiben.
- Öffnen zum Verlängern.

Öffnungs-, Lese und Schreibanweisungen beziehen sich auf abstrakte Dateien (Pascal-Dateibezeichner). Physische Dateien, die geöffnet werden sollen, müssen zuvor mittels der Anweisung `Assign` mit einem Dateibezeichner verbunden werden.

Öffnen zum Lesen

Das Öffnen einer Datei zum ausschließlichen Lesen erfolgt mit der Prozedur

```
procedure Reset (Textdateibezeichner : Text;
```

Mit `Reset` geöffnete Dateien sind gegen Überschreiben geschützt. Eine folgende Schreibanweisung führt zu einem Laufzeitfehler.

Öffnen zum Schreiben

Das Öffnen einer Datei zum Schreiben erfolgt mit der Prozedur

```
procedure Rewrite (Textdateibezeichner : Text);
```

Der Schreibvorgang beginnt am Dateianfang. Eine bereits bestehende Datei wird überschrieben.

Öffnen zum Verlängern

Das Öffnen einer Datei zum Verlängern erfolgt mit der Prozedur

```
procedure Append (Textdateibezeichner : Text);
```

Der Schreibvorgang beginnt am derzeitigen Dateiende. Bereits bestehende Dateiinhalte bleiben erhalten.

Das Öffnen von Binärdateien wird in Kapitel 14 besprochen. Gleichnamige Anweisungen haben bei Binärdateien in einigen Fällen eine andere Wirkung als bei Textdateien.

7.2.4.3. Leeren des Dateipuffers

Zur Beschleunigung des Datenzugriffs erfolgt nicht bei jeder Schreibanweisung sofort ein Schreibzugriff auf den Datenträger (z. B. Festplatte)[44], sondern die Daten werden zunächst auf einen Zwischenspeicher (Cache) geschrieben, dessen Inhalt dann von Zeit zu Zeit auf die Festplatte übertragen wird. Diese Übertragung wird durch das Betriebssystem gesteuert und entzieht sich damit dem unmittelbaren Einfluss des Programmierers.

Im Fehlerfalle („Programmabsturz" / „Systemabsturz") gehen dann Informationen verloren, die zwar mittels des Schreibbefehls in den Zwischenspeicher geschrieben, aber von dort noch nicht auf den Datenträger übertragen wurden.

---

44 Bei Magnetplattenspeichern beinhaltet der Lese-/Schreibvorgang meist eine vergleichsweise zeitaufwändige Positionierung des Lese-/Schreibkopfes, wodurch die effektive Schreibgeschwindigkeit weit unter die Datenübertragungsgeschwindigkeit absinkt. Ziel muss es daher sein, mit einer Positionierung möglichst viel zu

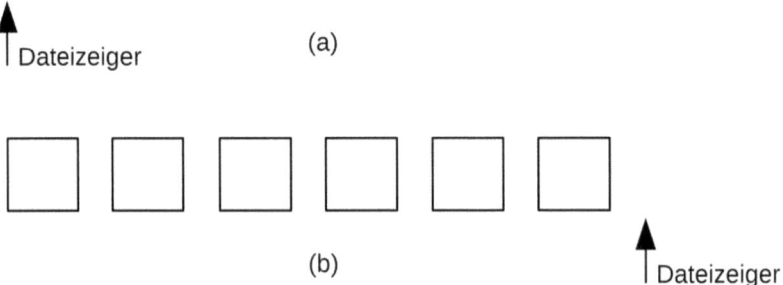

Abbildung 7.2: Schreibvorgang und Dateizeiger. Schreiben verlängert die Datei. (a) Ausgangszustand, (b) nach dem Schreiben von 6 Elementen. Der Dateizeiger zeigt immer hinter das letzte Dateielement

Mittels der Prozedur `Flush` kann man ein Schreiben auf den Datenträger und Leeren des Zwischenspeichers provozieren.

Schnittstelle:

```
procedure Flush  (Dateibezeichner: Dateityp⁴⁵);
```

7.2.4.4. Erkennung des Zeilen- oder Dateiendes

Erkennung des Dateiendes

Die Funktion `Eof` ermöglicht das Erkennen des Dateiendes. In dem Moment wo der letzte Eintrag der Datei gelesen wurde, der Dateizeiger also hinter den letzten Datensatz der Datei zeigt, liefert `Eof` den Wert `true`. Parameter von `Eof` ist der Bezeichner der Datei, die überprüft werden soll.

Schnittstelle:

```
function Eof (Dateibezeichner: Dateityp): boolean;
```

Eof nimmt den Wert true an, wenn der letzte Datensatz (record) einer Datei gelesen wurde. Durch Auswertung von Eof kann ein weiterer Zugriff auf eine vollständig gelesene Datei unterbunden werden. Dadurch kann am Dateiende ein geordneter Abschluss der Datenverarbeitung eingeleitet werden, wodurch ggf. Fehlermeldungen vermieden werden.

Die verwendete Dateivariable kann einen beliebigen Dateityp besitzen (Typ `Text` oder `file of` ...⁴⁶)

---

45 Hier zunächst Dateityp Text. Andere Dateitypen sind ggf. möglich.
46 Näheres unter Kapitel 14

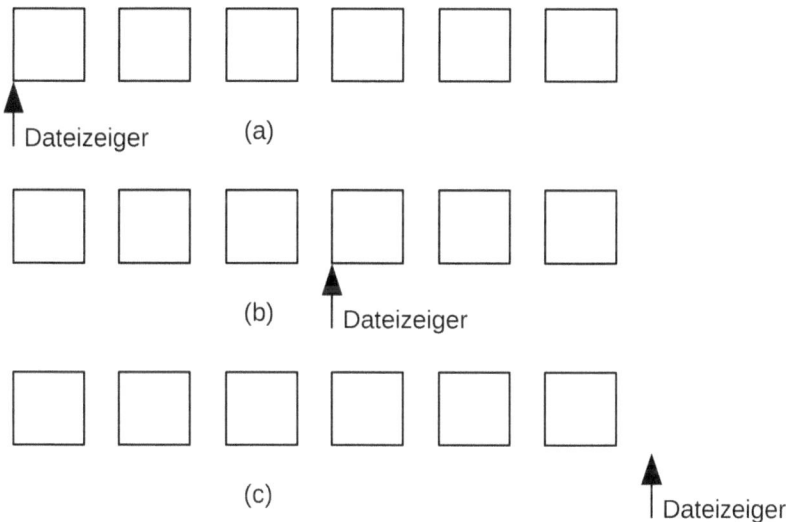

Abbildung 7.3: Lesevorgang und Dateizeiger. Während des Lesens bleibt die Dateigröße unverändert. Der Dateizeiger zeigt immer auf den nächsten zu lesenden Dateieintrag. EoF liefert in diesem Bereich den Wert false. Wenn alles gelesen wurde zeigt er hinter den letzten Eintrag der Datei und der Wert von EoF wird true

Erkennung des Zeilenendes

Schnittstelle:

```
function Eoln (Textdateivariable: Text): boolean;
```

7.2.4.5. Schließen von Dateien

```
Close  (Dateibezeichner: Dateityp);
```

Mit dieser Anweisung schließen Sie die Behandlung der mit dem Parameter `Dateivariable` bezeichneten Datei ab. Die Wirkung von `Assign` wird damit rückgängig gemacht.

7.2.4.6. Alternative Anweisungen für den Dateiverkehr

Die oben erläuterten Anweisungen für den Verkehr mit Textdateien gehören zum Standardumfang von Pascal. FreePascal bietet darüber hinaus weitere Möglichkeiten für den Dateiverkehr auf die hier auszugsweise eingegangen wird. Implementiert sind diese Funktionen und Prozeduren in der Free Pascal Run Time Library (RTL) und zwar in der Units `sysutils`.

Erstellen von Dateien

```
function FileCreate (const FileName: String) : THandle; [47]
```

FileCreate erstellt die angegebene Datei auf dem Datenträger und liefert ein Handle darauf zurück.

Öffnen von Dateien

```
function FileOpen (const FileName: String; Mode: integer) : THandle;
```

FileOpen öffnet die Datei mit dem Namen *FileName* und liefert das Dateihandle vom Typ THandle, dessen Kenntnis für die weiteren Dateioperationen (Schreiben, Lesen, Schließen) erforderlich ist. *Mode* bezeichnet den Öffnungsmodus der Datei. Für *Mode* sind folgende Werte möglich:

```
const
   fmOpenRead    = $0000; //Datei im Nur-Lesen-Modus öffnen.
   fmOpenWrite   = $0002; //Datei im Nur-Schreiben-Modus öffnen.
   fmOpenReadWrite = $0001; //Datei im Lesen-Schreiben-Modus öffnen.
```

FileOpen liefert das Dateihandle.

Unter Windows und Unix können diese Werte mit den folgenden Werten ODER-verknüpft werden (s. a. 4.2.1).

```
const
   fmShareCompat   = $0000; //Datei im DOS-Mitverwendungs-kompatiblen Modus
                              öffnen.
   fmShareExclusive = $0010; //Datei für exklusive Verwendung blockieren.
   fmShareDenyWrite = $0020; //Datei so blockieren, dass andere Prozesse nur
                              lesen können.
   fmShareDenyRead  = $0030; //Datei so blockieren, dass andere Prozesse
                              nicht lesen können.
   fmShareDenyNone  = $0040; //Datei nicht blockieren.
```

Lesen von Dateien

```
function FileRead (Handle: THandle; out Buffer; Count: LongInt): LongInt;
```

FileRead liest *Count* Bytes aus der Datei mit dem Dateihandle *Handle*. Zuvor muss die Datei zum Lesen geöffnet worden sein. *Buffer* muss mindestens die Größe von *Count* Bytes besitzen, andernfalls kann ein Speicherzugriffsfehler auftreten.

Rückgabewert von *FileRead* ist im Erfolgsfall die Zahl der geschriebenen Bytes und im Fehlerfall -1.

Schreiben in Dateien

```
function FileWrite (Handle: THandle; const Buffer; Count: LongInt):
                                                         LongInt;
```

---

47 Es sind noch andere Parameterstrukturen beim Aufruf dieser Funktion möglich. Diese Aufrufstruktur – die einfachste – wird beispielhaft vorgestellt.

FileWrite schreibt *Count* Bytes aus dem Puffer *Buffer* in die Datei mit dem Dateihandle *Handle*. Zuvor muss diese Datei zum Schreiben geöffnet worden sein. *Buffer* muss mindestens die Größe von *Count* Bytes besitzen, andernfalls kann ein Speicherzugriffsfehler auftreten.

Rückgabewert von *FileWrite* ist im Erfolgsfall die Zahl der geschriebenen Bytes und im Fehlerfall -1.

Schließen von Dateien

```
procedure FileClose (Handle: THandle);
```

Die Datei die dem Parameter *Handle* zugeordnet ist wird geschlossen. Versucht man danach von einer Datei auf die sich das Handle bezieht zu lesen oder darauf zu schreiben, erhält man eine Fehlermeldung.

7.3. Der Beitrag von Lazarus

Die Themen Fehler und Abschlussbehandlung werden hier kurz gestreift, es ist vorgesehen, das Thema in einem Folgeband zu vertiefen.

7.3.1. Fehlerbehandlung

Sowohl bei der Ein- als auch bei der Ausgabe können Fehler auftreten. Beispiele dafür sind nachstehend aufgeführt.

7.3.1.1. Fehler bei der Ausgabe

Die Möglichkeit, direkt bei der Ausgabe Fehler zu machen, ist erfreulicherweise recht begrenzt. Probleme können z. B. entstehen durch

*   Wertebereichsüberschreitungen
*   Nicht betriebsbereite Geräte
*   Fehlende Geräte

7.3.1.2. Fehler bei der Eingabe

Bezüglich möglicher Fehler ist die Eingabe sehr viel empfindlicher als die Ausgabe.

Fehler sind vor allem möglich durch die Eingabe unzulässiger Zahlenwerte (zu groß oder zu klein) oder durch Daten, die nicht der Syntax der jeweiligen Eingabedaten entsprechen. Zunächst geht es dabei vor allem um die fehlerhafte Eingabe ganzzahlige Werte oder Gleitkommawerte. Betrachten Sie bitte folgendes Codestück:

```
var
   a : integer ...
   ....
   ReadLn (a);
   WriteLn (a);
```

In der Standardeinstellung und ohne weitere Programmiermaßnahmen führt die Eingabe des Buchstabens A zu einem Laufzeitfehler. D. h. das Programm „stürzt ab".

Allgemeiner betrachtet kann es einfach sein, dass das vorgeschriebene Datenformat nicht eingehalten wird. Beispiele hierfür sind z. B. auch Datums – und Zeitformate.

7.3.1.3.   Fehler bei sonstigen Anweisungen für den Dateiverkehr.

Assign führt z. B. zu einem Fehler, wenn die in der Assign-Anweisung angegebene physische Datei nicht existiert. Nachdem *Assign* erfolgreich ausgeführt wurde, erfolgt der weitere Dateiverkehr nur noch durch Angabe des Pascal-Dateibezeichners.

7.3.1.4.   Reaktion auf Fehler

Beim Eintreten des Fehler wird ein Fehlerereignis ausgelöst. Das führt - sofern das Ereignis nicht speziell behandelt wird - zum sofortigen Programmabbruch ("Absturz").

7.3.1.5.   Abschaltung des Fehlerereignisses

Durch die Compilerdirektive {$I-} kann das Fehlerereignis abgeschaltet werden. In diesem Fall wird das Programm nach einem Fehler direkt fortgesetzt und der globalen Variable *IOResult* wird ein fehlerspezifischer Wert zugewiesen.

Im weiteren Programmverlauf kann *IOResult* ausgewertet werden um sachgerecht auf den Fehler zu reagieren. Um zu vermeiden, dass das Programm nach Auftreten eines Fehlers ohne Überprüfung fortgesetzt wird, sollte diese Auswertung immer erfolgen. Andernfalls könnte nach einem Ein-/Ausgabefehler eine Programmfortsetzung ohne Fehleräußerung erfolgen.

Fehler-nummer	Bedeutung
	DOS-Fehler
2	*Datei nicht gefunden*
3	*Pfad nicht gefunden*
4	*Zu viele offene Dateien*

Fehler-nummer	Bedeutung
5	Zugriff verweigert
6	Ungültiges Datei-Handle
12	Ungültiger Datei-Zugriffs-Modus
15	Ungültige Disknummer
16	Kann aktuelles Verzeichnis nicht verschieben
17	Kann nicht über Laufwerke hinweg umbenennen
	Ein-/Ausgabe-Fehler
100	Datei nicht gefunden
101	Pfad nicht gefunden
102	Zu viele offene Dateien
103	Zugriff verweigert
104	Ungültiges Datei-Handle
105	Ungültiger Datei-Zugriffs-Modus
106	Ungültige Disknummer
	Fatale Fehler
150	Disk ist schreibgeschützt
151	Unbekanntes Gerät
152	Gerät nicht bereit
153	Unbekanntes Kommandeo
154	CRC[48]-Prüfung
155	Ungültiges Laufwerk spezifiziert
156	Suchfehler auf der Diskette
157	Ungültiger Datenträgertyp
158	Sektor nicht gefunden
159	Kein Papier im Drucker
160	Fehler beim Schreiben auf das Gerät
161	Fehler beim Lesen vom Gerät

---

48 CRC = Cyclic Redundancy Check, Zyklische Redundanzprüfung zur Fehlererkennung. Details finden Sie z. B. in Wikipedia

Fehler- nummer	Bedeutung
162	Hardwarefehler

Tabelle 7.1: Werte von IOResult im Fehlerfalle

Beispiel

```
program proioresultreset;

{ Programm zur Demonstration der IOResult-Funktion. }

Var F : text;

begin
  Assign (f,paramstr(1));
  {$i-}
  Reset (f);
  {$i+}
  If IOresult<>0 then
    writeln ('File ',paramstr(1),' doesn''t exist')
  else
    writeln ('File ',paramstr(1),' exists');
end.
```

Start eines Programms in der Testumgebung mit Parameterstring

Mit der Anwahl Start | Startparameter ... aus dem Hauptmenü öffnen Sie das in Abbildung 7.4 dargestellte Fenster. Dort können Sie beliebige Programme starten und u. a. Kommandozeilenparameter festlegen, die beim Programmstart übergeben werden. Wie viele Parameter existieren liefert Ihnen die Funktion `ParamCount: longint`. Abgerufen werden die einzelnen Parameter mit der Funktion `ParamStr (1: longint) : string`. Auf Position 0 steht in allen Fällen eine Textkette die den aktuelle Dateipfad und -namen des Programms enthält.

7.3.1.6. *Programmierte Reaktion auf Laufzeitfehler*

try…except…
verhindert
einen Pro-
grammabsturz
im Fehlerfall

Mittels der Ausnahmebehandlungsanweisung `try … except … end` können Sie ein Fehlerereignis (bzw. ganz allgemein eine Ausnahmesituation im Programmablauf) erkennen und darauf reagieren. In Syntaxdiagramm 7.1 ist zunächst eine vereinfachte Form der Ausnahmebehandlung dargestellt. Nach dem Schlüsselwort **try** werden die Anweisungen des Programms bzw. Programmbausteins ausgeführt (Standardablauf). Tritt in diesem Bereich eine Ausnahme auf so erfolgt die Programmfortsetzung sofort hinter dem Schlüsselwort `except`. Auch wenn in den Anweisungen zwischen `try` und `except` verschiedene Programmausnahmen auftreten können, so ist dennoch nur eine einzige Reaktion möglich. Diese richtet sich nach

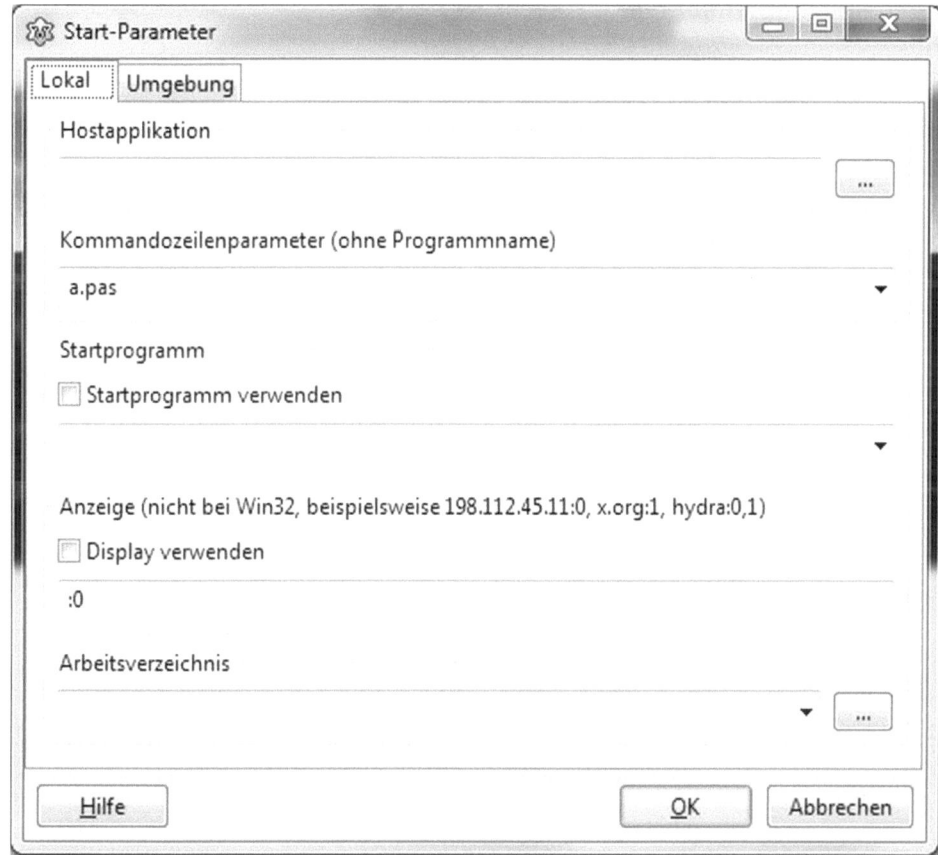

Abbildung 7.4: Fenster zum Starten eines Programms mit Übergabeparametern

dem ersten tatsächlich auftretenden Fehler. Da „Anweisungen" auch eine Leeranweisung sein kann, ist es auch möglich (aber nicht empfehlenswert) bei einem Fehler keine konkrete Aktion auszuführen und das Konstrukt `try ... except ... end`
lediglich zur Vermeidung eines Programmabsturzes einzuführen.

Nutzt man alle Möglichkeiten der Ausnahmebehandlung wie sie in den Syntaxdiagrammen 8.2 bis 7.8 dargestellt ist, dann kann man gezielt auf einzelne Ausnahme-
arten (*Datei auf Massenspeicher nicht vorhanden*, *Speichereinheit voll*) oder sogar
auf einzelne spezifische Ausnahmen (*Speicherplatz auf Gerät X nicht ausreichend*)
eingehen.

Ausnahmebehandlungs-
Anweisung (vereinfacht)

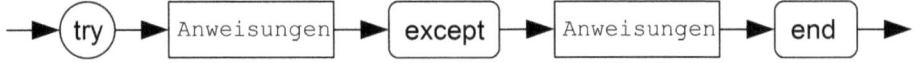

Syntaxdiagramm 7.5: Ausnahmebehandlung (vereinfachte Syntax)

Ausnahmebehandlungs-
Anweisung

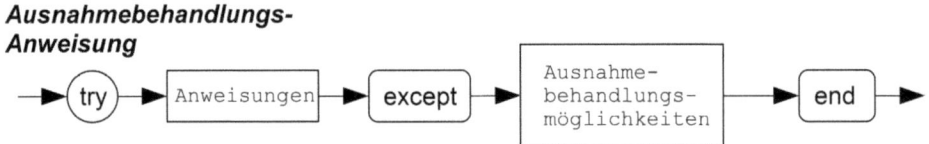

Syntaxdiagramm 7.6: Ausnahmebehandlung (vollständige Syntax)

Ausnahmebehandlungsmöglichkeiten

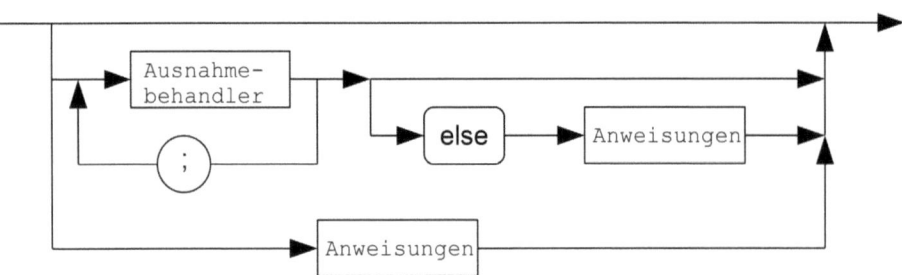

Syntaxdiagramm 7.7: Syntax der verschiedenen Ausnahmebehandlungsmöglichkeiten im Falle des Auftretens eines Ausnahmeereignisses.

Ausnahmebehandler

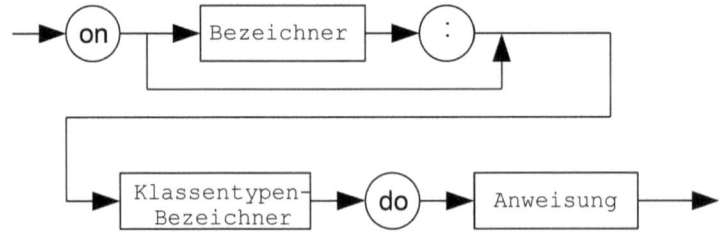

Syntaxdiagramm 7.8: Zuordnung bestimmter Fehlerreaktionen an bestimmte Ereignisse.

Eine Ausnahme wird in Free Pascal durch eine Variable des Typs `Exception` repräsentiert.

Im Ausnahmebehandler (exception handler) kann einer Ausnahmeinstanz oder einer Ausnahmeklasse eine spezielle Reaktion zugeordnet werden.

Die Ausnahmebehandlungsreaktion kann einer Klasse oder einer Instanz zugeordnet werden.

7.3.2.   Abschlussbehandlung

Abschlussbehandlung bringt eine Programmeineinheit in einen vorgegebenen Zustand und zwar sowohl im Erfolgsfall als auch im Falle eines erkannten Laufzeitfehler. Sehr häufig beinhaltet sie die Beseitigung der dynamisch angelegten Daten (Speicherplatzbereinigung, Kapitel 13).

Die Anweisung für die Abschlussbehandlung ist ähnlich aufgebaut wie die für die Ausnahmebehandlung. Der erste Block (`try` ...) wird bearbeitet solange weder ein Ausnahmeereignis noch die Anweisung *break* auftritt. Bei Eintreten eines solchen Ereignisses aber auch nach erfolgreichem Ablauf des Blocks wird der Abschnitt hinter `finally` betreten und abgearbeitet. Näheres zur Anwendung von *break* s. a. 8.3.1.2 auf Seite 193.

7.3.3.   Besondere Aspekte des Debuggens

Wenn Laufzeitfehler auftreten, dann sollten Sie zunächst im Fehlerpfad - also direkt hinter dem **except** – einen Haltepunkt setzen. An diesem Haltepunkt können Sie dann den Fehlercode auswerten. Dadurch erfahren Sie, welcher Fehler aufgetreten ist. Über die gezielte Auswertung der maßgeblichen Variablen können Sie anschließend auf die Fehlerursache schließen.

Wenn Sie wissen, welcher Fehler auftritt, dann können Sie überlegen wo dieser Fehler entstehen kann und am potentiellen Entstehungsort dieses Fehlers einen weiteren Haltepunkt einbauen.

Abschlussbehandlungs-anweisung

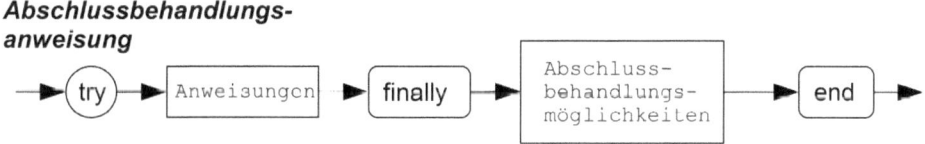

Syntaxdiagramm 7.9: Aufbau einer Anweisung für die Abschlussbehandlung

7.4. Lösung

7.4.1. Erstellen, anzeigen und abspeichern einer Textinformation

Den Kern des Programms erstellen Sie zweckmäßigerweise in fünf Abschnitten:

* Dialog
* Zeilenüberschrift
* Schleife
* Schleifenrumpf
* Abspeichern

7.4.1.1. Dialog

Im Dialog wird in bekannter Weise die Eingabe eines Wertes mit einer Schreibanweisung angefordert und anschließend der vom Benutzer über die Tastatur eingegebene Wert mittels der Anweisung *ReadLn* eingelesen.

7.4.1.2. Zeilenüberschrift

Unter Nutzung der neuen Möglichkeiten aus diesem Kapitel erstellen Sie die Zeilenüberschrift mit jeweils einer Anweisung für Bildschirm und Datei:

```
Writeln ('  x        x^2        x^3        x^4');
Writeln (Tabelle,'  x      x^2        x^3          x^4');
```

7.4.1.3. Schreiben der Tabelle auf den Datenträger

Damit die Tabelle auf die Datei geschrieben wird, sind folgende Maßnahmen im Programm zu treffen:

* Zu Programmbeginn:
  - Verbinden der logischen Datei mit der physischen Datei (Append).
  - Öffnen der bestehenden logischen Datei zum Schreiben (ReWrite).
* Im Anschluss an jede Schreibanweisung auf den Bildschirm:
  - Schreiben der zuvor auf den Bildschirm ausgegebenen Daten auf die Datei (WriteLn(Tabelle, …)).
* Am Programmende
  - Schließen der Textdatei (Close).

7.4.1.4. Programmcode

Der gesamte Programmcode sieht dann folgendermaßen aus:

```
program ProTabelleSpeichern;

{$mode objfpc}{$H+}
var
  a : integer; //untere Bereichsgrenze
  b : integer; //obere Bereichsgrenze
  c : integer; //Schrittweite
  x : integer; //Schleifenvariable
  x2 : integer;//Quadrat der Schleifenvariablen
  x3 : integer;//3. Potenz der Schleifenvariablen
  x4 : integer;//4. Potenz der Schleifenvariablen
  Tabelle: Text;//Textdatei zur Aufnahme der Tabelle
begin
//Schreiben auf die Datei vorbereiten
  Assign (Tabelle,'Tabelle.Txt');
  ReWrite (Tabelle);
//Bereichsgrenzen und Schrittweite eingeben
  Write ('Untere Bereichsgrenze = ');
  ReadLn (a);
  Write ('Obere Bereichsgrenze = ');
  ReadLn (b);
  Write ('Schrittweite = ');
  ReadLn (c);
//Überschrift schreiben
  Writeln ('    x          x^2          x^3              x^4');
  Writeln (Tabelle,'    x         x^2         x^3            x^4');
//Tabelleninhalt ausgeben
  x := a;
  while x < b do
   begin
   x2 := x*x;
   x3 := x2*x;
   x4 := x3*x;
   Writeln (x:6, x2:9, x3:12, x4:15);
   Writeln (Tabelle, x:6, x2:9, x3:12, x4:15);
   x := x + c;
   end;
//Datei schließen
  Close (Tabelle);
//Auf Schlusseingabe warten
  ReadLn;
end.
```

7.4.2. Einlesen und Anzeigen auf der Festplatte gespeicherter Texte

Der Programmcode ist mit Ausnahme vielleicht der - physischen Dateinamen – für beide Aufgaben gleich. Die Anzeigen auf dem Bildschirm unterscheiden sich jedoch ganz erheblich. Hierfür gelten die Hinweise in 3.3.3.2 sinngemäß.

7.4.2.1.   Einlesen und Anzeigen einer Wertetabelle, die mit dem Programm aus 7.4.1.2 erstellt wurde

```
program ProTabelleLesen;

{$mode objfpc}{$H+}
var
  Zeile : string; //Tabellenzeile
  Tabelle: Text;//Textdatei zur Aufnahme der Tabelle
begin
//Lesen der Datei vorbereiten
  Assign (Tabelle,'Tabelle.Txt');
  Reset (Tabelle);
//Tabelle zeilenweise lesen
  while not Eof(Tabelle) do
   begin
   Readln (Tabelle, Zeile);
   Writeln (Zeile);
   end;
//Datei schließen
  Close (Tabelle);
//Auf Schlusseingabe warten
  ReadLn;
end.
```

8. Programmieren mit Bausteinen – Prozeduren, Funktionen und Units

8.1. Prozeduren (Benutzerdefinierte Anweisungen)

8.1.1. Aufgaben

Schreiben Sie ein Programmstück, das die feste Adresse

Hans Maier

Dorfstraße 3

12345 Hintertupfingen

ausgibt. Das Schreiben genau dieser Adresse ist an mehreren Stellen des Programms oder auch in mehreren Programmen erforderlich. Änderungen sollen ggf. aber nur an einer Stelle vorgenommen werden müssen.

8.1.2. Der Beitrag von Pascal

Mit den Mitteln, die Sie bisher in diesem Buch kennen gelernt haben, können Sie diese Aufgabe nicht lösen. Der Widerspruch zwischen der Nutzung des selbst erstellten Codes an mehreren Stellen und der Wartung an nur einer Stelle ist mit Ihren bisherigen Kenntnissen nicht auflösbar.

Prozeduren helfen Ihnen hier weiter. Sie kommen in folgenden Fällen zum Einsatz:

Einsatzfälle für Prozeduren

• Wenn in einem Programm dieselbe Aktion mehrfach durchgeführt werden soll.

• Wenn in Bausteintechnik gearbeitet wird und eine Aktion in mehreren Programmen benötigt wird.

• Zur Gliederung eines großen Programms in übersichtliche Abschnitte
  Die Anweisungen, die viele Zeilen beanspruchen, werden im Hauptprogramm auf eine Anweisung reduziert.

Einige vordefinierte Prozeduren wie `Write`, `WriteLn` und `ReadLn` haben Sie bereits kennengelernt.

Pascal bietet die Möglichkeit Unterprogramme (Prozeduren und Funktionen (8.2)) zu erstellen, wodurch es möglich wird, bestimmte Aufgaben einmal zu codieren und mehrmals zu verwenden. Die mehrmalige Verwendung kann einerseits durch mehrmalige Nutzung im selben Programm oder aber durch Wiederverwendung in einem anderen (evtl. erst zukünftig entwickelten) Programm erfolgen.

Einmal schrei-
ben, mehr-
mals nutzen!

Durch einmaliges Codieren bei mehrmaliger Verwendung kann die Wartung (Anpassung an neue Anforderungen, Fehlerbeseitigung...) zentral erfolgen, was erhebliche wirtschaftliche Vorteile bietet.

Sowohl Prozeduren als auch Funktionen arbeiten eine bestimmte Anweisungsfolge ab, Funktionen stellen darüber hinaus einen Resultatswert eines bestimmten Typs

Prozedurvereinbarung

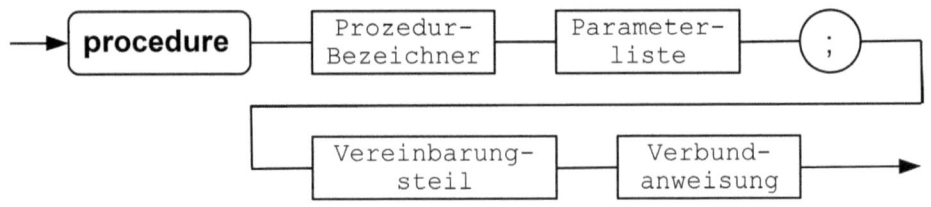

Syntaxdiagramm 8.1: Prozedurvereinbarung

zur Verfügung.

8.1.2.1. Parameterübergabe

Die Flexibilität von Prozeduren und Funktionen ergibt sich daraus, dass die Unterprogramme in verschiedenen Fällen mit verschiedenen Parametern ausgeführt werden können. Diese Parameter stellen die Datenverbindung zwischen Dienstnutzer (Hauptprogramm[49]) und Dienstanbieter (Unterprogramm her). Man unterscheidet die Datenübergabe über globale Parameter und über Parameterlisten.

Globale Parameter

Bei Verwendung globaler Parameter wird im Unterprogramm auf Variable zugegriffen, die im Hauptprogramm realisiert sind. Das begrenzt die Flexibilität.

Beipielsweise könnte man eine Prozedur *kubik*, die die dritte Potenz einer Zahl x vom Typ real ermittelt, folgendermaßen implementieren:

```
procedure kubik ();
begin
y := sqr(x) * x;
end;
```

---

49 Der Begriff Hauptprogramm wird in diesem Zusammenhang vereinfachend für die Programmeinheit verwendet die die Prozedur nutzt. Der Programmieranfänger wird Prozeduren fast nur durch Hauptprogramme nutzen. Bei fortgeschrittenen Programmierkenntnissen kann eine Prozedur auch durch ein übergeordnetes Unterprogramm (Funktion oder Prozedur) genutzt werden.

Das funktioniert korrekt, wenn im Hauptprogramm die beiden Variablen x und y vom Typ `real` vereinbart wurde. Es beinhaltet aber auch die Forderung, dass in allen Programmeinheiten, die die Prozedur `kubik` nutzen die Variablen x und y zur Kommunikation mit der Prozedur `kubik` verfügbar sein müssen. **Diese Namensvorschrift macht die Programmentwicklung unflexibel.**

Die Eingangsvariable ist immer x, das Resultat wird immer in y geliefert. Der Typ der Variablen x und y ist irgendwo im Hauptprogramm vereinbart und wird im Unterprogramm selbst (d. h. in der Prozedur) nicht offenbart. Was die Bezeichnerwahl angeht, so muss bei der Entwicklung eines Hauptprogramms das die Prozedur nutzen soll auf etwaige globale Bezeichner in Unterprogrammen Rücksicht genommen werden.

Parameterliste

Nicht globale Übergabeparameter werden über die Parameterliste übergeben. In der Parameterliste sind bei der Prozedur- / Funktionsvereinbarung nur einfache Typenbezeichner zulässig. Dabei ist gleichgültig ob es sich um Namens- oder Wertparameter handelt. Einfache Typenbezeichner sind solche Typenbezeichner, die in vollem Umfang der Bezeichnersyntax entsprechen.

Nicht zulässig ist z. B. folgende Prozedurvereinbarung:

```
procedure textaus (a: string [40]);
```

Weshalb ist das so? `string [40]` entspricht nicht der Bezeichnersyntax. Es enthält mit den eckigen Klammern im Bezeichner unzulässige Sonderzeichen.

Sie schaffen hier Abhilfe indem Sie eine Typenvereinbarung zwischenschalten.

```
type
  string40 = string [40];

procedure textaus (a: string40);
```

Vergleichbare Maßnahmen können erforderlich sein, wenn `arrays` (Kap. 10), `records` (Kap. 12), `sets` (Kap. 11) und Zähltypen (Kap. 11) als Parameter auftreten.

Die in der Parameterliste definierten Bezeichner der Übergabeparameter gelten nur innerhalb des Unterprogramms. Es handelt sich dabei um Platzhalter (daher auch die Bezeichnung **formale Parameter**).

Bei Ausführung der Prozedur werden die formalen Parameter durch Größen aus dem Hauptprogramm (Variable, symbolische Konstante, Zahl- oder Zeichenkonstante) - die **aktuellen Parameter** - ersetzt.

Globale Parameter: In Haupt- und Unterprogramm müssen die selben Bezeichner verwendet werden

Parameternamen müssen der Bezeichnersyntax entsprechen.

Variablenparameter

Bei Variablenparametern wird die Adresse des aktuellen Parameters ins Unterprogramm übertragen. Bei der Ausführung greift das Unterprogramm mittels dieser Information auf die Variable im Hauptprogramm zu. Die Datenmanipulation erfolgt direkt im Hauptprogramm. Über Variablenparameter können Daten in beide Richtungen (aus dem Hauptprogramm ins Unterprogramm und umgekehrt) übertragen werden.

In der Parameterliste wird dem Bezeichner **var** *vorausgestellt.*

Variablenparametern wird in der Parameterliste das Schlüsselwort `var` vorangestellt. Variablenparameter müssen unbedingt Variable sein. Konstante sind nicht zulässig.

Vorsicht Nebenwirkungen!!

Bei Programmfehlern durch versehentliche Wertveränderung des Variablenparameters im Unterprogramm ist mit unerwünschten Rückwirkungen auf das Hauptprogramm zu rechnen.

Wertparameter

Wertparameter wirken als Einbahnstraße.

Bei Wertparametern wird der Wert des aktuellen Parameters ins Unterprogramm kopiert. Dadurch wird die Wertübergabe von Speicherplatz- und Rechenzeitbedarf her aufwendiger als die Namensübergabe. Außerdem ist sie eine Einbahnstraße. Werte können nur aus dem Hauptprogramm ins Unterprogramm übertragen werden, nicht umgekehrt. Mittels Wertparametern können auch Konstante übergeben werden.

Wenn Wertparameter im Unterprogramm verändert werden, dann hat das keine Rückwirkungen auf das Hauptprogramm

Wahl der richtigen Parameterart

- Der Parameter muss nicht zurückgegeben werden. Der Parameter dient nur der Lieferung von Daten aus dem Hauptprogramm ins Unterprogramm. Die Aufgabe ist nicht extrem zeitkritisch und es sind keine Speicherplatzprobleme zu erwarten → *In diesem Fall wählen Sie einen Wertparameter.*
- Der Parameter muss nicht zurückgegeben werden. Der Parameter dient nur der Lieferung von Daten aus dem Hauptprogramm ins Unterprogramm. Die Aufgabe ist in extremem Umfang zeitkritisch oder es sind Speicherplatzprobleme wegen des großen Datenvolumens zu erwarten zu erwarten → *In diesem Fall wählen Sie einen Variablenparameter[50].*
- Der Parameter muss zurückgegeben werden → *In diesem Fall wählen Sie einen Variablenparameter.*

---

50 Diese Auswahl ist heute nur noch sehr selten begründet. Meist genügt die Verwendung von Wertparametern

• Die Aufgabenstellung ist im höchsten Grade zeitkritisch. Software-Engineering-Gesichtspunkte können (müssen) den Leistungsanforderungen zwingend untergeordnet werden → *In diesem Fall wählen Sie einen globalen Parameter.*

Variablenparameter erlauben auch das unkontrollierte Rückschreiben aus der Prozedur ins Hauptprogramm. Um unnötige Fehler zu vermeiden sollten Sie deshalb, falls es möglich ist, dem Wertparameter den Vorzug geben.

Die Besprechung von zwei weiteren Möglichkeiten – dem Ausgabeparameter und dem Konstantenparameter – wird an dieser Stelle zurückgestellt.

Wenn möglich Wertparameter verwenden.

8.1.3. Der Beitrag von Lazarus

8.1.3.1. Haltepunkte in Prozeduren[51]

Selbstverständlich können Haltepunkte nicht nur in Hauptprogrammen sondern auch in Prozeduren und Funktionen gesetzt werden. Beim automatischen Betrieb (F9) wird das Programm an diesen Haltepunkten angehalten.

8.1.3.2. Einzelschrittbetrieb beim Debuggen von Prozeduren

Mittels der Taste F8 kann der Debugger im Einzelschrittbetrieb betrieben werden. Dabei werden die Zeilen eines Programmbausteins Schritt für Schritt ausgeführt. Dabei wird das Programm jeweils vor der Ausführung der ersten Anweisung einer Zeile angehalten. Eine Prozeduranweisung wird dabei am Stück ausgeführt. Will man das Innere einer Prozedur testen, so muss man, nachdem das Programm vor Ausführung der Prozeduranweisung angehalten wurde, mit F7 weitergehen. Hierdurch wechselt der Debugger in die Prozedur und man kann ohne weitere Maßnahmen das Innere der Prozedur testen indem man Schritt für Schritt mit F8 weiterschaltet. Dieses Vorgehen ist auch über mehrere Prozedurebenen hinweg möglich. Am Ende der Prozedur erfolgt der Rücksprung ins aufrufende Programm, das in gewohnter Weise nach derjenigen Prozeduranweisung, über die die untersuchte Prozedur betreten wurde, fortgesetzt wird.

8.1.3.3. Aufrufstack

Wenn Sie sehen möchten, auf welchem Weg Sie eine Prozedur erreicht haben, dann sollten Sie Ansicht | Debuggerfenster | Aufrufstack wählen. Es öffnet sich ein Litenfenster aus dem Sie die Aufrufreihenfolge entnehmen können. Mehr dazu finden Sie unter 8.5.4.1.

---

51 Die Aussagen über das Debuggen in 8.1.3

8.1.4. Lösung

Erster Ansatz

Zur Lösung der Aufgabe aus 8.1.1wird in der Prozedurvereinbarung eine Prozedur erstellt.

```
procedure Adresse;
begin writeln ("Hans Maier"); { Name }
writeln ("Dorfstraße 13"); { Adresse }
writeln; { Leerzeile vor Ort }
writeln ("9999 Hintertupfingen"); { Ort }
end;
```

In einer Prozeduranweisung (bisweilen auch als Prozeduraufruf bezeichnet) wird die Prozedur vom Hauptprogramm genutzt. Im Falle der obigen Prozedur *Adresse* werden Prozedurvereinbarung und Prozeduraufruf wie nachstehend dargestellt im Programm untergebracht.

```
program ............;
............
............
procedure Adresse;
............
............
begin
............
Adresse; //Prozeduranweisung, Nutzung der Prozedur Adresse.
............
end;
```

Einführung von Pasrametern erhöht die Flexibilität der Programmkonstruktion.

Diese Konstruktion hat den **Vorteil** einer klaren Gliederung in zwei separate Codeabschnitte, nämlich das Hauptprogramm und die Prozedur. **Nachteil** ist, dass mit der Prozedur nur eine fest vorgegebene Adresse ausgegeben werden kann. Wenn Sie diesen Nachteil ausschalten wollen, dann müssen Sie Parameter einführen.

Einführung von globalen Variablen

In diesem zweiten Schritt wird die Prozedur mit globalen Variablen versehen. Statt der Textkonstanten treten jetzt Variable auf, die aber in der Prozedur selbst nicht deklariert sind.

```
procedure Adresse; begin
  writeln (name); { Name }
  writeln (strasse); { Adresse } writeln; { Leerzeile vor Ort }
  writeln (ort); { Ort }
end;
```

Im Hauptprogramm müssen gleichnamige Variable (*name*, *strasse*, *ort*) eines geeigneten Typs (hier *string*) vereinbart werden.

```
program ............;
var name, strasse, ort :string; ...........
procedure Adresse;
............
............
begin ...........
readln (name); readln (strasse); readln (ort);
Adresse; ...........

 end;
```

Durch die Einführung von Variablen für *Name*, *Strasse* und *Ort* ist die Prozedur wesentlich flexibler geworden. Allerdings wird vorausgesetzt, dass im Hauptprogramm dieselben Variablenbezeichner wie in der Prozedur verwendet werden. Wenn Sie die Prozedur als Baustein in verschiedenen Hauptprogrammen verwenden möchten, so muss sich in diesem Fall die Wahl der Variablenbezeichner grundsätzlich nach der Prozedur richten, dies ist aus Gründen der flexiblen Modularisierung und der Dokumentationsfreundlichkeit in der Regel unerwünscht.

Einführung von Übergabeparametern

Für einen flexiblen Einsatz der Prozedur ist es erforderlich, dass im Hauptprogramm Bezeichner verwendet werden können, die aus der Aufgabenstellung, eventuellen Dokumentationsvorschriften, der sprachlichen Umgebung dieses Hauptprogramms heraus festgelegt werden, aber völlig unabhängig von der Namenswahl innerhalb der Prozedur sind.

Übergabeparameter erhöhen Flexibilität und Dokumentationswert.

Dies leistet die Parameterübergabe über Parameterlisten. In unserem Fall sind drei Parameter zu übergeben: Name, Straße und Ort. Da die Prozedur in Deutschland erstellt wird benennen Sie die Parameter mit *name*, *strasse* und *ort*. Als Typ wählen Sie für alle drei Parameter *string*. Da die Prozedur die Werte nicht wieder ins Hauptprogramm zurückgibt, ist es ausreichend, Wertparameter vorzusehen.

```
procedure Adresse (name:string, strasse: string, ort: string);
begin
writeln (name); { Name }
writeln (strasse); { Adresse } writeln; { Leerzeile vor Ort }
writeln (ort); { Ort }
end;
```

Angenommen das Hauptprogramm, das die obige Prozedur nutzt, wird in Italien erstellt. Dann ist es üblich, dass die Bezeichner auf den entsprechenden italienischsprachigen Begriffen basieren. *name*, *strasse* und *ort* werden also durch *cognome*, *via* und *localita* ersetzt. Beim Aufruf der Prozedur (in der Prozeduranweisung) werden positionsweise die aktuellen Parameter aus dem Hauptprogramm eingesetzt. Der aktuelle Parameter muss ein Ausdruck sein, der den selben Typ besitzt wie der an dieser Position stehende formale Parameter. Im Beispiel ist das in allen drei Fällen der Typ `string`.

```
program .............;
var cognome, via, localita :string; ...........
procedure Adresse(name:string, strasse: string, ort: string);
...........
...........
begin ...........
readln (cognome); readln (via); readln (localita);
Adresse (cognome, via, localita);
........
end.
```

8.1.4.1.   Nutzung von Prozeduren (Prozeduranweisung, Prozeduraufruf)

Verwendet werden die Prozeduren im Rahmen von Prozeduranweisungen. Prozeduranweisungen haben Sie schon im Zusammenhang mit der Ein- und Ausgabe von Daten kennengelernt, z. B. *ReadLn* und *WriteLn*. *ReadLn* und *WriteLn* sind letztlich auch Prozeduren, deren Nutzung über Prozeduranweisungen erfolgt.

Die Prozeduranweisung beginnt mit dem Prozedurnamen. Ihm folgt die Parameterliste[52]. In diese Parameterliste werden Parameter gemäß der in der Prozedurvereinbarung angegebenen Spezifikation eingegeben. Wo Variablenparameter vorgegeben sind müssen auch Variable in der Parameterliste stehen. Wo Wertparameter vorgesehen sind, dürfen Variable oder Konstante auftreten.

Prozeduranweisung

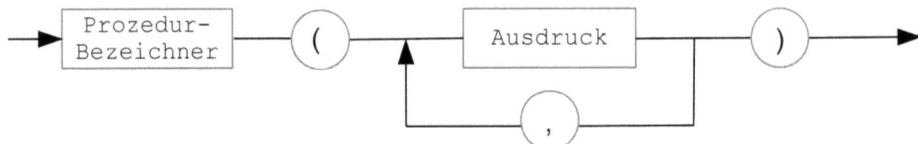

Syntaxdiagramm 8.2: Prozeduranweisung

---

52 Eine leere Parameterliste darf auch entfallen.

8.2. Funktionen

8.2.1. Aufgaben

Das Integral $I = \int_{a}^{b} \sin(x) \cdot dx$ ist numerisch unter Anwendung des Eulerverfahrens zu ermitteln. Da das Integral an mehreren Stellen im Programm benötigt wird, ist eine Realisierung erwünscht, bei der der Code nur einmal geschrieben und dann mehrfach genutzt wird.

8.2.2. Der Beitrag von Pascal

Zur Definition einer Operation, die die dritte Potenz einer Zahl ermittelt, haben wir bis jetzt die Prozeduren kennengelernt. Eine Prozedur, die die dritte Potenz einer Zahl errechnet kann folgendermaßen aussehen:

```
procedure kubik (x :real; var y :real);
begin
y := sqr(x) * x;
end;
```

Der Aufruf einer Prozedur erfolgt in Form einer Prozedur**anweisung** z. B.:

```
 kubik (a, b);
```

Die Prozeduranweisung `kubik(a,b)` stellt eine komplette Anweisung dar. Sie leistet sowohl die Berechnung von a^3 als auch die Wertzuweisung von a^3 an die Variable `b`;

Gerade bei arithmetischen Aufgaben würde man jedoch vielfach vorziehen, wenn man das Ergebnis lediglich als Wert zur Verfügung gestellt bekäme, wie es z.B. bei den Standard**funktionen** (Kapitel 5) (sin, cos, exp, sqr usw.) der Fall ist.

Genau das ist auch beim Funktionen der Fall. Sie stellen einen Resultatswert zur Verfügung. Der Typ des Resultats entspricht dem Typ der Funktion (zu unterscheiden vom Funktionstyp nach 8.6). Der Typ der Funktion wird sinngemäß wie der Typ einer einfachen Variablen angegeben.

8.2.2.1. Typisierung

Eine Funktion stellt nach Ihrer Ausführung **einen** Wert zur Verfügung. Der Typ dieses Werts richtet sich nach dem Typ der Funktion.

Zulässige Typen für Funktionen sind neben den Grundtypen wie:

- integer

- real

- boolean

- char

- string

auch selbstdefinierte Typen (Kapitel 10 bis 12) bzw. innerhalb von Lazarus definierte Typen.

Innerhalb von Ausdrücken können Funktionen bzw. Funktionsaufrufe selbst wie Ausdrücke verwendet werden.

Beispiel:

```
var
  a, b, c : real;
...
...
c := sqrt(sqr(a) + sqr(b));
```

Funktionsvereinbarung

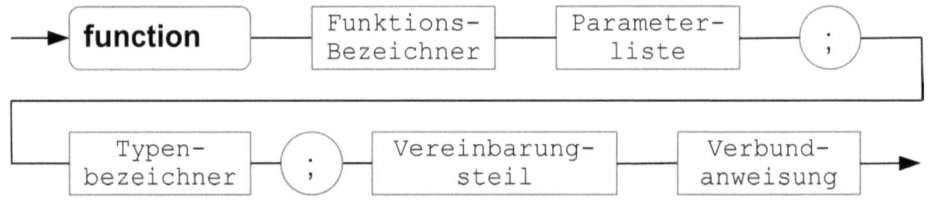

Syntaxdiagramm 8.3: Funktionsvereinbarung

8.2.2.2. Parameterübergabe

Alles was unter 8.1.2.1 über die Parameterübergabe bei Prozeduren geschrieben wurde ist 1:1 auf Funktionen übertragbar. Hinzu kommt als neuer Parameter der Re-sultatswert.

8.2.2.3. Ergebnisübergabe

Eine Funktion, die die dritte Potenz einer (Real-) Zahl ermittelt, wird folgendermaßen vereinbart:

```
function kubik (x : real) :real;
begin
 kubik := sqr(x)*x;
end;
```

Dabei ist wichtig, dass das ermittelte Ergebnis dem Funktionsbezeichner `kubik` zugewiesen wird. Nur dann kann im Hauptprogramm auf den Funktionswert zugegriffen werden.

Statt an den Funktionsbezeichner kann auch eine Zuweisung an die implizit vordefinierte Variable `Result` erfolgen. Die Funktion lautet dann:

```
function kubik (x : real) :real;
begin
 Result := sqr(x)*x;
end;
```

8.2.2.4. *Nutzung der Funktion (Funktionsaufruf)*

Der Aufbau des Funktionsaufrufs (Syntaxdiagramm 8.4) ähnelt dem des Prozeduraufrufs (Syntaxdiagramm 8.2). Im Gegensatz zum Prozeduraufruf erfolgt der Funktionsaufruf aber in Form eines Ausdrucks.

Die Anwendung der Funktion `kubik` im übergeordneten Programm erfolgt somit in der von den Standardfunktionen (Kapitel 5) bekannten Weise :

```
y := kubik (x);
```

Funktionsaufruf

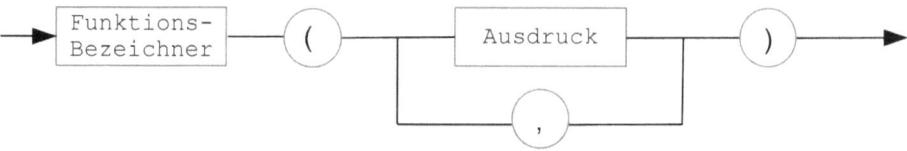

Syntaxdiagramm 8.4: Funktionsaufruf

8.2.3. Der Beitrag von Lazarus

In ähnlicher Weise wie für Prozeduren liefert Lazarus Debug-Möglichkeiten für Funktionen.

8.2.4.   Lösung

8.2.4.1.   Grundlagen – das Integrationsverfahren nach Euler

Das Integrationsverfahren nach Euler ist ein sehr einfaches Verfahren zur numerischen Integration. Statt das Integral

$$I=\int_{a}^{b} f(x)\cdot dx$$ zu bilden, wird

der Bereich zwischen a und b in

n Streifen der Breite $h=\dfrac{a-b}{n}$

aufgeteilt und als Näherung des Integrals I die Summe

$$I_1=\sum_{i=0}^{n-1} f(a+i\cdot h)\cdot h$$ ermit-

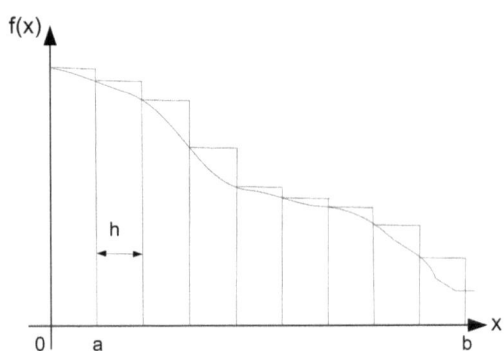

Abbildung 8.1: Euler-Verfahren: Statt der exakten Fläche unter der Kurve wird die Flächensumme der eingezeichneten Rechteckstreifen ermittelt.

telt. Dabei gilt n > 0.

8.2.4.2.   Die Funktion EulerIntSinus

An die Funktion werden die untere und die obere Integrationsgrenze sowie die Schrittanzahl als Wertparameter übergeben. Als Wertparameter deshalb, weil nur ein Import der Daten in die Funktion erfolgt und kein Export dieser Daten (in eventuell veränderter Form) aus der Funktion heraus ins Hauptprogramm.

Die Integrationsgrenzen sind vom Typ *real*, die Schrittanzahl vom Typ *integer*. Weiterhin wird erwartet, dass im Hauptprogramm eine globale Variable *err* vom Typ *integer* vereinbart ist, die den Code des zuletzt aufgetretenen Fehlers aufnehmen kann. In unserem Fall ergeht eine Fehlermeldung mit dem Wert 999.

```
function EulerIntSinus (ug: real; og: real; Schritte: integer) :real;
var
  h: real; //Schrittweite
  Integral: real; //Integralwert
  i, j: integer;
begin
  err := 0;
  Integral := 0;
  h := (og - ug)/Schritte;
  if (h = 0) then
    begin
      err := 999;
      EulerIntSinus := Integral;
```

```
    end;
  for i:= 0 to Schritte-1 do
    begin
      Integral := Integral + h*sin(a + h*i);
    end;
  EulerIntSinus := Integral;
end;
```

8.2.4.3. Das Hauptprogramm

```
program project1;

var
  err : integer;
  SinusIntegral : real;

function EulerIntSinus (ug: real; og: real; Schritte: integer) :real;
....·········
....·········
....·········
end;
begin
  SinusIntegral := EulerIntSinus (0, 1.57, 200);
  WriteLn (Sinusintegral:5:3);
  ReadLn();
end.
```

8.3. Implementationspraxis von Funktionen und Prozeduren

8.3.1.1. Nutzung von Unterprogrammen

Prozeduren sind eine Form von Anweisungen, Funktionen eine Form von Ausdrücken. Entsprechend ist ihre Anwendung im Programm.

```
Writeln ('Das ist ein Text');
```

Diese Anweisung ruft die Prozedur *WriteLn* auf und übergibt ihr den auszugebenden Text.

```
y : = sin(x);
```

Der Ausdruck rechts des Zuweisungssymbols besteht aus dem Aufruf der Fumktion *sin*.

8.3.1.2. Verlassen von Unterprogrammen

Standardmäßig werden Unterprogramme verlassen, wenn deren logisches Ende im Programmablauf erreicht wird. Ggf. kann auf das logische Ende des Programms eine Marke gesetzt werden, auf die dann von Orten innerhalb des Unterprogramms gesprungen werden kann. Unabhängig vom physikalischen Ende kann ein Unterprogramm mit der Anweisung *break* verlassen werden. Ein ggf. vorhandener `fi-nally`-Abschnitt einer Abschlussbehandlungsanweisung (`try - finally ....`) wird in diesem Fall allerdings ausgeführt.

```
Procedure p;
begin
  try
    a1;
    if b then
      begin
        a2;
        a3;
        break;
      end
    else
      begin
        a4;
        a5;
      end;
    a6
  finally
    af;
  end;
end;
```

Anweisungsfolge für `b = true`:

```
a1-a2-a3-break-af
```

Anweisungsfolge für `b = false`:

```
a1-a4-a5-a6-af
```

8.3.1.3.   *Sammlungen von Unterprogrammen*

Sammlungen von Unterprogrammen werden auch als Bibliotheken (Libraries). Solche Bibliotheken sind z. B. Bestandteil der gängigen Entwicklungsumgebungen. Lazarus einschließlich Free Pascal umfasst die Bibliotheken

- RTL – Free Pascal Run Time Library
- FCL – Free Component Library
- LCL – Lazarus Component Library

Die Hilfe-Funktion von Lazarus informiert detailliert über diese Bibliotheken.

Bibliotheken bestehen aus Units, die wiederum Konstanten, Typen, Funktionen und Prozeduren einschließen. Informationen zu den genannten Bibliotheken erhalten Sie über die Hilfe-Funktion von Lazarus.

Ehe Sie für einen vermutlich wiederholt benötigten Vorgang eine Funktion oder Prozedur schreiben, sollten Sie nachsehen ob etwas Geeignetes in einer Bibliothek existiert. Sie glauben nicht, in wie vielen Fällen Sie fündig werden!!

8.4. Verschachtelte Unterprogramme

Verschachtelte Unterprogramme liegen dann vor, wenn Unterprogramme von anderen Unterprogrammen genutzt werden. Dabei kann die Verschachtelung sowohl in Form der der dynamischen Programmnutzung als auch durch den Codeaufbau erfolgen.

8.4.1. Gültigkeit von Bezeichnern bei verschachtelten Unterprogrammen

Ermitteln Sie, welche Daten bei der Ausführung des nachstehenden Programms ausgegeben werden.

```
program Var_Ber;

var x :integer;

procedure P1 (var S:integer); { Vereinbarung der Prozedur P1 }
var x :integer;
   procedure P2; { Vereinbarung der Prozedur P2 innerhalb der
                   Prozedur P1 }
   begin
      x := 2 * x;
   end;

begin
   x := 5;
   writeln (x);
   P2;
   writeln (x);
end;

//Anweisungsteil des Hauptprogramms
begin
   x:=7;
   P1(x);
   writeln (x);
end.
```

Lösung:

5   *s. Hinweis 1*

10   *s. Hinweis 2*

7   *s. Hinweis 3*

1. Erzeugt durch `Writeln(x)` am Anfang von `P1`. In der direkt vorangehenden Anweisung wurde *x* der Wert 5 zugewiesen.

2. In P2 wird eine Variable mit Namen x manipuliert. In P2 ist jedoch weder eine Variable x deklariert noch spezifiziert. Also wird die Operation mit der in der nächstliegend vereinbarten Variablen x ausgeführt. Das ist in diesem Fall die in der Prozedur P1 vereinbarte Variable x. In P2 wird der Wert dieser Variablen verdoppelt (Multiplikation mit 2), deshalb wird jetzt der Wert 10 ausgegeben.

3. x wird im Hauptprogramm der Wert 7 zugewiesen. P1 wird im Hauptprogramm mit dem aktuellen Parameter x gerufen. In P1 wird jedoch der formale Parameter S nicht manipuliert. Damit bleibt auch x (im Hauptprogramm) unverändert.

x in den Prozeduren P1 und P2 ist in diesem Fall die in P1 vereinbarte Variable. Im Hauptprogramm ist x die dort vereinbarte Variable.

Wenn man das Programm leicht verändert

```
program Var_Ber1;

var x :integer;

procedure P1 (var x:integer); { Vereinbarung der Prozedur P1 }

    procedure P2; { Vereinbarung der Prozedur P2 innerhalb der
                    Prozedur P1 }
    begin
       x := 2 * x;
    end;

begin
   x := 5;
   writeln (x);
   P2;
   writeln (x);
end;

//Anweisungsteil des Hauptprogramms
begin
   x:=7;
   P1(x);
   writeln (x);
end.
```

lautet die Lösung:

5   10   10.

Hier ist x in den Prozeduren P1 und P2 der Variablenparameter aus der Parameterliste, der in P1 als lokaler und in P2 als globaler Parameter benutzt wird. Er ist mit x im Hauptprogramm namensgleich und vom Speicherort her identisch.

Nach einer weiteren Veränderung

```
program Var_Ber2;

var x :integer;

procedure P1 (x:integer); { Vereinbarung der Prozedur P1 }

   procedure P2; { Vereinbarung der Prozedur P2 innerhalb der
                   Prozedur P1 }
   begin
      x := 2 * x;
   end;

begin
   x := 5;
   writeln (x);
   P2;
   writeln (x);
end;

//Anweisungsteil des Hauptprogramms
begin
   x:=7;
   P1(x);
   writeln (x);
end.
```

lautet die Lösung wieder:

5   10   7.

In diesem dritten Fall ist x in den Prozeduren P1 und P2 der Wertparameter aus der Parameterliste, der in P1 als lokaler und in P2 als globaler Parameter benutzt wird. Er ist mit x im Hauptprogramm namensgleich und aber Speicherort her nicht identisch.

8.4.2.   Aufruf geschachtelter Unterprogramme

Von einer Programmeinheit (Haupt- oder Unterprogramm) aus sind alle Unterprogramme aufrufbar, die in vorangegangenen Zeilen in dieser oder höher gelegenen Programmeinheiten vereinbart sind.

Für das Beispiel aus 8.4.1 bedeutet das:

• Im Anweisungsteil des Hauptprogramms kann P1 aufgerufen werden.

• Das Unterprogramm P1 könnte sich selbst aufrufen (s. a. Rekursion, 8.5). Es liegt aber keine entsprechende Implementation vor.

• Das Unterprogramm P1 ruft P2 auf (aktuelle Implementation).

- Das Unterprogramm P2 könnte P1 aufrufen.
- Das Unterprogramm P2 könnte sich selbst aufrufen (s. a. Rekursion, 8.5). Wie schon bei P1 liegt keine entsprechende Implementation vor.
- Das Hauptprogramm kann P2 nicht aufrufen.

8.4.3. Die forward-Deklaration

Manchmal stoßen Sie bei der Deklaration von Programmeinheiten auf ein Problem gegenseitiger Abhängigkeiten und Widersprüche. Beispielsweise müssen Sie sich aktuell auf ein Element beziehen, dass erst später im Programmtext definiert werden kann. Hier hilft Ihnen die **forward**-Deklaration weiter.

Nach der forward-Deklaration entfällt in der Prozedurdefinition die Parameterliste.

Hier erfolgt zunächst eine Schnittstellen-Deklaration. Diese wird durch das Schlüsselwort forward ergänzt.

```
procedure MyProcedure (ia: integer; rb: real); forward;
```

Danach folgen Bereiche, in denen *MyProcedure* in Prozeduranweisungen verwendet wird.

Abschließend wird *MyProcedure* definiert:

```
procedure MyProcedure;
  {Rumpf von MyProcedure}
```

Bitte beachten Sie, dass nach einer vorangegangenen forward-Deklaration in der Prozedur-Definition die Parameterliste entfällt.

8.5. Rekursion - Prozeduren und Funktionen arbeiten für sich selbst

8.5.1. Aufgaben

8.5.1.1. *Berechnung der Fakultät einer Zahl*

Berechnen Sie die Fakultät der Zahl n ≥ 0.

Die Fakultät von 0 ist definitionsgemäß 1. Die Fakultät f von n > 0 ($n \in \mathbb{N}$) ist definiert als das Produkt der Zahlen 1 bis n oder anders dargestellt $f = n! = \prod_{i=1}^{i=n} i$. Rekursiv dargestellt ergibt sich die Funktion zu $f = n! = n \cdot ((n-1)!)$.

8.5.1.2.   Weiteres Beispiel

Mit den Türmen von Hanoi finden Sie in 16.4.2 ein weiteres anspruchsvolles Beispiel zum Thema Rekursion.

8.5.2.   Der Beitrag von Pascal

8.5.2.1.   Gültigkeitsbereich von Bezeichnern

In Pascal kann ein Unterprogramm jede Größe nutzen, die im gleichen oder in übergeordneten (Unter-) Programmen vereinbart wurden. Dazu gehört auch das Unterprogramm selbst. Hierdurch ergibt sich die Möglichkeit, in einfacher Weise rekursive Algorithmen zu implementieren.

Von Rekursion spricht man dann, wenn die Berechnung eines Funktionswerts durch Verwendung der Funktion selbst erfolgt. Sinngemäß gilt diese Aussage auch für Prozeduren. Ein anschauliches und alltägliches Beispiel für Rekursion im hat man in folgendem Fall:

In einer Fernsehszene wird ein Fernsehempfänger verwendet, auf dessen Bildschirm die aktuelle Szene zu sehen ist (Abbildung 8.2).

Abbildung 8.2: Rekursion im Alltag: In einer Fernsehsendung wird ein Fernsehempfänger mit dem aktuell gesendeten Fernsehbild gezeigt.

Rekursion ist bei Funktionen und Prozeduren möglich.

Konstruktionsregel für rekursive Unterprogramme:

Jedes rekursive Unterprogramm muss neben beliebig vielen rekursiven Zweigen mindestens einen nicht rekursiven Zweig enthalten, damit die Rekursion abgebrochen werden kann.

Rekursive Unterprogramme haben meist einen dynamischen (variablen) Speicherplatzbedarf, der vom Programm und von der Aufruftiefe (d.h. meist vom Wert des bzw. der Parameter) abhängt. Beim Programmentwurf ist deshalb an die Möglichkeit von Fehlern durch überhöhten Speicherplatzbedarf zu denken!!

Alle Funktionen, die rekursiv lösbar sind sind auch iterativ lösbar. Die nicht rekursiven Lösungen sind zwar oft weniger elegant, aber dafür in ihrem Speicherplatzbedarf eher kalkulierbar.

Vorteile der Rekursion sind:

- In der Literatur werden Algorithmen eher rekursiv formuliert. Rekursive Programmierung erleichtert daher die Umsetzung
- Der Code ist trotz systematischer Programmierung kürzer.
- Der Programmtext ist vielfach besser lesbar.

Als Nachteile der Rekursion muss man folgende Argumente anführen:

- Geringfügig höhere Programmlaufzeiten durch Overhead beim Funktionsaufruf. In der Praxis dürfte das heute nur noch selten relevant sein.
- Größerer und nicht unbedingt einfach kalkulierbarer Speicherplatzbedarf (abhängig von den aktuellen Werten der Variablen und dem jeweiligen Algorithmus). Für jeden Aufruf wird ein eigener Datenraum benötigt
- Rekursive Entwürfe und Lösungen sind nicht unbedingt auf andere Programmiersprachen übertragbar, da teilweise keine Rekursion möglich ist[53].

Der Speicherplatzbedarf der Funktion oder Prozedur ist meist von der Rekursionstiefe abhängig

8.5.3. Lösung

Diese Aufgabe kann auf zwei Arten gelöst werden:

- iterativ oder
- rekursiv.

Die iterative Berechnung basiert auf dem Ansatz

$n! = 1 \cdot 2 \cdot \ldots \cdot (n-2) \cdot (n-1) \cdot n$ und $0! = 1$.

Der Kern des Programmcodes lautet damit:

```
if  n > 0 then
begin
  fak := 1;
  for i := 2 to n do
    fak := fak * n;
end
else
  fak := 1;
```

Der rekursiven Berechnung liegt der Ansatz

$n! = n \cdot (n-1)!$ für $n > 0$ zu Grunde.

```
if  n > 0 then
begin
  fak := fak(n-1)*n;//n! für n > 0
```

---

53 Alle aktuell stark verbreiteten Programmiersprachen erlauben Rekursion.

```
end
else
  fak := 1;  //n! für n = 0
```

Für n = 3 läuft die rekursive Berechnung folgendermaßen ab:

```
y := fak (3) //(.......= 6 = Resultat)
```

Erster Aufruf fak(3):

```
n = 3 (> 0)
fak := fak (2) * 3
```

Zweiter Aufruf fak(2):

```
n = 2 (> 0)
fak := fak (1) * 2
```

Dritter Aufruf fak(1):

```
n = 1 (> 0)
fak := fak (0) * 1
```

Vierter Aufruf fak(0) und Beendigung der Rekursion:

```
n = 0;
fak := 1;
```

Komplettierung des dritten Aufrufs:

```
fak := 1;
```

Komplettierung des zweiten Aufrufs:

```
fak := 1 * 2:
```

Komplettierung des ersten Aufrufs und damit Ermittlung des Funktionswerts:

```
fak := 2 * 3:
```

8.5.4. Der Beitrag von Lazarus

8.5.4.1. *Anzeige des Aufrufstacks*

Wenn bei der Fehlersuche ein Haltepunkt in einem Unterprogramm erreicht wurde, dann ist es häufig nützlich zu wissen auf welchem Weg das geschah.

Bereits im Beispiel in 8.4.1 treten zwei Unterprogramme (Funktionen) und ggf. ein Hauptprogramm auf, die einander aufrufen. Im allgemeinen Fall könnte die Zahl der einander aufrufenden Unterprogramme beliebig groß sein. Weiterhin kann ein Unterprogramm in vielen Fällen nicht nur auf einem Weg aufgerufen werden.

Im Beispiel aus diesem Abschnitt ist der Sachverhalt ähnlich, mit dem Unterschied, dass sich jeweils das selbe Unterprogramm aufruft.

Hier stellt Möglichkeit, den Aufrufstack anzuzeigen (Abbildung 8.3) eine große Hilfe dar.

Die Anzeige des Aufrufstacks wird durch die Anwahl der Menüpunkte Ansicht | Debuggerfenster | Aufrufstack oder die Eingabe der Tastenkombination [Strg] [Alt] [S] bewirkt.

In Abbildung 8.3 wird dargestellt, wie bei der rekursiven Berechnung von 7! mittels des in 8.5.5 dargestellten Programms der nichtrekursive Zweig in der Funktion *fakrek* für die Rekursionsberechnung erreicht wird.

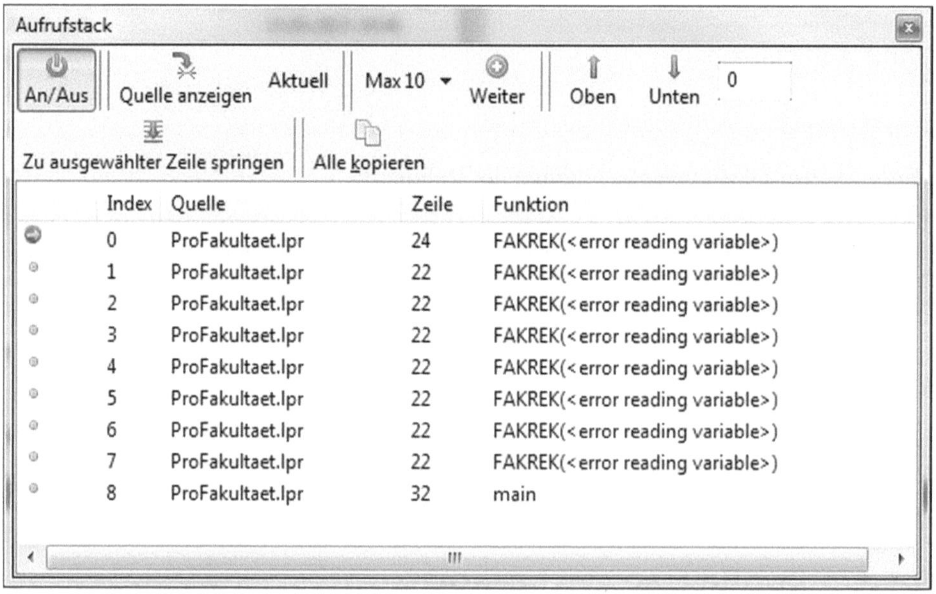

Abbildung 8.3: Verwendung der Funktion fakrek bei der rekursiven Berechnung von 7!.

Im Moment der Anzeige des Aufrufstacks wird das Programm in Zeile 24 in der Funktion fakrek angehalten. Erreicht wurde fakrek sieben mal aus der Zeile 22 von *fakrek* (Zeile mit dem rekursiven Aufruf) selbst aus. Der erste Aufruf von *fakrek* erfolgt aus Zeile 32 des Hauptprogramms.

8.5.5. Lösung

```
program ProFakultaet;
var
  fi, fr: integer;
  n : integer;

function fakiter(n:integer):integer;
var
  i: integer;
begin
  if  n > 0 then begin
    fakiter := 1;
    for i := 2 to n do
      fakiter := fakiter * i;
  end
else
  fakiter := 1;
end;

function fakrek(n:integer):integer;
begin
  if  n > 0 then
  fakrek := n*fakrek(n-1)//n! für n > 0
else
  fakrek := 1;  //n! für n = 0
end;

begin
  write ('Bitte geben Sie die Zahl ein, ');
  writeln (' deren Fakultaet Sie ermitteln moechten:');
  readln (n);
  fi := fakiter(n);
  fr := fakrek (n);
  writeln ('Fakultaet iterativ berechnet: ',fi);
  writeln ('Fakultaet rekursiv berechnet: ',fr);
  Readln();
end.
```

8.6. Funktions- und Prozedurvariable

8.6.1. Aufgabe

Die Aufgabe nach 8.2.1 zur Integration nach dem Eulerverfahren ist so zu verändern, dass statt des Integrals $I = \int\limits_a^b \sin(x) \cdot dx$ allgemein das Integral $I = \int\limits_a^b f(x) \cdot dx$ ermittelt wird. Es ist also eine **beliebige** Funktion mit **einem** Gleitkommaparameter nach dem Euler-Verfahren zu integrieren. Im Beispiel soll wahlweise f(x) = tan (x) oder f(x) = cot (x) gelten.

8.6.2.   Der Beitrag von Pascal

Mit dem gegenwärtigen Kenntnisstand müssten Sie zur Integration zwei Funktionen erstellen und zwar eine für die Integration von tan(x) ($I_1 = \int\limits_a^b \tan(x)\cdot dx$) und eine zweite für die Integration von cot(x) ($I_2 = \int\limits_a^b \cot(x)\cdot dx$). Den Pascal-Funktionen müssten in diesem Fall folgende Parameter übergeben werden:

- untere Integrationsgrenze a
- obere Integrationsgrenze b
- wahlweise die Schrittweite für die numerische Integration Δx oder die Anzahl der Integrationsschritte..

Der Integrand wird als zusätzlicher Parameter eingeführt.

Ziel ist es aber, die Integration als Verfahren in **einer einzigen** Funktion zu implementieren und die unterschiedlichen Integrandenfunktionen als Parameter zu übergeben.

Anstelle einer Integralfunktion mit der Struktur I = g(a, b, Δx) benötigen Sie also eine Funktion der Struktur I = g(f(x), a, b, Δx). Das besagt auch, dass Sie neben Datenkonstanten und -variablen zusätzlich auch Funktionen (nicht wie bisher die Funktionswerte!!) als Parameter benötigen.

Damit betreten Sie Neuland. *Funktionstypen* und im Gefolge davon *Funktionskonstante* und *Funktionsvariable* helfen Ihnen hier weiter.

8.6.2.1.   *Funktionskonstante und Funktionstypen*

Die nachstehend deklarierte Funktionen *tan* und *cot* können als *Funktionskonstante* gesehen werden. Der Aufruf führt (bei gleichem Wert des Parameters x) immer zur Ausführung der gleichen Anweisungsfolge.

```
function tan (x: extended) : extended;
begin
  tan := sin(x) / cos(x) ;
end;

function cot (y: extended) : extended;
begin
  cot := cot(y) / sin(y) ;
end;
```

Diese beiden Funktionen haben folgende Gemeinsamkeiten:

- Sie besitzen genau einen Parameter, dieser ist vom Typ **extended** (= gleiche Parameterstruktur).

- Sie besitzen den Typ **extended** (= gleicher Funktionstyp).

Für Funktionen und Prozeduren können Typen definiert werden. Für Funktions- und Prozedurtypen kann ein Typenbezeichner festgelegt werden. Prozedurtypen sind durch den Aufbau der Parameterliste (nur bezüglich der Typen und deren Position in der Liste, nicht bezüglich der Bezeichner der Parameter!) bestimmt. Funktionstypen sind durch Aufbau der Parameterliste **und** den Ergebnistyp bestimmt. Funktionen gleichen Typs müssen in diesen beiden Eigenschaften übereinstimmen. Bei Prozedurtypen kommt es nur auf die Übereinstimmung der Parameterliste bezüglich der Typen der Parameter an. Im obigen Beispiel können *tan* und *cot* den gleichen Funktionstyp annehmen, da sie in Parameterstruktur und Typ übereinstimmen. Dass der Parameter einmal mit x und einmal mit y bezeichnet wird ist ohne Belang.

Beispiele:

Die Free Pascal - Funktionen sin, tan, exp sind vom selben Typ. Gleiches gilt für die Funktionen arctan, frac[54], sqr und sqrt.

Die Vereinbarung von Prozedur- / Funktionstypen erfolgt analog zur Vereinbarung von Datentypen. Einen auf *cot* und *tan* zutreffenden Funktionstyp `Fun_e_e` können Sie folgendermaßen definieren.

```
type
  Fun_e_e = function (x: extended): extended;
```

Auf `type` folgt links vom Gleichheitszeichen der Typenbezeichner. Rechts davon ist die zugehörige Struktur des Funktionskopfs[55] beschrieben. Diese entspricht weitgehend dem Funktionskopf aus der Funktionsvereinbarung, lediglich der Funktionsbezeichner entfällt, da er nicht für den Typ sondern nur für die spezielle Ausprägung der Funktion von Belang ist.

8.6.2.2. *Vereinbarung von Prozedur- / Funktionsvariablen*

```
var
  allgfun : function (x: real): real;
```

oder

---

54 Ermittlung des nichtganzzahligen Teils einer Gleitkommazahl. Writeln (frac(12.5)) ergibt 0.5, Writeln (frac(-12.5)) ergibt -0.5.

55 Zur Erzielung einer besseren Lesbarkeit wird hier nur auf Funktionen eingegangen. Für Prozeduren gelten die Aussagen in analoger Weise.

```
var

  allgfun : Fun_e_e;
Die Funktion Integral bekommt dann den folgenden Funktionskopf:


function Integral (f: Fun_e_e; ug, og, delta_x: real): real;
begin
.....
.....
end;
```

An erster Stelle in der Parameterliste steht jetzt eine Variable *f* vom (Funktions-) Typ *Fun_e_e*. Vom Typ *Fun_e_e* sind – das ergibt sich aus der Struktur der Parameterliste und dem Resultatstyp – auch die Funktionen *cot* und *tan*.

Anwendung der Funktion *Integral*:

Beim Aufruf von *Integral* kann statt *f* jede Funktion oder Funktionsvariable des Typs *Fun_e_e* eingesetzt werden.

```
IWert := Integral (cot, -1.0, 2.7, 0.05);
IWert := Integral (tan, a, b, dx);
IWert := Integral (allgfun, a, b, dx);
```

Hinweis:

Wenn Sie prüfen möchten, ob *allgfun* momentan die Funktion *cot* repräsentiert so tun Sie das **nicht** mit

```
if allgfun = cot then ....
```

sondern mit

```
if @allgfun = @cot then ...
```

Funktionen, die an *eine Funktionsvariable (hier allgfun)* zugewiesen werden sollen müssen mit der Option FAR {$F+} übersetzt werden, damit 32-Bit-Adresszeiger angelegt werden.

```
{$F+}
function tan (x: real) : Real;
.......
.......
{$F-}
```

Verzicht auf Fehlerbehandlung

Zur Verbesserung der Verständlichkeit des Programmcodes wird auf eine Fehlerbehandlung verzichtet. Eine Fehlerbehandlung käme bei Division durch 0, also

Marginal notes (left column):

Typengleichheit von Funktionen und Prozeduren setzt Übereinstimmung in Parameterliste und ggf. Funktionstyp voraus.

WICHTIG!! Mit {+F} übersetzen

$$x = 0 \pm n \cdot \frac{\pi}{2}\,; n \in \mathbb{N} \quad \text{in der Funktion } cot \text{ und} \quad x = \frac{\pi}{4} \pm n \cdot \frac{\pi}{2}\,; n \in \mathbb{N} \quad \text{in der}$$

Funktion *tan* zum Tragen.

8.6.3. Der Beitrag von Lazarus

8.6.3.1. *Debuggen von Funktionen*

Zum Debuggen einer Funktion setzen Sie einen Haltepunkt auf die Programmzeile, in der der Funktionsaufruf enthalten ist. Während des Testlaufs wird das Programm vor Ausführung der Zeile in der der Haltepunkt gesetzt ist angehalten. Durch Betätign der Taste F7 können Sie dann die Funktion betreten und sie anschließend durch wiederholtes Betätigen der Taste F8 schrittweise ausführen.

Mehrere Funktionsaufrufe in einer Zeile

Treten in einem Ausdruck – wie im folgenden Beispiel - mehrere Funktionsaufrufe auf, dann haben Sie zwei Möglichkeiten für ein gründliches Debuggen.

Sie gehen die Funktion *add1* nach dem ersten Aufruf schrittweise durch. Wenn dann die Ergebniszuweisung erreicht ist drücken Sie nochmals F7. Damit wird der zweite Funktionsaufruf ausgeführt und die Funktion kann mit dem entsprechenden Parametersatz untersucht werden.

```
y:= add1(1,2) + add1(3,4);
```

Wenn Sie die beiden Funktionsaufrufe nach untenstehendem Muster auf zwei Zeilen verteilen, konnen Sie vor jeden Funktionsaufruf einen Haltepunkt setzen und damit automatisch sehr selektiv (z. B. Nur den zweiten Aufruf) untersuchen.

```
y:= add1(1,2) +
           add1(3,4);
```

Funktionen als aktuelle Parameter in der Parameterliste

In gleicher Weise, wie es oben beschrieben wurde, kann vorgegangen werden, wenn Funktionsaufrufe als aktuelle Parameter einer Funktion auftreten.

Statt

```
z:= cos (add1(1,2) + add1(3,4))  ;
```

schreiben Sie vorteilhafter

```
z:= cos (add1(1,2) +
               add1(3,4))  ;
```

8.6.4. Lösung

```
.....
begin
......
for i := 1 to 2 do
  begin
  case i OF
    1:
      allgfun := tan;
    2:
      allgfun := cot;
  end;
  IWert := Integral (allgfun, a, b, dx);
......
end.
```

8.7. Units

Wie bei vielen technischen Produkten ist man auch bei Programmen daran interessiert, diese aus Bausteinen aufzubauen. Diese Bausteine können zum einen Teil
selbst erstellt, zum anderen aber auch käuflich erworben werden. Dabei wird ein
Hersteller oder Verkäufer von Software-Bausteinen in der Regel daran interessiert
sein, sein Know-How zu schützen und dem Benutzer nur diejenigen Informationen
offen zu legen, die er dem Kunden (Nutzer) unbedingt geben muss, damit dieser
den Baustein problemlos nutzen kann.

Unit

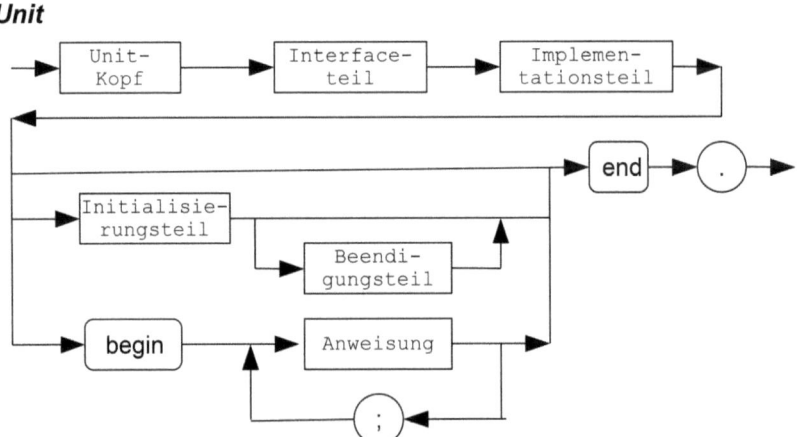

Syntaxdiagramm 8.5: Syntaxdiagramm einer Unit

Der Begriff des Bausteins oder auch Moduls ist in der Softwaretechnik nicht eindeutig geregelt. Je nach Sichtweise kann man bei der Programmierung in Free Pascal / Lazarusdarunter Prozeduren und Funktionen (), Klassen oder auch Units verstehen. Letztere bieten das größte Maß an Unabhängigkeit.

8.7.1. Aufgaben

Implementieren Sie die der Aufgabenstellung nach 8.6.1 entsprechende Funktion so, dass diese einem Anwender verfügbar gemacht werden kann, ohne deren Quellcode zu preiszugeben (Lösung siehe 8.7.4).

8.7.2. Der Beitrag von Pascal

Alle Programme, die Sie bis jetzt erstellt haben, weisen zwar im Programmtext eine mehr oder weniger deutliche Gliederung auf, sie bestehen aber was Ihre Programmiertätigkeit angeht aus einer einzigen Quelldatei. So können Prozeduren und Funktionen zwar unabhängig vom Hauptprogramm entwickelt werden; zur Programmerstellung aber muss ihr Quelltext immer ins Hauptprogramm kopiert werden, wodurch der Entwickler der Prozedur/Funktion gezwungen ist, sein Know-How offen zu legen.

Das Unit-Konzept schafft hier Abhilfe. Hierdurch können Programmbausteine wie Funktionen und Prozeduren separat vom Hauptprogramm entwickelt und übersetzt werden. Der Entwickler muss dadurch dem Nutzer seinen Code nicht mehr offenlegen wodurch sein Wissen geschützt wird.

8.7.2.1. Aufbau einer Unit

Die Syntax einer Unit finden Sie in Syntaxdiagramm 8.5. Im Zentrum einer Unit stehen Interfaceteil und Implementationsteil, die immer vorhanden sein müssen. Initialisierungs- und Finalisierungsteil werden nur bei Bedarf implementiert.

Unitkopf

Syntaxdiagramm 8.6: Unitkopf

Der Interface-
teil gibt an,
welche Daten
und Dienste
die Unit zur
Verfügung
stellt.

Für Detailin-
formationen
sind zusätzli-
che Kommen-
tare erforder-
lich.

Interfaceteil

Der Interfaceteil macht Angaben über den Importbedarf und die Exportmöglichkeiten der Unit. Importiert werden können andere Units. Diese werden hinter dem Schlüsselwort uses aufgelistet.

Durch den Import stehen dem Nutzer der Unit alle im Interfaceteil der Unit aufgeführten Programmgrößen (z. B. Konstante, Variable, Datentypen, Klassen, Funktionen, Prozeduren,...) zur Verfügung.

Interfaceteil

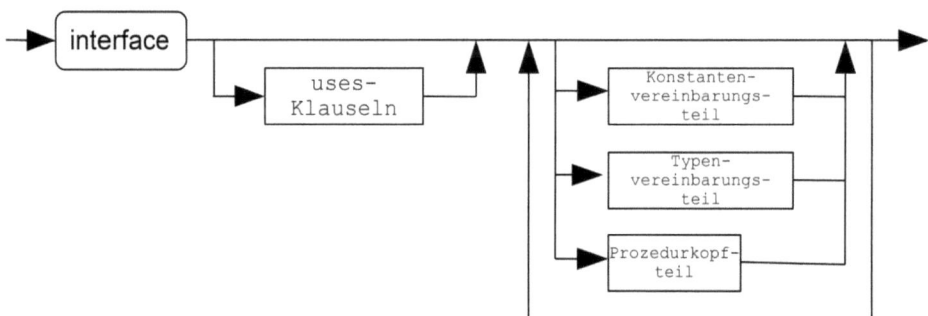

Syntaxdiagramm 8.7: Interfaceteil

Prozedurkopfteil

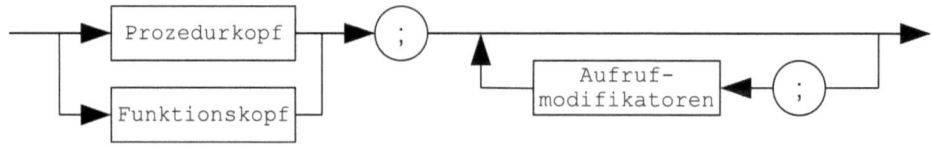

Syntaxdiagramm 8.8: Prozedurkopfteil (im Interfaceteil einer Unit)

Uses-Klausel

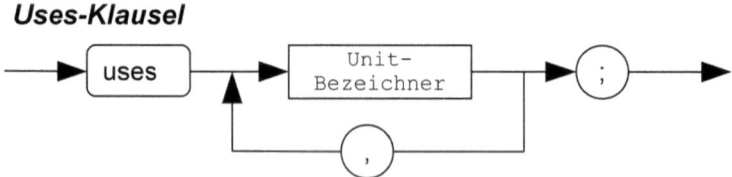

Syntaxdiagramm 8.10: Uses-Klausel

Die importierten Units müssen nicht vollständig im Quelltext zur Verfügung stehen. Es reicht, wenn Sie in übersetzter Form (Endung **.ppu** bzw. **.o**) vorliegen. Der Interfaceteil sollte dem Nutzer als Quelle vorliegen. Der Benutzer kann daraus entnehmen, wie das Angebot der Unit formal richtig genutzt wird. Welche Leistungen die Unit im einzelnen wirklich anbietet ist allerdings immer über eine zusätzliche Beschreibung darzustellen. Dies kann durch Kommentare im Quelltext des Interfaceteils oder durch ein separates Dokument erfolgen. Jede dieser Methoden hat ihre Vorteile:

- Bei der Kommentierung im Programmtext besteht eine sehr enge Bindung zwischen beschreibendem Text und Programmcode.

- Bei der Kommentierung in einem separaten Dokument haben Sie größere Freizügigkeit bei der Gestaltung der Dokumentation (z. B. Grafik, Verwendung von Sonderzeichen).

Implementationsteil

Im Implementationsteil werden insbesondere Funktionen, Prozeduren und Methoden, die im Interfaceteil spezifiziert wurden, implementiert. Während im Interfaceteil nur Schnittstellen angegeben werden, wird im Implementationsteil der vollständige Code der Prozeduren etc. angegeben. Im Implementationsteil steckt das Know-How des Programmentwicklers.

Im Implementationsteil steckt das Know-How des Programmentwicklers.

Ebenso wie der Interfaceteil besitzt der Implementationsteil einen Importabschnitt., der durch das Schlüsselwort uses eingeleitet wird. Importe, die im Implementationsteil vorgenommen werden gelten nur für diesen. Zur Vermeidung von Zirkularreferenzen empfiehlt es sich, Units wenn immer möglich im Implementationsteil zu importieren.

Import evtl. versuchsweise zunächst im Implementationsteil.

Der Import einer Unit in eine andere Unit muss entweder im Interfaceteil oder im Implementationsteil erfolgen. Doppelimport (Import sowohl im Interface- als auch im Implementationsteil) ist nicht möglich! Wenn mittels einer Unit Definitionen oder Elemente importiert werden sollen, die für den Export in eine weitere Unit benötigt werden, dann muss der Import im Interfaceteil erfolgen, ansonsten ist der Im-

Doppelimport ist nicht zulässig.

Implementationsteil

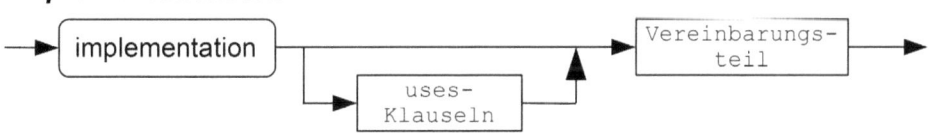

Syntaxdiagramm 8.9:Implementationsteil

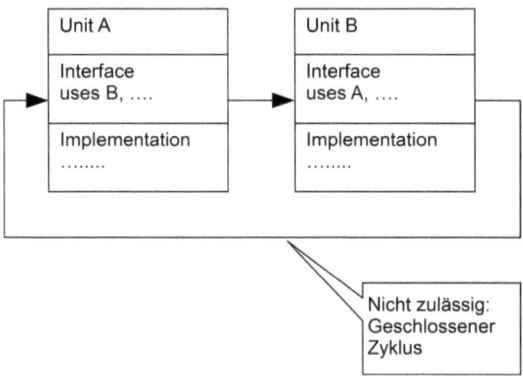

Abbildung 8.4: Zirkularreferenz zwischen zwei Units →unzulässig!

port im Implementationsteil ausreichend. Wenn es möglich ist, sollten Sie dem Import im Implementationsteil den Vorzug geben. Praktisch kann das bedeuten, dass Sie zunächst auf Verdacht im Implementationsteil importieren und dann ggf. bei einer Fehlermeldung den Import in den Interfaceteil verlegen.

Zirkularreferenz

Bei der Verwendung von Units ist darauf zu achten, dass keine Zirkularreferenzen entstehen. Eine Zirkularreferenz besteht, wenn sowohl die Unit A im Interfaceteil der Unit B als auch die Unit B im Interfaceteil der Unit A importiert wird

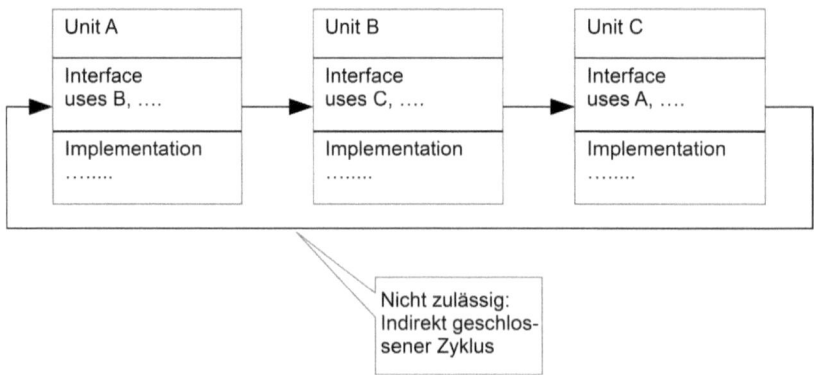

Abbildung 8.5: Indirekte Zirkularreferenz zwischen drei Units →unzulässig!

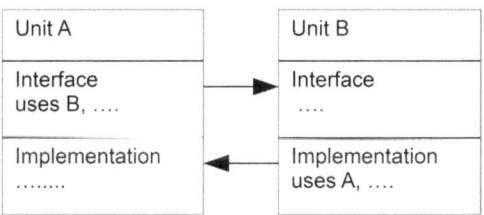

Abbildung 8.6: Keine Zirkularreferenz

(Abbildung 8.4). Diesen Fall kann der Compiler nicht auflösen, deshalb erfolgt eine Fehlermeldung.

Zirkularreferenzen können auch verborgen (indirekt) auftreten (Abbildung 8.5). Das geschieht z. B. nach folgendem Muster:

*   Unit A importiert Unit B.
*   Unit B importiert Unit C.
*   Unit C importiert Unit A.

Kein Problem ergibt sich hingegen, wenn die Unit B im Interfaceteil der Unit A und die Unit A im Implementationsteil der Unit B importiert wird (Abbildung 8.6).

Initialisierungsteil

Der Code des Initialisierungsteils wird beim erstmaligen Einbinden der Unit ausge - führt.

Finalisierungsteil

Der Code des Finalisierungsteils wird bei Beendigung des Programms ausgeführt. Wenn ein Finalisierungsteil vorhanden ist, muss auch ein Initialisierungsteil vor - handen sein, er darf aber leer sein.

8.7.2.2.   Gültigkeit von Bezeichnern bei Verwendung von Units

In einer Unit sind sämtliche Bezeichner bekannt, die direkt oder indirekt importiert wurden. Im Interfaceteil sind die dort lokal vereinbarten Größen und sämtliche im Interfaceteil importierten Größen bekannt. Im Implementationsteil sind darüber hin - aus die dort importierten und lokal vereinbarten Größen bekannt.

Größen, die in einem Implementationsteil lokal vereinbart werden, sind in anderen Units nicht zugänglich.

8.7.2.3.   Namenssystematik (Unit /Unterprogramm)

Eng mit der Festlegung der Namenssystematik ist die Frage „*was bringe ich in einer Unit unter?*" verbunden. Hier gibt es zahlreiche Möglichkeiten, von denen wahrscheinlich viele ihre Berechtigung haben. Zwei davon sollen hier herausgestellt werden.

Unit als Behälter für zahlreiche (kleine) Hilfsroutinen

In diesem Fall werden verschieden Prozeduren / Funktionen eines Anwendungsbereichs samt zugehöriger Datentypen und Konstanter in einer Unit untergebracht. Ein Beispiel für eine derartige Unit ist die Unit System der Free Pascal Run Time Library.

Unit als Behälter für eine Klasse

In vielen anderen Fällen wird in einer Unit eine Klasse (s. a. 14 und 15) implementiert. Diese ist dann meist entsprechend umfangreich. Sie besitzen oft einige zig Methoden und ähnlich viele Attribute. Weiterhin sind in diesen Units dann häufig Datentypen und Konstante vereinbart, die vorzugsweise oder ausschließlich im Zusammenhang mit der dort vereinbarten Klasse verwendet werden.

8.7.3.   Der Beitrag von Lazarus

Die Bedienoberfläche von Lazarus bietet eine vielfältige Unterstützung zum vereinfachten Umgang mit Units. Die nachstehenden Abschnitte stellen einige charakteristische Möglichkeiten dar.

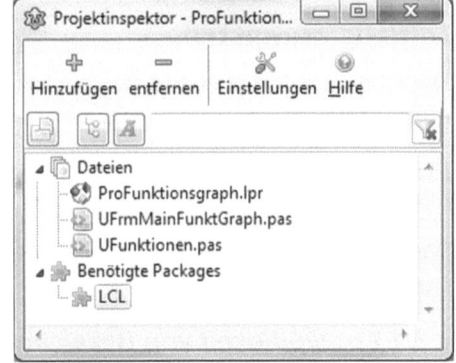

8.7.3.1.   Projektinspektor

Mittels des Projektinspektors (erreichbar über Projekt | Projekteinstellungen..., Abbildung 8.7) können die „Bausteine" eines Projekts (meist eines Programms oder einer Anwendung) verwaltet werden. Diese Bausteine sind einerseits (Quell-)

Abbildung 8.7: Bedienformular des Projektinspektors

Dateien, die meist direkt für das jeweilige Projekt erstellt wurden und Pakete (Packages), die meist unter allgemeinen Gesichtspunkten entwickelt wurden.

Mittels der Schaltflächen ⊞ und ⊟ können weitere Bausteine in das Projekt aufgenommen oder aus diesem entfernt werden.

Mit der Schaltfläche Einstellungen wird das Projekteinstellungsfenster geöffnet, das auch mit Projekt | Projekteinstellungen ... oder ⇧ + Strg + F11 erreicht werden kann (s. a.. Kapitel 2.3.7, Seite 46).

Anzeigemöglichkeiten

Doppelklicken auf den jeweiligen Dateinamen führt zum Anzeigen der Datei im Quelltexteditor. Dabei wird die zuletzt angewählte Datei in den Vordergrund gerückt.

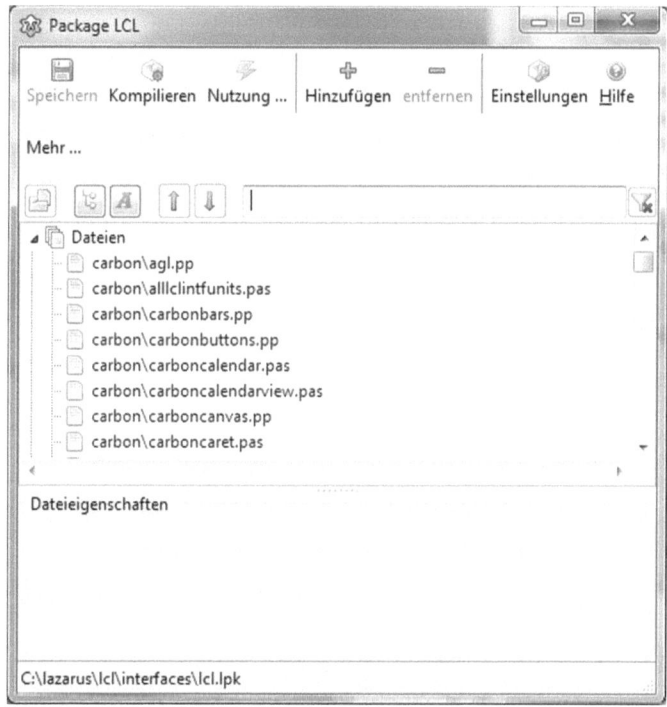

Abbildung 8.8: Packageanzeige, Anzeige der Dateien eines Packages

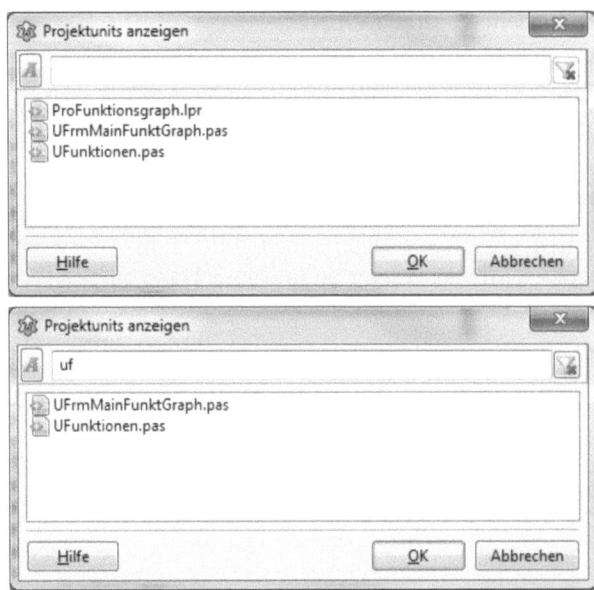

Abbildung 8.9: Formular zum Anzeigen der im Pro-
jekt verwendeten Units. Oben: Vollständige Liste.
Unten: Gefilterte Liste (nur Units, deren Name
mit uf beginnt)

8.7.3.2. Packageanzeige

Doppelklicken auf einen Packagenamen führt zum Öffnen der Packageanzeige
(Abbildung 8.8). Hierauf wird unten (8.7.3.2) näher eingegangen.

Doppelklicken auf der Schaltfläche [A] bewirkt die alphabetische Sortierung der
Dateinamen. Im Textfeld rechts dieser Schaltfläche können Filter-Zeichenketten
eingegeben werden. In diesem Fall werden nur solche Dateien angezeigt, die mit
den Buchstaben des Filtertexts beginnen. Mittels der Schaltfläche [X] wird der Fil-
tertext gelöscht.

8.7.3.3. Gezielte Anzeige von Units

Mittels des Kommandos Projekt | Units wird das in Abbildung 8.9 gezeigte Fenster
angezeigt. Dort sind die am Projekt beteiligten Units und das Hauptprogramm aufgelistet.

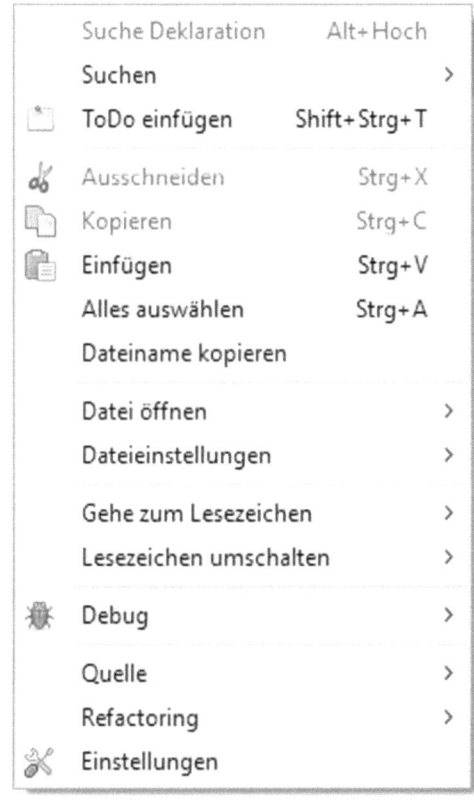

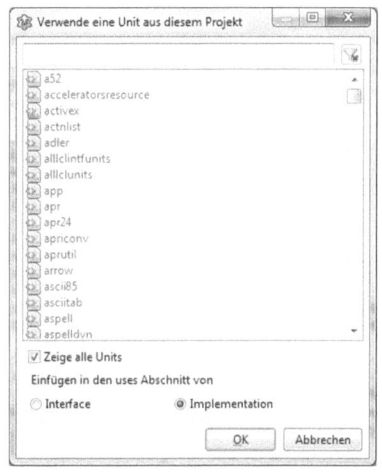

Abbildung 8.11: Auflistung der verfügbaren Units mit Angabe zur Anordnung in den Uses-Klauseln der aktuellen Unit.

Abbildung 8.10: Kontextmenü eines Quelltext-Editorfensters (erreichbar mit der rechten Maustaste)

Doppelklicken auf den jeweiligen Dateinamen führt zum Anzeigen der Datei im Quelltexteditor. Dabei wird die angeklickte Datei ggf. in den Vordergrund gerückt.

Alphabetische Sortierung, Filterung und Aufhebung der Filterung erfolgen wie beim Projektinspektor (Abbildung 8.7).

8.7.3.4. Anzeige von Detailinformationen zur Unit

Wenn im Quelltexteditor-Fenster der Code einer Unit angezeigt wird, können Sie das in Abbildung 8.10 angezeigte Fenster öffnen, in dem Sie über diesem Quelltexteditor-Fenster zunächst die rechte Maustaste betätigen. Im dort erscheinenden PopUp-Fenster klicken Sie dann auf den Menüpunkt Quelle wodurch ein weiteres PopUp-Fenster geöffnet wird. In diesem Fenster wählen Sie dann Unit-Informationen

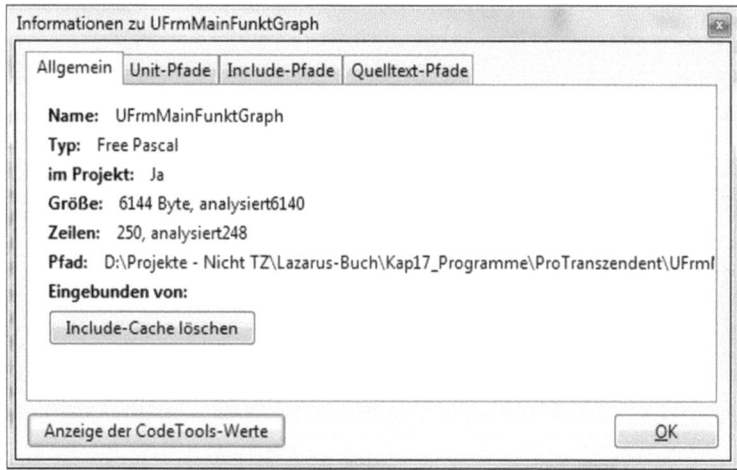

Abbildung 8.12: Anzeige allgemeiner Informationen zur Unit im aktuellen Editor-Fenster

anzeigen. Es erscheint dann ein virtueller Karteikasten mit vier Karten. Im Vordergrund ist die Karte mit den allgemeinen Informationen zur Unit (Abbildung 8.12). Auf drei weiteren Karten können die für das Projekt relevanten Dateipfade angezeigt werden. Eine Bearbeitung der Dateipfade ist an dieser Stelle nicht möglich

Alternativ können Sie diese Informationsanzeige auch über Quelltext | Unit-Informationen anzeigen zur Anzeige bringen.

8.7.3.5.   Rechnergestützte Ergänzung der Uses-Klausel

Wenn im Quelltexteditor-Fenster der Code einer Unit angezeigt wird, können Sie das in Abbildung 8.10 dargestellte Fenster öffnen, in dem Sie über diesem Quelltexteditor-Fenster zunächst die rechte Maustaste betätigen. In diesem PopUp-Fenster klicken Sie dann auf den Menüpunkt Quelle wodurch ein weiteres PopUp-Fenster geöffnet wird. In diesem Abschnitt wählen Sie dann Unit zum uses-Abschnitt hinzufügen .... und es erscheint das Fenster gemäß Abbildung 8.11. Wenn Sie in der angezeigten Liste auf der gewünschten Unit doppelklicken wird deren Namen in die angewählte Uses-Klausel (entweder im Interface- oder im Implementationsteil eingetragen. Sofern eine der beiden Uses-Klauseln nicht existiert, wird die Auswahlmöglichkeit deaktiviert.

8.7.4.   Lösung

Die monolithische Lösung aus 8.6.4 wird auf   das Hauptprogramm ProEulerFunVar und eine Unit UEulerIntVarFun aufgeteilt.

8.7.4.1. *Programmcode der Unit UEulerIntegralVarFun*

In dieser Unit werden die Funktion *EulerIntVarFun*, der Typ f_e_e (Funktion
vom Typ extended mit einem Wertparameter vom Type extended), und die Variablen *err* vom Typ integer (Fehlervariable) und *fx* vom Typ f_e_e (Funktionsvariable) untergebracht.

```
unit UEulerIntVarFun;

interface

///Funktionstyp für Integration
type f_e_e = function (a:extended) :extended;
var
  err : integer;
  fx : f_e_e;

///Integration einer Funktion vom Typ f_e_e nach dem Euler-Verfahren
function EulerIntVarFun (ug: real; og: real; Schritte: integer;
  ab:f_e_e) :double;

implementation

function EulerIntVarFun (ug: real; og: real; Schritte: integer;
  ab:f_e_e) :double;
  var
    h: real; //Schrittweite
    Integral: real; //Integralwert
    i, j: integer;
  begin
    err := 0;
    Integral := 0;
    h := (og - ug)/Schritte;
    if (h < 1e-6) then ///Vereinfacht, besser dynamische Schranke verwenden
      begin
        err := 999;
        EulerInt := Integral;
      end;
    for i:= 1 to Schritte do
      begin
        Integral := Integral + h* ab (h*i);
      end;
    EulerInt := Integral;
  end;
end.
```

8.7.4.2. *Code des Hauptprogramms*

Im Hauptprogramm *ProEulerVarFun* steht der Code, der die Funktion nutzt. Dabei handelt es sich im wesentlichen um den Funktionsaufruf.

```
program ProEulerVarFun;

uses UEulerIntegralVarFun;
```

```
var
  SinusIntegral : real;
function MySin (x:extended) :extended;
begin
  MySin := sin(x);
end;

begin
  fx := @Mysin;
//  fx := @sin ///funktioniert so nicht!
  SinusIntegral := EulerIntVarFun (0, 3.14, 200, fx);
  WriteLn (Sinusintegral:5:3);
  ReadLn();
end.
```

9.   Die Bedienoberfläche „verkauft" Ihr Programm – erste Schritte in Richtung grafische Bedienoberflächen

Wenn Sie bis hierher vorgedrungen sind, dann können Sie einfache Berechnungs-aufgaben programmieren. Ihre Lösungen sind mit einer gewissen Wahrscheinlich-keit korrekt und werden auf dem Bildschirm richtig dargestellt. Allerdings genügen Dialogführung und Ergebnispräsentation auf dem Bildschirm, wie Sie selbst fest-stellen konnten, nur sehr bescheidenen Ansprüchen.

* Die Darstellung erfolgt ausschließlich zweifarbig, meist mit weißen Zeichen auf schwarzem Grund.
* Zeichengröße und Schriftstil sind nicht variabel.
* Der Text läuft von unten nach oben durch. Es gibt keine feststehende Bildschirm-maske

Alles in allem ist damit der optische Eindruck, den das Programm vermittelt sehr weit von dem entfernt was man unter einer modernen Bedienoberfläche versteht.

Selbstverständlich erwartet man heute Fenstertechnik. Das wird von Lazarus auch unterstützt.

Die Erstellung einer ausgefeilten Bedienoberfläche setzt gründliche Kenntnisse der objektorientierten Programmierung und der LCL (Lazarus Component Library) vor-aus. Für den Anfänger ist es jedoch durchaus möglich über einen pragmatischen Ansatz, bei dem man sich immer gerade so viel Wissen aneignet, wie man für sein aktuelle Programmieraufgabe benötigt, in die Programmierung der grafischen Be-dienoberflächen einzusteigen.

9.1.   Objektorientierte Programmierung ganz kurz

Bei der Einführung der für die objektorientierte Programmierung relevanten Begrif-fe macht einem Free Pascal das Leben nicht gerade leicht, da die dort verwendeten Begriffe mit den allgemein und sprachunabhängig verwendeten Begriffen zum Teil kollidieren.

Die Basis der objektorientierten Programmierung sind Klassen und Objekte. In die-sen sind passive Programmelemente (herkömmliche Daten, hier Attribute genannt) und aktive Programmelemente (Prozeduren und Funktionen, hier Methoden ge-nannt) zusammengefasst. Objekte sind die Instanzen (Ausprägungen) von Klassen.

object-Typen   class-Typen

Statische Instanz   Dynamische Instanz

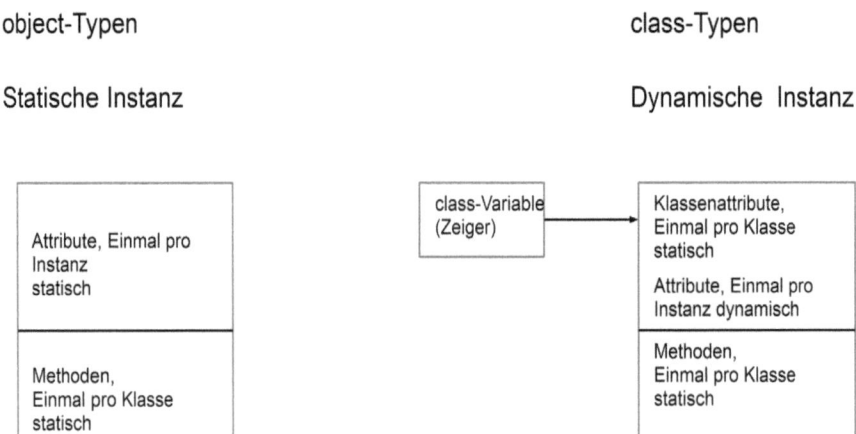

Abbildung 9.1:   Implementation von Variablen bei statischen (object-Typen) und dynamischen (class-Typen)

In der Regel handelt es sich um Variable, selten um Konstante. Gleichartige Objekte gehören derselben Klasse an. Klassen stellen also Typen dar, die sowohl Attribute, als auch Methoden umfassen.

class und object:

Achtung Sprachverwirrung!!

Free Pascal verwendet zum Definieren von Klassen (die letztlich eine Art von Datentypen sind) sowohl die Schlüsselwörter class und – hier setzt die Sprachverwirrung ein – als auch object. Die zugehörigen Objekte werden im Falle von object (vorzugsweise) statisch und im Falle von class dynamisch instanziiert. In diesem Buch wird so vorgegangen, dass die deutschsprachigen Begriffe Klasse im Sinne eines Datentyps und Objekt im Sinne von Instanz verwendet werden, während die beiden englischsprachigen Begriffe class und object im Sinne der Sprachdefinition von Free Pascal Typen bezeichnen.

Statische Instanziierung bedeutet, dass gleichzeitig mit der Vereinbarung von Variablen der für deren Realisierung erforderliche Speicherplatz reserviert (allokiert) wird. Die Reservierung erfolgt ggf. für die gesamte Prozessdauer. In allen Fällen, die Sie bis einschließlich Kapitel 8 kennengelernt haben, werden die Variablen statisch instanziiert.

Bei der dynamischen Instanziierung wird statisch nur ein Zeiger vereinbart, der letztlich die Adresse (den Speicherort) angibt an dem die Variable tatsächlich implementiert ist. Die Realisierung der Variablen an dieser Stelle erfolgt per Programmanweisung. Ebenso kann die Speicherreservierung per Programm wieder aufgeho-

ben werden. Eine ausführliche Behandlung des Themas dynamische Daten finden
Sie in Kapitel 13. Anschließend werden im Kapitel 15 die Themen Klassen und objektorientierte Programmierung vertieft.

9.2. Umstellung der Programme aus den Kapiteln 2 und 3 auf eine grafische Bedienoberfläche

Ab dem folgenden Kapitel wird in den meisten Beispielen eine grafische Benutzeroberfläche verwendet. Zur Einarbeitung wird für einige der in den Kapiteln 2 und
3 erstellten Programme die Bedienoberfläche umgestellt.

9.3. Der Beitrag von Pascal

Free Pascal liefert als Basis der Implementation der grafischen Bedienoberfläche
die Möglichkeit objektorientiert zu programmieren, Die Klassen aus denen grafische Bedienoberflächen aufgebaut sind gehören zur Typengruppe class und werden somit grundsätzlich dynamisch instanziiert.

Die Instanziierung der Formulare erfolgt standardmäßig durch die Methode
Application.CreateForm, die von Lazarus beim Erstellen eines Formulars in
das Hauptprogramm eingefügt wird. Diese Instanziierung der Formulare umfasst
auch die Instanziierung der untergeordneten Komponenten, die interaktiv ins Projekt aufgenommen werden. Ausführliche Informationen zur Initialisierung eines in
der Datei **Xform.pas** implementierten Formulars finden Sie in der Datei **Xform.lfm**,
die bei der interaktiven Erstellung des Formulars angelegt wird. Alternativ können
Formulare auch mit der Methode *Create* der Formularklasse erstellt werden. Methoden wie *Create*, die Instanzen einer Klasse erstellen, werden als Konstruktoren
bezeichnet.

Für Klassen der Typengruppe class gilt das Syntaxdiagramm 9.1 (vereinfacht).

Die in Syntaxdiagramm 9.1 zitierten Syntaxelemente finden Sie in den Syntaxdiagrammen 9.2 und 9.3. Der in Syntaxdiagramm 9.2 aufgeführte Klassensichtbarkeits-
Spezifikator ist in Syntaxdiagramm 9.4 näher beschrieben.

9.4. Der Beitrag von Lazarus

Während FreePascal die grundsätzlichen (programmier-) sprachlichen Möglichkeiten für die objektorientierte Programmierung bietet, stellt Lazarus darauf aufbauend
mit der Lazarus Component Library (LCL) die Möglichkeiten für eine komfortable
Erstellung grafischer Bedienoberflächen zur Verfügung. Dabei geht es zum einen

Klassentyp

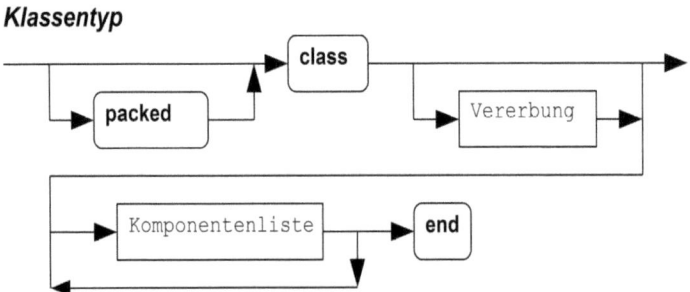

Syntaxdiagramm 8.10: Typengruppe class, vereinfachtes Syntaxdiagramm

Komponentenliste

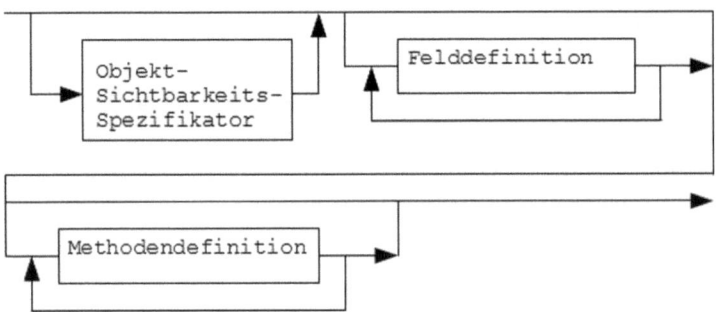

Syntaxdiagramm 8.11: Komponentenliste

Vererbung

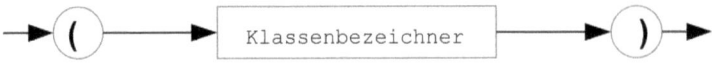

Syntaxdiagramm 8.12: Vererbung

um die erforderlichen Programmbausteine und zum anderen um die Bedienmöglich-keiten, für die IEU, die eine rasche und zuverlässige Erstellung grafischer Bedieno-berflächen ermöglichen.

Klassen-Sichtbarkeits-Spezifikator

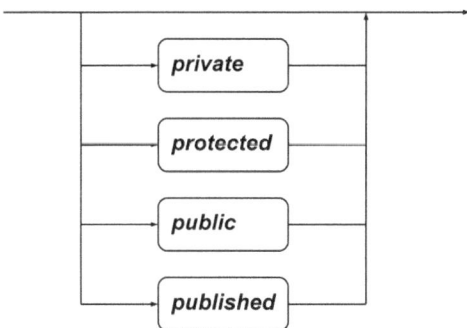

Syntaxdiagramm 9.4: Klassensichtbarkeits-Spezifikator

9.4.1. Anwendung mit grafischer Bedienoberfläche

Statt wie bisher die Programmschablone Programm zu wählen (2.3.4) entscheiden Sie sich jetzt für Anwendung. Damit wird der Programmrahmen für eine Lazarus-Anwendung mit grafischer Bedienoberfläche erstellt.

Für die Realisierung der grafischen Bedienoberfläche sind Kenntnisse in der objektorientierten Programmierung unumgänglich. Auf diese wird vorläufig nur so weit eingegangen, als es zur Erstellung einfacher grafischer Bedienoberflächen erforderlich ist. In 9.4.3 ff. wird eine Grundmenge von Komponenten beschrieben mittels derer einfache grafische Bedienoberflächen erstellt werden können. Anwendungsbeispiele hierfür finden Sie dann in den folgenden Kapiteln.

Grafische Benutzeroberflächen erfordern die Programmschablone **Anwendung**

Aufwändigere grafische Bedienoberflächen sind Gegenstand des zweiten Bandes[56].

9.4.1.1. Hauptformular

Beim Erstellen einer Anwendung wird der Quellcode der Anwendung (Hauptprogramm) und eines Formulars (des Hauptformulars) angelegt. Wenn Sie eine Anwendung anlegen erscheinen im Editierfenster zunächst zwei Reiter mit den Beschriftungen `project1` und `unit1`. Weiterhin wird ein Entwurfsfenster mit dem Namen `Form1` angelegt.

Ein Entwurfsfenster ist ein Dialogfenster in dem eine Formular für eine Anwendung grafisch-interaktiv entwickelt werden kann. Die Entwicklung erfolgt also in großem

---

56 In Planung

Mittels eines Entwurfsfensters können Formulare statt durch textuelle Programmierung grafisch-interaktiv entworfen werden.

Momentan unsichtbare Entwurfsfenster können Sie sichtbar machen.

Umfang durch Platzieren von Elementen auf dem Bildschirm und weniger durch Erstellung von Programmtext.

Welche dieser Fenster existieren ist unter dem Menüpunkt Fenster ersichtlich. Wenn ein Entwurfsfenster (Form1) im Projekt vorhanden aber nicht sichtbar ist, wird es dennoch im Menü Fenster aufgelistet. Klickt man das Entwurfsfenster in diesem Menü an, dann rückt es in den Vordergrund. Ein ähnlicher Effekt kann durch Betätigung der Taste F12 erzielt werden. Hierdurch rückt immer das Entwurfsfenster in den Vordergrund, dessen Quelldatei im Editorfenster angewählt ist.

Der Quellcode des Hauptprogramms (Datei **project1.lpr**[57]) lautet folgendermaßen:

```
program Project1;

{$mode objfpc}{$H+}

uses
  {$IFDEF UNIX}{$IFDEF UseCThreads}
  cthreads,
  {$ENDIF}{$ENDIF}
  Interfaces, // this includes the LCL widgetset
  Forms, Unit1
  { you can add units after this };

{$R *.res}

begin
  Application.Initialize;
  Application.CreateForm(TForm1, Form1);
  Application.Run;
end.
```

Das Hauptformular (Datei **unit1.pas)** hat anfänglich den folgenden Quellcode:

```
unit Unit1;

{$mode objfpc}{$H+}

interface

uses
  Classes, SysUtils, FileUtil, Forms, Controls, Graphics, Dialogs;

type
  TForm1 = class(TForm)
  private
    { private declarations }
  public
    { public declarations }
```

---

57 Wenn Sie eine Anwendung erstellen lautet der Programm-/Projektname anfangs immer project1 und der Name der ersten Formularunit unit1. Bei weiteren Projekten und Units wird der Index hochgezählt.

```
  end;

var
  Form1: TForm1;

implementation

{$R *.lfm}

end.
```

Unter `uses` werden automatisch verschiedene Module (`units`) eingebunden in denen Funktionen realisiert sind, die üblicherweise in Programmen mit grafischer Benutzeroberfläche benötigt werden.

In der Typenvereinbarung wird eine Klasse `TForm1` eingeführt, die von der (bereits definierten) Klasse `TForm` abgeleitet (s. u.) wird. Ableiten heißt hier, dass aus der Klasse `TForm` durch Hinzufügen weiterer Daten und Funktionen eine neue Klasse (hier vorläufig mit `TForm1` bezeichnet) geschaffen wird. Man sagt auch `TForm1` entsteht durch Vererbung aus `TForm`.

Neben der Quelldatei wird – ebenfalls durch die IEU und ohne weiteres Zutun – noch die Formulardatei **unit1.lfm** angelegt:

```
object Form1: TForm1
  Left = 234
  Height = 240
  Top = 131
  Width = 320
  Caption = 'Form1'
  LCLVersion = '0.9.30'
end
```

In dieser Formulardatei sind alle visuellen Objekte der jeweiligen Unit aufgeführt und es sind diejenigen Eigenschaften (Properties) dieser Objekte angegeben, deren Werte von den Standardvorgaben abweichen. Änderungen an dieser Datei mittels des Editors sollten höchstens durch sehr erfahrene Lazarus-Programmierer vorgenommen werden. Anfänger greifen auf diese Datei nur über die IEU (Objektinspektor) zu. Mehr zur Individualisierung von Bezeichnern finden Sie unter „Bezeichner von visuellen Komponenten anpassen" auf Seite 230.

9.4.1.2. Daten interaktiv hinzufügen

Als Daten fügen Sie anfangs vor allem Steuerelemente zum Hauptformular hinzu. Die Übernahme erfolgt durch Anklicken des fraglichen Elements (z. B. einer Schaltfläche also ein Element vom Typ `TButton`) in der Komponentenpalette und anschließendes Anklicken des Entwurfsfensters an dem Ort, wo die Schaltfläche platziert werden soll. Dort wird diese im angewählten Zustand (erkennbar an den Griffmarkierungen am Rand in Abbildung 9.2) abgelegt. Wenn man erneut mit der linken Maustaste auf die Schaltfläche klickt kann man diese mit gedrückter linker Maustaste zur Feinpositionierung verschieben. Echtes Drag-and-Drop ist leider (noch) nicht möglich.

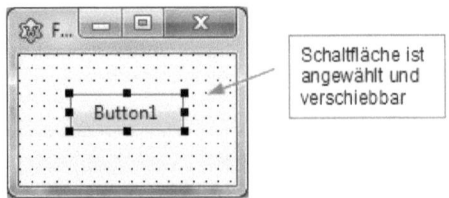

Abbildung 9.2: Die Markierungen am Rande der Schaltfläche zeigen, dass diese verschiebbar ist.

Gleichzeitig mit dem Ablegen der Schaltfläche wird diese in der Typenspezifikation von `TForm1` und in der Formulardatei uni1.**lfm** eingetragen. Damit ändern sich diese wie folgt:

```
object Form1: TForm1              object Button1: TButton
  Left = 901                        Left = 32
  Height = 83                       Height = 25
  Top = 379                         Top = 24
  Width = 140                       Width = 75
  Caption = 'Form1'                 Caption = 'Button1'
  ClientHeight = 83                 TabOrder = 0
  ClientWidth = 140               end
  LCLVersion = '0.9.30.2'         end
```

Jetzt tritt das Objekt *Button1* der Klasse `TButton` neu in der Formulardatei auf. Durch Einrücken und logische Klammerung (`object`[58] ... `end`) wird die hierarchische Unterordnung unter das Formularobjekt (`Form1`) angedeutet.

9.4.2. Objektinspektor

Bei Programmstart befindet sich links auf der Arbeitsfläche der Objektinspektor. Das ist ein zweigeteiltes Fenster (Abbildung 9.3).

Im oberen Teil wird in einer Baumdarstellung visualisiert, wie das aktuell bearbeitete Formular (basierend auf `TForm`) bzw. der aktuell bearbeitete Rahmen (basierend auf `TFrame`) aus einzelnen visuellen Komponenten aufgebaut ist. In diesem Baum können einzelne Komponenten per Mausklick angewählt werden. Details der so angewählten Komponente erscheinen dann im unteren Teil des Objektinspektors.

Im unteren Teil des Objektinspektors finden Sie ein Register mit den vier Reitern

---

58 An dieser Stelle gehört object zu einer speziellen Skriptsprache für die Formulardateien. Es handelt sich dabei nicht um das Free Pascal Schlüsselwort (siehe Tabelle 2.1).

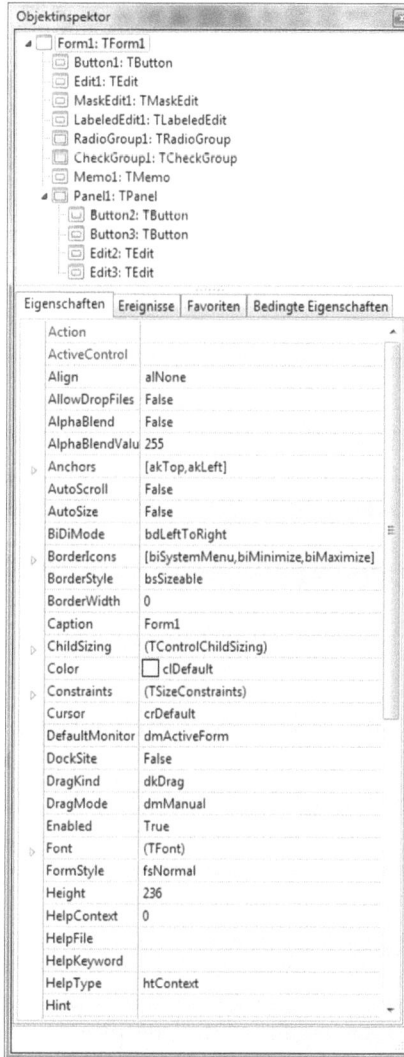

- Eigenschaften,
- Ereignisse,
- Favoriten und
- Bedingte Eigenschaften.

Durch Anwahl des entsprechenden Reiters können die gewünschten Parameter der selektierten Komponente geändert werden.

Unter Eigenschaften sind die Eigenschaftswerte der angewählten Komponente angezeigt. Sie können dort auch im Dialog angepasst werden

Unter Ereignisse kann den Ereignissen, die im Zusammenhang mit einer Komponente auftreten können eine Ereignisbehandlungsroutine zugewiesen werden.

Unter Favoriten ist eine Schnelleingabe für die am häufigsten verwendeten Eigenschaften und Ereignisse möglich.

Bedingte Eigenschaften geht darauf ein, dass bestimmte Eigenschaften nur betriebssystemabhängig verfügbar sind. Hier sind

Abbildung 9.3: Objektinspektor. Oben das Formular mit seinen visuellen Komponenten in Baumdarstellung. Angewählt ist das Formular Form1. Unten die aktivierte Karte Eigenschaften.

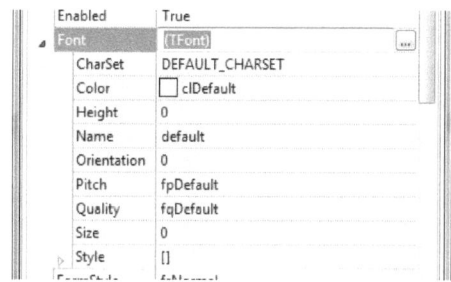

Abbildung 9.4: Objektinspektor. Eingabemöglichkeiten für die Eigenschaft Font

nur die betriebssytemanhängigen Eigenschaften aufgelistet. Durch ein Symbol hinter dem Eigenschaftsbezeichner wird angezeigt, in welchem Betriebssystem die Eigenschaft verfügbar ist (Abbildung 9.6).

Bezeichner von visuellen Komponenten anpassen

Neu angelegten visuellen Komponenten werden von der Entwicklungsumgebung standardisierte Namen zugeteilt. So werden z. B. nacheinander angelegte Schaltflächen vom Typ TButton mit *Button1*, *Button2*, *Button3* usw. bezeichnet. Dieses Vorgehen führt zwar zu funktionierenden Programmen aber zu einem wenig dokumentationsfreundlichen Programmcode. Sie können aus dem Namen der Schaltfläche nicht direkt erschließen wozu sie im Programm dient, ob mit ihr z. B. eine Zeichnung angezeigt oder gelöscht wird.

Mit dem Objektinspektor können dokumentationsfreundliche Bezeichner eingeführt werden.

Zweckmäßig wäre es z. B., einer Schaltfläche mittels derer Sie eine Grafik löschen, statt *Button1* den Namen *BtnLoeschen* zu geben. Das erreichen Sie indem Sie im Entwurfsfenster oder im oberen Teil des Objektinspektors die Schaltfläche *Button1* anwählen und dann im unteren Teil des Objektinspektors deren Namen in *BtnLoeschen* abändern. Wenn Sie den Objektinspektor verlassen, wird die Änderung in das Programmlisting übernommen. Die automatische Änderung erfolgt an allen Stellen des Projekts wo *Button1* auftaucht. Nicht nur in den maschinell generierten Programmteilen.

Die Namensänderung im Objektinspektor wird automatisch im ganzen Projekt nachvollzogen.

9.4.2.1. Reiter: Eigenschaften

Diejenigen Attribute, deren Wert zur Entwicklungszeit interaktiv vorgegeben werden können, sind auf der Karte Eigenschaften aufgelistet. Eigenschaften können der Typenklasse class angehören. Das führt zu einer hierarchischen Strukturierung der Eigenschaften Somit tritt eine weitere Ebene von Eigenschaften auf. Eigenschaften eines class-Typs sind im Objektinspektor am Dreieckssymbol vor dem Eigenschaftsbezeichner zu erkennen. In der Grundstellung sehen Sie von diesem Dreieck nur die Umrandung, die Pfeilspitze zeigt dabei in horizontale Richtung. Wenn Sie auf dieses Dreieckssymbol klicken (z. B. vor Font), wird die Liste aufgefaltet und die Eigenschaften von Font werden sichtbar. Das Dreieck ist jetzt schwarz ausgefüllt und seine Spitze zeigt nach rechts unten.

Eine dieser Eigenschaften von *Font* ist *Style*. Diese Eigenschaft ist selbst wieder strukturiert. Darauf weist der kleine Pfeil vor dem Komponentennamen hin (s. a. Abbildung 9.3). Die Unterelemente von *Style* werden ähnlich wie die von *Font* bearbeitet.

9.4.2.2.   Reiter: Ereignisse

Für grafische Komponenten sind Ereignisse definiert. Mit diesen Ereignissen können Sie Methoden verknüpfen. Diese Verknüpfung kann interaktiv oder programm-
gesteuert erfolgen.

Die Ereignisse und bzw. die Ihnen zugeordneten Methoden können von unterschiedlichem Typ sein. Dieser Typ wird im Typenbezeichner und in der Methoden-
schnittstelle sichtbar. Ereignissen dürfen nur Methoden eines passenden Typs zugeordnet werden.

Interaktive Programmierung der Ereignisbehandlung

In allen Fällen

Wenn Sie im Objektinspektor eine visuelle Komponente anwählen, dann wird im
unteren Bildteil unter Ereignisse die Liste aller Ereignisse zugänglich, die dieser
Komponente zugeordnet werden können. Diese Liste besitzt zwei Spalten. In der
linken Spalte sind die Ereignisse aufgelistet, in der rechten Spalte findet die beim
Eintreten des jeweiligen Ereignisses aufgeführte Methode Platz. Ein Doppelklick
auf das leere Listenfeld führt dazu, dass im Container (Formular oder Frame) eine
Methode angelegt wird, die beim Eintreten des Ereignisses ausgeführt wird. Der
Name dieser Methode wird standardmäßig vorgegeben. Die Methode wird im Interfaceteil in der Klassenvereinbarung des Containers deklariert und im Implementationsteil definiert. Sie umfasst zunächst nur die Schnittstelle. Den zugehörigen
ausführbaren Code müssen Sie durch individuelle Programmierung selbst erstellen.

Beispiel:

Für eine Schaltfläche vom Typ `TButton` mit dem Namen *Button1* wird beim
Anklicken des Tabellenfeldes *OnMouseDown* die Methode *Button1MouseDown*
generiert. Im Interface-Teil wird die Methodendeklaration

```
procedure TForm1.Button1MouseDown(Sender: TObject; Button: TMouseButton;
```

eingetragen. Im Implementationsteil wird die „leere" Implementation/Definition der
entsprechenden Methode erstellt:

```
procedure TForm1.Button1MouseDown(Sender: TObject; Button: TMouseButton;
  Shift: TShiftState; X, Y: Integer);
begin

end;
```

Die Schnittstelle der Methode ist damit vollständig automatisch implementiert. Vereinbarungsteil und Anweisungteil hingegen müssen - wie bereits oben erwähnt - individuell programmiert werden.

Bei entsprechender Auswahl kann mehreren Ereignissen die gleiche Ereignisbehandlungsmethode zugewiesen werden.

Zu den Ereignissen

Mehreren Ereignissen kann die gleiche Ereignismethode zugewiesen. werden.

Die meisten Ereignisbezeichner sind selbsterklärend. Das Ereignis *MouseDown* tritt ein, wenn **eine beliebige Maustaste** gedrückt wird. Das Ereignis Click tritt ein, wenn **die linke Maustaste** gedrückt **und** wieder losgelassen wird.

Unterschied zwischen OnMouse-Down und OnClick beachten!!

Die Ereignisse liefern auf jeden Fall die Komponente in der sie ausgelöst wurden (Parameter *Sender*). In vielen Fällen liefern sie auch andere Werte, wie z. B. die Koordinaten an denen sie ausgelöst wurden. Solche Koordinaten können Bildschirmpixel (Regelfall) oder Zellen einer Eingabematrix (Typ TStringGrid, Seite 245) sein.

Der ganz schnelle Weg (nur in speziellen Fällen!!)

Platzieren Sie eine Komponenten auf dem Formular bzw. Frame[59]. Doppelklicken Sie dann auf das Komponentensymbol. Durch diese Aktion wird für ein komponentenspezifisches Ereignis (meist *OnClick*, teils auch *OnChange*) eine Antwortmethode ins Programm eingebaut.

Doppelklick auf die Schaltfläche Button1 vom Typ TButton erzeugt in der Header-Datei im Abschnitt *published* der Frame- oder Formularklasse die Methodendefinition

```
    procedure Button1Click(Sender: TObject);
```

Im Implementationsteil wird das Codestück

```
procedure TForm1.Button1Click(Sender: TObject);
begin
 …..
end;
```

angelegt.

---

59 Frames sind ein Sprachmittel, das die Wiederverwendbarkeit von (komplexeren) visuellen Komponenten erhöht. Sie werden in diesem Band nicht besprochen. Prinzipiell gilt das meiste, was in diesem Buch über Frmulare gesagt wird auch für Frames.

Die individuelle Methode - Nichts für Anfänger

Die beiden oben beschriebenen Vorgehensweisen führen in zuverlässiger Weise zum Anlegen von Methoden, die beim Eintreffen bestimmter Ereignisse ausgeführt werden können. Allerdings sind mit der bequemen Vorgehensweise auch ein paar Nachteile verbunden.

- Die Vergabe der Methodenbezeichner folgt einem starren Schema. Dieses ist natürlich nicht an der jeweiligen Anwendung, sondern an der Programmiersprache und der Entwicklungsumgebung orientiert und dadurch nicht unbedingt dokumentationsfreundlich.

- Standardmäßig wird eine 1:1-Zuordnung zwischen Ereignissen und Antwortmethoden realisiert.

Der Listeneintrag für die Ereignismethode kann manuell manipuliert werden. Die entsprechenden Bezeichneränderungen werden automatisch in den Programmtext übernommen.

Bezeichner von Ereignisbehandlungsmethoden nicht direkt im Quelltext ändern!

Direkte Bezeichneränderungen im Quelltext sind schwer beherrschbar, daher rate ich zunächst einmal von ihnen ab. Quelltextprogrammierung von Ereignissen wird in einem Folgeband behandelt.

Löschen von Ereignismethoden

Die Zuordnung einer Methode zu einem Ereignis kann durch Entfernen des Methodeneintrags in der Karte Ereignisse gelöscht werden. Ist nur der leere Rohling der Methode vorhanden, so wird er vollständig aus dem Programmcode entfernt.

Ereignisbehandlungsmethoden nicht direkt im Quelltext löschen!

Der Versuch, die Methode direkt im Quelltext zu löschen, sollte nicht unternommen werden. Meist führt das zu Inkonsistenzen im Programmtext. Diese Fehler sind – zumindest für Anfänger – oft schwer reparabel und erfordern häufig eine teilweise oder vollständige Neucodierung Ihres Programms.

Ereignisse mit einer bestehenden Ereignismethode verknüpfen

Genau so wie dem Klicken auf eine Schaltfläche (z. B. Button1) kann auch dem Betätigen einer Taste auf der Tastatur und dem Verlassen der Schaltfläche durch den Mauscursor (Ereignis `OnMouseLeave`) eine Ereignisroutine zugewiesen werden.

Wenn Sie die Ereignismethode für das Ereignis *Button1.OnClick* bereits definiert haben, dann wird Ihnen in der zu *OnMouseLeave* zugeordneten ComboBox diese Methode angeboten. Sie haben dann folgende Möglichkeiten:

- Sie übernehmen die Ereignismethode von *OnClick* auch für *OnMouseLeave*.

- Sie wählen in der ComboBox den Wert (keine) (es reicht nicht, einen eventuell vorhandenen Eintrag nur zu löschen!!) und klicken doppelt auf das dann leere Feld. Auf diese Aktion hin wird im Programmcode der Rohling einer Ereignisme-thode mit dem Namen *Button1MouseLeave* angelegt.

Programmgesteuerte Erstellung der Ereignisbehandlung

Ereignisse und die zugehörigen Methoden können auch ohne Verwendung des Dia-logsystems durch Programmierung erstellt und zugeordnet werden. Dies bedarf je-doch gewisser Erfahrung und setzt gute Kenntnisse in objektorientierter Pro-grammierung voraus. Aus diesem Grund wird das Thema in einem Folgeband behandelt.

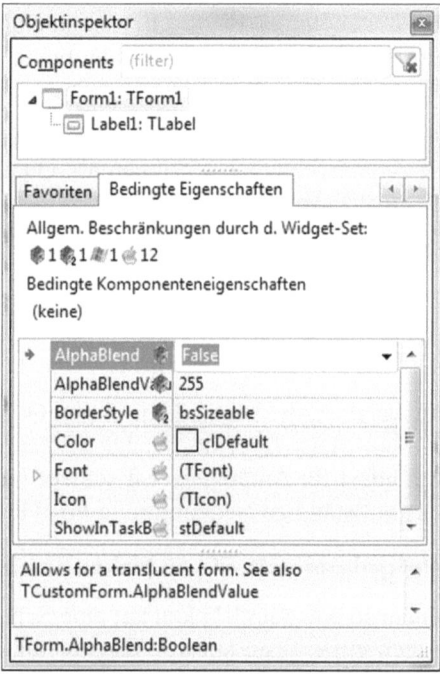

Abbildung 9.5: Anzeige der Favoriten für ein Formular. Eigenschaften und Ereignisse werden in der sel-ben Tabelle angezeigt

Abbildung 9.6: Anzeige der bedingten Eigenschaften eines Formulars (TForm...) im Objektinspektor

9.4.2.3. Reiter: Favoriten

Unter diesem Reiter sind in **einer** Tabelle die wichtigsten Eigenschaften und Ereignisse einer Komponente zusammengefasst, sodass sie leicht an einer Stelle gewartet werden können Abbildung 9.5.

9.4.2.4. Reiter: Bedingte Eigenschaften

Unter diesem Reiter sind nur die betriebssystemabhängigen Eigenschaften aufgelistet. Durch ein Symbol hinter dem Eigenschaftsbezeichner wird angezeigt, in welchem Betriebssystem die Eigenschaft verfügbar ist (Abbildung 9.6).

9.4.2.5. Beschreibung wichtiger Komponenten

In den folgenden Abschnitten werden einige wichtige Komponenten die im weitesten Sinne der Dialogführung dienen, behandelt. Dabei werden jeweils Eigenschaften und Ereignisse dieser Komponenten vorgestellt, die im Objektinspektor manipuliert werden können. Selbstverständlich besitzen diese Komponenten auch Methoden. Im Kontext diese Buches ist es meist nicht erforderlich auf diese Methoden näher einzugehen. Wo es unumgänglich ist, werden aber auch diese beschrieben.

Bei allen Komponenten werden ggf. in der Komponente verfügbare Eigenschaften, Ereignisse und Methoden dargestellt. Das gilt auch, wenn diese ererbt wurden. Auf die Tatsache, dass ein Element ggf. ererbt wurde wird hier nicht ausdrücklich hingewiesen. Detaillierte Informationen hierzu finden Sie beispielsweise auf den Hilfeseiten.

9.4.3. Komponenten für die Datenausgabe

Nachstehend werden einige wichtige Komponenten für die Datenausgabe besprochen.

9.4.3.1. Textfeld TLabel

Für die Datenausgabe wird in einem ersten Schritt die Klasse `TLabel` eingeführt. Mit ihr lassen sich Daten eines Stringtyps vorzugsweise ein- aber auch mehrzeilig darstellen. Weitere Gestaltungsmöglichkeiten ergeben sich z. B. durch die Wahl der Hintergrundfarbe oder die Schriftgestaltung.

Komponente	TLabel (unit StdCtrls)	
Eigenschaften	Caption: String	Beschriftungstext
	Enabled[60]: boolean	Für Enabled = true ist die Bedienung des Elements (z. B. durch Anklicken) möglich
	Font[61]:TFont	Zeichensatz
	Height: integer	Höhe
	Left: integer	Abstand der linken Seite vom linken Rand des übergeordneten Elements
	Name: String	Bezeichner der Komponente
	Top: integer	Abstand der oberen Seite vom oberen Rand des übergeordneten Elements
	Visible[62]: boolean	Sichtbarkeit des Elements
	Width: integer	Breite
Ereignisse	OnClick[63]:TNotifyEvent (Sender: TObject)	Wenn das Element mit der linken Maustaste angeklickt wird.
	OnMouseDown: TMouseEvent (Sender: TObject, Button: TMouseButton, ShiftState: TShiftState, X: Integer, Y: Integer)	Wenn eine Maustaste über dem Element gedrückt wird. Sender: wie TNotifyEvent Button: zuletzt betätigte Schaltfläche SShiftState: Kombination der betätigten Schaltflächen(Details siehe 11.1.3, 11.2.3 und 11.4.4.2) X und Y sind die Pixel an denen geklickt wurde (Y zählt abwärts positiv!). Zu TShiftState s. a. S. 289.
	OnMouseMove: TMouseEvent....	Wenn eine Maustaste über dem Element losgelassen wird.
	OnMouseUp:TMouseEvent....	Wenn eine Maustaste über dem Element losgelassen wird.

Tabelle 9.1: Wichtige Elemente der Klasse TLabel

---

60 Die Eigenschaften Enabled, Height, Left, Name, Top, Visible und Width treten bei praktisch allen visuellen Komponenten in der selben Bedeutung auf.

61 Die Eigenschaft Font tritt bei allen beschrifteten visuellen Komponenten auf (TButton, TEdit usw. ...)

62 Die Eigenschaft Visible tritt bei allen visuellen Komponenten auf.

63 OnClick tritt bei fast allen visuellen Komponenten in diesem Sinne auf. Abweichungen sind separat aufgeführt.

Die Eigenschaftsbezeichner sind weitgehend selbsterklärend. Die Eigenschaften, können im Objektinspektor oder auch programmatisch gesetzt werden.

Viele Eigenschaften, die bei TLabel aufgeführt sind, treten im Zusammenhang mit den meisten grafischen Komponenten auf. Sie werden deshalb nur hier und später nicht mehr aufgeführt. Hierzu gehört die Eigenschaft Name aber auch die Eigenschaften, die Position und Größe der Komponente beschreiben.

Anwendungsbeispiele:

```
//Anzeigen des Textes Hallo:
Label1.Caption := 'Hallo';

//Anzeigen des Werts der Variablen x:
var x: double;
.........
.........
Label1.Caption := FloatToStr (x);
```

9.4.4.   Komponenten für die Programmsteuerung

Während Komponenten vom Typ TLabel nur der Ausgabe dienen dienen die Komponenten dieses Abschnitts der Steuerung des Programms.

9.4.4.1.   Schaltfläche TButton

Die Schaltfläche TButton entspricht einer virtuellen Taste. Sie wird durch Anklicken mit der Maus betätigt.

Komponente	TButton (unit StdCtrls)	
Eigenschaften	Caption: String	Beschriftung der Schaltfläche
	ModalResult: TModalResult	Betätigung der Taste schließt das Formular und übergibt den Wert von ModalResult.
Ereignisse	OnClick[64]: TNotifyEvent (Sender: TObject)	Wenn das Element mit der linken Maustaste angeklickt wird.
	OnMouseDown: TMouseEvent...	Wenn eine Maustaste über dem Element gedrückt wird.
	OnMouseMove: TMouseEvent...	Wenn eine Maustaste über dem Element bewegt wird.
	OnMouseUp:TMouseEvent...	Wenn eine Maustaste über dem Element losgelassen wird.

Tabelle 9.2: Wichtige Elemente der Klasse TButton

Die Verwendung von symbolischen Konstanten verbessert den Dokumentationswert des Programms.

TModalResult

Der Datentyp TModalResult definiert die Werte, die die Eigenschaft *ModalResult* annehmen kann. TModalResult ist ein Aufzählungstyp (Details hierzu siehe Abschnitt 11.2.1), der auf Elementen vom Typ integer basiert. Variablen vom Typ TModalResult können die ganzzahligen Werte von 0 bis 11 oder die nachstehend aufgelisteten symbolischen Konstanten zugewiesen werden. Es empfiehlt sich, immer die symbolischen Werte zu verwenden, da hierdurch der Dokumentationswert und die Verständlichkeit des Programms mit geringem Aufwand wesentlich verbessert werden,

```
Const
  mrNone = 0;
  mrOK = mrNone + 1;
  mrCancel = mrNone + 2;
  mrAbort = mrNone + 3;
  mrRetry = mrNone + 4;
  mrIgnore = mrNone + 5;
  mrYes = mrNone + 6;
  mrNo = mrNone + 7;
  mrAll = mrNone + 8;
  mrNoToAll = mrNone + 9;
  mrYesToAll = mrNone + 10;
  mrClose = mrNone + 11;
  mrLast = mrClose;
```

---

64 OnClick tritt bei fast allen visuellen Komponenten in diesem Sinne auf. Abweichungen sind separat aufgeführt.

```
Type
   TModalResult = (mrNone, mrOK, mrCancel, mrAbort, mrRetry, mrIgnore,
                   mrYes, mrNo, mrAll, mrNoToAll, mrYesToAll, mrClose);
```

9.4.4.2.   Schaltergruppe für eine m-aus-n Auswahl TCheckGroup

Die Klasse TCheckBox implementiert eine Schaltergruppe, in der jeder einzelne Schalter i betätigt (Eigenschaft Checked[i] = true) oder unbetätigt (Eigenschaft Checked[i] = false) sein kann. Der Zugriff auf die Markierfelder (Items) der CheckGroup erfolgen über die Indizes des nullbasierten Feldes Items.

Abrage, ob das dritte[65] (!) Element markiert ist:

```
if CheckGroup1.Items.Checked[2] then
……..
else…..;
```

Komponente	TCheckGroup (unit StdCtrls)	
Eigenschaf-ten	Caption: String	Beschriftungstext für die gesamte Gruppe
	ColumnLayout: TColumnLayout	Anordnung der Spalten, primär horizontal oder primär vertikal
	Columns: integer	Anzahl der Spalten in denen die Elemente angeordnet sind
	Items: TStrings	Beschriftungen der einzelnen Markierfelder
Ereignisse	OnClick: TNotifyEvent (Sender: TObject)	Wenn das Element mit der linken Maustaste außerhalb einer CheckBox oder des zugehörigen Textes angeklickt wird.[66]
	OnItemClicked: TCheckGroupClicked (Sender: TObject; Index: integer)	Wenn ein Element der CheckGroup angeklickt wird. Index = Feldindex des angeklickten Elements

Tabelle 9.3: Wichtige Elemente der Klasse TCheckGroup

---

65 Das Feld ist null-basiert (der Index beginnt bei 0). Also ist Checked[2] das dritte Element des Feldes.

66 Während der Schlussredaktion am Buch wurden hier Änderungen beobachtet. Bitte überprüfen Sei das Programmverhalten bei Bedarf mittel eine kleinen Testprogramms.

9.4.4.3.   Schaltergruppe für eine 1-aus-n Auswahl TRadioGroup

Die Klasse TRadioGroup implementiert mehrere Schalter von denen aber nur einer angewählt sein kann.

Komponente	TRadioGroup (unit StdCtrls)	
Eigenschaften	Caption: String	Überschrift der Gruppe
	Columns: integer	Zahl der Spalten in denen die Schaltflächen angeordnet sind
	ItemIndex: integer	Index der angewählten Schaltfläche (beginnt bei 0, keine Anwahl = -1)
	Items: TStrings	Beschriftungen der einzelnen Optionsfelder
Ereignisse	OnClick: TNotifyEvent (Sender: TObject) OnSelectionChanged: TNotifyEvent (Sender: TObject)	Wenn das Element mit der linken Maustaste angeklickt wird **und** dabei die Einstellung geändert wird. Auch bei programmgesteuerter Änderung des Werts.

Ereignis tritt nur bei Wertänderung auf!!

Unterschiedliches Verhalten bei TRadioGroup und TCheckGroup beachten!!

Tabelle 9.4: Wichtige Elemente der Klasse TRadioGroup

9.4.5.   Komponenten für die Dateneingabe

9.4.5.1.   Dialogfeld TEdit

Elemente vom Typ TEdit dienen vorzugsweise der Eingabe von Daten. Zur Vorbelegung kann die Eigenschaft Text mit beliebigen Werten vorbelegt werden.

Da Text vom Typ String ist, muss es bei der Eingabe von Zahlen ggf. umformatiert werden. Wie dabei vorzugehen ist finden Sie in 6.2.5.2.

Komponente	TEdit (unit StdCtrls)	
Eigenschaf-ten	Font: TFont	Zeichensatz des Edit-Feldes
	MaxLength: integer	Maximale Zeichenzahl in der Zeichen-kette Text
	Text: String	Editierbarer Text
Ereignisse	OnClick: TNotifyEvent	Wenn das Element mit der linken Maustaste angeklickt wird.
	OnChange: TNotifyEvent	Wenn sich der Eintrag in Text ändert

Tabelle 9.5: Wichtige Elemente der Klasse TEdit

Anwendungsbeispiel:

```
//Übernehmen des eingegebenen Werts in die Variable x:
var x: double;
..........
..........
x := StrToFloat(Edit1.Text) ;
```

9.4.5.2.   Beschriftetes Dialogfeld TLabeledEdit

In einer einigermaßen selbsterklärenden Bedienoberfläche muss ohne Umstände und zweifelsfrei ersichtlich sein, welchem Zweck eine Eingabe dient. Hierzu benötigt jedes Element von TEdit eine Beschriftung. Diese wird üblicherweise mit Elementen vom Typ TLabel vorgenommen. Man kann durchaus zu jedem Element vom Typ TEdit auch ein Element vom Typ TLabel anlegen. Die paarweise Zuordnung ist in diesem Falle durch die Programmierung (z. B. indem Sie die Bezeichner geeignet wählen) individuell festzulegen.

Eine wesentlich komfortablere Lösung ergibt sich beim Verwenden von Elementen des Typs TLabeledEdit. Elemente vom Typ TLabeledEdit bilden eine Kombination der Elemente vom Typ TLabel und TEdit wobei die Funktionalität von TLabel der von *TEdit* untergeordnet ist.

Komponente	TLabeledEdit (unit StdCtrls)	
Eigenschaften	EditLabel : TBoundLabel	Label-spezifische Eigenschaften der Klasse TLabeledEdit
	EditLabel.Caption: TCap-tion	Überschrift
	EditLabel.Font: TFont	Zeichensatz der Überschrift

Komponente	TLabeledEdit (unit StdCtrls)	
Eigenschaften	EditLabel : TBoundLabel	Label-spezifische Eigenschaften der Klasse TLabeledEdit
	EditLabel.Caption: TCaption	Überschrift
	EditLabel.Font: TFont	Zeichensatz der Überschrift
	Font: TFont	Zeichensatz des Edit-Feldes
	MaxLength: integer	Maximale Zeichenzahl in der Zeichenkette Text
	Text: String	Editierbarer Text
Ereignisse	OnClick: TNotifyEvent	Wenn das Element mit der linken Maustaste angeklickt wird.
	OnChange: TNotifyEvent	Wenn sich der Eintrag in Text ändert

Tabelle 9.6: Wichtige Elemente der Klasse TLabeledEdit

9.4.5.3.   Dialogfeld mit

Der Typ `TMaskEdit` ermöglicht Texteingabefelder, die nur bestimmte genau vorprogrammierte Muster annehmen. Eingabefelder vom Typ `TMaskEdit` werden vorzugsweise für Eingabe von bestimmten Zahlenmuster sowie Zeit- und Datumsangaben verwendet. Durch Vorgabe einer Eingabemaske wird bewirkt, dass nur die an der jeweiligen Eingabeposition zulässigen Zeichen angenommen werden. Die Annahme ungültiger Zeichen wird verweigert. Eine weitergehende Reaktion des Rechners erfolgt nicht. Vor allem kommt es zu keiner Fehlermeldung.

Abbildung 9.7: Maskeneditor zur Festlegung und zum Testen von Eingabemasken für das MaskEdit-Feld-

	Hint: String	Hinweis zur jeweiligen grafischen Komponente. Hier besonders nützlich um Hinweise auf das zlässige Eingabeformat zu geben.
	MaxLength: integer	Maximale Zeichenzahl in der Zeichenkette Text
	Text: String	Editierbarer Text
Ereignisse	OnClick: TNotifyEvent (Sender: TObject)	Wenn das Element mit der linken Maustaste angeklickt wird.
	OnChange : TNotifyEvent (Sender: TObject)	Wenn sich der Eintrag ändert

Tabelle 9.7: Wichtige Elemente der Klasse TMaskEdit

Die aktuelle Eingabemaske kann entweder direkt als Zeichenkette oder mit Unterstützung des Maskeneditors (Abbildung 9.6) eingegeben werden.

Zugang zum Maskeneditor erhalten Sie über das Popup-Menü, das erscheint, wenn Sie mit der rechten Maustaste auf das Maskedit-Feld klicken. Weiterhin können Sie ihn durch Doppelklicken auf das Eingabefeld in der Zeile MaskEdit im Objektinspektor oder durch einfaches Klicken auf die Schaltfläche [...] in derselben Zeile starten.

Der Maskeneditor ermöglicht die Erstellung der Maske und zugleich deren Prüfung. Unzulässige Zeichen werden nicht angenommen. Auf sonstige Fehler wie z. B. Eingabe von zu wenigen Zeichen reagiert das Programm mit einer Fehlermeldung.

Beispiele für Eingabemasken finden Sie in Tabelle 9.8. Detailinformationen zum Thema Eingabemasken finden Sie z. B. in [MASKEDTUT] oder mit den Suchwörtern *EditMask* und *Lazaru*s in den bekannten Internet-Suchmaschinen.

Maske	Bedeutung
AAA-99;1;_	3 alphanumerische Zeichen – 2 numerische Zeichen
000-aaaaa-00;1;_	3 numerische Zeichen – 4 alphanumerische Zeichen (optional) – – 2 numerische Zeichen
(999000) 90000000	Telefonnummer: (min. 3 / max. 6 numerische Zeichen) Zwischenraum min. 1/ max. 8 numerische Zeichen

Tabelle 9.8: Beispiele für verschiedene Edit-Masken

9.4.5.4.   Drehtextfeld für ganze Zahlen TSpinEdit

Drehtextfelder dienen der gesteuerten Eingabe von Zahlen. Sie verbinden ein Dialogfeld für bestimmte Zahlentypen (ähnlich `TMaskEdit`) mit einem Drehfeld (`TUpDown`), das die Inkrementierung steuert. Elemente vom Typ *TSpinEdit* dienen der Eingabe ganzer Zahlen in Dezimaldarstellung.

Komponente	TSpinEdit (unit Spin)	
Eigenschaften	Font: TFont	Zeichensatz des SpinEdit-Feldes
	Increment: integer	Maximale Zeichenzahl in der Zeichenkette Text
	MaxValue: integer	Maximaler Wert
	MinValue: integer	Minimaler Wert
	Value: integer	Wert
Ereignisse	OnClick: TNotifyEvent	Wenn das Element mit der linken Maustaste angeklickt wird.
	OnChange: TNotifyEvent	Wenn sich der Eintrag in Text ändert

Tabelle 9.9: Wichtige Elemente der Klasse TSpinEdit

9.4.5.5. Drehtextfeld für Gleitkommazahlen TFloatSpinEdit

Komponente	TFloatSpinEdit (unit Spin)	
Eigenschaften	DecimalPlaces: integer	Anzahl der Nachkommastellen
	Increment: double	Betrag um den der Wert beim Anklickem des Drehfelds veränder wird (positiv oder negativ)
	MaxValue: double	Maximaler Wert
	MinValue: double	Minimaler Wert
	Font: TFont	Zeichensatz des FloatSpinEdit-Feldes
	Increment: double	Betrag um den der Wert beim Anklickem des Drehfelds veränder wird (positiv oder negativ)
Ereignisse	OnClick: TNotifyEvent	Wenn das Element mit der linken Maustaste angeklickt wird.
	OnChange: TNotifyEvent	Wenn sich der Eintrag in Text ändert

Tabelle 9.10: Wichtige Elemente der Klasse TFloatSpinEdit

9.4.5.6. Gitterelement zur Dialogführung über Tabellen TStringGrid

TStringGrid ist ein Gitterelement mittels dessen eine Dialogführung in einer Ta-
bellenstruktur erfolgen kann. Wichtige Eigenschaften und Ereignisse von
TStringGrid finden Sie in Tabelle 9.11 auf Seite 248.

Für diese Tabelle können Zeilen- und Spaltenüberschriften festgelegt werden, deren
Inhalt nicht verändert werden kann. Die Anzahl der Spalten-Überschriftzeilen kann
mit der Eigenschaft *FixedRows*, die der Zeilen-Überschriftzeilen mit *FixedCols*
festgelegt werden.

Wenn die Eigenschaft *ColumnClickSorts* den Wert *true* besitzt, werden beim
Klicken auf eine Spalte die Einträge im Gitter – ähnlich wie Sie es z. B. vom Windows Explorer her kennen – sortiert.

Die Gesamthcit allcr Zcllen wird durch *Colls* repräsentiert. Auf eine Einzelen Zelle in Spalte *iSpalte* und Zeile *iZeile* greifen Sie mit dem Ausdruck
Cells[iSpalte, iZeile] zu. Bitte beachten Sie, dass der Spaltenindex vor
dem Zeilenindex steht.

Komponente	T	(unit Grids)

Eigenschaf-ten	Cells : TString	Gesamtheit der Zellen. Eine einzelne Zelle wird über Cells [Spalte, Zeile] angesprochen.
	ColCount : integer	Spaltenzahl
	ColumnClickSorts: boolean	Falls true bewirkt ein Klicke auf eine Spalte deren Sortierung
	Columns: TGridColumns	Spalten im Datengitter. Diese Eigenschaft ermöglicht den Zugriff
	FixedCols: Integer	Anzahl der Spalten, die beim Scrollen nicht mitbewegt werden (Zeilentitel)
	FixedRows: Integer	Anzahl der Zeilen, die beim Scrollen nicht mitbewegt werden (Spaltenüberschriften)
	RowCount : integer	Zeilenzahl
	ScrollBars : TScrollStyle	Angabe, ob und in welcher Weise Bildlaufleisten eingefügt werden.
	VisibleRowCount: integer	Anzahl der aktuell sichtbaren Gitterzeilen
Ereignisse	OnClick: TNotifyEvent (Sender: TObject)	Wenn das Element mit der linken Maustaste angeklickt wird.
	OnSelectCell: TOnSelectCellEvent = (Sender: TObject; aCol: Integer; aRow: Integer; var CanSelect: Boolean)	Wenn eine Zelle des Gitters angewählt wurde. aCol und aRow geben die Indizes der angewählten Zellen an. CanSelect = true: Anwahl der Zelle ist möglich

Tabelle 9.11: Wichtige Elemente der Klasse TStringGrid

9.4.6.   Komponenten für die Textbearbeitung

9.4.6.1.   *Mehrzeiliges Dialogfeld TMemo*

Die Komponente TMemo dient der Ein- und Ausgabe mehrzeiliger Texte.

Komponente	TMemo *(unit StdCtrls)*	
Eigenschaften	*Lines: TStrings*	*Zeilen im Memofeld, letztlich die darge-stellte Information.*
	ReadOnly: boolean	*ReadOnly= true: Daten im Memo-Feld können nicht interaktiv geändert werden*
	ScrollBars : TScrollStyle	*Angabe, ob und in welcher Weise Bild-laufleisten eingefügt werden.*
	WordWrap: boolean	*WordWrap= true: Die eingegebenen Zeilen werden umgebrochen, wenn sie die Feldbreite überschreiten.*
Ereignisse	*OnClick: TNotifyEvent (Sender: TObject)*	*Wenn das Element mit der linken Maustaste angeklickt wird.*
	OnMouseDown: TMouseEvent…..	*Wenn eine Maustaste über dem Ele-ment gedrückt wird.*
	OnMouseDown: TMouseEvent…..	*Wenn eine Maustaste über dem Ele-ment bewegt wird.*
	OnMouseDown: TMouseEvent….	*Wenn eine Maustaste über dem Ele-ment losgelassen wird.*

Tabelle 9.12: Wichtige Elemente der Klasse TMemo

Mit dieser Komponente kann man sehr leicht einen einfachen Editor, etwa vom Leistungsumfang des in das Betriebssystem Windows integrierten Editors Notepad erstellen.

Textzeilen (Lines)

Wichtigste Eigenschaft von TMemo sind die Textzeilen, die den Dokumenteninhalt repräsentieren. Sie sind in der Eigenschaft *Lines* vom Typ TStrings zu finden. TStrings selbst wiederum ist eine Klasse der Typengruppe **class**.

Klasse	TStrings (unit Classes)	
Eigenschaften	Count: integer	Anzahl der Zeilen in TStrings
	ReadOnly: boolean	ReadOnly= true: Daten im Memo-Feld können nicht interaktiv geändert werden
	ScrollBars : TScrollStyle	Angabe, ob und in welcher Weise Bildlaufleisten eingefügt werden.
	WordWrap: boolean	WordWrap= true: Die eingegebenen Zeilen werden umgebrochen, wenn sie die Feldbreite überschreiten.
Methoden	Add (const S: Stringtyp) :integer	Einfügen der Zeile S am Ende der Liste. Der Wert von Count wird um 1 erhöht..
	Delete (Index :integer)	Entfernt die Zeile an der Position Index (nullbasierte Zählung)
	Equals (const S: TStrings): Boolean	Überprüft die Gleichheit zweier Stringlisten.True bei Gleichheit.
	Insert (const S:Stringtyp, Index: integer) :integer	Einfügen der Zeile S an der Stelle Index. Der Wert von Count wird um 1 erhöht.
	LoadFromFile (const S: Stringtyp)	Laden eines Dateiinhalts in die Stringliste. S enthält den Dateipfad.
	SaveToFile (const S: Stringtyp)	Sichern einer Stringliste in einer Datei. S enthält den Dateipfad.

Tabelle 9.13: Wichtige Elemente der Klasse TStrings

Bildlaufleisten (ScrollBars)

Bildlaufleisten werden ggf. dann eingefügt, wenn die für das Memofeld vorgesehenen Informationen (letztlich der Text) nicht in den für das Memofeld vorgesehenen Bereich passen.

Welche Art der Bildlaufleiste erscheint wird durch den Wert der Eigenschaft *ScrollBars* bestimmt. *ScrollBars* ist vom Typ TScrollStyle.

TScrollStyle	Bedeutung
ssNone	Keine Bildlaufleisten
ssHorizontal	Anzeige einer horizontalen Bildlaufleiste
ssVertical	Anzeige einer vertikalen Bildlaufleiste
ssBoth	Anzeige einer horizontalen und einer vertikalen Bildlaufleiste
ssAutoHorizontal	Anzeige einer horizontalen Bildlaufleiste falls erforderlich
ssAutoVertical	Anzeige einer vertikalen Bildlaufleiste falls erforderlich
ssAutoBoth	Anzeige einer horizontalen und einer vertikalen Bildlaufleiste falls erforderlich

Tabelle 9.14: Erläuterung zum Typ TScrollStyle[67]

9.4.7. Komponenten zur Gliederung der Fenster

Diese Elemente dienen nicht der aktiven Dialogführung. Sie unterstützen die Gliederung des Bildschirmaufbaus passiv, indem Sie es ermöglichen, Komponenten zu Gruppen zusammenzufassen.

9.4.7.1. TPanel

Eine Komponente vom Typ `TPanel` klammert die Komponenten, die in ihr angeordnet werden. In der Formular datei kommt das dadurch zum Ausdruck, dass eine Schaltfläche, die sich innerhalb des Panels befindet als Bestandteil das Panels und nicht als gleichwertiges Element eingetragen wird.

```
object Panel1: TPanel
  Left = 128
  Height = 152
  Top = 64
  Width = 170
  Caption = 'Panel1'
  ClientHeight = 152
  ClientWidth = 170
  TabOrder = 0
  object Button1: TButton
    Left = 72
    Height = 25
    Top = 24
    Width = 75
    Caption = 'Button1'
    TabOrder = 0
  end
end
```

---

67 Sollzustand, wird z. B. bei Lazarus 1.4.3./ FPC 2.6.4. nicht vollumfänglich eingehalten

Gleiches wird durch die hierarchische Unterordnung der Schaltfläche unter das Panle in der Baumansicht des Objektinspektors angezeigt.

Wenn Sie allein das Panel anwählen können Sie Panle und Inhalt gemeinsam verschieben, was vielfach die Gestaltung der Bedienoberfläche erleichtert.

Komponente	TPanel (unit ExtCtrls)	
Eigenschaften	Caption	Beschriftung in der Mitte der grafischen Komponente. Wird in der Regel überschrieben.
	Height: integer	Höhe
	Left: integer	Position der linken Seite
	Top: integer	Position der Oberseite
	Width: integer	Breite
Ereignisse	OnClick: TNotifyEvent (Sender: TObject)	Wenn das Element mit der linken Maustaste angeklickt wird.

Tabelle 9.15: Wichtige Elemente der Klasse TPanel

9.4.7.2. TGroupBox

Elemente vom Typ TGroupBox leisten ähnliches wie solche vom Typ TPanel.

Komponente	TGroupBox (unit StdCtrls)	
Eigenschaften	Caption	Beschriftung ioben links auf der grafischen Komponente.
	Height: integer	Höhe
	Left: integer	Position der linken Seite
	Top: integer	Position der Oberseite
	Width: integer	Breite
Ereignisse	OnClick: TNotifyEvent (Sender: TObject)	Wenn das Element mit der linken Maustaste angeklickt wird.

Tabelle 9.16: Wichtige Elemente der Klasse TGroupBox

9.5. Nicht alles, was Sie für Ihre Arbeit benötigen, kann in diesem Buch stehen – Die Hilfefunktionen

Ein Buch wie dieses kann grundsätzliche Prinzipien aufzeigen, es kann Anregungen geben, es kann aber keinesfalls ein vollständiges Nachschlagewerk sein, dem alle Einzelheiten der Programmiersprache und der Entwicklungsumgebung zu entnehmen sind. Zu diesem Zweck gibt es die verschiedenen Hilfefunktionen.

Die Hilfefunktionen werden über den Menüpunkt Hilfe erreicht oder man nutzt die kontextsensitive Hilfe in dem man in dem Bereich des Bildschirms wo sich die Frage ergibt die Taste F1 betätigt.

Für die Hilfefunktionen bieten sich zwei Möglichkeiten. Die Online-Hilfe, die über Hilfe | Online-Hilfe aufgerufen wird oder die integrierte Hilfe, die Sie über Hilfe | CHM-Hilfe erreichen.

Im Fall der Online-Hilfe erscheint im Internet-Browser eine Seite, die den Zugang

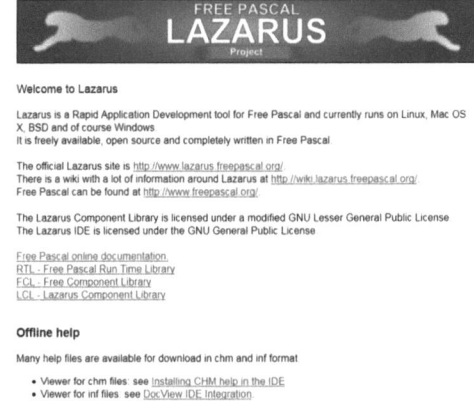

Abbildung 9.7: Startseite der Online-Hilfe

zu verschiedenen FPC-/Lazarus-Dokumenten eröffnet.

In der CHM-Hilfe finden Sie links 3 Reiter, die den Zugang zu verschiedenen Verzeichnissen eröffnen:

- Einem sachlich gegliederten (Contents),
- einem alphabetischen (Index) und

• einem, das dynamisch aufgrund einer Textsuche gebildet wird (Search).

In diesen Verzeichnissen können die gesuchten Themen angewählt werden, zu denen dann im rechten Teil des Bildschirms eine ausführliche Darstellung erfolgt.

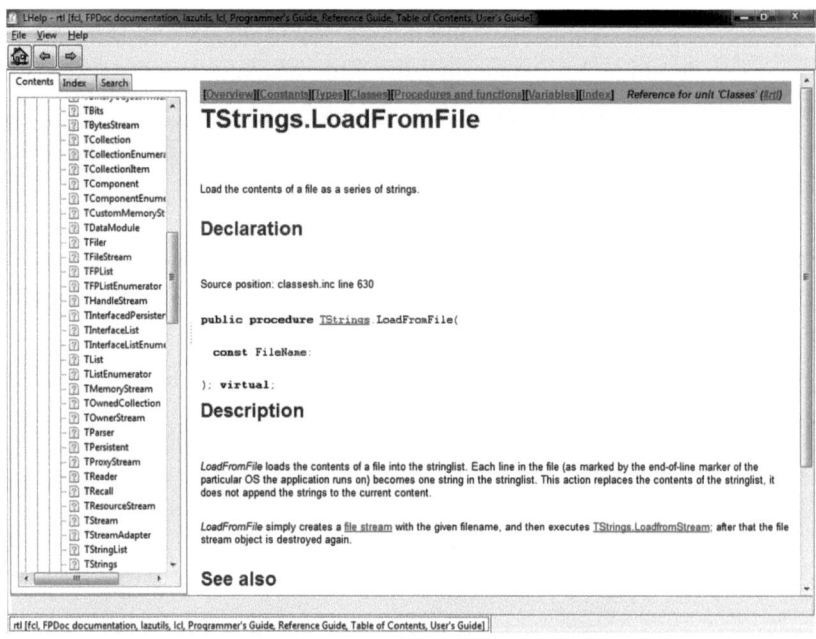

Abbildung 9.8: Beispielseite zur CHM-Hilfe

10. Die liebe Verwandtschaft – Datenfelder (arrays)

10.1. Aufgabenstellung

10.1.1. Arbeiten mit einer Messwerttabelle

Von einer Anlage (elektrische Spannungen, ganzzahlig) sind Messwerte stündlich einzulesen und im Rechner für einen Tag zu speichern. Das Programm ist so zu gestalten, dass eine Änderung auf 10-minütliches Einlesen leicht möglich ist.

Aus den gespeicherten Werten bzw. aus deren Struktur muss leicht abgeleitet werden können, welcher Wert welchem Zeitpunkt zuzuordnen ist.

Das Programm soll in der folgenden vereinfachten Form realisiert werden:

Abbildung 10.1: Bedienoberfläche des Programms ProMesswerte zur Ein- und Ausgabe von Messwerten

- Es gibt eine Betriebsart Eingabe und eine Betriebsart Ausgabe.

- Statt über ein Prozessinterface von einem Messgerät, werden die Messwerte im Dialog eingelesen.

- Sowohl bei der Messwerteingabe als auch bei der -ausgabe werden die Messzeitpunkte im Dialog vorgegeben.

- Die Speicherung erfolgt flüchtig im Programm. D. h. Nach Beendigung des Prozesses sind die eingegebenen Werte verloren.

- Die Übernahme der Werte in den Speicher erfolgt mittels der Schaltfläche Übernehmen. Diese ist nur im Eingabemodus bedienbar. Mit jeder Werteübernahme wird er Zeitschritt automatisch um 1 erhöht.

Die vorgesehene Bedienoberfläche ist in Abbildung 10.1 dargestellt. Mit dem Dreheingabefeld (`TSpinEdit`, linkes Eingabefeld) wird die Uhrzeit, mit dem rechten Eingabefeld die zugehörige Spannung eingegeben.

10.1.2. Gliederung von Umsätzen nach Umsatzart und -monat

In einem Einzelhandelsunternehmen sind die erzielten Umsätze nach Art des Umsatzes (Lebensmittel, Kleidung, Schuhe, Haushaltswaren,...) darzustellen. Die erzielten Umsätze sind über die Umsatzart und den Zeitraum quartalsweise aufzusummieren. Das Programm ist so zu gestalten, dass eine Änderung auf eine monatsweise Darstellung leicht durchzuführen ist.

Das Programm soll in der folgenden Form realisiert werden:

- Bei der Dateneingabe werden Quartal und Umsatzart durch Anwahl eines Tabellenfeldes mit der linken Maustaste vorgegeben. Das angewählte Feld wird beim Anklicken durch einen dünnen roten Rand markiert. Der Preis wird in das dafür vorgesehene Feld unten links auf dem Formular eingegeben.

- Durch Drücken der rechten Maustaste auf dem Eingabefeld für den Preis werden die eingegebenen Daten in ein Gitterelement übernommen.

- Dieses Gitter enthält zwei Zeilen und zwei Spalten mehr als es Umsatzarten und Quartale gibt. Je eine zusätzliche Zeile und Spalte dient der Beschriftung, jeweils eine weitere Zeile und Spalte nehmen die Summen auf.

- Bei jeder Datenübernahme ins Gitter erfolgt auch die Neuberechnung über die Zeilen (Warengruppen) und Spalten (Quartale).

Die Bedienoberfläche des Programms ist in Abbildung 10.2 dargestellt.

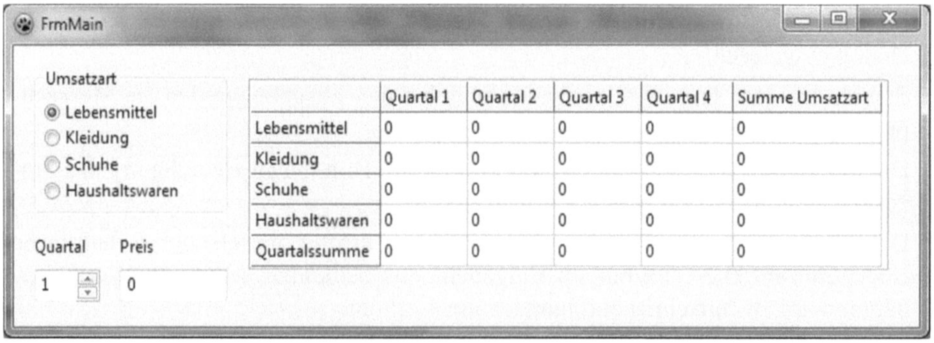

Abbildung 10.2: Bedienoberfläche für die Aufgabe „Erstellung einer Umsatztabelle"

10.1.3. Lösung eines Linearen Gleichungssystems

Ein lineares Gleichungssystem ist nach dem Gaussschen Eliminationsverfahren zu lösen. Eine Fehlerbehandlung (z. B. Warnung und Programmabbruch bei Division durch 0) ist vorzunehmen. Auf Optimierungsmaßnahmen (z. B. Zeilentausch) darf verzichtet werden.

Die Datenein- und -ausgabe soll in der in Abbildung 10.3 gezeigten Art erfolgen. Maximale Ordnung des Gleichungssystems sei 10.

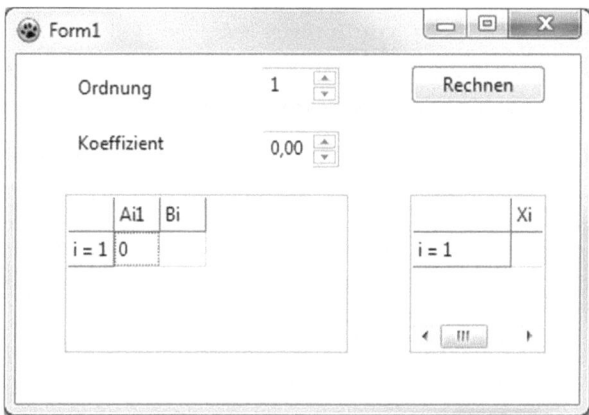

Abbildung 10.3: Dialogformular für die Berechnung eine Linearen Gleichungssystems

10.2. Der Beitrag von Pascal

10.2.1. Strukturierte Datentypen

Strukturierte Datentypen sind Datentypen bei denen unter einem Bezeichner mehrere Einzelwerte angesprochen werden, wobei der Zugriffsmechanismus auf die Einzelwerte sehr verschiedenartig realisiert sein kann. Die strukturierten Datentypen ermöglichen die problemnahe Definition komplexer Datentypen. Es können also vom Programmierer Datentypen individuell definiert werden, die wiederum aus elementaren oder strukturierten Datenelementen aufgebaut sind.

Zu den Strukturierten Daten gehören die Datenfelder, die in diesem Kapitel behandelt werden, aber auch die Textketten (Strings) (Kapitel 3), Mengen (Kapitel 11), Strukturen (Records) (Kapitel 12), Dateien (Kapitel Fehler: Referenz nicht gefunden und 14) und Klassen (Kapitel 9 und 15).

Die Datentypenklasse String (Textketten)

Zusammenfassung mehrerer Elemente des Typs *char* unter einem Bezeichner der Typenklasse *String*. Zusätzlich enthalten Daten der Typenklasse *String* noch eine Information über die aktuell ausgenutzte Länge des Datums[68].

Die Datentypenklasse array (Datenfelder)

In Datenfeldern (Arrays) werden mehrerer Datenelemente ein- und desselben Typs unter einem Bezeichner. Der Zugriff auf eine einzelnes Element des Arrays wird über Bezeichner und Index bzw. Indizes gesteuert. Feldelemente können von beliebigem Typ sein. Ebenso kann ein Array von beliebiger Dimension sein.

Die Datentypenklasse set (Mengen)

Hier werden innerhalb eines Datenelements (Variable oder Konstante) die Elemente einer Menge dargestellt. Basistypen einer Menge sind bestimmte Ordinaltypen. Zur Verarbeitung von Mengen stehen spezielle Mengenoperationen zur Verfügung. Mehr dazu finden Sie in 11.2.3 ab Seite 281.

Die Datentypenklasse record (Strukturen)

Zusammenfassung von Datenelementen beliebigen Typs unter einem Bezeichner. Auch Arrays und Hierarchien von Records sind möglich. Details hierzu finden Sie in Kapitel 12.

Die Datentypenklassen class und object (Klassen)

Diese Typenklassen bilden das Fundament der objektorientierten Programmierung. Eine Kurzeinführung zu diesem Thema enthält Kapitel 9.1, vertiefte Informationen finden Sie in Kapitel 15.

10.3. Datenfelder

Zur Speicherung der Messwerte benötigen Sie maximal 144 Variable vom Typ integer (24 Stunden, max. 6 Werte/h). Mit den Ihnen bisher bekannten Mitteln würden Sie vielleicht so vorgehen:

Vereinbarung:

```
var
    mw00, mw01, ....., mw142, mw143: integer;
```

---

68 Abrufbar mit der Funktion Length

Zuweisung eines zu einem bestimmten Zeitpunkt ermittelten Messwerts an die dafür vorgesehene Variable:

```
case Zeit of
  0:    mw00   := Messwert;
  1:    mw01   := Messwert;
  ......
  142: mw142 := Messwert;
  143: mw143 := Messwert;
end;
```

Array-Typ

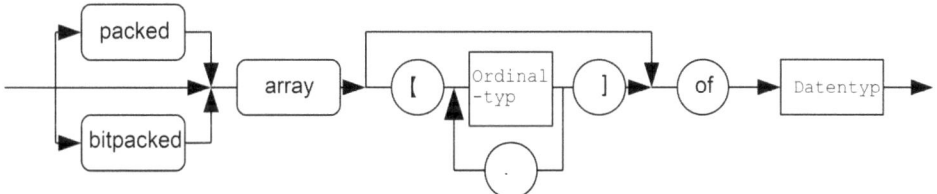

Syntaxdiagramm 10.1: Syntaxdiagramm für einen Arraytyp

Das führt zwar zu einer funktionierenden Lösung. Jedoch lässt deren Wartbarkeit
erheblich zu wünschen üblich. Die Erweiterung um einen weiteren Wert `mw144`
würde einen Eingriff an zwei Stellen (in der Variablenvereinbarung und in der case-
Anweisung) erforderlich machen. Bei größerem Umfang sind Variablenvereinbarung und case-Anweisung praktisch nicht mehr handhabbar.

Eine wesentliche Codevereinfachung bei gleichzeitiger erheblicher Verbesserung
der Wartbarkeit erhalten Sie durch die Einführung von Feldern oder Arrays.

Ein Array ist ein (Daten-) Element, das aus mehreren gleichartigen Basiselementen
besteht. Die Basiselemente dürfen jeden Typ annehmen. Dabei besteht keine Beschränkung auf Daten. Z. B. sind auch Arrays von Funktionen möglich. Sie werden
jedoch in der Praxis nur relativ selten (wahrscheinlich viel seltener als möglich und
zweckmäßig!) eingesetzt.

> Feldelemente
> können jeden
> Typ besitzen,
> auch Funkti-
> onstypen!!

10.3.1. Feldgrenzen

Bei der Vereinbarung von Arrays werden deren Grenzen angegeben aus diesen Angaben geht hervor, wie viele Elemente ein Array besitzt und wie sie benannt werden. In der ursprünglichen Pascal-Definition sind Arrays statische Größen. D. h.
zum Zeitpunkt ihrer Vereinbarung muss auch ihre Größe bekannt sein. Neuere Ent-
wicklungen kennen auch dynamische Arrays.

10.3.1.1. Eindimensionale Datenfelder

Eindimensionale Datenfelder dienen z. B. der Darstellung von Vektoren. Die maximal 144 Messwerte aus der Aufgabe in Kapitel 10.1.1 könnten demnach in einem Arrray folgendermaßen dargestellt werden:

Feldgrenzen können beliebig festgelegt werden.

```
Var
   Messwerte: array [1:144] of single;
```

Mit nullbasierten Feldern können Sie C/C++-konform arbeiten.

Alternativ ist auch eine an die C/C++- bzw. Java-Konventionen (sog. 0-basiertes Datenfeld) angepasste Vereinbarung möglich:

```
Var
   Messwerte: array [0:143] of single;
```

Hier reichen die Indizes von 0 bis 143.

10.3.1.2. Mehrdimensionale Datenfelder

Die Datenfelder die Sie bis jetzt kennen gelernt haben sind eindimensional. Bei Bedarf können Sie aber auch Datenfelder beliebiger Dimension erstellen. Das nachstehende Programmbeispiel zeigt Ihnen zwei Beispiele zur Vereinbarung und Behandlung mehrdimensionaler Datenfelder.

```
program ProMehrDim1;
var
    ia : array [1..3,0..5,2..7] of integer;
    ib : array [1..3] of array [0..5] of array [2..7] of integer ;
begin
  ia[2, 3, 5] := 987;
  ib[2, 3, 5] := ia[2, 3, 5];
  Writeln (ia[2, 3, 5], '   ', ib[2, 3, 5]);
  ReadLn
end.
```

Mehrdimensiionale Dimensionierung: Entweder direkt oder als Array of Array.

Im ersten Fall (Variable *ia*) wird direkt ein dreidimensionales Feld aus skalaren Größen entwickelt.

Im zweiten Fall (Variable *ib*) arbeiten wir mit einer Kaskade von Arrays. Ein zweidimensionales Datenfeld ist bei diesem Ansatz ein eindimensionales Datenfeld, das als Grundelement ein eindimensionales Datenfeld besitzt. Wenn Sie jetzt dieses so gebildete zweidimensionale Array als Basiselement in einem eindimensionalen Array verwenden erhalten Sie ein dreidimensionales Array. Der Datenzugriff erfolgt bei ia und ib in der selben Weise.

10.3.1.3. Dynamische Datenfelder

Bis jetzt haben Sie mit so genannten statischen Datenfelder gearbeitet. Diese haben während ihrer gesamten Lebensdauer die selbe Größe. Die Indizes können sich soweit Sie die - dafür vorgesehenen Datentypen verwenden – in nahezu beliebigen Bereichen bewegen.

Dynamische Datenfelder hingegen können zu beliebigen Zeiten beliebige Größen[69] annehmen. Das bedeutet, dass sie zur Laufzeit nach Bedarf vergrößert aber auch wieder verkleinert werden können. Allerdings sind die Indizes grundsätzlich nullbasiert. D. h., dass ein Feld, das n Elemente besitzt grundsätzlich von den Elementen mit den Indizes 0 und n-1 begrenzt wird.

Dynamische
Datenfelder
sind grund-
sätzlich null-
basiert!!

Die Vereinbarung eines dynamischen Datenfeldes erfolgt mit folgendem Konstrukt:

```
var
   Feldbezeichner : array of Elementtyp;
```

Aufgrund dieser Vereinbarung besitzt das Feld zunächst die Größe 0. Die Größe des Datenfeldes wird dann mit der Prozedur `SetLength (Variable, Laenge)` eingestellt. `Variable` ist die Feldvariable, deren Größe eingestellt werden soll, `Laenge` ist ein ganzzahliger Ausdruck, der die Größe (Anzahl der Elemente) des Datenfeldes angibt. Der höchste Index ist um 1 kleiner als der Wert von `Laenge`.

10.3.1.4. Überprüfung der Feldgrenzen

Durch Verwendung der Compileroption {$RANGECHECKS ON} können Sie sicherstellen, dassBereiche außerhalb der festgelegten Feldgrenzen nicht angesprochen werden.

```
program ProRangeTest;
var
   a: array[1..3] of double;
   i: integer;
begin
   i := 4;
   a[i] := 3.5;         //Indexfehler unbehandelt
   writeln (a[i]);
   Readln;
{$Rangechecks on}
   a[i] := 3.5;         //Laufzeitfehler wegen Indexfehlers:
   writeln (a[i]);
   Readln;
end.
```

Im obenstehenden Programm *ProRangeTest* wird ein Array mit dem Indexbereich 1 bis 3 vereinbart. Dann wird dem eigentlich nicht vereinbarten Element a[4] der Wert 3.5 zugewiesen. Dieser Wert kann auch mit der Anweisung Writeln a[i] auf dem Bildschirm ausgegeben werden.

---

69 Das gilt natürlich nur so weit wie Betriebsmittel - also z. B. Arbeitsspeicher – in ausreichendem Umfang verfügbar sind.

Wenn Sie die Bereichsüberwachung einschalten wird schon durch die Zuweisung
`a[i]  := 3.5` ein Fehlerereignis ausgelöst, das unbehandelt zum Programmabbruch führt. Mit den in Kapitel Fehler: Referenz nicht gefunden gezeigten Mitteln
können Sie sachgerecht auf das Fehlerereignis reagieren. Die sachgerechte Reaktion vermeidet den Programmabbruch und erzeugt beispielsweise eine Fehlermeldung.

10.3.2. Feldtypen

Datenfelder fassen Elemente eines Datentyps zusammen. Als Basistypen eines
Datenfeldes sind alle Datentypen zulässig. Auch Array-Typen (Datenfeld-Typen)
selbst, Klassen und Funktionen.

Felder die aus den gleichen Basistypen (gleich in Zahl und Anordnung) bestehen,
besitzen den selben Datentyp. Dieser kann implizit und explizit angegeben werden.

Die implizite Angabe haben Sie bereits oben kennen gelernt.

```
Var
  Mittelwerte: array [1:144] of single;
  Messwerte: array [1:144] of single;
```

Die Variablen Mittelwerte und Messwerte bestehen beide aus 144 Werten vom Typ
single, die über die Indizes 1 bis 144 anzusprechen sind. Deshalb sind sie vom
selben Typ, der in diesem Fall aber nicht explizit bezeichnet wird.

Explizit kann man den Typ folgendermaßen vereinbaren:

```
Type
  MesswertTyp = array [1:144] of single;
```

Unter Nutzung dieser Typenvereinbarung lautet die Datenvereinbarung:

```
Var
  Mittelwerte: MesswertTyp;
  Messwerte: MesswertTyp;
```

10.4. Der Beitrag von Lazarus

10.4.1. Bedienoberfläche

Lazarus liefert die visuellen Komponenten zur Erstellung der Bedienoberfläche.
Eine Grundmenge an visuellen Komponenten wurde in Kapitel 9 vorgestellt.

10.4.1.1. Aufgabe Messwerttabelle

Für die Betriebsartenumschaltung Eingebe / Ausgabe wird ein Element vom Typ `TRadioGroup` mit zwei Wahlmöglichkeiten verwendet. Mit der Umschaltung wird die Datenübernahme freigegeben oder gesperrt (s.u.).

Die Uhrzeit der Messwerterfassung wird über ein Element *SpEUhrzeit* vom Typ `TSpinEdit` eingegeben.

Die Eingabe des Spannungswerts erfolgt in einem Feld *MEdSpannung* vom Typ `TMaskEdit`.

Für die Übernahme der Messwerte gibt es die Schaltfläche *BtnUebern*. Diese ist nur in der Betriebsart (`Enabled = true`) nutzbar .

10.4.1.2. Aufgabe Umsatzübersicht

Basis der Bedienoberfläche ist ein Textgitterfeld (`TStringGrid`). Links davon ist ein Feld für eine 1-aus-n-Auswahl der Umsatzart (`TRadioGroup`) untergebracht. Für die Eingabe des Quartals wird ein Drehtextfeld (`TSpinEdit`) , und für die Eingabe des Preises ein Gleitkommadrehtextfeld (`TFloatSpinEdit`).

10.4.1.3. Aufgabe Lösung eines Gleichungssystems

Hauptelemente der Bedienoberfläche sind zwei Textgitter (`TStringGrid`). Das linke umfasst die Koeffizienten des Gleichungssystems, das rechte nimmt die Lösung auf.

Hinzukommen zwei Dreheingabefelder. Das erste in der Standardversion (`TSpinEdit`) dient zur Eingabe der Ordnung des Gleichungssystems. Das zweite in der Gleitkommaversion (`TFloatSpinEdit`) dient zur Eingabe der Koeffizienten des Gleichungssystems.

Durch die Eingabe der Ordnung des Gleichungssystems werden die Textgitterfelder per Programm in der Größe angepasst. Die Koeffizienteneingabe erfolgt jeweils im linken Textgitterfeld. Zunächst wird der Wert des Koeffizienten im Eingabefeld Koeffizient eingetragen. Dann wird im Textgitterfeld diejenige Zelle angeklickt, in die der Koeffizient übernommen werden soll.

10.5. Lösungen

10.5.1. Aufgabe Messwerttabelle

10.5.1.1. Codierung des Hauptprogramms ProMesswerte

```
program ProMesswerte;

{$mode objfpc}{$H+}

uses
  {$IFDEF UNIX}{$IFDEF UseCThreads}
  cthreads,
  {$ENDIF}{$ENDIF}
  Interfaces, // this includes the LCL widgetset
  Forms, UFrmmainmesswerte
  { you can add units after this };

{$R *.res}

begin
  Application.Initialize;
  Application.CreateForm(TFrmMainMesswerte, FrmMainMesswerte);
  Application.Run;
end.
```

10.5.1.2. Datenstrukturen

Die eingegebenen Werte werden in einem eindimensionalen Datenfeld mit 24 Elementen gespeichert. Die Indizes nehmen entsprechend der Stunden des Tages die Nummern 0 bis 23 an.

10.5.1.3. Codierung des Hauptformulars FrmMainMesswerte

```
unit UFrmmainmesswerte;

{$mode objfpc}{$H+}

interface

uses
  Classes, SysUtils, FileUtil, Forms, Controls, Graphics, Dialogs, Spin,
  StdCtrls, ExtCtrls, MaskEdit;

type

  { TFrmMainMesswerte }

  TFrmMainMesswerte = class(TForm)
    BtnUebern: TButton;
    LblUhrzeit: TLabel;
    LblSpannung: TLabel;
    MEdSpannung: TMaskEdit;
    RgrBetriebsart: TRadioGroup;
```

```
    SpEUhrzeit: TSpinEdit;
    procedure BtnUebernClick(Sender: TObject);
    procedure FormCreate(Sender: TObject);
    procedure RgrBetriebsartClick(Sender: TObject);
    procedure SpEUhrzeitChange(Sender: TObject);
  private
    Messwerte : array [0..23] of integer;
    { private declarations }
  public
    { public declarations }
  end;

var
  FrmMainMesswerte: TFrmMainMesswerte;

implementation

{$R *.lfm}

{ TFrmMainMesswerte }

procedure TFrmMainMesswerte.SpEUhrzeitChange(Sender: TObject);
begin
  MEdSpannung.Text := IntToStr(Messwerte[SpEUhrzeit.Value]);
end;

procedure TFrmMainMesswerte.BtnUebernClick(Sender: TObject);
begin
  Messwerte[SpEUhrzeit.Value] := StrToInt(MEdSpannung.Text);
  SpEUhrzeit.Value:=SpEUhrzeit.Value+1;
end;

procedure TFrmMainMesswerte.FormCreate(Sender: TObject);
var
  i : integer;
begin
  for i := 0 to 23 do
    Messwerte [i] := 0;
end;

procedure TFrmMainMesswerte.RGrBetriebsartClick(Sender: TObject);
begin
  case RGrBetriebsart.ItemIndex of
    0: BtnUebern.Enabled:= true;
    1: BtnUebern.Enabled:= false;
  end;
end;

end.
```

10.5.2. Aufgabe Umsatzübersicht

10.5.2.1. Codierung des Hauptprogramms ProUmsatzOO

```
program ProUmsatzOO;

{$mode objfpc}{$H+}

uses
  {$IFDEF UNIX}{$IFDEF UseCThreads}
  cthreads,
  {$ENDIF}{$ENDIF}
  Interfaces, // this includes the LCL widgetset
  Forms, UFrmMainProUmsatzOO
  { you can add units after this };

{$R *.res}

begin
  Application.Initialize;
  Application.CreateForm(TFrmMain, FrmMain);
  Application.Run;
end.
```

10.5.2.2. Datenstrukturen

In dieser Aufgabe wird explizit kein Datenfeld vereinbart. Zur Speicherung der Daten wird direkt das Textgitterfeld (TStringGrid), in dem die Umsätze erfasst werden – bzw. dessen Eigenschaft Cells – genutzt. Als dynamisches Datenfeld ist Cells nullbasiert. Der erste Index steht für die Spalten der zweite für die Zeilen. Die Abspeicherung der Umsatzdaten erfolgt nicht als Zahlentyp sondern als Zeichenkette.

10.5.2.3. Codierung des Hauptformulars FrmMainProUmsatzOO

```
unit UFrmMainProUmsatzOO;

{$mode objfpc}{$H+}

interface

uses
  Classes, SysUtils, FileUtil, Forms, Controls, Graphics, Dialogs,
ExtCtrls,
  Spin, StdCtrls, MaskEdit, Grids;

type

  { TFrmMain }

  { TFrmMainProUmsatzOO }

  TFrmMainProUmsatzOO = class(TForm)
    FSEPreis: TFloatSpinEdit;
```

```
    LblZeitraum: TLabel;
    LblPreis: TLabel;
    RGUmsatzart: TRadioGroup;
    SEZeitraum: TSpinEdit;
    StGUmsatzart: TStringGrid;
    procedure FSEPreisMouseDown(Sender: TObject; Button: TMouseButton;
      Shift: TShiftState; X, Y: Integer);
    procedure FormCreate(Sender: TObject);
    procedure StGUmsatzartSelectCell(Sender: TObject; aCol, aRow: Integer;
      var CanSelect: Boolean);
  private
    { private declarations }
    procedure Summierung;
  public
    { public declarations }
  end;

var
  FrmMainProUmsatzOO: TFrmMainProUmsatzOO;

implementation

{$R *.lfm}

{ TFrmMain }

procedure TFrmMainProUmsatzOO.FormCreate(Sender: TObject);
var
  i, j: integer;
begin
  StGUmsatzart.Cells[0,1] := 'Lebensmittel';
  StGUmsatzart.Cells[0,2] := 'Kleidung';
  StGUmsatzart.Cells[0,3] := 'Schuhe';
  StGUmsatzart.Cells[0,4] := 'Haushaltswaren';
  StGUmsatzart.Cells[0,5] := 'Quartalssumme';
  StGUmsatzart.Cells[1,0] := 'Quartal 1';
  StGUmsatzart.Cells[2,0] := 'Quartal 2';
  StGUmsatzart.Cells[3,0] := 'Quartal 3';
  StGUmsatzart.Cells[4,0] := 'Quartal 4';
  StGUmsatzart.Cells[5,0] := 'Summe Umsatzart';
  for i := 1 to 4 do
    for j := 1 to 4 do
      StGUmsatzart.Cells[i,j] := '0';
  Summierung;
end;

procedure TFrmMainProUmsatzOO.StGUmsatzartSelectCell(Sender: TObject; aCol,
  aRow: Integer; var CanSelect: Boolean);
begin
  if (arow <= 4) and (arow >= 1) then
      if (acol <= 4) and (acol >= 1) then
        begin
          RGUmsatzart.itemIndex := arow-1;
          SEZeitraum.Value :=  acol;
        end;
end;
```

```
procedure TFrmMainProUmsatzOO.FSEPreisMouseDown(Sender: TObject; Button:
TMouseButton;
  Shift: TShiftState; X, Y: Integer);
begin
  //Datenübernahme mit rechter Maustaste
    if Shift = [ssRight] then
      begin
        StGUmsatzart.Cells[SEZeitraum.Value,RGUmsatzart.ItemIndex+ 1] :=
FloatToStr(FSEPreis.Value);
        Summierung;
      end;
end;

procedure TFrmMainProUmsatzOO.Summierung;
  var
    i, j: integer;
    sum: single;
  begin
//Spaltensummen
    for i := 1 to 4 do
      begin
      sum := 0;
      for j := 1 to 4 do
        sum := sum + StrToFloat (StGUmsatzart.Cells[i,j]);
      StGUmsatzart.Cells[i,5] := FloatToStr(sum);
      end;
//Zeilensummen
    for j := 1 to 5 do
      begin
      sum := 0;
      for i := 1 to 4 do
        sum := sum + StrToFloat (StGUmsatzart.Cells[i,j]);
      StGUmsatzart.Cells[5,j] := FloatToStr(sum);
      end;
//Zeilensummen
  end;

end.
```

10.5.3. Aufgabe Lösung eines Linearen Gleichungssystems

10.5.3.1. Zahlenbeispiel

Das Gausssche Eiiliminationsverfahren wird nachfolgend anhand eines Zahlenbeispiels erläutert.

Gegeben sei das Gleichungssystem

$$3 \cdot x + 4 \cdot y + 6 \cdot z = -5$$
$$9 \cdot x + 2 \cdot y - 3 \cdot z = 50$$
$$-x - 2 \cdot y - 4 \cdot z = 9$$

Wenn Sie zwei dieser Gleichungen dieses Systems linear miteinander kombinieren[70] (z. B. durch Addition) so bleibt die Gleichheit erhalten. Dazu gehen Sie z. B. folgendermaßen vor:

Um eine Gleichung zu erzeugen, in der die Variable x nicht mehr auftritt addieren Sie die mit f = -3 multiplizierte erste Gleichung zur zweiten (der Faktor f = -3 ergibt sich aus dem Quotienten der Koeffizienten der ersten Spalte $-(9/3)$). Daraus ergibt sich folgende neue Gleichung:

$$-3 \cdot (3 \cdot x + 4 \cdot y + 6 \cdot z) + 9 \cdot x + 2 \cdot y - 3 \cdot z = (-3) \cdot (-5) + 50$$

bzw.: $-10 \cdot y - 21 \cdot z = 65$

Mit dieser Gleichung können Sie prinzipiell die erste oder die zweite nicht aber die dritte Zeile des Gleichungssystems ersetzen. Sie enthält wie beabsichtigt nur noch zwei statt ursprünglich drei Unbekannte. Aus Gründen, die etwas weiter unten offenbar werden, wird die zweite Zeile der ursprünglichen Gleichung ersetzt. Damit ergibt sich das folgende Gleichungssystem:

$$3 \cdot x + 4 \cdot y + 6 \cdot z = -5$$
$$-10 \cdot y - 21 \cdot z = 65$$
$$-x - 2 \cdot y - 4 \cdot z = 9$$

In ähnlicher Weise können Sie die erste und die dritte Zeile miteinander kombinieren. Der Faktor lautet jetzt $f = -(-1/3) = 1/3$

$$\frac{1}{3} \cdot (3 \cdot x + 4 \cdot y + 6 \cdot z) - x - 2 \cdot y - 4 \cdot z = \frac{-5}{3} + 9$$

$$x + \frac{4}{3} \cdot y + 2 \cdot z - x - 2 \cdot y - 4 \cdot z = \frac{22}{3}$$

$$\frac{-2}{3} \cdot y - 2 \cdot z = \frac{22}{3}$$

Erweiterung mit 3 ergibt: $-2 \cdot y - 6 \cdot z = 22$

---

70 Linearkombination zweier Zeilen: ZeileKomb = a*Zeile1+b*Zeile2. a und b können sowohl positiv als auch negativ sein.

Durch diese neu erhaltene Gleichung wird die dritte Zeile des ursprünglichen Gleichungssystems ersetzt. Damit erhalten Sie das folgende Gleichungssystem:

$$3 \cdot x + 4 \cdot y + 6 \cdot z = -5$$
$$-10 \cdot y - 21 \cdot z = 65$$
$$-2 \cdot y - 6 \cdot z = 22$$

Durch diese Manipulation des Gleichungssystems besitzen die zweite und die dritte Gleichung nur noch zwei Unbekannte. Durch Kombination der zweiten und der dritten Gleichung können Sie anschließend eine Gleichung erzeugen, die nur noch eine Unbekannte besitzt.

Der maßgebliche Faktor lautet jetzt $\quad f = \dfrac{-2}{10} = \dfrac{-1}{5}$.

Die Gleichung ergibt sich zu

$$\frac{-1}{15} \cdot (-10 \cdot y - 21 \cdot z) + \frac{(-2)}{3} \cdot y - 2 \cdot z = \frac{-65}{15} + \frac{22}{3}$$
$$(\frac{10}{15} \cdot y + \frac{21}{15} \cdot z) + \frac{(-10)}{15} \cdot y - \frac{30}{15} \cdot z = \frac{-65}{15} + \frac{110}{15}$$
$$\frac{-9}{15} \cdot z = \frac{45}{15}$$
$$-9 \cdot z = 45$$

und das gesamte Gleichungssystem zu $\quad 3 \cdot x + 4 \cdot y + 6 \cdot z = -5$
$$-2 \cdot y - 6 \cdot z = 22$$
$$-9 \cdot z = 45$$

Nach diesen Vorbereitungsmaßnahmen können Sie das Gleichungssystem ganz einfach lösen. Aus der dritten Gleichung folgt direkt $\quad z = -\dfrac{45}{9} = -5$.

Aus der zweiten Gleichung folgt y nach dem Einsetzen von z = -5:

$y = -(3 \cdot z + 11)$. Wenn Sie in diese Gleichung $z = -5$ einsetzen erhalten Sie $y = 4$.

Die Auflösung der ersten Gleichung nach x ergibt $\quad x = \dfrac{1}{3} \cdot (-4 \cdot y - 6 \cdot z - 5)$.

Wenn Sie $y = 4$ und $z = -5$ einsetzen erhalten Sie $x = 3$.

10.5.3.2. Entwicklung eines allgemeinen Algorithmus zur Lösung des Gleichungssystems

Aus dem Zahlenbeispiel in 10.5.3.1 wird nun in allgemeiner Form der Algorithmus zur Lösung des Gleichungssystems hergeleitet.

Gegeben sei das Gleichungssystem :

$$a_{11} \cdot x_1 + a_{12} \cdot x_2 \ldots .. a_{1n} \cdot x_n = b_1$$
$$a_{21} \cdot x_1 + a_{22} \cdot x_2 \ldots .. a_{2n} \cdot x_n = b_2$$
$$\ldots\ldots\ldots$$
$$a_{n1} \cdot x_1 + a_{n2} \cdot x_2 \ldots .. a_{nn} \cdot x_n = b_1$$

Kombination der Zeile1 mit den Zeilen 2 bis n :

Zeile 2:
Faktor für Zeile 1 ist $k_{12} = -a_{21}/a_{11}$. Die Kombination der Zeilen ergibt:

$$a_{22(1)} \cdot x_2 \ldots .. a_{2n(1)} \cdot x_n = b_1 \quad . \quad a_{21(1)} \text{ nimmt den Wert 0 an.}[71]$$

Zusammengefasst erfolgt die Lösungsermittlung nach folgenden Regeln:

- Kombinieren Sie alle Zeilen i von i = 1 bis i = n-1 mit ihren sämtlichen Nachfolgezeilen j = i + 1 bis n und ersetzen Sie jeweils die bestehende Zeile j durch die Kombination der Zeilen i und j.
  In die Kombination gehen die Zeilen i unverändert ein. Die Zeilen j für j = i+1 bis j = n werden mit dem Faktor $-a_{ji}/a_{ii}$ multipliziert. Auf diese Weise wird erreicht, dass in der Zeilenkombination a_{ji} den Wert null annimmt.
  Durch diese Umformung des Gleichungssystems sind in Zeile i alle Spalten j < i mit Nullen besetzt.

- Ermitteln Sie ausgehend von der letzten Zeile des aufbereiteten Gleichungssystems die Lösungen. Grundsätzlich gilt dabei für eine beliebige Unbekannte x_i :

$$x_i = \frac{1}{a_{ii}} \cdot \left(-\sum_{j=1}^{i-1} (a_{ij} \cdot x_j) - \sum_{j=i+1}^{n} (a_{ij} \cdot x_j) + b_i \right) \quad \text{wobei aufgrund der Umformung}$$

der Ausdruck $-\sum_{j=1}^{i-1} (a_{ij} \cdot x_j)$ immer den Wert 0 annimmt. Mit diesem Wissen

gilt für alle i für i = n bis 1 (rückwärts!!): $x_i = \frac{1}{a_{ii}} \cdot \left(-\sum_{j=i+1}^{n} (a_{ij} \cdot x_j) + b_i \right)$.

---

71 (1) bezeichnet hier die mit der Zeile 1 kombinierte Zeile 2.

Da die Unbekannten x_i beginnend mit dem höchsten Index n ermittelt werden, sind bei der Ermittlung von x_i die Werte von x_{i+1} bis x_n bereits bekannt.

Wichtiger Hinweis:

Mit diesem Algorithmus ist das Gleichungssystem nur lösbar wenn keines der Diagonalelemente a_{ii} den Wert 0 besitzt. Dieses Problem kann in vielen Fällen durch Vertauschen (Pivotsuche) der Zeilen gelöst werden. In der Musterlösung wird das aus Gründen der Übersichtlichkeit ignoriert.

Zur Erläuterung:

Wenn ein Diagonalelement den Wert null besitzt, arbeitet der Algorithmus nicht korrekt!!

Mit dem beschriebenen Algorithmus wäre das Gleichungssystem $\begin{aligned} 0 \cdot x + 1 \cdot y &= 1 \\ 1 \cdot x + 0 \cdot y &= 1 \end{aligned}$ nicht lösbar. Obwohl es die Lösungen x = 1 und y = 1 besitzt.

Das gleichwertige System $\begin{aligned} 1 \cdot x + 0 \cdot y &= 1 \\ 0 \cdot x + 1 \cdot y &= 1 \end{aligned}$, bei dem lediglich die Zeilen vertauscht wurden, ist hingegen lösbar.

10.5.3.3. Datenstrukturen

Die Datenfelder sind als statische Arrays in der Unit UGauss implementiert. Damit wurde die Implementation der Datenbasis von der der Bedienoberfläche getrennt. Die rechte Seite des Gleichungssystems (*RechteSeite*) und der Lösungsvektor (*Unbekannte*) sind als eindimensionale Arrays realisiert, die Koeffizientenmatrix als zweidimensionales Datenfeld (*LinkeSeite*). Entsprechend der üblichen Nummerierung von Vektor- und Matrixelementen sind die Indizes der Arrays 1-basiert.

10.5.3.4. Unit für die Bedienoberfläche

Auf der Grundlage von 10.4.1.3 wird die Unit für die Bedienoberfläche codiert.

1-basiert: Die Nummerierung der Indizes beginnt bei 1.

```
unit ufrmmaingauss;

{$mode objfpc}{$H+}

interface

uses
  Classes, SysUtils, FileUtil, Forms, Controls, Graphics, Dialogs, Grids,
  StdCtrls, Spin;

type

  { TForm1 }
```

```
  TForm1 = class(TForm)
    BtnRechnen: TButton;
    FSEKoeff: TFloatSpinEdit;
    LblTxtOrdnung: TLabel;
    LblTxtKoeff: TLabel;
    SpEOrdnung: TSpinEdit;
    StGSystem: TStringGrid;
    StGLoesungen: TStringGrid;
    procedure BtnRechnenClick(Sender: TObject);
    procedure FormCreate(Sender: TObject);
    procedure SpEOrdnungChange(Sender: TObject);
    procedure StGSystemSelectCell(Sender: TObject; aCol, aRow: Integer;
      var CanSelect: Boolean);
  private
    { private declarations }
  public
    { public declarations }
  end;

var
  Form1: TForm1;

implementation
uses UGauss;

{$R *.lfm}

{ TForm1 }
Var
  LinkeSeite : double_10_10;
  RechteSeite: double_10;
  Unbekannte: double_10;
  Ordnung:  integer;

procedure TForm1.FormCreate(Sender: TObject);
var
  i:integer;
begin
  //Überschriften setzen
  if (SpEOrdnung.Value>10) then
    SpEOrdnung.Value := 10;
  Ordnung := SpEOrdnung.Value;
  StGSystem.ColCount := SpEOrdnung.Value+2;
  StGSystem.RowCount := SpEOrdnung.Value+1;
  StGLoesungen.RowCount := SpEOrdnung.Value+1;
  StGLoesungen.Cells[1,0] := 'Xi';
  for i := 1 to Ordnung do
    begin
    StGSystem.Cells[0,i] := 'i = '+ IntToStr (i);
    StGSystem.Cells[i,0] := 'Ai'+ IntToStr (i);
    StGLoesungen.Cells[0,i] := 'i = '+ IntToStr (i);
    end;
  StGSystem.Cells[Ordnung+1,0] := 'Bi';
end;

procedure TForm1.SpEOrdnungChange(Sender: TObject);
var
```

```
    i:integer;
begin
//   SpEOrdnung.OnChange := nil;
//*********
//Der Programmcode zwischen den mit //********* markierten Zeilen tritt
//doppelt auf. Wie Sie diesen doppelten Code vermeiden können, erfahren Sie
//in Kapitel 15.
  //Überschriften setzen
  if (SpEOrdnung.Value>10) then
    SpEOrdnung.Value := 10;
  Ordnung := SpEOrdnung.Value;
  StGSystem.ColCount := SpEOrdnung.Value+2;
  StGSystem.RowCount := SpEOrdnung.Value+1;
  StGLoesungen.RowCount := SpEOrdnung.Value+1;
  StGLoesungen.Cells[1,0] := 'Xi';
  for i := 1 to Ordnung do
    begin
      StGSystem.Cells[0,i] := 'i = '+ IntToStr (i);
      StGSystem.Cells[i,0] := 'Ai'+ IntToStr (i);
      StGLoesungen.Cells[0,i] := 'i = '+ IntToStr (i);
    end;
  StGSystem.Cells[Ordnung+1,0] := 'Bi';
//*********
//   SpEOrdnung.OnChange := SpEOrdnungChange(Sender);
end;

procedure TForm1.StGSystemSelectCell(Sender: TObject; aCol, aRow: Integer;
  var CanSelect: Boolean);
begin
  StGSystem.Cells[aCol,aRow]  :=  FloatToStr(FSEKoeff.Value);
end;

procedure TForm1.BtnRechnenClick(Sender: TObject);
var
  Spalte: integer;
  Zeile: integer;
begin
//Aus der Bedienoberfläche lesen
Ordnung := SpEOrdnung.Value;
for Zeile := 1 to Ordnung do
  begin
  RechteSeite[Zeile]  :=  StrToFloat(StGSystem.Cells[Ordnung+1,Zeile]);
  for Spalte := 1 to Ordnung do
    begin
    LinkeSeite[Zeile, Spalte]  :=
StrToFloat(StGSystem.Cells[Spalte,Zeile]);
    end;
  end;
GaussAlgorithmus (Ordnung, LinkeSeite, RechteSeite, Unbekannte);
//in die Bedienoberfläche Speichern
for Zeile := 1 to Ordnung do
  StGLoesungen.Cells[1,Zeile] := FloatToStr(Unbekannte[Zeile]);
end;

end.
```

10.5.3.5. Code des Mathematik-Moduls UGauss

Dieser Modul besteht aus zwei wesentlichen Teilen. Der Elimination, bei der aus der vollständig besetzten Matrix eine Dreiecksmatrix gebildet wird und der Lösungsermittlung bei der beginnend mit der letzten Zeile der Dreieckmatrix die Lösung errechnet wird.

Elimination

```
//Gleichungssystem aufbereiten, Gausselimination
//Über alle Zeilen außer der letzten
  for i := 1 to n-1 do
    begin
//Über alle Zeilen nach der Zeile i
    for j := i+1 to n do
      begin
//Faktor ermitteln
        c := - A[j,i]/A[i,i];
//Zeilen i und j kombinieren, für alle Elemente ab der Diagonalen
      for k := i to n do
        A[j,k] := A[i, k]*c + A[j,k]; //Linke Seite
    end;
    B[j] := B[i]*c + B[j]; //Rechte Seite
    end;
```

Lösungsermittlung

```
//Lösungen ermitteln, von der letzten Zeile rückwärts.
  for i := n downto 1 do
    begin
      X[i] := B[i];
      for j := i+1 to n do
        X[i]:= X[i] - A[i,j]*X[j];
      X[i] := X[i]/A[i,i];
    end;
```

Gesamter Modul

```
unit UGauss;

{$mode objfpc}{$H+}

interface

uses
  Classes, SysUtils;

type
double_10 = array [1..10] of double;
double_10_10 = array [1..10] of array [1..10] of double;

var
  n: integer;

procedure GaussAlgorithmus
```

```
              (n: integer;A: double_10_10; B: double_10; var X : double_10);

implementation

procedure GaussAlgorithmus
              (n: integer;A: double_10_10; B: double_10; var X : double_10);
var
  c: double;
  i: integer;
  j: integer;
  k: integer;
begin
//Gleichungssystem aufbereiten
  for i := 1 to n-1 do
    begin
    for j := i+1 to n do
      begin
//Faktor ermitteln
        c := - A[j,i]/A[i,i];
//Zeilen kombinieren
        for k := i to n do
          A[j,k] := A[i, k]*c + A[j,k];
        B[j] := B[i]*c + B[j];
      end;
    end;
//Lösungen ermitteln
  for i := n downto 1 do
    begin
      X[i] := B[i];
      for j := i+1 to n do
        X[i]:= X[i] - A[i,j]*X[j];
      X[i] := X[i]/A[i,i];
    end;
end;

end.
```

10.5.3.6. Code des Hauptprogramms ProGauss

```
program ProGauss;

{$mode objfpc}{$H+}

uses
  Forms, FrmMainGauss, UGauss

{$R *.res}

begin
  RequireDerivedFormResource := True;
  Application.Initialize;
  Application.CreateForm(TForm1, Form1);
  Application.Run;
end
```

11. Noch mehr Typen – Zähltypen, Teilbereichstypen und Mengen

11.1. Aufgabenstellung

Da die verschiedenen in diesem Kapitel behandelten Themen stark miteinander verknüpft sind, werden zunächst alle Aufgaben vorgestellt. Danach werden die zu deren Lösung erforderlichen Sprachmittel behandelt und zum Schluss die Lösungen vorgestellt.

11.1.1. Selbstdokumentierender Quelltext, Verbesserung des Dokumentationswerts

In der Aufgabe aus 10.1.2 bzw. 10.5.2 soll die Selbstdokumentation des Quelltexts derart verbessert werden, dass das aus dem Programmtext selbst ersichtlich wird, was für welchen Zeitraum aufgelistet wird.

11.1.2. Betrachtung von Unterbereichen

Für ein Ladengeschäft soll der Umsatz in 10 Warengruppen für den Zeitraum von 1972 bis 2030 (= 59 Jahre) jahresweise gespeichert werden. Es geht also um 10 Warengruppen und 59 Jahre.

Die Speicherung kann sehr einfach in einem Array der Form

```
Umsatz : array [1..59] of array [1..10] of real;
```

gespeichert werden.

Wenn der Umsatz für die Warengruppe 3 (z.B. Milchprodukte) für das Jahr 2000 50956,86€ beträgt wird er mit folgender Anweisung zugewiesen:

```
Umsatz[29,3] := 50956.86;
```

Wenn man ohne detaillierte Kenntnisse des Programmcodes diese Zeile liest fragt man sich: wofür steht die 29, wofür die 3? Das kann zwar durch einen Kommentar erläutert werden. Eine aussagekräftigere Formulierung im Rahmen des Programmcodes wäre in diesem Fall wünschenswert.

11.1.3. Kombination von Eigenschaften

11.1.3.1. *Eigenschaften eines Zeichensatzes*

Die Eigenschaften eines Zeichensatzes (fett, kursiv, unterstrichen, ...) sollen so formuliert werden, dass sie bei gleichzeitiger Sicherstellung eines hohen Dokumentationswerts in **einer** Variablen untergebracht werden können.

11.1.3.2. *Bedienzustand von Maus und Tastatur*

Tasten einer Maus können betätigt und nicht betätigt sein. Gleichzeitig können auch eine oder mehrere Zeichen- und/oder Schalttasten der Tastatur betätigt sein. Der gesamte Bedienungszustand von Maus und Tastatur soll kompakt in **einer** Variablen dargestellt werden.

11.2. Der Beitrag von Pascal

11.2.1. Aufzählungstypen (enumerated Types)

Aufzählungstypen sind Ordinaltypen deren einzelne Elemente beliebige Bezeichner sein können. Ein Aufzählungstyp wird folgendermaßen vereinbart:

```
type
   Typname     = (Wert0,  Wert1,  Wert2, ......,Wertn)
   {Repräsentation   0       1       2   .......... n  }
```

Dabei sind sowohl `Typname` als auch *Wert0.....Wertn* frei wählbare Bezeichner.

Wert0 .....Wertn sind beliebige Konstantenbezeichner. Intern sind sie aufsteigend durch die Ganzzahlkonstanten 0 bis n repräsentiert. Abweichende Festlegungen sind möglich, werden aber in diesem Buch nicht behandelt.

Einen Aufzählungstyp zur Darstellung von Automarken könnte man beispielsweise folgendermaßen festlegen:

```
type
  Automarke = (Ford, Daimler, BMW, VW)
   {Repräsentation   0         1        2      3}
```

11.2.1.1. *Der Datentyp boolean als Aufzählungstyp*

Der Datentyp *boolean* ist implizit, d. h. ohne dass es im individuellen Programmcode sichtbar wird, folgendermaßen vereinbart:

```
type  boolean = (false,true)
```

lauten.

11.2.1.2. Operatoren auf Aufzählungstypen

Auf alle Werte eines Zähltyps sind anwendbar:

* *Succ, Ord, Pred* (s. a. 5.2.2.1)
* Vergleichsoperatoren (s. a. 4.2.3)

Aufzählungstypen (genau genommen deren Ordinalwerte) können ähnlich wie Integer-Größen als Zählvariable in Schleifen (s. a. 6.3.1 ff.) Verwendung finden. Eine Iteration über alle Elemente der Hubraumliste wird demnach folgendermaßen programmiert:

```
var
  PKWZaehler: integer.......
........
  for PKWZaehler := Ord(VW_Golf) to Ord(BMW_720) do
    Anweisung;
```

Eine alternative Schleifenkonstruktion finden Sie unter 11.2.4 auf Seite 285.

bzw. bei Iteration über Teilbereiche:

```
  for PKWZaehler := Ord(DB_190) to Ord(Ford_Escort) do
```

Eine Variable eines Zähltyps kann einen in der Typenvereinbarung genannten Werte annehmen. Auf alle Variablen eines Zähltyps kann man Ordnungsfunktionen wie *Ord, Pred* und *Succ* sowie die Vergleichsoperatoren anwenden.

Die Anweisung

```
WriteLn (false > true, true > false);
```

führt zur Ausgabe von *false true*.
Entsprechend erfolgt bei Verwendung des Typs *Automarke* und der Anweisung

```
  WriteLn (Ford > Daimler, BMW < VW)
```

ebenfalls die Ausgabe *false true*.

Beispiel:

Erstellen Sie eine Hubraumtabelle für folgende Personenkraftwagen:

VW Golf, Mercedes 190, Opel Vectra, Ford Escort, BMW 720.

Mit den Ihnen bisher bekannten Mitteln kommen Sie zur folgenden Lösung:

Die Hubraumwerte werden in einem Datenfeld (array) abgelegt, das mit Integer-Werten indiziert ist.

```
CONST
{Maximale Anzahl der PKW-Typen in der Hubraumliste}
  Max_PKW_Typen = 5⁷²;
type
  Hubraumliste = array [1..Max_PKW_Typen] of integer;
```

Angenommen die PKW-Typen sind in der o. g. Reihenfolge in der PKW-Liste ver-
treten, dann können Sie dem Mercedes 190 mittels folgender Anweisung den Hub-
raumwert von 1785 (Kubikzentimetern) zuweisen:

```
Hubraumliste [2] := 1785;
```

Allein aus der Anweisung heraus - also ohne zusätzlichen Kommentar oder eine separate Beschreibung - können Sie nicht erkennen, welchem PKW-Typ der Wert zugewiesen wird.

Aufzählungs-
typen erhö-
hen den Do-
kumentations
wert des Pro-
gramms.

Eine wesentlich aussagekräftigere und dokumentationsfreundlichere Indizierungs-
möglichkeit ergibt sich, wenn man zur Indizierung Variable eines Zähltyps einsetzt.

```
type
  PKWs = (VW_Golf, DB_190, Opel_Vectra, Ford_Escort, BMW_720);
```

 Für die Hubraumliste ergibt sich dann die folgende Typenvereinbarung:

```
type
  Hubraumliste = array [VW_Golf..BMW_720] of integer;
```

oder indem Sie statt der Bereichsgrenzen den entsprechenden Datentyp für den Bereich verwenden:

```
type
  Hubraumliste = array [PKWs] of real;
```

Die entsprechende Zuweisunganweisung lautet dann:

```
Hubraumliste [DB_190] := 1785;
```

Hier können Sie allein am Programmcode sofort erkennen für welchen PKW-Typ
(nämlich den Mercedes 190) die Zuweisung erfolgt. Ergänzende Kommentare sind
nicht erforderlich.

11.2.1.3. Ausgabe von Aufzählungstypen

In Schreib- (Write-) Anweisungen können Werte von Aufzählungstypen direkt ausgegeben werden. So führt die Anweisung

---

72 In der Praxis werden meist größere Werte sinnvoll sein. Die Beschränkung auf 5 wurde gewählt,
   damit eine vollständige Darstellung möglich ist.

```
WriteLn (DB_190);
```

zur Ausgabe des Textes `DB_190`.

Eine alternative Ausgabe von Daten eines Aufzählungstyps kann auf (mindestens) zwei Arten erfolgen:

Ordinalwerte erhalten Sie durch Anwendung der Ordinalfunktion Ord.

- Durch Ausgabe des Ordinalwerts. Die Anweisung

  ```
  WriteLn (ord(DB_190));
  ```

  führt zur Ausgabe der Zahl 2.

- Durch Ausgabe eines entsprechenden Textes, der die Bedeutung des Werts im Anwendungszusammenhang darstellt. Dabei können Sie den Text frei wählen.

```
case ...
........
DB_190:
    WriteLn ("Mercedes 190");
...:
```

`boolean` ist ein implizit vereinbarter Aufzählungstyp. Dabei entspricht `true` dem Wert 1 und `false` dem Wert 0.

```
var
a, b: boolean;
.........
a := true > false; {=true}
b := true < false; {=false}
....
```

11.2.2. Teilbereichstypen (subrange types)

Variable, die einen Teilbereichstyp besitzen, können einen definierten Teil der Werte des jeweiligen Grundtyps annehmen.

Grundtyp eines Teilbereichstyps können alle Ordinaltypen (`integer` und Verwandte, `char`, Aufzählungstypen) nicht aber der Typ `real` oder andere Gleitkommatypen sein.

Alle für einen Grundtyp gültigen Operationen gelten auch für den daraus abgeleiteten Teilbereichstyp.

11.2.2.1. Vereinbarung von Teilbereichen

1. Teilbereichsangabe in der Datenvereinbarung:

```
var
  Wurzel    :  0..10;
  KleineZahl:  0..100;
  Resultat  :  integer;
```

```
Spezchar  : 'e'..'k';
SpezFarbe : orange..gruen;
```

2. Vereinbarung als besonderer Datentyp:

```
type
  INTmax10  = 0..10;
  INTmax100 = 0..100;
  CHRTeil   = 'e'..'k';
  Farbe = (rot, orange, gelb, gruen, blau);
  Teilfarbe = orange..gruen;
var
  Wurzel    : INTmax10;
  KleineZahl: INTmax100;
  Resultat  : integer;
  Spezchar  : CHRTeil;
  SpezFarbe : Teilfarbe;
```

Wird bei der Zuweisung von Konstanten der zulässige Wertebereich überschritten, so erfolgt auf jeden Fall eine Warnung zur Übersetzungszeit. Die Verwendung von Teilbereichsvariablen erlaubt aber auch Bereichsüberprüfungen zur Laufzeit. Wenn Sie die Compileroption {$RANGECHECKS ON]} verwenden führen zur Übersetzungszeit feststellbare Bereichsüberschreitungen zu einem Übersetzungsfehler. Solche die erst zur Laufzeit feststellbar sind führen zu einem Laufzeitfehler. Unbehandelt führen diese Laufzeitfehler zu einem Programmabbruch.

Aus Laufzeitgründen kann die Bereichsüberwachung auf besonders kritische Bereiche begrenzt werden. Der kleinste Bereich für den eine Überwachung durchgeführt werden kann, ist ein Ausdruck.

Beispiel:

```
Resultat := kleineZahl DIV Wurzel + Resultat;
```

Darauf folgende Anweisungen (entweder A oder B, oder C):

A)

```
kleineZahl := Wurzel;  { immer in Ordnung }
```

B)

```
Wurzel     := kleineZahl; { evtl. Fehler }
```

C)

```
kleineZahl := Resultat; { evtl. Fehler }
```

Bereichsüberprüfungen sind in der praktischen Programmierung äußerst wichtig. Oft werden sie stark vernachlässigt, was die Fehlerauffindung im Programm erschwert und vielfach erhebliche Nacharbeiten zur Folge hat. Überprüfungen, die weiter gehen als die Überwachung des zulässigen Wertebereichs von Teilbereichsvariablen erfordern individuelle Analyse und Programmierung.

Merke:

Die Anwendung eines Basisdatentyps wie z. B. *integer* ist nur dann berechtigt, wenn der gesamte Wertebereich dieses Basisdatentyps vom Programm genutzt wird oder wenn man den genutzten Wertebereich nicht kennt. Wenn das nicht der Fall ist, das heißt, wenn der von Ganzzahlgrößen genutzte Wertebereich genau bekannt ist, sind Teilbereichstypen vorzuziehen!!

Falls möglich, Teilbereichstypen einsetzen.

11.2.3. Mengentypen

11.2.3.1. Mengen (sets)

Eine Menge ist eine Zusammenfassung von Objekten desselben Typs.

Wenn S eine Menge von Objekten des Typs T ist, dann ist ein beliebiges Objekt vom Typ T ein Mitglied der Menge S oder auch nicht. Um die Mitgliedschaft **eines** Objekts in der Menge anzuzeigen wird ein Bit benötigt.

Um eine Menge, die n Elemente umfassen kann darzustellen, benötigt man n Bits.

11.2.3.2. Vereinbarung eines Mengentyps

```
type
  mengentyp =  set  of  komponententyp
```

Da der Mengentyp auf der Basis des Komponententyps definiert wird, muss in einem Programm der Komponententyp vor dem Mengentypvereinbart werden.

Komponenten von `sets` können Ordinaltypen mit Werten zwischen 0 und 255 sein. Z. B.:

* Aufzählungstypen
* `byte`
* Teilbereichstypen von `byte` (untere Grenze 0, obere Grenze 255)
* `char`

Der Typ `Word` ist nicht praktikabel, da dann zur Implementation einer Variablen 8 k Byte erforderlich wären. Folgerichtig ist er auch nicht zulässig. Das gilt in gleicher Weise auch für `integer` und andere Ganzzahltypen.

Beispiel:

Vereinbarung des Komponententyps:

Als Komponente der Menge werden Werte des Aufzählungstyps `Zutaten` vorgesehen. Der Typ wird eie folgt vereinbart:

```
type
  Zutaten = (Aepfel, Erdbeeren, Bananen, Nuesse, Eiskrem,
             Schokoladensosse, Sahne, Zucker, Eis);
```

Danach (!) kann die Vereinbarung des Mengentyps erfolgen:

```
type
  Dessert = set of Zutaten;
```

Da es 9 verschiedene Elemente vom Typ Zutaten gibt kann eine Mengenvariable vom Typ `Dessert` 512 verschiedene Werte annehmen.

Begründung: Jedes der 9 Elemente kann vorhanden oder nicht vorhanden sein was $2^9 = 512$ verschiedene Kombinationen ergibt.

Mengenvariable werden vereinbart wie alle bisher behandelten Variablen auch:

```
var
  Obstsalat, BananenSplit : Dessert;
```

Ebenso erfolgt die Wertzuweisung in bekannter Weise:

```
Obstsalat :=[Aepfel, Erdbeeren, Bananen, Nuesse];
BananenSplit :=[Bananen, Eiskrem, Schokoladensosse, Sahne];
```

Da die Werte *Aepfel*, *Erdbeeren*, *Bananen*, *Nuesse* aufeinanderfolgende Werte des Variablentyps Zutaten sind, kann die Zuweisung auch abgekürzt geschrieben werden:

```
Obstsalat := [Aepfel..Nuesse];
```

Die Leere Menge wird durch eine eckige Klammer ohne Inhalt dargestellt.

Zuweisung einer Leeren Menge an eine Mengenvariable:

```
LeereMenge := [];
Schlankmacher := [];
```

Auch nach der Wertzuweisung bleibt identifizierbar, welche Elemente eine Menge enthält.

Bitte beachten Sie die Schreibweise:

`Aepfel`   Ohne Klammer: Konstante vom Komponententyp (hier Aufzählungstyp `Zutaten` (s.o.)).

[Aepfel]   Mit Klammer: Menge eines Aufzählungstyps. Die Menge, die ausschließlich das Element `Aepfel` enthält

11.2.3.3. Operationen für Mengen

Verknüpfungsoperationen bei Mengen

Auf Mengen können die Operatoren +, - und * zur Bildung von Vereinigungs-, Differenz- und Schnittmengen angewendet werden.

+ Vereinigungsmenge   V := A + B

Die Vereinigungsmenge umfasst alle Elemente, die in A oder B vorkommen.

```
[Aepfel, Sahne, Eis, Bananen] =
                    [Aepfel, Sahne, Eis] + [Aepfel, Bananen]
```

- Differenzmenge   D := A - B

Alle Elemente, die A aber nicht B angehören.

```
[Sahne, Eis] = [Aepfel, Sahne, Eis] -  [Aepfel, Bananen]
```

* Schnittmenge   S := A * B

Alle Elemente, die A und B gemeinsam angehören.

```
[Aepfel] = [Aepfel, Sahne, Eis] * [Aepfel, Bananen]
```

Vergleichsoperationen bei Mengen

Wenn zwei Mengen miteinander verglichen werden sollen müssen beide Operanden vom selben Mengentyp sein. Das Ergebnis der Vergleichsoperationen ist (wie bei den bereits bekannten Vergleichsoperationen auch) vom Typ `boolean`.

`A = B` Mengengleichheit (Identität)

true, wenn die Menge A die gleichen und nur die gleichen Elemente wie die Menge B enthält.

`A <> B` Mengenungleichheit

true, wenn die Menge A andere Elemente als B oder nicht alle in B enthaltenen Elemente enthält.

A >= B: true, wenn A alle Elemente von B enthält.

A <= B: true, wenn B alle Elemente von A enthält.

Zur Prüfung, ob ein bestimmtes Element in einer Menge enthalten ist, gibt es den Operator *in*. Hierbei wird ein Element vom Typ T gegen eine Menge bestehend aus Elementen des Typs T geprüft.

```
type
   MeineMenge = set of T;
var
  x: T;
  y: MeineMenge;
.................
  if x in y then .......;
```

Das Ergebnis der Operation (Typ = boolean) hat den Wert *true*, wenn das betrachtete Element in der Menge enthalten ist.

Die Prüfung, ab das Element *Aepfel* in der Menge *Obstsalat* enthalten ist kann auf zweierlei Arten formuliert werden:

Als Vergleich Menge gegen Element:

```
Aepfel   in  Obstsalat
   \          \
    \            Typ Dessert ( = set  of  Zutaten )
   Typ Zutaten
```

Als Vergleich Menge gegen Menge:

```
[Aepfel]  <= Obstsalat
   \          \
    \            Typ  Dessert ( = set  of  Zutaten )
   Typ = set  of  Zutaten (= set  of (Typ  von  Aepfel))
```

Mengenbildung wird durch die eckige Klammer angedeutet.

Der Mengenvergleich kann als abgekürzte Schreibweise für Bedingungen verwendet werden.

Die beiden untenstehenden Konstruktionen

```
var  ch :char;
..................
..................
if (ch = 'A')  or (ch = 'B')  or (ch = 'C') .......
```

bzw.:

```
var
  Zeichen :  set  OF  char;
  ch :char;
..................
..................
Zeichen := ['A','B','C'];
```

```
if  ch  in  Zeichen...........
```

sind gleichwertig mit der case-Anweisung:

```
case ch of
   'A','B','C':
   ...........
 end;
```

11.2.4. Die for - in - Schleife

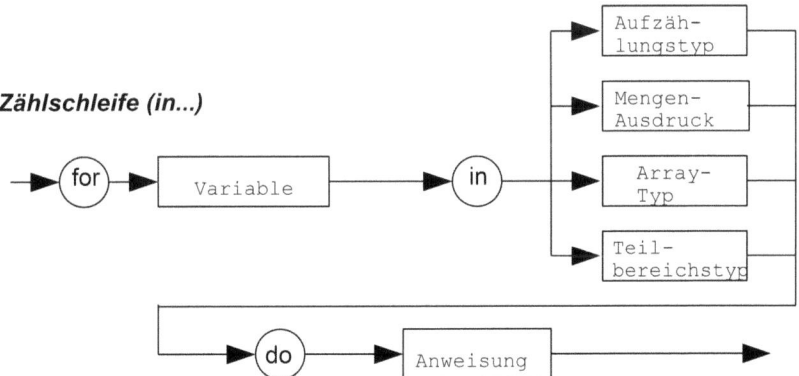

Abbildung 11.1: Syntaxdiagramm der Zählschleife über Zähltypen

Die for-in-Schleife ist eine Besonderheit von Free Pascal. Sie erlaubt eine Iteration über alle Elemente eines Aufzählungs**typs** oder einer Mengen**instanz**. Hierfür gilt nachstehende Syntax

Programmbeispiele

Iteration über alle Elemente eines Aufzählungstyps:

```
type
   PKWs = (VW_Golf, DB_190, Opel_Vectra, Ford_Escort, BMW_720);
var
   P : PKWs;
......
   for P in PKWs do
     Writeln (P);
```

führt zur Ausgabe von

```
VW_Golf
DB_190
Opel_Vectra
```

```
Ford_Escort
BMW_720
```

Iteration über alle Elemente einer Mengeninstanz:

```
type
  PKWs = (VW_Golf, DB_190, Opel_Vectra, Ford_Escort, BMW_720);
  Fuhrpark = set of PKWs;
var
  P : PKWs;
  F : Fuhrpark;
......
  F := [VW_Golf, Opel_Vectra, BMW_720];
  for P in Fuhrpark do
    Writeln (P);
```

führt zur Ausgabe von

```
VW_Golf
Opel_Vectra
BMW_720
```

Iteration über alle Elemente eiens Teilbereichstyps:

```
type
  IntTB = 1..10;
var
  i: IntTB;
......
  for i in IntTB do
    Writeln (i);
```

führt zur Ausgabe von

```
1
2
3
4
5
6
7
8
9
10
```

11.3. Der Beitrag von Lazarus

Lazarus stellte keine besonderen Sprachmittel zur Lösung der angesprochenen Aufgaben zur Verfügung. Andererseits finden sie aber im Zusammenhang mit Lazarus-Komponenten intensiv Anwendung wie in Kapitel 11.4.4 zu sehen ist.

11.4. Lösung

11.4.1. Aufzählungstypen

11.4.1.1. Optimierte Lösung der Aufgabe aus 4.3.2 (De Morgansche Regeln)

In 4.3.2 wurde ein Programm *ProDeMorgan* zur Überprüfung der DeMorganschen Regeln vorgestellt. Dieses Programm wurde mit den bis dorthin verfügbaren Mitteln erstellt. Es löst seine Aufgabe zwar korrekt ist jedoch sehr umständlich.

Eine wesentliche Straffung des Programmcodes (Programm *ProDeMorganOpt*) ergibt sich durch die Iteration über den Wertebereich der Booleschen Variablen a und b in den verschachtelten Zählschleifen.

Verschachtelte Zählschleifen führen zu erheblicher Codestraffung.

```
program ProDeMorganOpt;

var
  a: boolean;
  b: boolean;
  c1l: boolean;
  c1r: boolean;
  c2l: boolean;
  c2r: boolean;
begin
  for a in boolean do
    for b in boolean do
      begin
      c1l := not a or not b;
      c1r := not (a and b);
      c2l := not a and not b;
      c2r := not (a or b);;
      WriteLn (' a = ',a,'     b = ',b);
      WriteLn ('Regel 1: links = ',c1l,'  rechts = ',c1r,'  OK = ',
                                                        c1r = c1l);
      WriteLn ('Regel 2: links = ',c2l,'  rechts = ',c2r,'  OK = ',
                                                        c2r = c2l);
      end;
  ReadLn();
end.
```

11.4.2. Verbesserung des Dokumentationswerts durch Nutzung von Teilbereichs- und Aufzählungstypen

Dieses Programmkonstrukt funktioniert, es nutzt jedoch die Möglichkeiten, die Lazarus für die Erstellung dokumentationsfreundlichen und selbsterklärenden Programmcodes bietet, bei weitem nicht aus.

11.4.3. Teilbereichstypen

11.4.3.1. Vereinfachung des Beispiels aus 6.2.5.1

Bei Verwendung von Teilbereichstypen werden Selektoren in case-Anweisungen, die mehrere aufeinanderfolgende Werte umfassen wesentlich einfacher. Die case-Anweisung im Programm ProLosNummer nimmt dann die folgende Form an:

```
case  LosEndung of  // es ginge auch >>   case LosNummer mod 100 of ...
   33:      Gewinn := 5;
   41..47: Gewinn := 1;
   else
            Gewinn := 0;
 end;
```

11.4.3.2. Kompletter Programmcode

```
program ProLosNummerOpt;

Var
  LosEndung : integer;
  Losnummer : integer;
  Gewinn : currency;
begin
  Write ('Bitte geben Sie die Losnummer ein: '); ReadLn (Losnummer);
  LosEndung := LosNummer mod 100;
  case  LosEndung of  // es ginge auch >>   case LosNummer mod 100 of ...
    33:      Gewinn := 5;
    41..47: Gewinn := 1;
    else
             Gewinn :=0;
  end;
  Write ('Gewinn = ');
  Write (Gewinn:0:2);
  WriteLn (' EUR');
  ReadLn();
end.
```

11.4.4. Mengen

Die beiden folgenden Beispiele sind in der Lazarus Component Library (LCL) implementiert.

11.4.4.1. Kombination von Schriftstilen

Zur Beschreibung von Schriftstilen ist in der LCL ein Aufzählungstyp `TFontstyle = (fsBold, fsItalic, fsUnderline, fsStrikeOut)` definiert. Der die Eigenschaften fett, kursiv unterstrichen und duchgestrichen umfasst.

Die Kombination dieser Eigenschaften ist im Typ `TFontstyles = set of` `TFontstyle` implementiert.

Wenn in einer Variablen MyStyle gespeichert werden soll, dass der Schreibstil **fett** und *kursiv* (***kursiv fett***) ist, dann geschieht das mit folgendem Code:

```
var
MyStyle : TFontStyles
.........
.........
MyStyle := [fsBold, fsItalic];
```

11.4.4.2. *Kombination von Maus- und Tastaturzuständen*

Ganz ähnlich wie oben gehen Sie vor, wenn Sie darstellen wollen, welche Zustands-kombination von Maustasten und Steuertasten auf der Tastatur betätigt sind.

Der Zustand `TShiftState` ist eine Menge aus einem Aufzählungstyp wo bei für diesen aller dings kein expliziter Aufzählungstyp definiert ist, sondern nur der Men-gentyp:

```
type

  TShiftState = set of   (ssShift, ssAlt, ssCtrl, ssRight, ssLeft,ssMiddle,
                          ssDouble, ssMeta, ssSuper, ssHyper, ssAltGr,
                          ssCaps, ssNum,ssScroll,ssTriple, ssQuad,
                          ssExtra1, ssExtra2);
```

12. Record-Verdächtiges – Arbeiten mit komplexen Datenstrukturen

12.1. Die Aufgabe

12.1.1. Komplexe, logisch miteinander verbundene Daten aus der technischen Datenverarbeitung

Das Abnahmeprotokoll eines Elektromotors besteht aus zahlreichen strukturierten Daten. Es soll die folgenden Informationen enthalten:

* allgemeine Daten
    - Motorentyp
    - Stromart (Einphasenwechselstrom/Drehstrom)
    - Seriennummer
    - Schutzart
    - Kunde
* technische Daten
    - Nennstrom
    - Nennspannung
    - Nennleistung
* Abnahme-Messprotokoll (Messung in 10 Punkten)
    - Messdaten
        - Strom L1/L2/L3 bzw. Strom L1 abhängig von Stromart
        - Leistungsaufnahme
        - Drehzahl
        - Drehmoment
    - gerechnete Daten
        - Wirkungsgrad
        - cos φ
    - sonstiges
        - Anzahl der vorhandenen Messdatensätze

12.1.2. Komplexe, logisch miteinander verbundene Daten aus der kommerziellen Datenverarbeitung

Beispiel für einen record-Datentyp aus der kommerziellen Datenverarbeitung

Datensatz für ein Girokonto

- Inhaberdaten

  - Name

    - -Familienname
    - -Vorname
  - Geburtstag
- Anschrift

  - Straße/Postfach
  - Staat
  - Postleitzahl
  - Stadt
- Kontodaten

  - Kontonummer
  - Kreditlimit
  - Kontostand
- letzte Transaktion

  - Wert
  - Datum
  - Buchungsnummer

In diesem Beispiel sind Inhaberdaten, Anschrift, Kontodaten und letzte Transaktion Elemente auf der höchsten Hierarchiestufe.

12.2. Der Beitrag von Pascal – Record-Datentypen

Diejenigen Datentypen, die in Pascal unter dem Oberbegriff Record zusammengefasst werden, bezeichnet man in anderen Programmiersprachen (z. B. C, C++ und Java) auch als Strukturen.

Als `record` werden in Pascal Daten(-typen) bezeichnet, die aus verschiedenen Einzeldaten unterschiedlichen Typs aufgebaut sind. Verbreitet für diese Gruppe von Typen ist auch der Begriff Strukturen. Der Pascal-Schlüsselwort `record` (= bestimmter strukturierter Datentyp) darf nicht mit dem Fachbegriff Record (= Komponente einer Datei (File)) verwechselt werden!

record:

allgemein:
Komponente einer Datei.

Pascal:
strukturierter Datentyp

12.2.1. Syntax und Anwendungsmöglichkeiten

Recordtypen

Recordtypen können sehr unterschiedlich ausgebaut sein und demzufolge auch sehr unterschiedliche Größen aufweisen. Die Syntaxdiagramme 12.1 bis 12.3 geben den

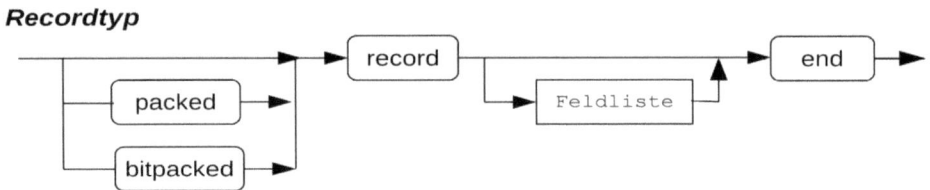

Syntaxdiagramm 12.1: Recordtyp

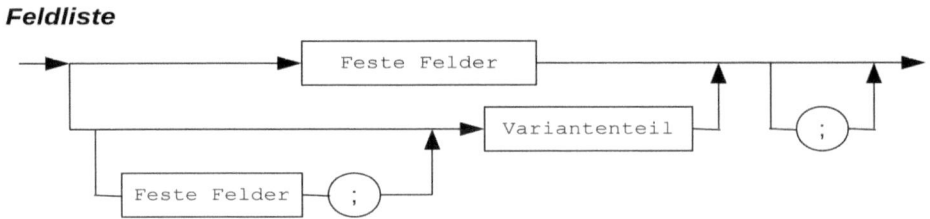

Syntaxdiagramm 12.2: Feldliste

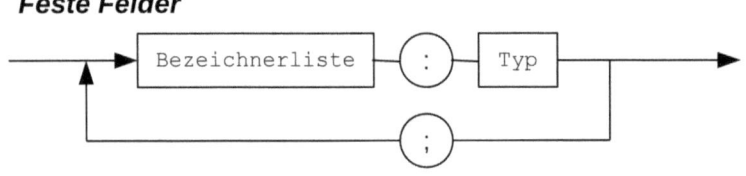

Syntaxdiagramm 12.3: Feste Felder

grundsätzlichen Aufbau des Recordtyp wieder. Eine platzsparende Implementation großer Recordtypen wird durch die Implementation mit **packed** oder **bitpacked** unterstützt. Ungepackt beginnt ein neues Element beim nächsten Maschinenwort (4 oder 8 Bytes), mit **packed** beginnt es beim nächsten Byte und mit **bitpacked** beginnt das nächste Element (sofern es sich um einen Ordinaltyp handelt) am nächsten unbenutzten Bit. Das Packen lohnt sich bei sehr großen Datenmengen. Wo immer möglich, sollte man darauf verzichten

Packen lohnt sich nur bei großen Datenmengen!

Recordvariable

Die Trennung von Typenspezifikation und Datenedeklaration ist häufig vorteilhaft.

Ähnlich wie bei den Datenfeldern besteht die Möglichkeit direkt Record-Variable zu definieren oder zunächst Record-Datentypen zu definieren und darauf aufbauend Record-Variable einzuführen. Technisch ist beides möglich, zur Begünstigung einer systematischen Programmentwicklung sollten Sie Typenspezifikation und Variablenvereinbarung voneinander trennen (s. a. 12.2.2).

12.2.2. Zuweisungsoperationen auf Records und Teile von Records

Grundsätzlich gilt, dass die Datentypen auf beiden Seiten des Zuweisungsoperators (:=) gleich sein müssen.

Die bekannten Konvertierungsregeln bleiben auch hier gültig.

Es ist möglich mit einer Anweisung einer Record-Variablen den Wert einer Record-Größe (Variable, Konstante) desselben Typs zuzuweisen.

Beispiel:

Getrennte Typen- und Variablenvereinbarung:

```
Typenvereinbarung explizit:

type
  Punkt = record
    x, y : Real;
  end;
var
  P1, P2 : Punkt;
   Xwert, Ywert : Real;


Typenvereinbarung implizit in einer Variablenvereinbarung:

var
  P1, P2 : record
    x, y : Real;
  end;
    Xwert, Ywert : Real;


Typenvereinbarung implizit in zwei Variablenvereinbarungen:

var
  P1 : record
    x, y : Real;
  end;

var
  P2 : record
    x, y : Real;
  end;
    Xwert, Ywert : Real;
```

Mit der folgenden Wertzuweisung wird P1 vollständig nach P2 kopiert:

```
 P2 := P1;
```

Die Komponente x der Recordvariablen P1 wird mit P1.x bezeichnet, dsgl. die Komponente y mit P1.y. P1.x und P1.y sind vom Typ real.

Die Wertzuweisung

```
P2 := P1;
```

fasst demnach die beiden Wertzuweisungen

```
P2.x := P1.x;
```

und

```
P2.y := P1.y;
```

zusammen.

ACHTUNG:

Die Wertzuweisung

```
P2 := P1;
```

Implizite Typenvereinbarung identischer **records** in zwei verschiedenen Variablendeklarationen führt intern zu zwei verschiedenen Datentypen!

führt bei impliziter Typenvereinbarung in zwei verschiedenen Variablenvereinbarungen zu einem Übersetzungsfehler. In diesem Fall sieht das Programm P1 und P2 als Variable verschiedenen Typs. Das gilt sinngemäß auch für andere strukturierte Datentypen!!

`P1.x` können beliebige Werte der Typenklasse `real` zugewiesen werden. Der Wert von `P1.x` kann allen Variablen der Typenklasse `real` (`single`, `double`, `...`) zugewiesen werden und zwar

- einfachen Variablen

- record-Komponenten

- array-Elementen

Dabei ist ggf. mit Problemen wegen unzureichender Darstellbarkeit des Wertebereichs und mit Genauigkeitsverlusten zu rechnen.

Die Beschreibung von Komponenten eines records mit mehreren Ebenen erfolgt sinngemäß wie beim record mit einer Ebene.

```
type
  Linie = record
    Anfang, Ende : Punkt;
    Farbe: Word
  end.
var
  Muster : array [1..n] OF Linie;

Die Variable Muster besteht aus n Records vom Typ Linie.
```

Muster[7].Anfang.x bezeichnet vom Feldelement Muster[7] (Typ Linie) die Komponente *Anfang* (Typ Punkt) und von dieser wiederum die Komponente *x* (Typ real).

Für die Anwendung in Ausdrücken und in (Zuweisungs-) Anweisungen gilt das oben gesagte sinngemäß. Mit den obigen Typspezifikationen und Variablenvereinbarungen sind dann z. B. folgende Wertzuweisungen möglich:

```
Muster[7] := Muster[5];
Muster[3].Ende := P1;
Muster[2].Anfang.y := ywert;
```

12.2.3. Die with- (Pseudo-) Anweisung

Die vollständige Beschreibung von Record-Elementen kann zu sehr langen Bezeichnern führen. Das gilt insbesondere, wenn es sich um Records mit vielen Vereinbarungsebenen handelt. Für solche Fälle ermöglicht die with-Anweisung eine Kurzschreibweise.

So entspricht

```
with P1 do
  begin
  x := XWert;
  y := YWert;
   end;
```

den Anweisungen

```
P1.x := XWert;
P1.y := YWert;
```

Mit der with-Anweisung werden keine Aktionen veranlasst (z.B. Daten verändert), sondern lediglich die Gültigkeitsbereiche von Variablenbezeichnern definiert. Sie hat aber das formale Erscheinungsbild einer Anweisung. Deshalb die Bezeichnung als Pseudoanweisung.

Gelten z. B. für einen Programmblock die Typen- und Variablenvereinbarungen

```
type
  Punkt = record
    x, y : Real;
  end;
var
  P1 : Punkt;
   x : Real;
```

und existiert innerhalb dieses Block die with-Anweisung

```
with P1 do
  x := 2.5;
```

so wird damit der Wert 2.5 auf die Variable P1.x zugewiesen. Da `P1` eine Komponente x besitzt, bleibt die einfache Variable x im Rumpf der with-Anweisung unbe-
kannt. Die with Anweisung entspricht somit der Zuweisung

```
  P1.x := 2.5;
```

with-Anweisungen können geschachtelt werden, dabei können die Records auf die
sich die einzelnen with-Anweisungen beziehen innerhalb einer Schachtelung völlig
unabhängig voneinander sein.

12.2.4. Record-Konstante

Daten eines beliebigen Record-Typs können auch als Konstante vereinbart werden.
Der Konstantenpezifikation muss die Typendefinition vorausgehen.

```
type
  Punkt = record
    x, y : Real;
    end;
const
  Mittelpunkt : Punkt (x: 10.0; y: -5.3);
```

Variantenteil

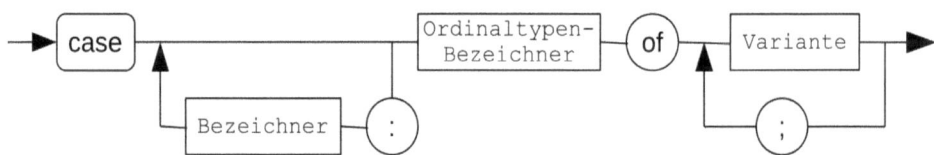

Syntaxdiagramm 12.4: Variantenteil

Variante

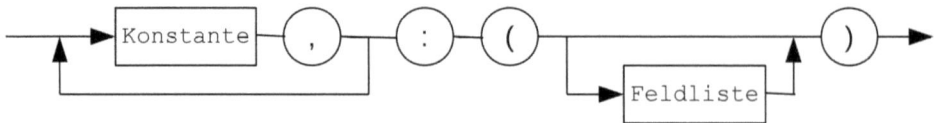

Syntaxdiagramm 12.5: Variante

12.2.5. **Varianten-Records**

In Records ein- und desselben Typs können auch Strukturvarianten implementiert werden. Diese Varianten in der Datenstruktur entsprechen dem `case` im Kontrollfluss. Die Syntax für diese Varianten gehen aus den Syntaxdiagrammen 12.4 und 12.5 hervor.

Beispiel:

Angaben für verschiedene Arten von Geometrieelementen sollen in einem Record vom Typ `Geo` gespeichert werden.

In einem Record sind unterzubringen:

- Art des Elements (Variable Art_Element):

    1 = Gerade

    2 = Kreis

    3 = ...

- Für eine Gerade ist zu speichern:

    Durchstoßpunkt durch die Z-Ebene, X- und Y - Koordinate

    Projektion des Raumwinkels in die ZX- und ZY-Ebene.

- Für einen Kreis ist zu speichern:

    Mittelpunkt, X- und Y - Koordinate

        Radius.

Entspechende Typenvereinbarung

```
type
  Geo = record
    XPunkt, YPunkt: real;
    case Art_Element : byte f
      1: { Gerade }
         (Winkel_ZX, Winkel_ZY: real);
      2: { Kreis }
         (Radius : real);
    cnd;
```

Auch bei der Verwendung von varianten Teilen im Record besitzt der jeweilige Record-Datentyp eine statische Größe. Sie richtet sich nach dem Speicherplatzbedarf für den platzaufwendigsten varianten Zweig. Aus diesem Grund dürfen auch die varianten Teile nur jeweils am Ende des Records vorgesehen werden.

Variante Teile müssen immer am Ende des Records untergebracht werden.

Verschachtelung des Variantenteils

Da eine Feldliste Bestandteil der Variante sein kann und eine Feldliste andererseits einen Variantenteil enthalten kann (Syntaxdiagramm 12.5 in Verbindung mit Syntaxdiagramm 12.2), ist eine Verschachtelung von Variantenteilen möglich.

12.3. Lösung

12.3.1. Record-Datentyp aus der technischen Datenverarbeitung

Das Abnahmeprotokoll kann durch eine Hierarchie der folgenden Records realisiert werden:

AbnahmeProt_record

    allgDaten_record

    Kunde_record

    technDaten_record

    AbnahmemessProt_record

        MessDat_record (10mal)

    RechnDat_record (10mal)

In Pascal erfolgt die Realisierung auf folgende Weise

```
type
    MaxAnzMesswerte = 10;
    MaxAnzPhasen = 3;
    BerMeswerte = 1..MaxAnzMesswerte;
    BerPhasen = 1.. MaxAnzPhasen;
    ArrPhasen = [BerPhasen] of Real;

    MessDat_record =  record
        Strom    :  ArrPhasen;
        Spannung:  ArrPhasen;
        Phasenleistung:   ArrPhasen;
        Drehzahl:  Real;
        Drehmoment :  Real;
        end;
    RechnDat_record = record
        Leistungsaufnahme:  Real;
        Wirkungsgrad      :  Real;
        CosinusPhi        :  Real;
        end;
    AbnahmemessProt_record =  record
        MessDat  :   array [BerMeswerte] OF MessDat_record;
        RechnDat :   array [BerMeswerte] OF RechnDat_record;
        AnzDatensaetze : integer
```

```
        end;
   allgDaten_record   =  record
        Motorentyp     : string[15];
        Stromart :  char;
        Seriennummer   : Integer;
        Schutzart : string [4];
        Kunde    :  Kunde_record;
        end;
   Kunde_record = record
        Name : String;
        Adresse : String;
        PLZ : String //wg. ausländischer Postcodes
        Ort : String;
        end;
   technDaten_record      = record
        Nennstrom :  Integer;
        Nennspannung   :  Integer;
        Nennleistung   :  Real;
        end;
   AbnahmeProt_record =  record
        allgDaten      : allgDaten_record;
        technDaten     : technDaten_record;
        AbnahmemessProt: AbnahmemessProt_record;
        MessDat        : MessDat_record;
        RechnDat       : RechnDat_record;
        end;
```

Alternativ können sogar alle Werte, die zu einer Einzelmessung gehören, in einem Datenelement zusammengefasst werden.

```
AbnahmemessProt_record =  record
     MessRechnDat  :  array [BerMeswerte] OF MessRechnDat_record;
end;
```

bzw.

```
AbnahmemessProt_record =  array [BerMeswerte] OF MessRechnDat_record;
```

mit

```
MessRechnDat_record =  record
     Strom   :  ArrPhasen;
     Spannung:  ArrPhasen;
     Phasenleistungen:  ArrPhasen;
     Drehzahl:  Real;
     Drehmoment :  Real;
     Leistungsaufnahme:  Real;
     Wirkungsgrad   :  Real;
     CosinusPhi     :  Real;
     end;
```

Bitte beachten Sie:

Die Reihenfolge der Vereinbarung läuft entgegen der Record-Hierarchie.

Das rangniederste Element wird zuerst vereinbart.

Wenn Sie in Ihrem Programm hierarchisch aufeinander aufbauende Recordtypen vereinbaren möchten, so verläuft deren Vereinbarungsreihenfolge bottom-up, also umgekehrt zur Anordnung in der Record-Hierarchie!!

In der Hierarchie unten stehende (quasi elementare) Komponenten müssen zuerst vereinbart werden, da die übergeordneten Komponenten auf ihnen aufbauen.

12.3.2. Beispiel für den Record-Datentyp aus der kommerziellen Datenverarbeitung

Datensatz für ein Girokonto:

```
Girokonto_Record
    Inhaberdaten_record
        Name_record
        Geburtstag_record
    Anschrift_record
    Kontodaten_record
    letzte Transaktion_record
```

In diesem Beispiel steht Girokonto auf der höchsten Hierarchiestufe. Darunter folgen Inhaberdaten, Anschrift, Kontodaten und letzte Transaktion. Den niedrigsten Rang haben Name und Geburtstag. Entsprechend werden diese Elemente zuerst vereinbart. Danach folgt die Vereinbarung von Inhaberdaten, Anschrift, Kontodaten und letzte Transaktion und schließlich von Girokonto.

```
type
  Name_record = record
      end;

  Geburtstag_record = record
      end;

  Anschrift_record = record
      end;
```

12.4. Problemgerechte Datendarstellung durch Verwendung von Records

12.4.1. Verwendung von Record-Datentypen zur Darstellung von Matrizen und Vektoren

Herkömmliche Darstellungsweise

```
const
MaxZeilen, MaxSpalten = 10;

type
{ Dimensionierung für maximale Größe }
Matrix = array [1.. MaxZeilen, 1..MaxSpalten] of real;
Zeilen : 1..MaxZeilen;
Spalten : 1..MaxSpalten;

var
  A, B : Matrix;
  AZeilen, BZeilen: Zeilen;
  ASpalten, BSpalten: Spalten;
```

Bei diesem Vorgehen sind die Werte der Matrixelemente und die aktuelle Dimensionierung der Matrix in voneinander total entkoppelten Variablen untergebracht. Treten in einem Programm viele Matrizen und viele (unterschiedliche) Dimensionierungswerte auf, so kann sich daraus eine sehr unübersichtliche Situation ergeben.

Eine bessere Darstellung ergibt sich, wenn man die logisch zusammengehörenden Werte der aktuellen Dimensionierung und die Werte der Matrixelemente in einer Datenstruktur zusammenfaßt.

Records: was logisch zusammengehört, wird auch physisch zusammengebracht!

```
const
MaxZeilen, MaxSpalten = 10;
type
  Matrix = record
    Zeilen : 1.. MaxZeilen;
    Spalten: 1.. MaxSpalten;
    Werte: array [1.. MaxZeilen, 1..MaxSpalten] OF real;
  end;
```

Wenn Sie eine 3*3-Matrix A und eine 5*5-Matrix B in Ihrem Programm einführen möchten, können Sie das folgendermaßen tun:

```
var
 A, B: Matrix;
…..
begin
  …
  A.Zeilen := 3;
  A.Spalten := 3;
  …
  B.Zeilen := 5
  B.Spalten := 5;
end;
```

12.4.2. Ausblick auf erweiterte Möglichkeiten

Methoden in Klassen

Durch die Einführung von Record-Typen wurden die Daten, die eine Matrix betreffen stärker aneinander gebunden. Hierdurch wird die Fehlergefahr reduziert. Die Bindung der Daten an die verarbeitenden Komponenten (Prozeduren und Funktionen) ist weiterhin schwach und dementsprechend fehleranfällig. Abhilfe schafft hier die objektorientierte Programmierung mit der Einführung von Methoden (15.2.2).

12.5. Debugging

Sie können in gewohnter Weise Haltepunkte setzen. Nach einem Halt können Sie detaillierte Informationen über die Werte sämtlicher Komponenten eines Records bekommen indem Sie den Cursor auf den Recordbezeichner setzen und den Menüpunkt Start|Inspizieren.. anwählen. Für die Variable *Abnahmeprotokoll* vom Typ AbnahmemessProt_record wird ein Formular gemäß Abbildung 12.1 angezeigt. Es zeigt die drei Recordkomponenten der höchsten Hierachiestufe. Wenn Sie in diesem Formular die Zeile mit dem Namenseintrag ALLGDATEN doppelt anklicken, werden Einzelheiten Komponentennamen, Typ, Wert) dieser Recordkomponente angezeigt (Abbildung 12.2). Die Komponente ALLGDATEN enthält mit KUNDE eine weitere Komponente eines Recordtyps. Deren Einzelheiten ebenfalls durch Doppelklicken auf die betreffende Zeile sichtbar gemacht werden können.

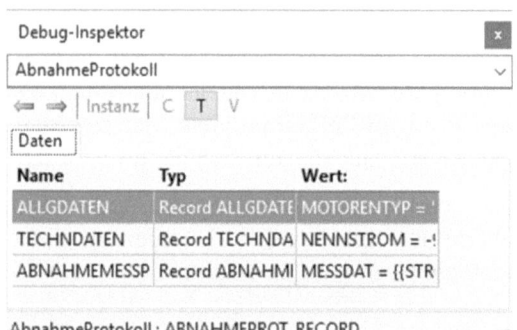

Abbildung 12.1: Variable Abnahme_Protokoll

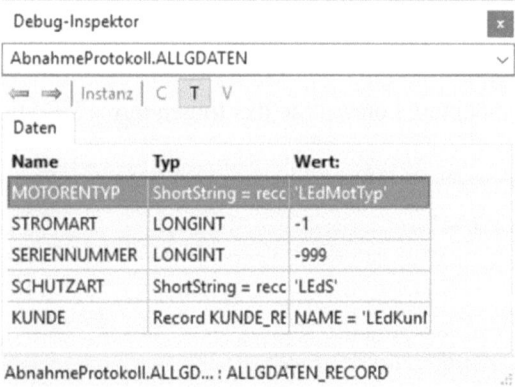

Abbildung 12.2:Einzelheiten der Komponente ALLGDATEN

13. Sie wissen nicht was noch kommt – Dynamische Daten

Alle bisher behandelten Datentypen sind bis auf eine marginale Ausnahme im Bereich der Zeichenketten statisch. D.h. ihr Umfang und damit ihr Speicherplatzbedarf wird bei der Vereinbarung implizit festgelegt. Er bleibt während der gesamten Dauer eines Prozesses konstant.

Wenn man in einem Programm Variable schwankenden Umfangs benötigt, ist es vielfach nicht sinnvoll hierfür statische Variable vorzusehen, sondern man verwendet dynamische Variable, deren Größe automatisch dem jeweiligen Bedarf angepasst wird.

Diese dynamischen Datenstrukturen sind durch gerichtete Element (so genannte Zeiger) miteinander verbunden. Ihre Verwendung ist auch dann besonders angesagt, wenn man ein- oder mehrdimensionale Strukturen wie z. B. Wirkungsketten oder Verkehrsnetze nachbilden möchte.

13.1. Aufgaben

13.1.1. Wechselnder Speicherplatzbedarf

Für den Betrieb eines Programms wird zu manchen Zeiten Speicherplatz für 150.000 Variable vom Typ double und zu anderen Zeiten Speicherplatz für 300.000 Variable vom Typ integer benötigt. Gleichzeitiger Bedarf dieser integer- und double-Variablen tritt nicht auf. Der darüber hinausgehende Speicherplatzbedarf liegt unter 300.000 Bytes. Gestalten Sie die Variablen so, dass das Programm mit einem Speicherplatz von maximal 1.500.000 Bytes für sämtliche von ihm verwendete Variable auskommt.

13.1.2. Kellerspeicher, Stack (LIFO[73])

Erstellen Sie eine Datenstruktur mit Anwendungsumgebung,

- bei der die einzelnen Elemente miteinander in Verbindung stehen

- deren Elemente angelegt und vernichtet werden können. Die Auslösung dieser Aktionen soll durch die Betätigung geeigneter Schaltflächen erfolgen.

- bei der das zuletzt angelegte Element zuerst vernichtet wird.

---

73 LIFO = last in first out. Das Element, das dem Kellerspeicher zuletzt hinzugefügt wurde, verlässt diesen zuerst wieder.

- die (außer durch den Arbeitsspeicher des Rechners) keiner Größenbegrenzung unterliegt.

- bei der die einzelnen Elemente nach Betätigung einer Schaltfläche aufgelistet werden. Die Auflistung soll den Inhalt der Datenelemente und die markanten Verbindungselemente enthalten. Verbindungselemente, die ähnlicher Weise regelmäßig wiederkehren, brauchen nicht aufgeführt zu werden.

13.1.3. Schieberegister, Warteschlange (FIFO[74])

Erstellen Sie eine Datenstruktur mit Anwendungsumgebung,

- bei der die einzelnen Elemente miteinander in Verbindung stehen

- deren Elemente angelegt und vernichtet werden können. Die Auslösung dieser Aktionen soll durch die Betätigung geeigneter Schaltflächen erfolgen.

- bei der das zuerst angelegte Element zuerst vernichtet wird.

- die (außer durch den Arbeitsspeicher des Rechners) keiner Größenbegrenzung unterliegt.

- bei der die einzelnen Elemente nach Betätigung einer Schaltfläche aufgelistet werden. Die Auflistung soll den Inhalt der Datenelemente und die markanten Verbindungselemente enthalten. Verbindungselemente, die ähnlicher Weise regelmäßig wiederkehren, brauchen nicht aufgeführt zu werden.

13.1.4. Ringspeicher

Erstellen Sie eine Datenstruktur mit Anwendungsumgebung,

- bei der die einzelnen Elemente in zwei Richtungen miteinander in Verbindung stehen

- die mindestens aus einem mit sich selbst verbundenen Element besteht.

- deren Elemente beliebig angelegt und vernichtet werden können. Die Auslösung dieser Aktionen soll durch die Betätigung geeigneter Schaltflächen erfolgen.

- die (theoretisch betrachtet) keiner Größenbegrenzung unterliegt.

- bei der die einzelnen Elemente nach Betätigung einer Schaltfläche aufgelistet werden. Die Auflistung soll den Inhalt der Datenelemente und die markanten Ver-

---

74 FIFO = first in first out. Das Element, das zuerst der Warteschlange hinzugefügt wurde verlässt diese auch zuerst wieder.

bindungselemente enthalten. Verbindungselemente, die ähnlicher Weise regelmäßig wiederkehren, brauchen nicht aufgeführt zu werden.

13.2. Der Beitrag von Pascal

13.2.1. Zeiger

Basis für die Lösung der unter 13.1.1 genannten Aufgaben ist der Zeiger. Ein Zeiger ZEIGT auf ein Element (Bezugselement) eines bestimmten Typs. Der Wert
des Zeigers ist die Adresse des Bezugselements.

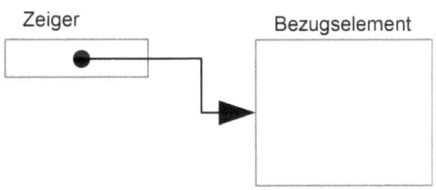

*Abbildung 13.1: Zusammenhang zwi-
schen Zeiger und Bezugselement*

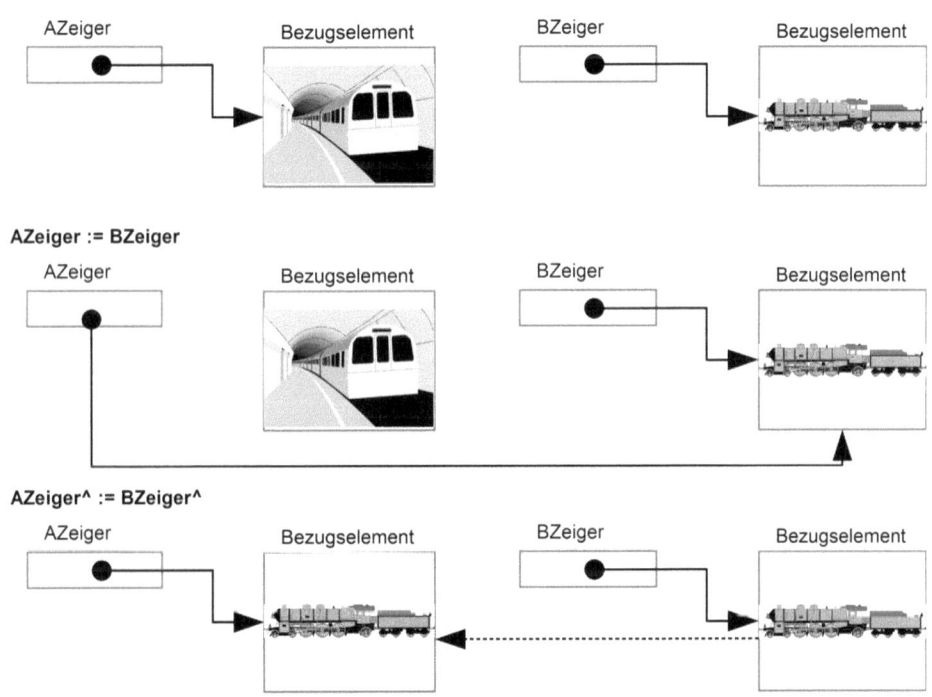

*Abbildung 13.2: Unterschied der Zuweisung zwischen Zeigern und zwischen deren
Bezugselementen. Bilder:[CLASUB]und[CLASTEAM]*

Zeiger (pointer) allein ist noch kein Datentyp sondern wie **record**, **file**, **set** oder **array** ein Oberbegriff für eine Gruppe von Datentypen. Der genaue Datentyp hängt vom Bezugselement des Zeigers ab. Alle Zeigertypen beanspruchen gleich viel Platz unabhängig vom Typ auf den sie sich beziehen. Die Bezugselemente hingegen können (entsprechend deren Typs) unterschiedlich groß sein.

Im Zusammenhang mit Zeigern wird die Pascal-Grundregel, dass Unbekanntes ausschließlich durch Bekanntes (d. h. durch zuvor Definiertes) zu beschreiben ist, außer Kraft gesetzt, da dieses Vorgehen nicht eindeutig durchzuführen wäre. Entweder würde ein Zeigertyp spezifiziert, der auf einen noch nicht spezifizierten Bezugsobjekttyp zeigt oder umgekehrt.

Zusätzliche Regel: Zuerst wird der Zeigertyp, dann der Typ des Bezugselements vereinbart.

Es gilt deshalb die zusätzliche Regel, dass zuerst der Zeigertyp und dann der Typ des Bezugselements zu spezifizieren ist.

```
type

   Elem_Zeiger=^Element;{ Typenvereinbarung für den Zeiger }

   Element =.............;{ Typenvereinbarung für das
                                  Bezugselement}
var
   A_Zeiger, B_Zeiger: Elem_Zeiger;
       { Variablendeklaration für zwei Zeiger des Typs Elem_Zeiger  }
       { Die Wirkung der beiden folgenden Wertzuweisungen ist streng }
       { zu unterscheiden: }

        A_Zeiger^:= B_Zeiger^;
        A_Zeiger:= B_Zeiger;
```

13.2.1.1. Aufbau dynamischer Datenstrukturen

Zum Aufbau einer dynamischen Datenstruktur, wird ein Element benötigt, das einen Zeiger enthält. Hierfür kommen bei erster Betrachtung Zeiger, Felder (**array**s) oder Strukturen (**record**s) in Betracht.

Zeiger scheiden aus, da in Ihnen nur Verzeigerungs-, aber keine Nutzinformation untergebracht werden kann.

Felder scheiden weitgehend aus, da sie nur Elemente eines Typs enthalten dürfen. Für eine Nutzinformation, die nicht den Typ Zeiger hat, ist also dort ebenfalls kein Platz. Somit bleibt für den Aufbau universeller dynamischer Datenstrukturen nur der **record**, der vollkommen freizügig gegliedert werden kann. Vor allem können innerhalb eines **record**s sowohl statische als auch dynamische Elemente auftreten. Somit kann bei der Verwendung von **record**s von einem zum nächsten Bezugselement verzeigert werden.

13.2.1.2. Schaffung dynamischer Daten

Zur Schaffung dynamischer Daten gibt es die Standardprozedur *New*.

Die Anweisung *New(P)* (wobei P eine Zeigervariable sein muss) bewirkt, dass ein Bezugselement für P geschaffen wird.

Deklarierte Zeigervariable zeigen zunächst einmal „irgendwo hin", da sie wie alle anderen Variablen, die wohl deklariert, aber nicht initialisiert wurden, einen undefinierten Wert besitzen.[75]

Bitte beachten:

„Irgendwo" ist nicht „nirgendwo".

Will man gezielt erreichen, dass eine Zeigervariable „nirgendwo hin" zeigt, so muß man ihr den Wert *nil* zuweisen, z. B. in der Form P := nil.

13.2.1.3. Vernichtung (Löschen) Dynamischer Daten

Das Löschen Dynamischer Daten erfolgt mit der Prozedur *Dispose*. Eine Dynamische Variable kann nur gelöscht werden, solange noch ein Zeiger direkt oder indirekt auf sie zeigt!!

Anmerkungen:

*   *New* und *Dispose* treten im Zusammenhang mit der objektorientierten Programmierung in Abweichung vom Standard auch als Funktionen auf. Details hierzu im Kapitel "Objektorientierte Programmierung" (Kapitel 15).
*   Neben dem Standard-Prozedurpaar *New/Dispose* bietet Free Pascal noch die Prozedurpaare *Mark/Release* und *GetMem/Freemem* die ähnlichen Zwecken dienen. Eine gemischte Verwendung dieser Prozedurpaare ist in der Regel zu vermeiden. D. h. dynamischer Speicherplatz, der mit *New* allokiert wurde sollte mit Dispose und nicht mit *FreeMem* oder *Release* frei gegeben werden. Mehr zur Speicherüberwachung finden Sie unter 13.3.1.2.

13.3. Lösungen

13.3.1. Wechselnder Speicherbedarf im Programm

13.3.1.1. Wichtige Programmelemente

Es wird angenommen, dass beim Programmstart statische Daten im Umfang von 290.000 Bytes vereinbart werden. Beispielhaft geschieht das mit der Anweisung

---

75 Es ist zwar vielfach üblich, dass Variable vom Compiler mit 0, ", nil etc. initialisiert werden. Darauf vertrauen und die Programmierung eines Projekts auf diese Annahme gründen sollte man besser nicht.

```
var
  b : Array[1..290000] of byte;
```

Ebenso werden zu diesem Zeitpunkt 150.000 Variable vom Typ `double` benötigt. Der Einfachheit halber wird angenommen, dass diese in einem Array untergebracht werden. Für das Array wird der Datentyp `Alldoubles` definiert. In gleicher Weise wird für die später benötigten 300.000 Ganzzahlwerte der Datentyp `Allintegers` definiert:

```
type
  Alldoubles = Array[1..150000] of double;
  Allintegers = Array [1..300000] of integer;
```

An Variablen wird jeweils ein Zeiger auf ein Feld vom Typ `Alldoubles` und `Allintegers` vereinbart:

```
var
  PAlldoubles : ^Alldoubles;
  PAllintegers : ^Allintegers;
```

Danach erfolgt die Instanziierung von *PAllintegers* mit der Prozedur *new*:

```
begin
  new (PAlldoubles);
```

Diese Anweisung reserviert den Speicherplatz für ein Array vom Typ `Alldoubles` auf dem Heap. Der Zugriff auf dieses Array erfolgt per Zeiger. Folgende Anweisung belegt das 783. Element des Arrays mit dem Wert 4.71:

```
  PAlldoubles^[783] := 4.71;
```

Wenn das Gleitkomma-Datenfeld nicht mehr benötigt wird, dann wird es mit der Prozedur *dispose* vom Heap entfernt.

```
  dispose(PAlldoubles);
```

Danach wird in ähnlicher Weise eine Instanz des Typs `Allintegers` mit

```
  new (PAllintegers);
```

angelegt und mit

```
  dispose(PAllintegers);
```

wieder vernichtet.

Jedes Element, das dynamisch angelegt wurde, muss auch wieder dynamisch entfernt werden.

13.3.1.2. *Heapüberwachung*

In Programmen muss grundsätzlich gelten, dass jedes dynamisch angelegte Element auch wieder entfernt wird. Hierzu sind die in 13.2.1 genannten Prozedurpaare zu verwenden. Allerdings ist in realen Programmen die Situation meist weniger übersichtlich als in unserem einfachen Beispiel. Sehr leicht kommt es vor, dass dynamische Datenelemente zwar angelegt aber nicht korrekt freigegeben werden. Das führt dann zu einem zunehmenden Speicherplatzbedarf (einem so genannten Speicherleck), der durchaus einen Rechner lahmlegen und einen Neustart erforderlich machen kann. In der unit `heaptrc` steht mit der Prozedur `SetHeapTraceOutput` ein Werkzeug zur Verfügung mit dessen Hilfe Sie unterlassene Freigaben dynamischer Variabler, die eventuell zu unkontrolliertem Programmverhalten führen, entdecken können. Die Prozedur besitzt als Parameter einen Dateinamen. In der dort angegebenen Datei können Sie nach Programmabschluss feststellen, in welcher Weise Speicher allokiert und freigegeben wurde.

```
SetHeapTraceOutput('heaptrace.log');
```

inweisen zur Heapüberwachung finden Sie in [HEAPTRC]. Die Abbildungen 13.3 und 13.4 zeigen die Datei **heaptrace.log**. 13.3 zeigt den fehlerbehafteten Fall. Hier werden 2 Speicherblöcke mit insgesamt 2.400.000 Bytes angelegt aber nicht freigegeben. Im Falle von 13.4 werden die Blöcke belegt aber auch wieder freigegeben. Zum Schluss stehen 0 nicht freigegebene Bytes zu Buche.

Zugriff auf die Datei heaptrace.log

Auf die Datei **heaptrace.log** können Sie beispielsweise über den Windows Explorer und das Programm Notepad oder den über Quelltexteditor von Lazarus zugreifen.

```
D:\Projekte - Nicht TZ\Lazarus-Buch\Kap13_Programme\Wechselnde Daten\Fehlerhaft\project1.exe
Heap dump by heaptrc unit
2 memory blocks allocated : 2400000/2400000
0 memory blocks freed     : 0/0
2 unfreed memory blocks : 2400000
True heap size : 2555904 (160 used in System startup)
True free heap : 155584
Should be : 155616
Call trace for block $02C20090 size 1200000
  $00407F81
Call trace for block $01420090 size 1200000
  $00407F81
```

Abbildung 13.3: Datei heaptrace.log bei fehlerhaftem Programm (Speicherlecks)

D:\Projekte - Nicht TZ\Lazarus-Buch\Kap13_Programme\Wechselnde Daten\Korrigiert\project1.exe

Heap dump by heaptrc unit

2 memory blocks allocated : 2400000/2400000

2 memory blocks freed   : 2400000/2400000

0 unfreed memory blocks : 0

True heap size : 65536 (160 used in System startup)

True free heap : 65376

Abbildung 13.4: Datei heaptrace.log bei korrektem Programm

Wenn **heaptrace.log** im Quelltexteditor geöffnet ist, erscheint nach dem Ende des Programms das in Abbildung 13.5 dargestellte Fenster. Wenn Sie in dessen oberer Hälfte auf den Dateinamen klicken wird in der unteren Hälfte des Fensters der aktuelle Dateiinhalt angezeigt (Abbildung 13.6).

13.3.1.3. Programmcode des Demoprogramms für wechselnden Speicherplatzbedarf ProWechsSpei

```
program ProWechsSpei_k;

{$mode objfpc}{$H+}

uses
  heaptrc;
type
  Alldoubles = Array[1..150000] of double;
  Allintegers = Array [1..300000] of integer;
var
 b : Array[1..290000] of byte;
 PAlldoubles : ^Alldoubles;
 PAllintegers : ^Allintegers;
begin
  SetHeapTraceOutput('heaptrace.log');
  new (PAlldoubles); //Speicherbereich für Werte vom Typ double anlegen.
//PAlldoubles hier nutzen.
  dispose (PAlldoubles); //Weglassen dieser Zeile verursacht ein
                         //Speicherleck (Memory Leak)
  new (PAllintegers);    //Speicherbereich für Werte vom Typ integer anlegen.
//PAllintegers hier nutzen.
  dispose (PAllintegers);//Weglassen dieser Zeile verursacht ein
                         //Speicherleck (Memory Leak)
  Readln;
end.
```

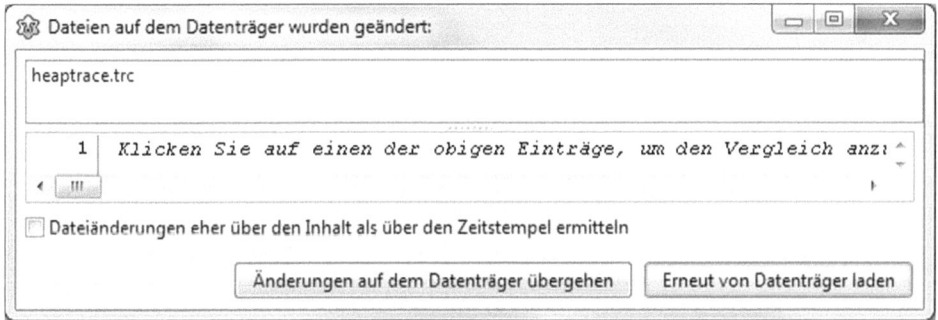

Abbildung 13.5: Hinweis auf Änderung von Dateien, die im Quelltexteditor geöff-
net sind.

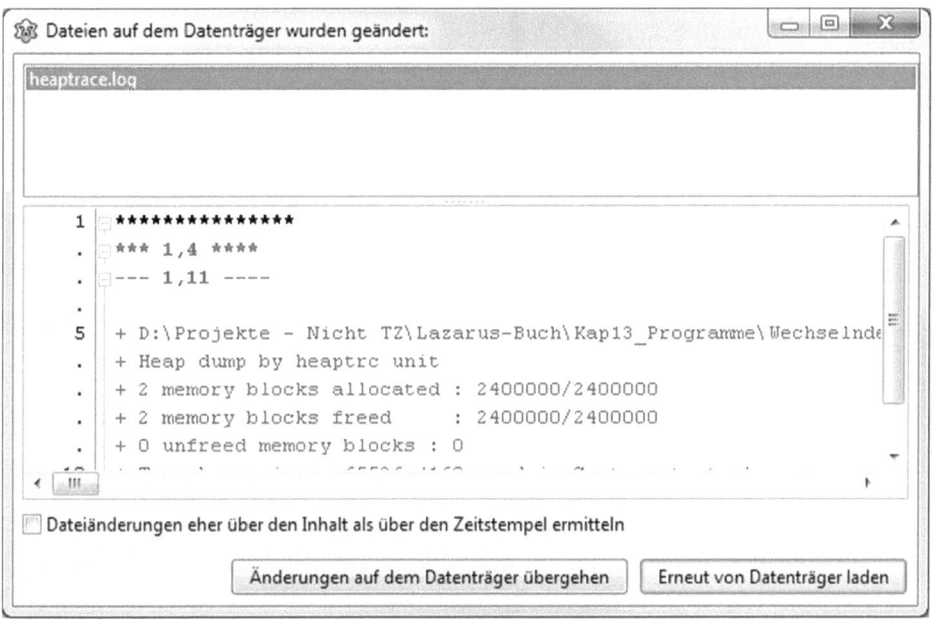

Abbildung 13.6: Anzeige der geänderten Datei heaptrace.log

13.3.2. Lineare Listen

Die einzelnen Elemente von Linearen Listen sind linear hintereinander angeordnet.
Der Zugang zu den Listen kann unterschiedlich sein (Kellerspeicher / LIFO oder

Warteschlange / FIFO). Wie groß die Liste ist, d.h. wieviel Speicherplatz sie bean-
sprucht, ergibt sich erst während des Rechenprozesses.

Für die Listenelemente gelten die folgenden Vereinbarungen:

```
type
  Nutzinformationstyp = single; //Beispiel, Nutzinformation kann beliebig
                              //sein!
  Listenzeiger = ^Listenelement;

  Listenelement = record
  Nutzinformation : Nutzinformationstyp;
  naechster : Listenzeiger;
end;
```

13.3.2.1. Allgemeine Einfüge- und Löschmechanismen

Einfügen nach einem bekannten Element der Liste. In Schritt 1 erhält das einzufü-
gende Element (*Einf^*) das selbe Nachfolgeelement wie das bekannte Element der
Liste (*Vor^*). In Schritte 2 wird *Einf^* zum Nachfolgelelement von *Vor^* gemacht.

```
procedure EinfuegNach(Vor, Einf:Zeigertyp);
begin
{ Schritt 1}
Einf.naechster:= Vor^.naechster;
{ Schritt 2}
Vor^.naechster:= Einf;
end;
```

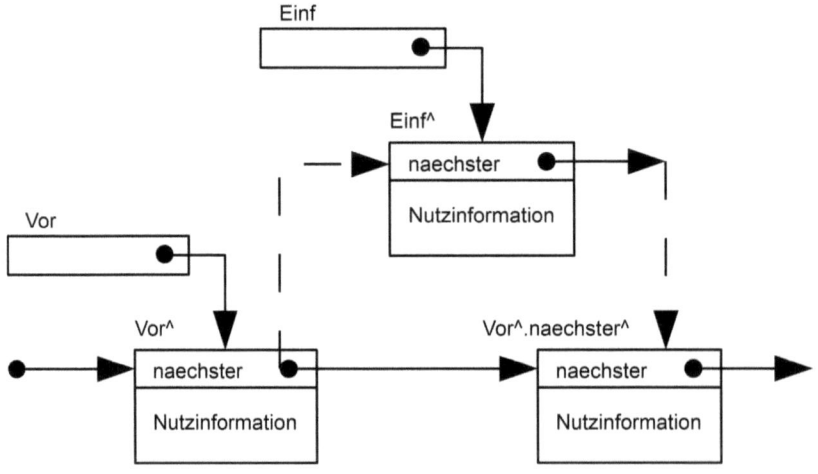

*Abbildung 13.7: Einfügen eines Elements in eine einfach verzeigerte
    Liste*

13.3.2.2. *Kellerspeicher (Stacks, LIFO, last in, first out)*

Stacks sind (dynamische) Speicher, die an einer Stelle (der Kellertür) eine Zugang haben. An dieser Stelle werden sowohl Informationen hinzugefügt als auch entnommen. Der Anwender muss den Ort des Zugangs (einen Zeiger) und die Operationen für das Hinzufügen und Entfernen von Informationen kennen.

13.3.2.3. *Warteschlangen (FIFO, first in first out)*

Warteschlangen sind Speicher, die an einer Stelle einen Zugang und an einer anderen Stelle einen Abgang haben. Mit Ihnen kann man Warteschlangen modellieren, wie wir sie beispielsweise von Läden kennen: Derjenige, der am längsten in der Schlange gewartet hat verlässt diese und wird bedient.

13.3.3. Kellerspeicher mit Visualisierung

13.3.3.1. *Grundsätzliches*

Als dynamisches Datenelement verwenden wir ein Datenelement vom Typ DynString das die Verzeigerungsinformation (Zeiger auf Element vom Typ DynString) und als Nutzinformation ein Element vom Typ AnsiString umfasst.

Das Prinzip der wesentlichen für den Kellerspeicher benötigten Prozeduren wurde bereits in 13.3.2 behandelt.

```
type
  DynString = record
    Info: AnsiString;
    Verbindung: PDynString;
  end;
```

Auf den Beginn des Kellerspeichers zeigt eine Zeigervariable *Zugang*. Ist der Speicher leer – was dem Anfangszustand entspricht - so zeigt sie auf *nil*;

```
var
  Zugang : ^DynString;
begin
  Zugang := nil; //Initialisierung als leerer Kellerspeicher.
```

Soll ein Wert hinzugefügt werden, so wird der Text, der in die dynamische Variable eingetragen wird mittels des Editfelds *EdtInfo* gesetzt und anschließend die Schaltfläche *BtnPush* betätigt. Die maßgebliche Verzeigerung übernimmt die Prozedur *Push*.

Durch Betätigung der Schaltfläche *BtnPop* löschen Sie das zuletzt eingetragene Element. Die maßgebliche Verzeigerung übernimmt die Prozedur *Pop*. Wenn der Kellerspeicher bereits leer ist, darf keine Aktion ausgeführt werden.

Einträge auflisten

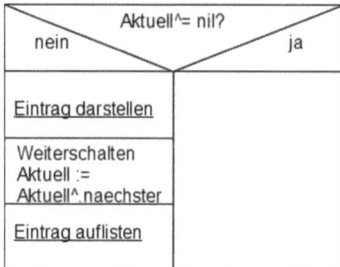

Eintrag auflisten *(Singular!!)*

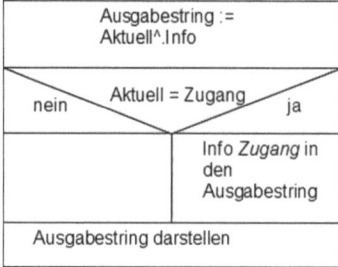

Eintrag darstellen

```
               Ausgabestring :=
               Aktuell^.Info
        ┌──────────────────────────┐
        │    Aktuell = Zugang       │
   nein └────────────┬─────────────┘ ja
                     │  Info Zugang in
                     │  den
                     │  Ausgabestring
        ┌────────────────────────────┐
        │ Ausgabestring darstellen    │
        └────────────────────────────┘
```

Abbildung 13.8: Struktogramme der Prozeduren zum Listen des Inhalts des Kellerspeichers

Die Betätigung der Schaltfläche `BtnList` veranlasst die Auflistung der Elemente des Kellerspeichers. Dabei besteht die gesamte Auflistung in der wiederholten Auflistung des Inhalts der einzelenen Elemente. Diese Wiederholung wird so lange durchgeführt bis der gesamte Speicherinhalt dargestellt wurde.

Die Wiederholung kann iterativ oder rekursiv realisiert werden. In unserem Fall wählen wir die rekursive Lösung. Diese umfasst drei Prozeduren:

- *EintraegeListen* (Plural) zur Vorbereitung und Einleitung der Rekursion.
- *EintragListen* (Singular) zur Steuerung der Rekursion.
- *EintragDarstellen* zur Realisierung der eigentlichen Ausgabe-Operation.

13.3.3.2. Programmcode

Code der HauptFormularunit UFrmMainStack

```
unit UFrmMainStack;

{$mode objfpc}{$H+}

interface

uses
  Classes, SysUtils, FileUtil, Forms, Controls, Graphics, Dialogs,
StdCtrls;

type
  PDynstring = ^Dynstring;
  DynString = record
    Info: AnsiString;
    Verbindung: PDynstring;
  end;

  { TFrmMainStack }

  TFrmMainStack = class(TForm)
    BtnPush: TButton;
    BtnPop: TButton;
    BtnList: TButton;
    EdtInfo: TEdit;
    Memo1: TMemo;
    procedure BtnPushClick(Sender: TObject);
    procedure BtnPopClick(Sender: TObject);
    procedure BtnListClick(Sender: TObject);
    procedure EintraegeAuflisten;
    procedure EintragAuflisten;
    procedure EintragDarstellen;
    procedure Pop;
    procedure Push;
  private
    { private declarations }
    Aktuell : PDynstring;
    Neu : PDynstring;
    Zugang : PDynstring;
  public
    { public declarations }
  end;

var
  FrmMainStack: TFrmMainStack;

implementation
```

```
{$R *.lfm}

{ TFrmMainStack }

procedure TFrmMainStack.BtnPushClick(Sender: TObject);
begin
  Push;
  EintraegeAuflisten;
end;

procedure TFrmMainStack.BtnPopClick(Sender: TObject);
begin
  Pop;
  EintraegeAuflisten;
end;

procedure TFrmMainStack.BtnListClick(Sender: TObject);
begin
  EintraegeAuflisten;
end;
procedure TFrmMainStack.EintraegeAuflisten;
begin
  Aktuell := Zugang;
  Memo1.Lines.Clear;
  EintragAuflisten;
end;
procedure TFrmMainStack.EintragAuflisten;
begin
  if Aktuell = nil then
  else
    begin
      EintragDarstellen;
      Aktuell := Aktuell^.Verbindung;
      EintragAuflisten;
    end;
end;
procedure TFrmMainStack.EintragDarstellen;
var
  Ausgabestring : AnsiString;
begin
  Ausgabestring := Aktuell^.Info;
  if (Aktuell = Zugang) then
    Ausgabestring := Ausgabestring + ' >> Zugang';
  Memo1.Lines.Add(Ausgabestring);
end;

procedure TFrmMainStack.Pop;
begin
  if Zugang <> nil then
  begin
    Neu := Zugang;
    Zugang := Neu^.Verbindung; //Zugang auf zweites Element
    Neu^.Verbindung := nil;    //Erstes Element lösen
    dispose (Neu);
  end;
end;

procedure TFrmMainStack.Push;
```

```
begin
  new(Neu);
  Neu^.Info := EdtInfo.Text;
  Neu^.Verbindung := Zugang;
  Zugang := Neu;
end;

end.
```

Code des Hauptprogramms *ProStack*

```
program ProStack;

{$mode objfpc}{$H+}

uses
  {$IFDEF UNIX}{$IFDEF UseCThreads}
  cthreads,
  {$ENDIF}{$ENDIF}
  Interfaces, // this includes the LCL widgetset
  Forms, UFrmMainStack
  { you can add units after this };

{$R *.res}

begin
  RequireDerivedFormResource := True;
  Application.Initialize;
  Application.CreateForm(TFrmMainStack, FrmMainStack);
  Application.Run;
end.
```

13.3.4. Warteschlange mit Visualisierung

13.3.4.1. *Grundsätzliches*

Als dynamisches Datenelement verwenden Sie ein Datenelement vom Typ DynString das die Verzeigerungsinformation (Zeiger auf ein Element vom Typ DynString) und als Nutzinformation ein Element vom Typ AnsiString umfasst.

Die wesentlichen für den Kellerspeicher benötigten Prozeduren wurden bereits in 13.3.2 behandelt.

```
type
  DynString = record
    Info: AnsiString;
    Verbindung: ^Dynstring;
  end;
```

Auf das Ende der Warteschlange zeigt eine Zeigervariable *Ausgang*. Ist der Speicher leer – was dem Anfangszustand entspricht - so zeigt sie auf *nil*;

```
var
  Ausgang : ^DynString;
begin
  Ausgang := nil; //Initialisierung als leerer Kellerspeicher...
...
```

Soll ein Wert hinzugefügt werden, so wird der Text der in die dynamische Variable eingetragen wird mittels des Editfelds *EdtInfo* gesetzt und anschließend die Schaltfläche *BtnAdd* betätigt. Die maßgebliche Verzeigerung übernimmt die Prozedur *Verlaengern*.

Durch Betätigung der Schaltfläche *BtnRemove* löschen Sie das älteste in der Liste vorhandene Element. Die maßgebliche Verzeigerung übernimmt die Prozedur *Kuerzen*. Wenn die Warteschlange bereits leer ist, darf keine Aktion ausgeführt werden.

Die Betätigung der Schaltfläche *BtnList* veranlasst die Auflistung der Elemente. Dabei wird mit der Darstellung des ältesten Elements begonnen. Pro Element der Warteschlange wird in *Memo1* eine Zeile angelegt, In dieser Zeile wird die Nutzinformation des Warteschlangenelements angezeigt. Wenn die Zeiger *Eingang* oder *Ausgang* auf das Element zeigen, wird das durch eine zusätzliche Information (z. B. >> Eingang) angegeben.

13.3.4.2. Programmcode

Code der Hauptformularunit UFrmMainFIFO

```
unit UFrmMainFIFO;

{$mode objfpc}{$H+}

interface

uses
  Classes, SysUtils, FileUtil, Forms, Controls, Graphics, Dialogs,
StdCtrls;

type
  PDynstring = ^Dynstring;
  DynString = record
    Info: AnsiString;
    Verbindung: PDynstring; //Rückwärtsverbindung
  end;

  { TFrmMainFIFO }

  TFrmMainFIFO = class(TForm)
    BtnAdd: TButton;
    BtnRemove: TButton;
    BtnList: TButton;
    EdtInfo: TEdit;
```

```
    Memo1: TMemo;
    procedure BtnAddClick(Sender: TObject);
    procedure BtnRemoveClick(Sender: TObject);
    procedure BtnListClick(Sender: TObject);
    procedure EintraegeAuflisten;
    procedure EintragAuflisten;
    procedure EintragDarstellen;
    procedure FormCreate(Sender: TObject);
    procedure Kuerzen;
    procedure Verlaengern;
  private
    { private declarations }
    Aktuell : PDynstring;
    Ausgang : PDynString;
    Eingang : PDynstring;
    Neu : PDynstring;
  public
    { public declarations }
  end;

var
  FrmMainFIFO: TFrmMainFIFO;

implementation

{$R *.lfm}

{ TFrmMainFIFO }

procedure TFrmMainFIFO.BtnAddClick(Sender: TObject);
begin
  Verlaengern;
  EintraegeAuflisten;
end;

procedure TFrmMainFIFO.BtnRemoveClick(Sender: TObject);
begin
  Kuerzen;
  EintraegeAuflisten;
end;

procedure TFrmMainFIFO.BtnListClick(Sender: TObject);
begin
  EintraegeAuflisten;
end;
procedure TFrmMainFIFO.EintraegeAuflisten;
begin
  Aktuell := Ausgang;
  Memo1.Lines.Clear;
  While Aktuell<> nil do
    begin
    EintragAuflisten;
    end;
end;

procedure TFrmMainFIFO.EintragAuflisten;
begin
  EintragDarstellen;
```

```
  Aktuell := Aktuell^.Verbindung;
end;

procedure TFrmMainFIFO.EintragDarstellen;
var
  Ausgabestring : AnsiString;
begin
  Ausgabestring := Aktuell^.Info;
  if (Aktuell = Eingang) then
    Ausgabestring := Ausgabestring + ' >> Eingang';
  if (Aktuell = Ausgang) then
      Ausgabestring := Ausgabestring + ' >> Ausgang';
  Memo1.Lines.Add(Ausgabestring);
end;

procedure TFrmMainFIFO.FormCreate(Sender: TObject);
begin
  Eingang := nil;
  Ausgang := nil;
end;

procedure TFrmMainFIFO.Kuerzen;
begin
  if Ausgang <> nil then
//Elemente vorhanden
    begin
    Neu := Ausgang;
    if Neu = Eingang then
//letztes Element
      begin
        Ausgang := nil;
        Eingang := nil
      end
    else
      begin
        Ausgang := Ausgang^.Verbindung;
      end;
//Neu freigeben, falls ein Element gelöscht wurde
    dispose (Neu);
    end
  else;
end;

procedure TFrmMainFIFO.Verlaengern;
begin
  new(Neu);
  Neu^.Info := EdtInfo.Text;
  Neu^.Verbindung :=  nil;
  if Eingang = nil then
    Ausgang := Neu
  else
    Eingang^.Verbindung := Neu;
  if Ausgang = nil then
    Ausgang := Neu;
  Eingang := Neu;
end;

end.
```

13.3.5. Ringspeicher mit Visualisierung

13.3.5.1. *Doppelt verbundene Ringe*

Bis jetzt wurden Kellerspeicher-(Stack-, LIFO-) und Warteschlangen- (FIFO-) Strukturen behandelt.

In beiden Fällen war es unangenehm, dass beim Arbeiten an den Rändern der Liste Sonderfälle zu berücksichtigen waren, die einer speziellen Behandlung bedurften. Diese Nachteile werden beim doppelt verbundenen Ring vermieden.

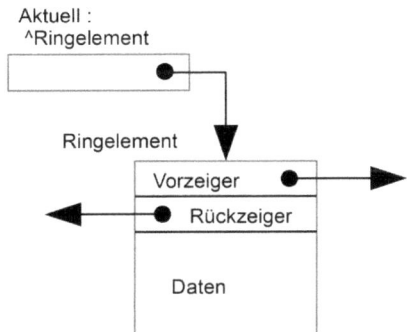

Abbildung 13.9: Basisstruktur des
doppelt verbundenen Rings

Listenelement, d.h. Glied des Rings, ist hier ein Record, der neben dem Informationsteil zwei Zeiger besitzt, von denen einer auf das vorhergehende, der andere auf das folgende Listenelement zeigt.

13.3.5.2. *Typenvereinbarung für ein Ringelement:*

```
type
  Ringzeiger=^Ringelement;
  Ringelement = record
   Vorzeiger, Rueckzeiger: Ringzeiger;
   Daten:Datentyp;
  end;
```

Der Ring wird durch Schließen (Verbindung des ersten mit dem letzten Element) symmetrisch.

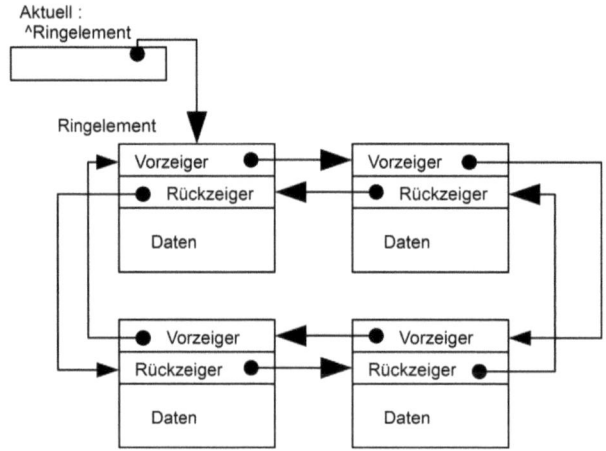

*Abbildung 13.10: Doppelt verbundener Ring mit Zu-
griffsmöglichkeit über Zeiger.*

Als Leerer Ring wird ein Ringelement definiert, dessen beide Zeiger auf dieses
Ringelement selbst zeigen.

Damit auf den Ring zugegriffen werden kann, muss ein Zeiger existieren, der (von
außerhalb des Rings) auf ein Ringelement zeigt.

Das Ringelement, auf das dieser Zeiger zeigt, wird im folgenden mit **Aktuell^** bezeichnet.

13.3.5.3. Operationen zum Einfügen und Löschen von Ringelementen

Einfügen eines neuen Elements *Neu^* vor dem Element *Aktuell^*

Prinzip

*   Erst beide Verbindungen des neuen Elements zu den zukünftigen Nachbarele-
    menten herstellen.

*   Danach Verbindungen von den beiden alten Elementen zum neuen Element her-
    stellen. Die Direktverbindung zwischen den beiden alten Elementen wird damit
    aufgehoben.

```
procedure einfueg_vor( Neu, Aktuell: Ringzeiger);
begin
 Neu^.Vorzeiger:= Aktuell^.Vorzeiger;{ Schritt 1}
 Neu^.Rueckzeiger:= Aktuell;{ Schritt 2}
```

```
Aktuell^.Vorzeiger^.Rueckzeiger:= Neu;{ Schritt 3}
Aktuell^.Vorzeiger:= Neu;{ Schritt 4}
end;
```

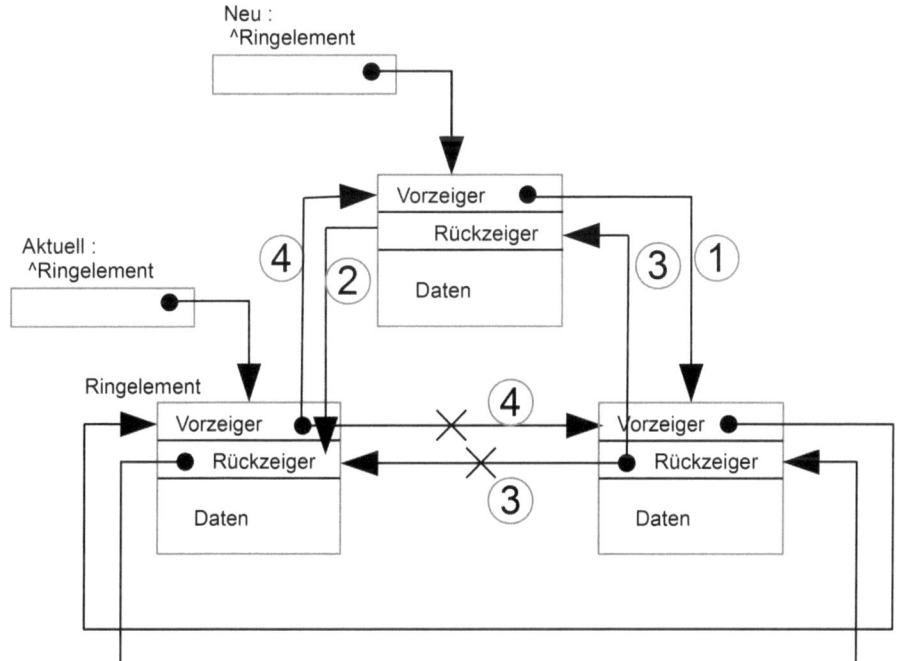

Abbildung 13.11: Einfügen eines Ringelements vor dem aktuellen Element

Einfügen eines neuen Elements *Neu^* hinter dem Element *Aktuell^*

```
procedure einfueg_nach( Neu, Aktuell: Ringzeiger);
begin
  Neu^.Vorzeiger:= Aktuell;{ Schritt 1}
  Neu^.Rueckzeiger:= Aktuell^.Rueckzeiger;{ Schritt 2}
  Aktuell^.Rueckzeiger^.Vorzeiger:= Neu;{ Schritt 3}
  Aktuell^.Rueckzeiger:= Neu;{ Schritt 4}
end;
```

Man beachte die vollkommene Symmetrie der beiden Operationen!

Nach Ausführung dieser Prozeduren zeigt der Zeiger*Neu* immer noch auf das einge-
fügte Element. Er bietet damit eine Zugriffsmöglichkeit auf den Ring. Das Ziel des
Zeigers `Aktuell` wird ebenfalls nicht verändert. Er zeigt vor und nach der Proze-
durausführung auf das gleiche Element.

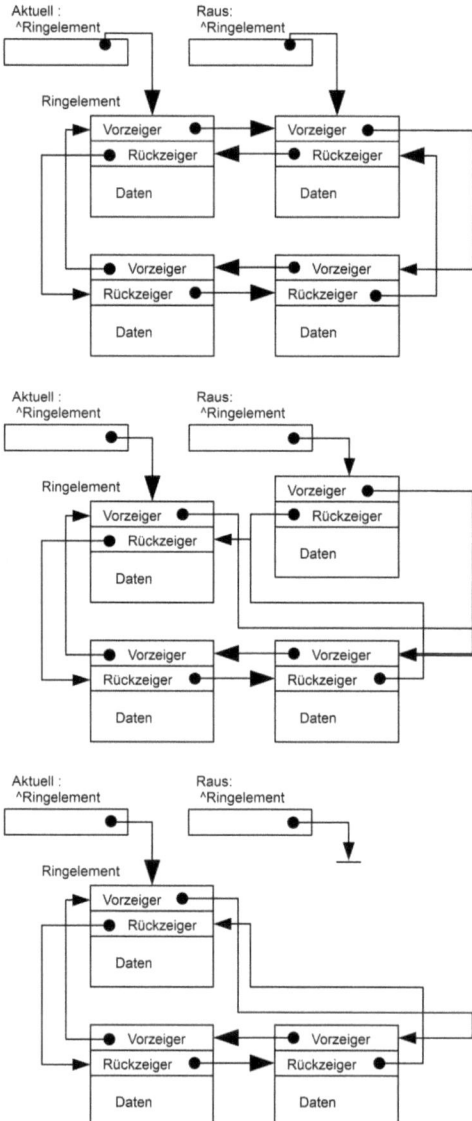

Abbildung 13.12: Löschen eines durch den Zeiger Raus beschriebenen Elements

Löschen eines Elements:

Prinzip

Das Element, das gelöscht werden soll wird „kurzgeschlossen" und dann zerstört.

```
procedure loeschen( Aktuell: Ringzeiger);
begin
 Aktuell^.Vorzeiger^.Rueckzeiger:= Aktuell^.Rueckzeiger;
 Aktuell^.Rueckzeiger^.Vorzeiger:= Aktuell^.Vorzeiger;
end;
```

Auf das gelöschte (genauer aus dem Ring entfernte) Element kann weiterhin über den Zeiger *Aktuell* zugegriffen werden. Eine Verbindung zum Ring besteht allerdings nicht mehr!!

Bei Anwendung der Löschoperation ist sicherzustellen, dass nach deren Durchführung noch ein Zeiger existiert, der auf den Ring zeigt.

Der Ring muss auch nach der Löschoperation noch erreichbar sein.

Das ausgegliederte Element kann mit *Dispose* gelöscht werden. Damit wird sein Speicherplatz freigegeben.

Die drei behandelten Prozeduren funktionieren <u>immer</u>, unabhängig von der Zahl der Ringelemente. Gegenüber den zuvor besprochenen linearen Listen, hat man jedoch den Nachteil, dass im Datenelement mehr Zeiger auftreten und mehr Zeigeroperationen durchzuführen sind.

13.3.5.4. *Traversieren des Ringspeichers*

Beim Traversieren werden alle Elemente des Rings besucht und ggf. ausgewertet.

Bei den linearen Listen kann das Ende der Liste durch Abfrage auf NIL erkannt werden. Das ist bei Ringen nicht möglich. Stattdessen merkt man sich hier den Anfangspunkt der Bearbeitung. Wenn dieser Punkt ein zweites Mal erreicht wird, ist der Ring komplett bearbeitet.

Es werden zwei Zeiger benötigt. Der Zeiger `Start` markiert den Anfangspunkt, der Zeiger `Aktuell` das momentan bearbeitete Element.

Erforderliche Programmschleife:

```
Aktuell:= Start^.Vorzeiger;
Datenoperation (Start);
while Aktuell <> Start
  begin
    Datenoperation (Aktuell);
    Aktuell:= Aktuell^.Vorzeiger;
  end;
```

Bei einem Leeren Ring gilt `Start = Start^.Vorzeiger`. Die while-Schleife wird also gar nicht ausgeführt.

13.3.5.5. *Visualisierung des Ringspeichers*

Die Visualisierung des Ringspeichers stellt eine Anwendung der Traversierung dar.

Durchgeführt wird die Visualisierung mittels der Methode *EintraegeAuflisten* (Plural!). Die Auflistung erfolgt beginnend mit dem Bezugselement von Start. Datenoperation ist hier die Methode *EintragAuflisten* (Singular!), die für jedes Element des Rings einen Eintrag im Memofeld *Memo1* vornimmt, dabei werden zusätzlich zur Nutzinformation auch noch die für das Element maßgeblichen Zeiger aufgeführt.

13.3.5.6. *Programmcode*

Code der Hauptformularunit *UFrmMainRingSpeicher*

```
unit ufrmmainringspeicher;

{ $mode objfpc}{ $H+}

interface

uses
  Classes, SysUtils, FileUtil, Forms, Controls, Graphics, Dialogs,
StdCtrls;

type
  PDynstring = ^Dynstring;
  DynString = record
    Info: AnsiString;
    Rueckzeiger: PDynstring; // Rückwärtsverbindung
    Vorzeiger: PDynstring; //Vorwärtsverbindung
  end;

  { TFrmMainRingspeicher }

  TFrmMainRingspeicher = class(TForm)
    BtnAddForward: TButton;
    BtnAddBackward: TButton;
    BtnMoveForward: TButton;
    BtnMoveBackward: TButton;
    BtnRemove: TButton;
    BtnList: TButton;
    EdtInfo: TEdit;
    LblInfo: TLabel;
    Memo1: TMemo;
    procedure BtnAddBackwardClick(Sender: TObject);
    procedure BtnAddForwardClick(Sender: TObject);
    procedure BtnMoveBackwardClick(Sender: TObject);
    procedure BtnMoveForwardClick(Sender: TObject);
    procedure BtnRemoveClick(Sender: TObject);
```

```
    procedure BtnListClick(Sender: TObject);
    procedure FormCreate(Sender: TObject);
  private
    { private declarations }
    Aktuell : PDynstring;
    Start : PDynString;
    Schreibzeiger : PDynstring;
    Neu : PDynstring;
    procedure EintraegeAuflisten;
    procedure EintragAuflisten;
    procedure EintragDarstellen;
    procedure EinfuegenHinter;
    procedure EinfuegenVor;
    procedure Entfernen;
 ///    Procedure Traversieren;
  public
    { public declarations }
  end;

var
  FrmMainRingspeicher: TFrmMainRingspeicher;

implementation

{$R *.lfm}

{ TFrmMainRingspeicher }

procedure TFrmMainRingspeicher.BtnAddBackwardClick(Sender: TObject);
begin
  EinfuegenHinter;
  EintraegeAuflisten;
end;

procedure TFrmMainRingspeicher.BtnAddForwardClick(Sender: TObject);
begin
    EinfuegenVor;
    EintraegeAuflisten;
end;

procedure TFrmMainRingspeicher.BtnMoveBackwardClick(Sender: TObject);
begin
  Aktuell:=Aktuell^.Rueckzeiger;
  EintraegeAuflisten;
end;

procedure TFrmMainRingspeicher.BtnMoveForwardClick(Sender: TObject);
begin
  Aktuell:=Aktuell^.Vorzeiger;
  EintraegeAuflisten;
end;


procedure TFrmMainRingspeicher.BtnRemoveClick(Sender: TObject);
begin
  Entfernen;
  EintraegeAuflisten;
end;
```

```
procedure TFrmMainRingspeicher.BtnListClick(Sender: TObject);
begin
  EintraegeAuflisten;
end;
procedure TFrmMainRingspeicher.EintraegeAuflisten;
begin
  Memo1.Lines.Clear;
  Schreibzeiger := Start;
  EintragAuflisten;
  while Schreibzeiger <> Start do
    begin
    EintragAuflisten;
    end;
end;
procedure TFrmMainRingspeicher.EintragAuflisten;
begin
  EintragDarstellen;
  Schreibzeiger := Schreibzeiger^.Vorzeiger;
end;
procedure TFrmMainRingspeicher.EintragDarstellen;
var
  Ausgabestring : AnsiString;
begin
  Ausgabestring := Schreibzeiger^.Info;
  if (Schreibzeiger = Start) then
    Ausgabestring := Ausgabestring + ' >> Start';
  if (Schreibzeiger = Aktuell) then
      Ausgabestring := Ausgabestring + ' >> Aktuell';
  Memo1.Lines.Add(Ausgabestring);
end;

procedure TFrmMainRingspeicher.FormCreate(Sender: TObject);
begin
  New (Start);
  Aktuell := Start;
  Schreibzeiger := Start;
  Start^.Vorzeiger := Start;
  Start^.Rueckzeiger := Start;
  Start^.Info := ' Anfangselement';
  EintraegeAuflisten;
end;

procedure TFrmMainRingspeicher.Entfernen;
var
  Hilfszeiger: PDynstring;
begin
  if Aktuell^.Vorzeiger <> Aktuell^.Vorzeiger then
//Elemente zum Löschen vorhanden
    begin
    Hilfszeiger := Aktuell;
//Element Aktueel umgehen
    Aktuell^.Rueckzeiger^.Vorzeiger := Aktuell^.Vorzeiger;
    Aktuell^.Vorzeiger^.Rueckzeiger := Aktuell^.Rueckzeiger;
    dispose (Hilfszeiger);
    end
  else;
end;
```

```
procedure TFrmMainRingspeicher.EinfuegenVor;
begin
  new(Neu);
  Neu^.Info := EdtInfo.Text;
  Neu^.Vorzeiger:= Aktuell^.Vorzeiger;{ Schritt 1}
  Neu^.Rueckzeiger:= Aktuell;{ Schritt 2}
  Aktuell^.Vorzeiger^.Rueckzeiger:= Neu;{ Schritt 3}
  Aktuell^.Vorzeiger:= Neu;{ Schritt 4}
end;

procedure TFrmMainRingspeicher.EinfuegenHinter;
begin
  new(Neu);
  Neu^.Info := EdtInfo.Text;
  Neu^.Vorzeiger:= Aktuell;{ Schritt 1}
   Neu^.Rueckzeiger:= Aktuell^.Rueckzeiger;{ Schritt 2}
   Aktuell^.Rueckzeiger^.Vorzeiger:= Neu;{ Schritt 3}
   Aktuell^.Rueckzeiger:= Neu;{ Schritt 4}
end;

end.
```

Code des Hauptprogramms ProRingSpeicher

```
program ProRingspeicher;

{$mode objfpc}{$H+}

uses
  {$IFDEF UNIX}{$IFDEF UseCThreads}
  cthreads,
  {$ENDIF}{$ENDIF}
  Interfaces, // this includes the LCL widgetset
  Forms, ufrmmainringspeicher
  { you can add units after this };

{$R *.res}

begin
  RequireDerivedFormResource := True;
  Application.Initialize;
  Application.CreateForm(TFrmMainRingspeicher, FrmMainRingspeicher);
  Application.Run;
end.
```

14. Am Ende ist nicht alles vorbei – Einfache Persistenzlösungen

14.1. Aufgabe: Lesen und Speichern mit dem Dateisystem

In Abschnitt 12.4 haben Sie erfahren, wie komplexe Datenstrukturen – z. B. die Daten eines Elektromotors – sachgerecht in einer Datenstruktur dargestellt werden können. Jetzt geht es darum, diese Daten so auf dem Rechner zu speichern, dass Sie ggf. nach dem Beenden des Programms und einem Abschalten des Rechners noch verfügbar bleiben.

14.2. Der Beitrag von Pascal

In Kapitel Fehler: Referenz nicht gefunden habe Sie bereits kennen gelernt, wie Daten in Textform abgespeichert werden können. Auch Datenstrukturen können Sie prinzipiell in Textform abspeichern, allerdings gibt es verschiedene Gründe, die dagegen sprechen:

- Der Speicherplatzbedarf: Numerische Werte nehmen in Textform meist deutlich mehr Platz in Anspruch als in binärer Form.
- Der Laufzeitbedarf: Die Umwandlung zwischen binärer Form und Textform erfordert relativ hohen Zeitaufwand.
- Die Angreifbarkeit: In Textform abgespeicherte Daten können mit vergleichsweise geringem Aufwand **gezielt** verfälscht werden.

Vorteilhaft hingegen ist, dass in Textform abgespeicherte Daten ohne Verwendung einer auf die spezielle Anwendung abgestimmte Software interpretiert werden können.

Pascal bietet als Alternative zur Textdatei (Datentyp `text`) in der ein Dateieintrag aus verschieden langen Textzeilen besteht die Binärdatei (Datentyp `file of` Datentyp) bei der jeder Eintrag gleich lang ist. Dabei ergibt sich die Länge des Eintrags aus dem verwendeten Datentyp. Bei einem `file of double` beträgt sie z. B. 8 Bytes.

In Ergänzung zum Beispiel aus Kapitel 12 sollen Daten von Abnahmeprotokollen für Elektromotoren eingegeben, gespeichert und wieder ausgelesen werden. Der Einfachheit halber erfolgt die Datenspeicherung in der Datei **Abnahmeprotokoll.dat**, die im selben Verzeichnis untergebracht wird, wie das Programm zum Speichern und Lesen der Daten.

Typenvereinbarung für Binärdateien zur Speicherung der Abnahmeprotokolle:

```
type
  AbnahmeProtFileTyp = file of AbnahmeProt;
```

14.2.1. Definition von Binärdateien

Binärdateien werden ähnlich wie Textdateien als Variable vereinbart:

```
var
   AbnahmeProtFileTyp : AbnahmeProtFileTyp;
```

14.2.2. Verknüpfung der logischen mit der physikalischen Datei

Das Verknüpfen der logischen mit der physikalischen Datei erfolgt in gleicher Weise wie bei Textdateien mittels der Prozedur *AssignFile*.

Die Prozedur besitzt zwei Parameter, der erste ist von einem Dateityp (`text`, `file of` ...), der zweite ist eine Textkette, die den Dateipfad im jeweils verwendeten Dateisystem enthält.

14.2.3. Öffnen und Schließen

Das Öffnen erfolgt für das Schreiben mit *Rewrite* und für das Lesen mit *Reset*. Die beiden Öffnungsprozeduren besitzen als Parameter den jeweiligen Dateibezeichner.

Das Ausführen eines Öffnungsbefehls setzt den Dateizeiger an den Dateianfang.

Geschlossen wird die Datei mit der Prozedur *Closefile*, die als Parameter den jeweiligen Dateibezeichner besitzt.

14.2.4. Schreiben und Lesen

Für das Schreiben und Lesen werden die Anweisungen *Write* und *Read* (anders als bei Textdateien ohne ln am Ende!!) verwendet. Sie haben zwei Parameter. An Position 1 die Datei und an Position 2 eine Variable oder Konstante (nur bei *write*!) vom Basisdatentyp der Datei. Ist z. B. die Datei ein `file of double`, dann muss der zweite Parameter zwingend vom Typ `double` sein.

Anders als bei Textdateien: write und read statt writeln und readln!!

14.2.5. Positionieren

Mittels der Prozedur *Seek* wird der Dateizeiger auf eine vorgegebene Position gestellt. Die Position entspricht der Datensatznummer. Die n Datensätze einer Datei
sind von 0 bis n-1 durchnummeriert.

Mit dem folgenden Proceduraufruf erfolgt die Positionierung auf die Position
DatensatzNr.

```
procedure seek (DdateiName: Filetyp; DatensatzNr : integer);
```

Im Zusammenhang mit dem Positionieren ist es oft wichtig die Dateigröße zu kennen. Hierzu verwenden Sie die Funktion *FileSize*.

```
function FileSize (DateiName: FileTyp): integer;
```

Die Angabe
der Dateigröße
erfolgt in
Datensätzen!

Der Rückgabewert dieser Funktion entspricht der Anzahl Datensätze in der Datei
(nicht der Größe in Bytes o. ä.!!).

14.3. Lösung

14.3.1. Dateneingabe im Dialog

Abbildung 14.2 zeigt die Bedienoberfläche des Programms für die Messdatenein-
gabe. Das Formular besteht aus zwei Bereichen. Im oberen Bereich befindet sich
der Eingabebereich für die Daten, im unteren der Bereich für die Bedienung (Lesen, Schreiben, Anwählen bestimmter Datensätze…) der Datei.

Der Bereich für die Daten selbst ist durch Elemente vom Typ TGroupBox in der
selben Weise wie der Record-Datentyp AbnahmeProt_record eingeteilt. Dabei
Klammert eine GroupBox jeweils einen Record. Ineinander angeordnete GroupBo-
xen stehen für eine Record-Hierarchie. Links befinden sich die allgemeinen Angaben zum Motor (technische Daten und Kunde), rechts befindet sich jeweils ein
Messdatensatz. Auf dem Abnahme-Messprotokoll wird jeweils nur ein Datensatz
auf dem Formular angezeigt. Die anderen werden über ein mit Messdatensatz-Num-
mer beschriftetes Dreheingabefeld (Typ TSpinEdit) angewählt.

Je nachdem, ob es sich um einen Einphasen- oder einen Dreiphasenmotor handelt,
ist das Erscheinungsbild der Bedienoberfläche unterschiedlich (Abbildung 14.2 und
14.1). Die Umschaltung erfolgt durch Eingabe in das Listenfeld *LiBStromart*.
Wenn sich der Eintrag im Listenfeld ändert wird dessen Ereignis
OnSelectionChange ausgelöst, was zum Aufruf der Methode
LiBSelectionChange des Formulars führt.

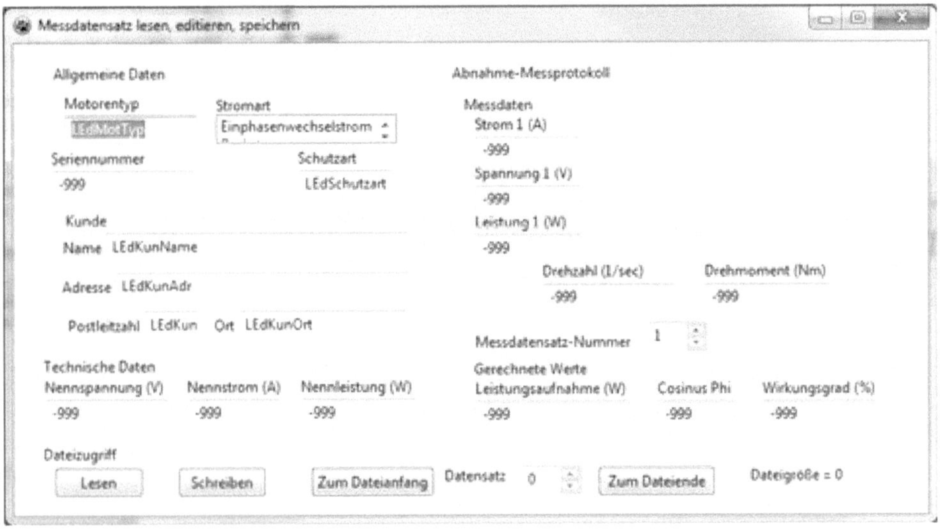

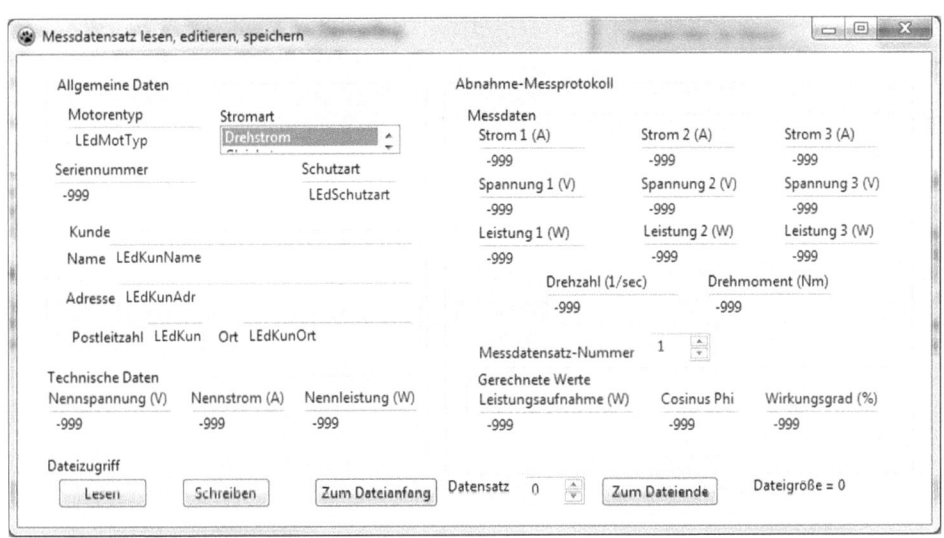

Abbildung 14.2: Bedienoberfläche zum Lesen, Editieren und Schreiben eines Datensatzes für ein Abnahmeprotokoll. Ansicht für Einphasenmotoren

Abbildung 14.1: Bedienoberfläche zum Lesen, Editieren und Schreiben eines Datensatzes für ein Abnahmeprotokoll. Ansicht für Drehstrommotoren

Welcher Messdatensatz angezeigt oder beschrieben wird, wird mit dem Drehtext-feld *SEdMessDatSatzNr* eingestellt. Das geschieht nachdem das Ereignis *OnChange* von *SEdMessDatSatzNr* ausgelöst wurde mit der Methode *SedMessDatSatzNrChange*.

Die (Gesamt-) Leistungsaufnahme, cos φ und der Wirkungsgrad werden lediglich eingegeben. Auf eine Berechnung aus den gemessenen Werten wird der Einfachheit halber verzichtet.

14.3.2. Datenspeicherung

Die Datenspeicherung erfolgt in der physikalischen Datei **Abnahmeprotokoll.dat**, die im Programmverzeichnis untergebracht wird. Zugeordnete logische Datei im Programm ist *MeinAbnahmeProt_File*. Diese Datei enthält Daten vom Typ *AbnahmeProt_File* was dem Typ *file of AbnahmeProt_record* für die Datei entspricht. Die Typenvereinbarung für die logische Datei und die zugehörige Variablenvereinbarung erfolgen im Interfaceteil[76] der Hauptformularunit.

14.3.3. Schreiben auf die Datei

Das Lesen erfolgt nach Betätigung der Schaltfläche Lesen in der Methode *BtnLesenClick*. Da ein freier Wechsel zwischen Lesen und Schreiben möglich ist, muss das Programm zunächst einmal in den Schreibzustand gebracht werden (*Rewrite (...)*). Nach der Übernahme der Daten aus dem Formular (Methode *FormularNachRecord*) erfolgt das Schreiben auf die Datei mittels der Write-Anweisung.

14.3.4. Lesen von der Datei und Datenanzeige

Das Schreiben erfolgt nach Betätigung der Schaltfläche Schreiben in der Methode *BtnSchreibenClick*. Da ein freier Wechsel zwischen Lesen und Schreiben möglich ist, muss das Programm zunächst einmal in des Lesezustand gebracht wer-den (*Reset(...)*). Nach der Übernahme der Daten von der Datei (Prozedur *Read*) erfolgt das Eintragen ins Formular mittels der Methode *RecordNachFormular*.

---

76 Im speziellen Fall wäre auch eine Vereinbarung im Implementationsteil möglich.

14.3.5. Programmcode

14.3.5.1. *Programmcode der Hauptformularunit UFrmMainSpeichernLesen*

```
unit UFrmmainspeichernlesen;

{$mode objfpc}{$H+}

interface

uses
  Classes, SysUtils, FileUtil, Forms, Controls, Graphics, Dialogs,
StdCtrls,
  ExtCtrls, Spin;

type
    Kunde_record = record
        Name : String[25];
        Adresse : String[25];
        PLZ : String[25]; //wg. ausländischer Postcodes
        Ort : String[25];
    end;

    MessDat_record =  record
        Strom    :  array[1..3] OF double;
        Spannung:  array[1..3]  OF double;
        Phasenleistung:  array[1..3]  OF double;
        Drehzahl:  double;
        Drehmoment :  double;
        end;
    RechnDat_record =  record
        Leistungsaufnahme:  double;
        Wirkungsgrad    :  double;
        CosinusPhi      :  double;
        end;
    allgDaten_record   = record
        Motorentyp      : string[15];
        Stromart :  integer;
        Seriennummer   : Integer;
        Schutzart : string [4];
        Kunde    :  Kunde_record;
        end;
    technDaten_record      = record
        Nennstrom :  Integer;
        Nennspannung    :  Integer;
        Nennleistung    :  Integer;
        end;
    AbnahmemessProt_record =  record
        MessDat   :  array [1..10] OF MessDat_record;
        RechnDat :  array [1..10] OF RechnDat_record;
        AnzDatenSaetze : integer;
        end;
    AbnahmeProt_record =  record
        allgDaten      : allgDaten_record;
        technDaten     : technDaten_record;
```

```
        AbnahmemessProt: AbnahmemessProt_record;
        end;

   AbnahmeProt_File = file of AbnahmeProt_record;


{ TFrmMainSpeichernLesen }

TFrmMainSpeichernLesen = class(TForm)
   BtnLesen: TButton;
   BtnSchreiben: TButton;
   BtnDateianfang: TButton;
   BtnDateiende: TButton;
   GrBAllgDat: TGroupBox;
   GrBAbnMessProt: TGroupBox;
   GrBKunde: TGroupBox;
   GrBTechDat: TGroupBox;
   GrBGerWert: TGroupBox;
   GrrBMessDat: TGroupBox;
   GrBDatZugriff: TGroupBox;
   LblDateigroesse: TLabel;
   LEdWirkungsgrad: TLabeledEdit;
   LEdDrehzahl: TLabeledEdit;
   LEdDrehmoment: TLabeledEdit;
   LEdLeistung: TLabeledEdit;
   LblDatensatz: TLabel;
   LEdCosPhi: TLabeledEdit;
   LEdKunName: TLabeledEdit;
   LEdKunPLZ: TLabeledEdit;
   LEdKunAdr: TLabeledEdit;
   LEdKunOrt: TLabeledEdit;
   LblStromart: TLabel;
   LblMessDatSatzNr: TLabel;
   LEdMotTyp: TLabeledEdit;
   LEdLeistung1: TLabeledEdit;
   LEdLeistung2: TLabeledEdit;
   LEdLeistung3: TLabeledEdit;
   LEdSpannung3: TLabeledEdit;
   LEdSpannung2: TLabeledEdit;
   LEdSpannung1: TLabeledEdit;
   LEdStrom1: TLabeledEdit;
   LEdStrom2: TLabeledEdit;
   LEdStrom3: TLabeledEdit;
   LEdSerienNr: TLabeledEdit;
   LEdSchutzart: TLabeledEdit;
   LEdNennspannung: TLabeledEdit;
   LEdNennleistung: TLabeledEdit;
   LEdNennstrom: TLabeledEdit;
   LiBStromart: TListBox;
   SEdMessDatSatzNr: TSpinEdit;
   SEdDatensatz: TSpinEdit;
   procedure BtnDateianfangClick(Sender: TObject);
   procedure BtnDateiendeClick(Sender: TObject);
   procedure BtnLesenClick(Sender: TObject);
   procedure BtnSchreibenClick(Sender: TObject);
   procedure FormClose(Sender: TObject; var CloseAction: TCloseAction);
   procedure FormCreate(Sender: TObject);
   procedure LiBStromartSelectionChange(Sender: TObject; User: boolean);
```

```
    procedure SEdDatensatzChange(Sender: TObject);
    procedure SEdMessDatSatzNrChange(Sender: TObject);
    private
    { private declarations }
    Lesezustand : boolean;
    NeuGelesen : boolean;
    SEdMessDatSatzNrValueAlt : integer;
    procedure RecordNachFormular ;
    procedure AbnMessProtRecordNachFormular (i:integer) ;
    procedure Set3PhasenAnsicht (_3Phasen: boolean);
    procedure FormularNachRecord;
    procedure AbnMessProtFormularNachRecord;
  public
    { public declarations }
  end;

var
  FrmMainSpeichernLesen: TFrmMainSpeichernLesen;
  AbnahmeProtokoll : AbnahmeProt_Record;
  MeinAbnahmeProt_File : AbnahmeProt_File;

implementation

{$R *.lfm}

procedure TFrmMainSpeichernLesen.AbnMessProtFormularNachRecord;
var
  Index : integer;
begin
  with AbnahmeProtokoll do begin
    with AbnahmemessProt do begin
//Aktuelle Wert aus dem Formular übernehmen:
//andere Werte wurden vorher bei Index-Wechsel übernommen
      Index := SEdMessDatSatzNrValueAlt;
      MessDat[Index].Strom[1] := StrToFloat(LEdStrom1.Text);
      MessDat[Index].Spannung[1] := StrToFloat(LEdSpannung1.Text);
      MessDat[Index].PhasenLeistung[1] := StrToFloat(LEdLeistung1.Text);
      if LiBStromart.ItemIndex = 1 then begin
        MessDat[Index].Strom[2] := StrToFloat(LEdStrom2.Text);
        MessDat[Index].Spannung[2] := StrToFloat(LEdSpannung2.Text);
        MessDat[Index].PhasenLeistung[2] := StrToFloat(LEdLeistung2.Text);
        MessDat[Index].Strom[3] := StrToFloat(LEdStrom3.Text);
        MessDat[Index].Spannung[3] := StrToFloat(LEdSpannung3.Text);
        MessDat[Index].PhasenLeistung[3] := StrToFloat(LEdLeistung3.Text);
      end;
      RechnDat[Index].Leistungsaufnahme := StrToFloat(LEdLeistung.Text);
      RechnDat[Index].Wirkungsgrad := StrToFloat(LEdWirkungsgrad.Text);
      RechnDat[Index].CosinusPhi := StrToFloat(LEdCosPhi.Text);
      if Index > AnzDatenSaetze then AnzDatenSaetze := Index;
    end;
  end;
end;

procedure TFrmMainSpeichernLesen.FormularNachRecord;
var
  Index : integer;
begin
  with AbnahmeProtokoll do begin
```

```
   with allgDaten do begin
     Motorentyp := LEdMotTyp.Text;
     Seriennummer := StrToInt(LEdSerienNr.Text);
     Schutzart := LEdSchutzart.Text;
     Stromart := LiBStromart.ItemIndex;
     with Kunde do begin
       Name := LEdKunName.Text;
       Adresse := LEdKunAdr.Text;
       PLZ := LEdKunPLZ.Text;
       Ort := LEdKunOrt.Text;
     end;
   end;
   with technDaten do begin
     Nennstrom := StrToInt(LEdNennstrom.Text);
     Nennspannung := StrToInt(LEdNennspannung.Text);
     Nennleistung := StrToInt(LEdNennleistung.Text);
   end;
   //Aktuelle Wert aus dem Formular übernehmen:
   //andere Wert wurden vorher bei Index-Wechsel übernommen
   AbnMessProtFormularNachRecord;
   end;
 end;
procedure TFrmMainSpeichernLesen.LiBStromartSelectionChange(Sender:
TObject; User: boolean);
begin
  case LiBStromart.ItemIndex of
  0,2:
    begin
      Set3PhasenAnsicht (false);
    end;
  1:
    begin
      Set3PhasenAnsicht (true);
    end;
end;

end;

procedure TFrmMainSpeichernLesen.SEdMessDatSatzNrChange(Sender: TObject);
begin
    if not Neugelesen then begin
      AbnMessProtFormularNachRecord;
      SEdMessDatSatzNrValueAlt := SEdMessDatSatzNr.value;
      Neugelesen := false;
    end;
  AbnMessProtRecordNachFormular(SEdMessDatSatzNr.value);
end;

procedure TFrmMainSpeichernLesen.BtnDateianfangClick(Sender: TObject);
begin
  Seek (MeinAbnahmeProt_File,0);
  SEdDatensatz.Value := 0;
end;

procedure TFrmMainSpeichernLesen.BtnDateiendeClick(Sender: TObject);
begin
  Seek (MeinAbnahmeProt_File,FileSize(MeinAbnahmeProt_File));
```

```
end;

procedure TFrmMainSpeichernLesen.BtnLesenClick(Sender: TObject);
begin
  if Lesezustand then begin
  end
  else begin
    Lesezustand := true;
    Reset (MeinAbnahmeProt_File);
    end;
  Seek (MeinAbnahmeProt_File,SEdDatensatz.Value);
  Read (MeinAbnahmeProt_File, AbnahmeProtokoll);
  RecordNachFormular;
end;

procedure TFrmMainSpeichernLesen.BtnSchreibenClick(Sender: TObject);
var a, b: integer ;
begin
  if Lesezustand then begin
    Lesezustand := false;
    Rewrite (MeinAbnahmeProt_File);
  end;
//Allgemeine Informationen
  a := SEdDatensatz.Value;
  Seek (MeinAbnahmeProt_File, a);
  FormularNachRecord;
  Write (MeinAbnahmeProt_File, AbnahmeProtokoll);
//Messdatensatznummer wieder auf 1 Setzen
  SEdMessDatSatzNr.Value:= 1;
//Obergrenze für das Dreheingabefeld setzen
  b := FileSize(MeinAbnahmeProt_File);
  SEdDatensatz.MaxValue := b;
  SEdDatensatz.Value := b;
  LblDateigroesse.Caption := 'Dateigröße = ' + IntToStr (b);
end;

procedure TFrmMainSpeichernLesen.FormClose(Sender: TObject; var
CloseAction: TCloseAction);
begin
  CloseFile(MeinAbnahmeProt_File);// Datei schließen
end;

procedure TFrmMainSpeichernLesen.FormCreate(Sender: TObject);
begin
  AssignFile (MeinAbnahmeProt_File, 'Abnahmeprotokoll.dat');
  Set3PhasenAnsicht (false);
  SEdMessDatSatzNrValueAlt := SEdMessDatSatzNr.Value;
  Rewrite (MeinAbnahmeProt_File);
  LblDateigroesse.Caption := 'Dateigröße = '
                       + IntToStr (FileSize (MeinAbnahmeProt_File));
  LeseZustand := false;
  NeuGelesen := false;
end;

procedure TFrmMainSpeichernLesen.RecordNachFormular;
 var
  Index : integer;
```

```
begin
  with AbnahmeProtokoll do begin
    with allgDaten do begin
      LEdMotTyp.Text:= Motorentyp;
      LEdSerienNr.Text:= IntToStr(Seriennummer);
      LEdSchutzart.Text:= Schutzart;
      with Kunde do begin
        LEdKunName.Text:= Name;
        LEdKunAdr.Text:= Adresse;
        LEdKunPLZ.Text:= PLZ;
        LEdKunOrt.Text:= Ort;
      end;
    end;
    with technDaten do begin
      LEdNennstrom.Text := IntToStr(Nennstrom);
      LEdNennspannung.Text := IntToStr(Nennspannung);
      LEdNennleistung.Text := IntToStr(Nennleistung);
    end;
//Aktuelle Wert aus dem Formular übernehmen:
//andere Wert wurden vorher bei Index-Wechsel übernommen
    with AbnahmeProtokoll do begin
      with AbnahmemessProt do begin
//Aktuelle Wert aus dem Formular übernehmen:
//andere Wert wurden vorher bei Index-Wechsel übernommen
        for Index := 1 to AnzDatenSaetze do begin
            AbnMessProtRecordNachFormular(Index);
        end;
        SEdMessDatSatzNr.OnChange := nil;
        SEdMessDatSatzNr.Value:= Index;
        SEdMessDatSatzNr.MaxValue:= AnzDatenSaetze;
        SEdMessDatSatzNr.OnChange := @SEdMessDatSatzNrChange;
      end;
    end;
  end;
end;
procedure TFrmMainSpeichernLesen.AbnMessProtRecordNachFormular(i:integer);
begin
  with AbnahmeProtokoll do begin
    with AbnahmemessProt do begin
//Aktuelle Wert aus dem Formular übernehmen:
//andere Wert wurden vorher bei Index-Wechsel übernommen
        LEdStrom1.Text:= FloatToStr(MessDat[i].Strom[1]);
        LEdSpannung1.Text:= FloatToStr(MessDat[i].Spannung[1]);
        LEdLeistung1.Text:= FloatToStr(MessDat[i].PhasenLeistung[1]);
        if LiBStromart.ItemIndex =1 then begin
          LEdStrom2.Text:= FloatToStr(MessDat[i].Strom[2]) ;
          LEdSpannung2.Text:= FloatToStr(MessDat[i].Spannung[2]) ;
          LEdLeistung2.Text:= FloatToStr(MessDat[i].PhasenLeistung[2]);
          LEdStrom3.Text:= FloatToStr(MessDat[i].Strom[3]) ;
          LEdSpannung3.Text:= FloatToStr(MessDat[i].Spannung[3]) ;
          LEdLeistung3.Text:= FloatToStr(MessDat[i].PhasenLeistung[3]);
        end;
        LEdLeistung.Text :=
                    FloatToStr(RechnDat[i].Leistungsaufnahme);
        LEdWirkungsgrad.Text :=
                    FloatToStr(RechnDat[i].Wirkungsgrad);
        LEdCosPhi.Text :=
                    FloatToStr(RechnDat[i].CosinusPhi);
```

```
      end;
    end;
end;

procedure TFrmMainSpeichernLesen.Set3PhasenAnsicht (_3Phasen: boolean);
begin
  LEdStrom2.Visible := _3Phasen;
  LEdStrom3.Visible := _3Phasen;
  LEdSpannung2.Visible := _3Phasen;
  LEdSpannung3.Visible := _3Phasen;
  LEdLeistung2.Visible := _3Phasen;
  LEdLeistung3.Visible := _3Phasen
end;

end.
```

14.3.5.2. Programmcode des Hauptprogramms

```
program ProBinaerSpeichernLesen;

{$mode objfpc}{$H+}

uses
  {$IFDEF UNIX}{$IFDEF UseCThreads}
  cthreads,
  {$ENDIF}{$ENDIF}
  Interfaces, // this includes the LCL widgetset
  Forms, Ufrmmainspeichernlesen
  { you can add units after this };

{$R *.res}

begin
  RequireDerivedFormResource := True;
  Application.Initialize;
  Application.CreateForm(TFrmMainSpeichernLesen, FrmMainSpeichernLesen);
  Application.Run;
end.
```

15. Die Welt besteht aus Klassen und Objekten – Grundlagen der objektorientierten Programmierung

Pragmatischer Schnellein- stieg, keine erschöpfende Darstellung!

Mehr finden Sie im Free Pascal Refe- rence Guide

In Kapitel 9 hatten Sie eine erste Begegnung mit der objektorientierten Pro- grammierung (OOP). Sie sind bereits in der Lage, einfache Bedienoberflächen zu entwickeln. Dieses Kapitel soll mit einem pragmatischen Ansatz etwas tiefer in die objektorientierte Programmierung einführen. Erschöpfend ist dieses Kapitel bei weitem nicht. Es ist geplant, das Thema objektorientierte Programmierung mit La- zarus in einem Folgeband zu vertiefen. Derzeit können Sie sich im Free Pascal Re- ference Guide [FPREFGUIDE] vollständig über die Möglichkeiten der Objektorien- tierten Programmierung in Free Pascal informieren. Anwendungsbeispiele gibt es direkt dort nur wenige. Sie sind aber im Internet in ausreichendem Umfang zu fin- den.

15.1. Aufgabe

Erstellen Sie ein Programm zur Führung eines Haushaltsbuchs. Das Buch besitze 3 Vermögenskonten (Girokonto, Sparkonto, Handkasse), ein Einnahmekonto und 4 Ausgabekonten (Wohnen, Essen, Fahren, Sonstiges). Dargestellt wird das Haus- haltsbuch in einem Gitterelement, wobei in der ersten Spalte die Buchungsnummer, in der zweiten das Datum und in der dritten der Buchungstext steht. In den weiteren acht Spalten werden die Buchungen für die einzelnen Konten vorgenommen. Die Zahl der möglichen Buchungen wird vorläufig auf 200 beschränkt.

In einem zusätzlichen Gitterelement werden die Einnahmen- und Ausgabensum- men, das Geldvermögen und der Gesamtumsatz dargestellt.

Durch Betätigen der entsprechenden Schaltfläche kann eine Buchung vorgenom- men oder storniert werden.

Außerdem können die Buchungsdaten gespeichert werden. Evtl. vorhandene Daten aus der letzten Buchungssitzung werden beim Programmstart automatisch geladen

15.2. Der Beitrag von Pascal

Bis hierher haben Sie das wesentliche Handwerkszeug der Programmierung kennen gelernt. Die Beispiele stützen sich dabei in der Regel auf die prozeduorientierte Programmierung. Lediglich in Kapitel 9 hatten Sie schon einen kurzen Kontakt mit der objektorientierten Programmierung. Dort wurden auch schon grundlegende Syntaxdiagramme, die die objektorientierte Programmierung betreffen vorgestellt.

Wie an manchen anderen Stellen in (Free-) Pascal auch so gibt es auch beim Thema objektorientierte Programmierung einen Hauch von babylonischer Sprachverwirrung.

Im allgemeinen Sprachgebrauch der Informatik sind Klassen Datentypen, die unter einem Typenbezeichner passive Elemente (Eigenschaften, Attribute) und aktive Elemente (Methoden) zusammenfassen. Objekte hingegen sind individuelle Ausprägungen (Instanzen) dieser Klassen. In einem Beispiel aus dem Alltag kann man das folgendermaßen darstellen:

Auto im Prospekt → Klasse

Der Autotyp im Prospekt des Autoherstellers bezeichnet die Klasse. Das individuelle Fahrzeug mit eindeutiger Fahrgestellnummer, das Sie erwerben und fahren stellt das Objekt (auch als Instanz bezeichnet) dar.

Auto, das Sie besitzen → Objekt

In Free Pascal gibt es aus historischen Gründen zwei Arten von Klassen: diejenigen der Typengruppe `object` und diejenigen der Typengruppe `class`.

Klassen die auf `object` aufbauen werden statisch oder dynamisch, solche die auf `class` aufbauen ausschließlich dynamisch implementiert. Eine Variable, die auf `class` aufbaut enthält einen Zeiger (Adressinformation), die auf den Heap weist. Auf dem Heap erfolgt die eigentliche Implementation des Datums.

object statisch oder dynamisch, **class** nur dynamisch.

Aus Gründen des Umfangs beschränke ich mich hier auf die Besprechung nur einer Version. Da für die Programmierung von Bedienoberflächen (s. a. Kapitel 9) mit Bordmitteln von Lazarus ausschließlich die Typengruppe `class` Anwendung findet wird diese hier vorgestellt.

Betrachten Sie bitte das folgende Codestück:

```
type
  class MeineKlasse.…
  …

var
  MeineInstanz : MeineKlasse;
  ….

begin
  MeineInstanz.Create;
  ….
```

Zu Programmbeginn ist lediglich der Speicherplatz für den Zeiger `MeineInstanz` reserviert. Der Zeiger selbst zeigt ins Nichts (er besitzt den Wert *nil*). Der erforderliche Speicherplatz auf dem Heap wird durch eine besondere Methode (hier die Methode `Create`), die als Konstruktor bezeichnet wird, angelegt.

Ziemlich ähnlich wirkt der folgende Code:

```
type
  object MeineKlasse.…
    ……
var
  MeineInstanz : MeineKlasse;
    ……

begin
  MeineInstanz.Create;
    ……
```

Allerdings legt hier bereits die Variablenvereinbarung den erforderlichen Speicherplatz an. Der Konstruktor `Create` übernimmt hier höchstens gewisse Initialisierungsaufgaben, aber nicht die Instanziierung des Objekts.

15.2.1. Eigenschaften

Eigenschaften sind Daten, die Klassen bzw. Objekten zugeordnet sind. Die Eigenschaften können von beliebigem Typ sein. Es können also skalare Typen wie *integer* oder *double* als auch komplexe Typen wie Arrays, Records oder Klassen sein.

Üblicherweise sind Eigenschaften Instanzeigenschaften. D. h., die jeweilige Eigenschaft ist zwar in der Klasse definiert, der Speicherplatz dafür ist aber in der jeweiligen Instanz reserviert. Damit kann die Eigenschaft für jede Instanz der Klasse einen unterschiedlichen Wert annehmen.

Üblicherweise sind Eigenschaften Instanzeigenschaften.

Daneben gibt es Klasseneigenschaften. Der Speicherplatz für die Klasseneigenschaften wird in der Klasse reserviert. Die Klasseneigenschaft steht damit ohne Instanzbildung zur Verfügung. Der Wert ist in jeder Instanz einer Klasse der gleiche.

Beispiel für eine Klasseneigenschaft:

```
…..
  Signal : boolean; static;
…..
```

15.2.2. Methoden

Methoden sind Prozeduren oder Funktionen, die Bestandteil einer Klasse sind und meist als Instanzmethoden der Instanz einer Klasse zugeordnet sind. In manchen Fällen können Sie auch als Klassenmethoden der Klasse selbst zugeordnet sein. In diesem Fall können Sie ohne Existenz einer Instanz verwendet werden. Typische Klassenmethoden sind z. B. Konstruktoren. Destruktoren (15.2.2.2) hingegen sind Instanzmethoden.

Da Klassenmethoden keine Instanziierung voraussetzen, können sie in der Regel keine Instanzeigenschaften der jeweiligen Klasse verwenden.

Beispiel:

```
THaus = class
  ......
  procedure Beleuchten (Schalter: boolean);
  ......
end
```

Es gibt eine Klasse THaus, der eine Methode *Beleuchten* zugeordnet ist. Ausführen der Methode *Beleuchten* führt das Beleuchten des jeweiligen Hauses (aber keines anderen!).

Außerdem gibt es eine Instanz *Sporthalle* vom Typ THaus.

```
var
  Sporthalle : THaus;
```

Die Anweisung

```
Sporthalle.Beleuchten (true);
```

bewirkt, dass genau diese Sporthalle beleuchtet wird.

Eine Klassenmethode

```
TZimmer = class
  ......
  procedure Alarm;
  ......
end
```

mit der Implementation

```
  procedure TZimmer.Alarm;
    begin
    Signal := true;
    end;
```

würde hingegen bewirken, dass die Variable Signal in der Klasse TZimmer gesetzt wird und in allen Instanzen von TZimmer mit Wert *true* sichtbar ist.

15.2.2.1. Konstruktoren

Konstruktoren sind besondere Klassenmethoden (Prozeduren,) die den Zweck haben, ein Element einer bestimmten Klasse – ein Objekt / eine Objektinstanz – zu erstellen. Dabei werden auf dem Heap die erforderlichen Speicherbereiche reserviert und eventuell auch initialisiert. Man sagt auch, dass durch den Konstruktor eine Instanz der Klasse erzeugt bzw. die Klasse instanziiert wird.

Wenn Eigenschaften einer Klasse selbst Objekte sind, müssen sie im Konstruktor der übergeordneten Klasse instanziiert werden. Im folgenden Beispiel müssen also Türen, (Objekte der Klasse `TTuer`) die Bestandteil eines Hauses sind im Konstruktor des Hauses instanziiert werden, d. h., deren Konstruktor muss im Konstruktor von `THaus` aufgerufen werden.

```
TTuer = class;
   ...
end;

THaus = class;
   ...
   Haustuer: TTuer;
   Wohnzimmertuer: TTuer;
   ...
end;

constructor THaus.Create ();
  begin
   ...
//Instanziierung der im Haus vorhandenen Türen
   Haustuer.Create;
   Wohnzimmertuer.Create;
   ...
  end;
```

15.2.2.2. Destruktor

In Umkehrung der Funktion des Kontruktors löscht der Destruktor Objekte und gibt den dafür allokierten Speicherplatz auf dem Heap frei.

Mangelhafter Umgang mit Destruktoren führt zu Speicherlecks!!

Wenn Eigenschaften einer Klasse selbst Objekte sind, müssen sie im Destruktor der übergeordneten Klasse vernichtet werden. Im Beispiel aus 15.2.2.1 müssen also die mit dem Konstruktor geschaffenen Türen im Destruktor des Hauses explizit vernichtet werden. Mangelhafter Aufbau und Einsatz von Destruktoren führt zu sogenannten Speicherlecks, die zu Verlust an nutzbarem Speicherplatz führen.

15.2.3. Sichtbarkeit

Für Eigenschaften und Methoden von Klassen gibt es unterschiedliche Grade der Sichtbarkeit.

public:

Das Element ist im gesamten Programm bekannt. Voraussetzung ist, dass die Klasse im Interface-Teil der Unit vereinbart ist. Damit kann sie anderen units bekannt gemacht werden. In der *unit*, in der die Klasse benutzt wird, muss die *unit* in der die Klasse definiert wurde in einem der *uses*-Teile (entweder im Interface- oder im Implementationsteil) importiert werden.

published:

Hier gilt das zu *public* Gesagte. Elemente mit der Sichtbarkeit *published* – egal ob es sich um Eigenschaften oder Methoden handelt – werden in der Regel interaktiv angelegt und sie sollten bei Bedarf auch – das gilt zumindest für Anfänger – nur interaktiv entfernt werden. Fehlerhafte Direkteingriffe in den Programmcode können damit enden, dass Ihr Programmcode unbrauchbar wird und zur Gänze neu erstellt werden muss.

Was interaktiv erstellt wurde sollte auch interaktiv gelöscht werden.

protected:

Sichtbarkeit *protected* bedeutet, dass auf die betreffenden Elemente nur in durch Vererbung abgeleiteten Klassen zugegriffen werden kann.

private:

private bedeutet, dass auf die Elemente nur in der Instanz in der sie vereinbart wurden zugegriffen werden kann. Bei Klassenmethoden- und Klasseneigenschaften gilt das sinngemäß für die Klasse.

15.3. Der Beitrag von Lazarus

Mit dem CodeExplorer und dem Code-Browser bietet Lazarus zwei Werkzeuge, die das Verstehen des erstellten Codes erleichtern und professionelle Qualitätssicherungsmaßnahmen unterstützen.

15.3.1. CodeExplorer

Der CodeExplorer stellt Informationen zum Inhalt der momentan aktiven Seite des Quelltexteditors (in der Regel handelt es sich dabei um eine Unit) in übersichtlicher Form grafisch dar. Gestartet wird er mit dem Kommando Ansicht|CodeExplorer...

Die Bedienoberfläche des CodeExplorers besteht aus einem Formular mit zwei Karteikarten.

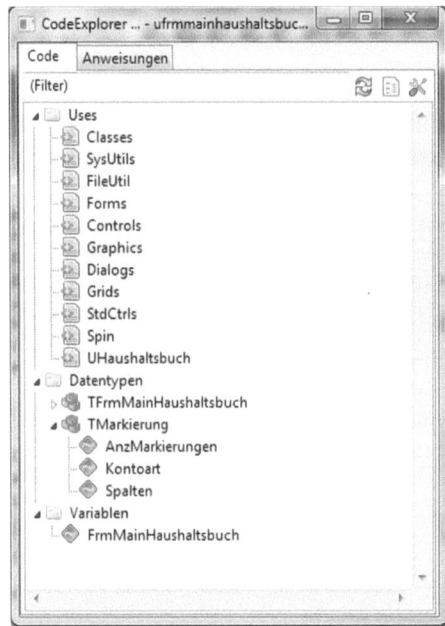

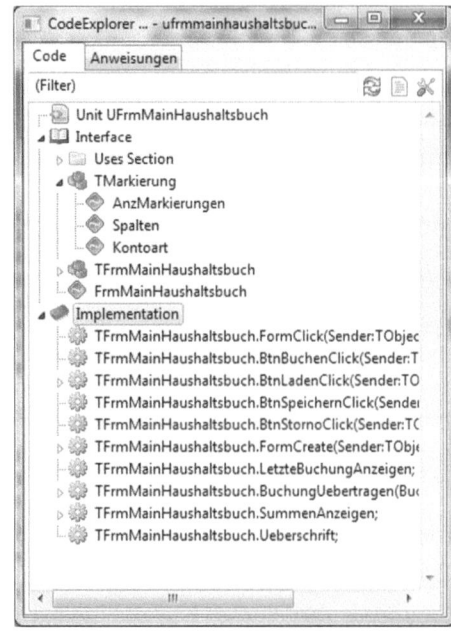

Abbildung 15.2: Darstellung der Unit UFrmMainHaushaltsbuch im Code-Explorer. Gliederung nach Sprachelementkategorien.

Abbildung 15.1: Darstellung der Unit UFrmMainHaushaltsbuch im Code-Explorer. Gliederung nach Unitaufbau.

Die Ansicht wird mit 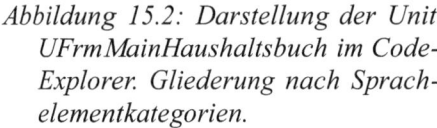 eingestellt.

Über die Karte Code erhalten Sie eine Übersicht über wesentliche Teile des Programmcodes. Was genau auf dem Reiter angezeigt wird, kann mit der Schaltfläche eingestellt werden. Sie finden dort entweder drei Abschnitte Uses, Datentypen und Variablen, die ggf. aufgefaltet werden können. Oder sie finden eine Gliederung, die dem Physischen Aufbau der Unit entspricht, mit dem vorangestellten Unit-Bezeichner und dem folgenden Interface- und Implementationsteil.

Unter **uses** werden in der zweiten Darstellungsebene die benutzten Units aufgeführt. Mit Doppelklick auf das Symbol oder den rechts davon befindlichen Text springen Sie auf die entsprechende Referenz im Programmcode. Wenn Sie beispielsweise auf Classes klicken springt der Cursor im Quelltexteditor auf den Eintrag Classes im Uses-Abschnitt des Interfaceteils.

Im Abschnitt Datentypen finden wir die beiden in der Unit definierten Datentypen TFrmMainHaushaltsbuch und TMarkierung. Klappt man die beiden Einträge auf[77] dann erscheinen die einzelnen Bestandteile des Datentyps. Bei Klassen wie `TFrmMainHaushaltsbuch` sind das Eigenschaften (Datenelemente) und Methoden, in anderen Fällen wie bei `TMarkierung` sind es nur Datenelemente. Wenn man im auf CodeExplorer einen Datentyp oder eine Variable doppelklickt springt der Cursor im Quelltexteditor an den Ort wo der Datentyp bzw. die Variable vereinbart wird. Doppelklicken auf ein Datenelement oder eine Methode bewirkt, dass der Cursor zum entsprechenden Element innerhalb der Daten-oder Typenvereinbarung springt.

Über die Karte Anweisungen erhalten Sie eine Aufstellung der in der jeweiligen Quelldatei verwendeten Compileroptionen.

15.3.2. Code-Browser

Der Code-Browser kann verschiedene Code-Bereiche grafisch darstellen. Hier soll nur sein Einsatz zur Überwachung des aktuellen Projekts besprochen werden. Sie starten den Code-Browser mit Ansicht|Code-Browser. Es erscheint ein Formular, ähnlich dem in Abbildung 15.3 dargestellten. Wenn Sie dann unter Search scope[78] die Auswahl Projekt vornehmen und bei Bedarf die Taste Neuscan betätigen, wird eine Übersicht des aktuellen Projekts angezeigt.

In der ersten Ebene ist das Projekt, in der zweiten sind dessen Units, in der dritten Ebene sind die in den Interfaceteilen vereinbarten Daten und Datentypen und in der vierten Ebene findet man schließlich die Komponenten der Datentypen. Beim Anklicken eines Elements wird auf die Zeile im Quellcode gesprungen, wo das Element vereinbart ist.

15.4. Lösung

Im Sinne einer Schichtenlösung wird die Lösung auf zwei Units verteilt. Die erste Unit *UHaushaltsbuch* behandelt die Berechnungen und die Informationsdarstellung für das Haushaltsbuch die zweite Unit *UFrmMainHaushaltsbuch* implementiert die Bedienoberfläche. Diese visualisiert die Daten des Haushaltsbuch auf eine spezifische Art und Weise. Durch diese Trennung kann eine Fachaufgabe – hier das Führen eines Haushaltsbuches – leicht mit verschiedenen Visualisierungen dargestellt werden. Das ist beispielsweise hilfreich, wenn eine Aufgabe auf ver-

---

77 Durch Klicken auf das weiße Dreieck amZeilenanfang. Zuklappen ggf. durch Klick auf das im geöffneten Zustand schwarze Dreieck.

78 Version 1.4.2. vom 11.7.2015. Es ist damit zu rechnet, dass in absehbarer Zeit hier ein deutscher Begriff auftaucht.

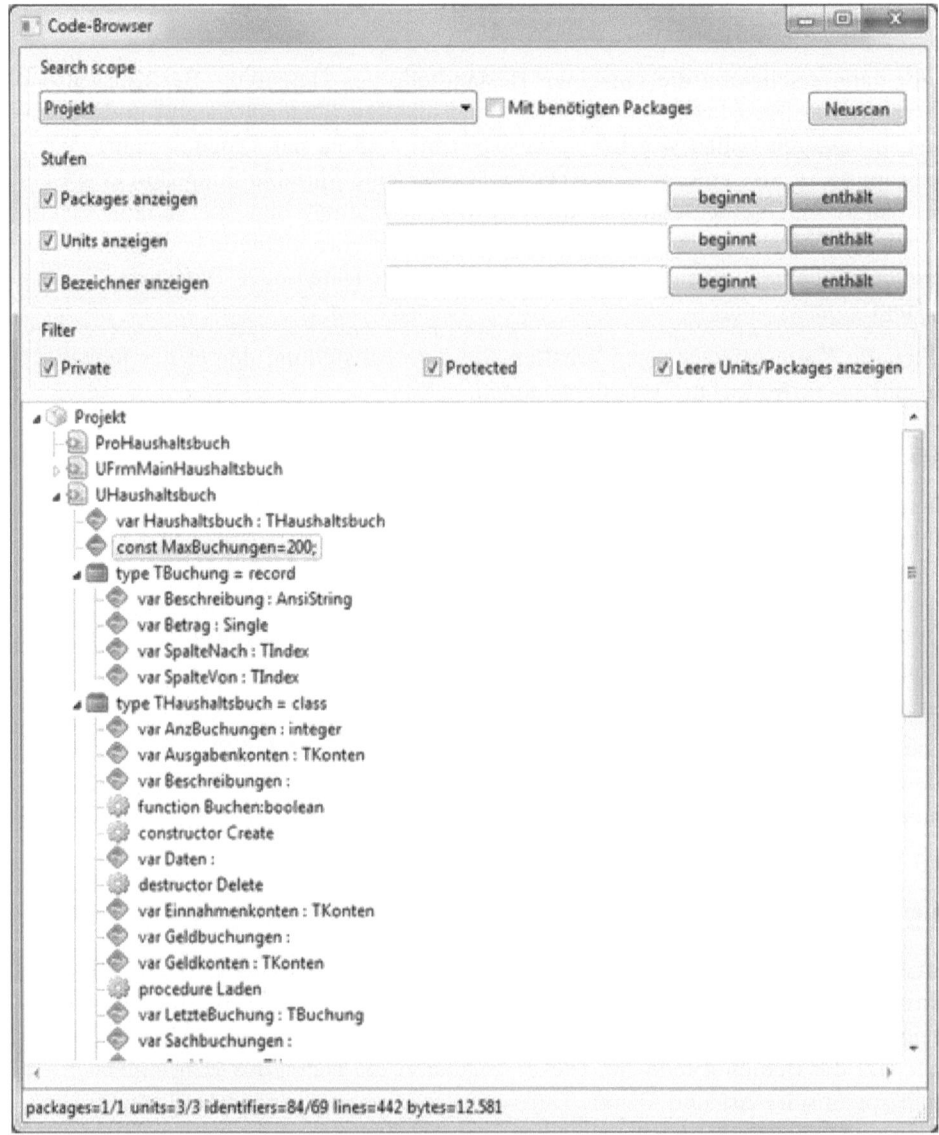

Abbildung 15.3: Code-Browser. In der Darstellung wird eine Übersicht des Projekts Haushaltsbuch abgebildet.

schiedenen Hardwareplattformen (z. B. unterschiedlich großen Bildschirmen, stationären als auch mobilen Endgeräten) ausgeführt werden soll. Die Schichtung ist korrekt, wenn die Visualisierungsunit (*UFrmMainHaushaltsbuch*) die Fachunit (*UHaushaltsbuch*) benötigt, das andersherum aber nicht der Fall ist. Das bedeutet, die Unit *UFrmMainHaushaltsbuch* enthält eine uses-Direktive mit dem Eintrag *UHaushaltsbuch*, die Unit *UHaushaltsbuch* hingegen enthält keine mit *UFrmMainHaushaltsbuch*.

15.4.1. Hauptprogramm ProHaushaltsBuch

```
program ProHaushaltsbuch;

{$mode objfpc}{$H+}

uses
  {$IFDEF UNIX}{$IFDEF UseCThreads}
  cthreads,
  {$ENDIF}{$ENDIF}
  Interfaces, // this includes the LCL widgetset
  Forms, UFrmMainHaushaltsbuch, UHaushaltsbuch
  { you can add units after this };

{$R *.res}

begin
  RequireDerivedFormResource := True;
  Application.Initialize;
  Application.CreateForm(TFrmMainHaushaltsbuch, FrmMainHaushaltsbuch);
  Application.Run;
end.
```

15.4.2. Unit UHaushaltsbuch

15.4.2.1. Fachklasse THaushaltsbuch

Die Fachklasse THaushaltsbuch beinhaltet die Daten und Methoden, die zur eigentlichen Realisierung des Haushaltsbuchs erforderlich sind, wie z. B. den Speicher für die Daten und die Buchungsfunktionen. Es wurde auf eine übersichtliche Implementierung Wert gelegt. Auf Optimierung bezüglich des Speicherplatz- oder Laufzeitbedarfs wurde bewusst verzichtet.

15.4.2.2. Ergänzende Elemente zur Fachklasse THaushaltsbuch

UHaushaltsbuch enthält auch einige Datenvereinbarungen, die die Fachklasse THaushaltsbuch ergänzen.

MaxBuchungen bezeichnet die maximal mögliche Zahl von Buchungen.

TIndex bezeichnet einen Aufzählungstyp für die Tabellenspalten.

TKontobewegung definiert die Konstante, die die Art der Kontobewegung (Einzahlung, Auszahlung, Umbuchung..) bezeichnet.

TKonten bezeichnet jeweils eine Gruppe von Konten, die über eine Menge von Indizes (set of TIndex) beschrieben wird.

TBuchung beschreibt den Buchungsgrund, die betroffenen Konten und den Betrag.

15.4.2.3. Code UHaushaltsbuch

```
unit UHaushaltsbuch;

{$mode objfpc}{$H+}

interface

uses
  Classes, SysUtils;

const
  MaxBuchungen = 200;


type
TIndex
= (kiNummer, kiDatum, kiBeschreibung, kiGiro, kiSpar, kiHand, kiEin,
                         kiLeben, kiWohnen, kiFahren, kiSonst);
type
TKontobewegung
= (kbEinGeld, kbGeldAus, kbGeldGeld, kbUngueltig);

TKonten = set of TIndex;

TMarkierung = record
  AnzMarkierungen : integer;
  Spalten : array [1..2] of integer;
  Kontoart : integer;
  end;

TBuchung = record
  Datum: AnsiString;
  Beschreibung: AnsiString;
  SpalteVon: TIndex;
  SpalteNach: TIndex;
  Betrag: Single;
end;

THaushaltsbuch = class
private
  procedure Laden ();
  procedure Speichern();
public
  AnzBuchungen: integer;
  LetzteBuchung : TBuchung;
  Einnahmenkonten : TKonten;
  Ausgabenkonten : TKonten;
```

```
  Geldkonten : TKonten;
  Sachkonten : TKonten;
  Beschreibungen: array [1..MaxBuchungen] of String;
  Daten: array [1..MaxBuchungen] of String;
  Geldbuchungen : array [kiGiro..kiHand,1..MaxBuchungen] of single;
  Sachbuchungen : array [kiEin..kiSonst,1..MaxBuchungen] of single;
  Summen: array [kiNummer..kiSonst] of single;
  constructor Create();
  function Buchen: boolean;
  procedure Stornieren (aBuchungsnummer:integer);
  procedure Summieren;
  destructor Delete ();

end;

var
Haushaltsbuch : THaushaltsbuch;

implementation


procedure THaushaltsbuch.Laden();
begin
//Wird später implementiert;
end;

procedure THaushaltsbuch.Speichern();
begin
//Wird später implementiert;
end;
function THaushaltsbuch.Buchen: boolean;
var
  Buchungsfall: TKontobewegung;
begin
  with LetzteBuchung do
  begin
    inc (AnzBuchungen);
    Buchungsfall := kbUngueltig;
//Die Klammern in den folgenden Bedingungen sind wichtig!
    if (SpalteVon in Einnahmenkonten) and (SpalteNach in Geldkonten) then
                                      Buchungsfall := kbEinGeld;
    if (SpalteVon in Geldkonten) and (SpalteNach in Geldkonten) then
                                      Buchungsfall := kbGeldGeld;
    if (SpalteVon in Geldkonten) and (SpalteNach in Ausgabenkonten) then
                                      Buchungsfall := kbGeldAus;
    if Buchungsfall <> kbUngueltig then
      begin
        case Buchungsfall of
          kbEinGeld:
            begin
            Sachbuchungen [SpalteVon, AnzBuchungen] := Betrag;
            Geldbuchungen [SpalteNach,AnzBuchungen] := Betrag;
            end;
          kbGeldGeld:
            begin
```

```
                    Geldbuchungen [SpalteVon, AnzBuchungen] := -Betrag;
                    Geldbuchungen [SpalteNach, AnzBuchungen] := Betrag;
                    end;
                kbGeldAus:
                    begin
                    Geldbuchungen [SpalteVon, AnzBuchungen] := -Betrag;
                    Sachbuchungen [SpalteNach, AnzBuchungen] := Betrag;
                    end;
            end;
            Beschreibungen [AnzBuchungen]:= Beschreibung;
            Daten [AnzBuchungen]:= Datum;
            Result := true;
        end
      else
        begin
        Result := false;
        dec (AnzBuchungen)
        end;
    end;
end;

procedure THaushaltsbuch.Summieren;
var
  i: integer;
  a: Array [TIndex] of single;
  s: single;
  k: TIndex;
begin
  for k := kiNummer to kiSonst do
    a[k] := 0;
  for i := 1 to Haushaltsbuch.AnzBuchungen do
    begin
//Summe aller Buchungen
//Aus systematischen Gründen (Schichtung) werden die Daten dem
//Haushaltsbuch (Typ THaushaltsbuch) und nicht der Präsentation des
//Haushaltbuchs (TFrmMainHaushaltsbuch) entnommen
//Geldkonten
    for k := kiGiro to kiHand do
        begin
        a[k] :=a[k] + Geldbuchungen[k,i];
//In die Summentabelle eintragen
        if i = AnzBuchungen then
            Summen[k] := a[k];
        end;
//Sachkonten
    for k := kiEin to kiSonst do
        begin
        a[k] :=a[k] + Sachbuchungen[k,i];
//In die Summentabelle eintragen
        if i = AnzBuchungen then
            Summen[k] := a[k];
        end;
    end;
  s := 0;
  for k := kiGiro to kiHand do
    s:= s + a[k];
  Summen[kiDatum]:= s;
  s := 0;
```

```
  for k := kiLeben to kiSonst do
     s:= s + a[k];
  Summen[kiBeschreibung]:= s;
  Summen[kiNummer]:= Summen[kiDatum]+Summen[kiBeschreibung];
end;

procedure THaushaltsbuch.Stornieren (aBuchungsnummer:integer);
var
  iIndex : TIndex;
begin
///  if Buchung aBuchungsnummer kein Storno
  begin
  inc (AnzBuchungen);
  Beschreibungen [AnzBuchungen] := 'Storno'+ ' ' + IntToStr
(aBuchungsnummer);
  for iIndex := kiGiro to kiHand do
     Geldbuchungen [iIndex, AnzBuchungen] :=
                           -Geldbuchungen [iIndex, aBuchungsnummer];
  for iIndex := kiEin to kiSonst do
     Sachbuchungen [iIndex, AnzBuchungen] :=
                           -Sachbuchungen [iIndex, aBuchungsnummer];
  LetzteBuchung.Beschreibung := Beschreibungen [AnzBuchungen];
  end;
end;

constructor THaushaltsbuch.Create();
begin
  Einnahmenkonten := [kiEin];
  Ausgabenkonten := [kiLeben, kiWohnen, kiFahren, kiSonst];
  Geldkonten := [kiGiro, kiSpar, kiHand];
  Sachkonten := Einnahmenkonten + Ausgabenkonten;
  AnzBuchungen := 0;
  Laden;
end;

destructor THaushaltsbuch.Delete();
begin

end;
end.
```

15.4.3. Unit UFrmMainHaushalt

15.4.3.1. *Klasse TFrmMainHaushalt für die Bedienoberfläche*

Die Klasse TFrmMainHaushalt dient der Interaktion mit dem Haushaltsbuch sowie zu dessen Darstellung.

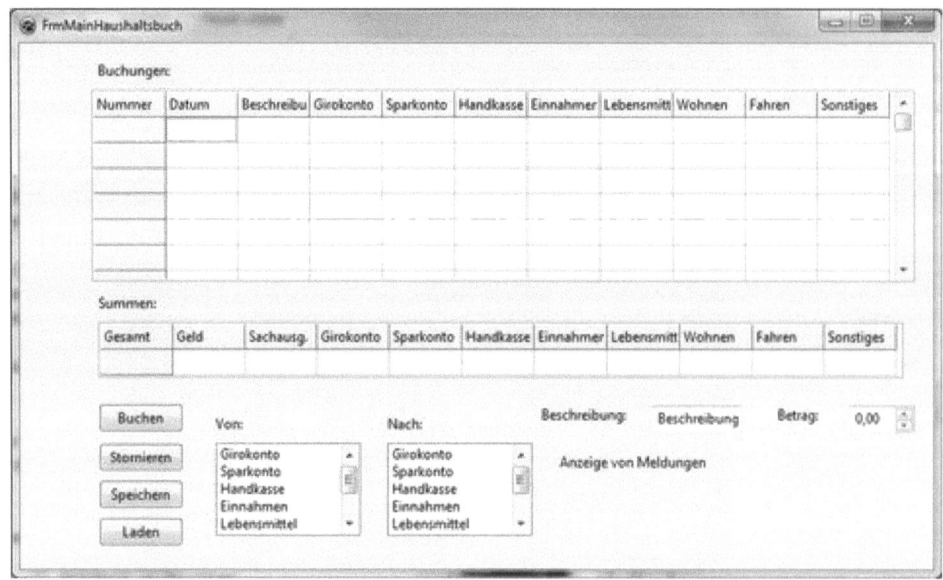

Abbildung 15.4: Bedienoberfläche für das Programm „Haushaltsbuch", implementiert in der Unit FrmMainHaushalt

Code der Unit *UFrmMainHaushalt*

```
unit UFrmMainHaushaltsbuch;

{$mode objfpc}{$H+}

interface

uses
  Classes, SysUtils, FileUtil, Forms, Controls, Graphics, Dialogs, Grids,
  StdCtrls, Spin,
  UHaushaltsbuch
  ;

type
  TMarkierung = record
    AnzMarkierungen : integer;
    Spalten : array [1..2] of integer;
    Kontoart : integer;
  end;

  { TFrmMainHaushaltsbuch }

  TFrmMainHaushaltsbuch = class(TForm)
    BtnBuchen: TButton;
    BtnStorno: TButton;
    BtnSpeichern: TButton;
```

```
    BtnLaden: TButton;
    EdBeschreibung: TEdit;
    FSEBetrag: TFloatSpinEdit;
    LblBuchungserfolg: TLabel;
    LblVon: TLabel;
    LblBetrag: TLabel;
    LblBeschreibung: TLabel;
    LblSummen: TLabel;
    LblBuchungen: TLabel;
    LblUmsatzart1: TLabel;
    LiBVon: TListBox;
    LiBNach: TListBox;
    StGBuchung: TStringGrid;
    StGSummen: TStringGrid;
    procedure BtnBuchenClick(Sender: TObject);
    procedure BtnLadenClick(Sender: TObject);
    procedure BtnSpeichernClick(Sender: TObject);
    procedure BtnStornoClick(Sender: TObject);
    procedure FormClick(Sender: TObject);
    procedure FormCreate(Sender: TObject);
  private
    { private declarations }
    Spaltenmarkierung: TMarkierung;
    UeberschriftBuchung: Array [TIndex]  of string;
    UeberschriftSummen: Array  [TIndex]  of string;
    procedure BuchungUebertragen (Buchungsnummer: integer);
    procedure LetzteBuchungAnzeigen;
    procedure SummenAnzeigen;
    procedure Ueberschrift;
  public
    { public declarations }

  end;

var
  FrmMainHaushaltsbuch: TFrmMainHaushaltsbuch;

implementation


{$R *.lfm}

{ TFrmMainHaushaltsbuch }

procedure TFrmMainHaushaltsbuch.FormClick(Sender: TObject);
begin

end;

procedure TFrmMainHaushaltsbuch.BtnBuchenClick(Sender: TObject);
begin
  Haushaltsbuch.LetzteBuchung.Datum := FormatDateTime('dd.mm.yyyy', now);
  Haushaltsbuch.LetzteBuchung.Beschreibung:= EdBeschreibung.Text;
  Haushaltsbuch.LetzteBuchung.SpalteVon := TIndex(LiBVon.ItemIndex+3);
  Haushaltsbuch.LetzteBuchung.SpalteNach := TIndex(LiBNach.ItemIndex+3);
  Haushaltsbuch.LetzteBuchung.Betrag := FSEBetrag.Value;
```

```
  if Haushaltsbuch.Buchen then
    begin
    LetzteBuchungAnzeigen;
    Haushaltsbuch.Summieren;
    SummenAnzeigen;
    LblBuchungserfolg.Caption := 'Buchung erfolgreich'
    end
  else
    LblBuchungserfolg.Caption := 'Buchung nicht zulässig';
end;

procedure TFrmMainHaushaltsbuch.BtnLadenClick(Sender: TObject);
var
  i:integer;
begin
  STGBuchung.LoadFromCSVFile ('Text.CSV',',',true);
  Haushaltsbuch.AnzBuchungen := 0;
//Übertragung der Einträge vom Textgitter auf der Bedienoberfläche
//in die Fachklasse
  for i:= 1 to StgBuchung.RowCount-1 do
    if (STGBuchung.Cells[0,i] <> '') and
                         (StrToInt (STGBuchung.Cells[0,i]) =i) then
      begin
      BuchungUebertragen (i);
      inc (Haushaltsbuch.AnzBuchungen);
      end;
//Summierung nach erfolgter Übertragung
  Haushaltsbuch.Summieren;
  SummenAnzeigen;
end;

procedure TFrmMainHaushaltsbuch.BtnSpeichernClick(Sender: TObject);
begin
  STGBuchung.SaveToCSVFile ('Text.CSV',',',true);
end;

procedure TFrmMainHaushaltsbuch.BtnStornoClick(Sender: TObject);
begin
  if (StGBuchung.Selection.Top = StGBuchung.Selection.Bottom) and
     (StGBuchung.Selection.Top >0) and
           (StGBuchung.Selection.Top <= Haushaltsbuch.AnzBuchungen) then
    begin
    Haushaltsbuch.Stornieren (StGBuchung.Selection.Top);
    LetzteBuchungAnzeigen;
    Haushaltsbuch.Summieren;
    SummenAnzeigen;
    end
  else
    LblBuchungserfolg.Caption := 'Zeilenauswahl unzulaessig'
end;

procedure TFrmMainHaushaltsbuch.FormCreate(Sender: TObject);
var
  aCol : integer;
  bCol : integer;
begin
  bCol := StGBuchung.ColCount-1;
  Ueberschrift;
```

```
Haushaltsbuch := THaushaltsbuch.Create;
For aCol  := 0 to bCol do
   begin
   StGBuchung.Cells[aCol,0] := UeberschriftBuchung[TIndex(aCol)];
   StGSummen.Cells[aCol,0] := UeberschriftSummen[TIndex(aCol)];
   end;
For aCol  := 3 to bCol do
   if LiBVon.Items.Count | 2 - aCol < 0 then
   begin
     LiBVon.Items.Add('');
     LiBVon.Items [aCol-3] := UeberschriftBuchung[TIndex(aCol)];
   end;
For aCol  := 3 to bCol do
   if LiBNach.Items.Count + 2 - aCol < 0 then
   begin
     LiBNach.Items.Add('');
     LiBNach.Items [aCol-3] := UeberschriftBuchung[TIndex(aCol)];
   end;
end;

procedure TFrmMainHaushaltsbuch.LetzteBuchungAnzeigen;
begin
//ggf. Zeile ergänzen
  with Haushaltsbuch, Haushaltsbuch.LetzteBuchung do
  begin
    STGBuchung.Cells[0,AnzBuchungen]:= IntToStr (AnzBuchungen);
    STGBuchung.Cells[1,AnzBuchungen]:= Datum;
    STGBuchung.Cells[2,AnzBuchungen]:= Beschreibung;
    STGBuchung.Cells[integer(SpalteVon),AnzBuchungen]:=
        FloatToStrF (Geldbuchungen [SpalteVon, AnzBuchungen],ffFixed,6,2);
    STGBuchung.Cells[integer(SpalteNach),AnzBuchungen]:=
        FloatToStrF(Sachbuchungen [SpalteNach,AnzBuchungen],ffFixed,6,2);
  end;
end;

procedure TFrmMainHaushaltsbuch.BuchungUebertragen
                                        (Buchungsnummer: integer);
//Buchungen aus Tabelle in Fachklasse übertragen.
var
  Spalte: TIndex ;
begin
//ggf. Zeile ergänzen
  with Haushaltsbuch  do
  begin
    Beschreibungen[Buchungsnummer]:= StGBuchung.Cells[2,Buchungsnummer];
    for Spalte := KiGiro to kiHand do
      if StGBuchung .Cells[integer(Spalte),Buchungsnummer] <> ''then
        Geldbuchungen [Spalte, Buchungsnummer]:=
         StrToFloat (STGBuchung.Cells[integer(Spalte),Buchungsnummer]);
    for Spalte := KiEin to kiSonst do
      if StGBuchung .Cells[integer(Spalte),Buchungsnummer] <> ''then
      Sachbuchungen [Spalte, Buchungsnummer]:=
               StrToFloat
(STGBuchung.Cells[integer(Spalte),Buchungsnummer]);
  end;
end;
```

```
procedure TFrmMainHaushaltsbuch.SummenAnzeigen;
var Index: TIndex;
begin
  for Index := kiNummer to kiSonst do
    StGSummen.Cells[LongInt(Index), 1] :=
FloatToStrF(Haushaltsbuch.Summen[Index],ffFixed,6,2) ;

end;

procedure TFrmMainHaushaltsbuch.Ueberschrift();
begin
//Überschriften für die Haushaltsbuch-Tabellen definieren.
  UeberschriftBuchung[kiNummer] := 'Nummer';
  UeberschriftBuchung[kiDatum] := 'Datum';
  UeberschriftBuchung[kiBeschreibung] := 'Beschreibung';
  UeberschriftBuchung[kiGiro] := 'Girokonto';
  UeberschriftBuchung[kiSpar] := 'Sparkonto';
  UeberschriftBuchung[kiHand] := 'Handkasse';
  UeberschriftBuchung[kiEin] := 'Einnahmen';
  UeberschriftBuchung[kiLeben] := 'Lebensmittel';
  UeberschriftBuchung[kiWohnen] := 'Wohnen';
  UeberschriftBuchung[kiFahren] := 'Fahren';
  UeberschriftBuchung[kiSonst] := 'Sonstiges';
  UeberschriftSummen[kiNummer] := 'Gesamt';
  UeberschriftSummen[kiDatum] := 'Geld';
  UeberschriftSummen[kiBeschreibung] := 'Sachausg.';
  UeberschriftSummen[kiGiro] := 'Girokonto';
  UeberschriftSummen[kiSpar] := 'Sparkonto';
  UeberschriftSummen[kiHand] := 'Handkasse';
  UeberschriftSummen[kiEin] := 'Einnahmen';
  UeberschriftSummen[kiLeben] := 'Lebensmittel';
  UeberschriftSummen[kiWohnen] := 'Wohnen';
  UeberschriftSummen[kiFahren] := 'Fahren';
  UeberschriftSummen[kiSonst] := 'Sonstiges';
end;
end.
```

16. Ein Bild sagt mehr als 1000 Worte – Einfache Grafikprogrammierung

Das Thema Grafikprogrammierung ist ein sehr weites Feld, das hier naturgemäß nur ganz knapp behandelt werden kann. Entsprechend breit gefächert ist das Feld der denkbaren Anwendungsaufgaben.

16.1. Aufgaben

16.1.1. Darstellung eines Funktionsgraphen

Die Funktion $y = f_1(a_1, b_1, x) + f_2(a_2, b_2, x) + f_3(a_3, b_3, x)$ soll, soweit sie innerhalb des Bereiches $x_u < x < x_o$ und $y_u < y < y_o$ verläuft, graphisch dargestellt werden. Außerhalb dieses Bereichs liegende Teile des Graphen werden nicht darge - stellt.

Die Vorgabe des Darstellungsbereichs erfolgt über 4 Elemente der Klasse `TFloatSpinEdit`. Eingegeben werden die darstellbaren Minimal- und Maximal- werte (x_u, y_u, x_o, y_o) als Weltkoordinaten. Wenn eine proportionale Darstellung ver- langt ist, wird das durch Markieren einer zusätzlichen Markierfeld (`TCheckBox`) angezeigt. In diesem Fall werden nur die Werte für x_o, y_o und x_u vorgegeben. y_u wird aus diesen Eingaben errechnet.

Die Funktionen f_1, f_2 und f_3 werden durch drei Auswahllisten (`TListBox`) vorgege- ben. Dabei stehen die folgenden Funktionen zur Auswahl:

$$a \cdot x^b \ , \ a \cdot \sin(b \cdot x) \ , \ a \cdot \cos(b \cdot x) \ , \ a \cdot \tan(b \cdot x) \ , \ a \cdot \cot(b \cdot x) \ ,$$
$$a \cdot e^{(b \cdot x)} \ \text{und} \ a \cdot \ln(b \cdot x) \ .$$

Die Parameter a_i und b_i werden über jeweils ein Element der Klasse `TFloatSpinEdit` eingegeben, das einer Auswahlliste zugeordnet ist.

Aufgrund der mathematischen Gegebenheiten sind für a, b und x bei manchen Funktionen nicht alle Werte zulässig. Für die Verwendung zulässiger Eingabewerte ist der Benutzer verantwortlich. Eine Fehlerbehandlung bei der Dateneingabe muss nicht vorgesehen werden.

Für korrekte Eingabedaten sorgt der An- wender, keine Überwachung!

16.1.2. Turm von Hanoi

Der Turm von Hanoi ist aus mehreren – allgemein gesehen beliebig vielen - über - einander geschichteten Kreisscheiben aufgebaut. Die unterste Kreisscheibe ist die größte, die oberste ist die kleinste. Dieser Turm soll abgebaut und an einem anderen Ort in gleicher Gestalt wieder aufgebaut werden. Scheiben, die für den endgültigen Aufbau momentan nicht benötigt werden dürfen an genau einem weiteren Ort – ebenfalls als Turm - zwischengespeichert werden. Für alle drei Orte gilt, dass die Durchmesser der übereinander geschichteten Scheiben von unten nach oben monoton fallen muss. D. h. auf einer Kreisscheibe liegt jeweils keine oder eine kleinere – egal um welchen Turm es sich handelt.

Nach Vorgabe der Scheibenzahl durch den Anwender ist zu ermitteln in welcher Reihenfolge die einzelnen Scheiben des Turms umzuschichten sind. Der Verlauf der Umschichtung ist wie in Abbildung 16.1 skizziert dynamisch darzustellen.

16.2. Der Beitrag von Pascal

Was Pascal angeht, so wird hier eigentlich nichts grundlegend Neues vorgestellt. Dafür werden zwei wichtige und nicht ganz triviale Themen intensiviert: Die Funktionsvariablen (Aufgabe aus 16.1.1 ursprünglich in 8.6 behandelt) und die Rekursion (Aufgabe aus 16.1.2, ursprünglich in 8.5 behandelt).

16.3. Der Beitrag von Lazarus

Neu in diesem Kapitel ist das Zeichnen, das von Lazarus in hohem Maße unterstützt wird. Hier geht es um den Umgang mit der Zeichenfläche (TCanvas) und den Zeichenwerkzeugen (TPen, TBrush und TFont). Alle nachstehend beschriebenen Klassen besitzen Methoden und Eigenschaften (Attribute/Properties). Wenn in den Tabellen keine Methoden aufgeführt sind bedeutet das, dass diese im Kontext des Kapitels oder des Buches keine besondere Relevanz besitzen. Methoden, die in vielen oder allen Klassen der Bedienoberfläche in ähnlicher Weise vorkommen sind ebenfalls nicht aufgeführt. Sie können in den meisten Fällen als vorhanden angenommen werden.

16.3.1. Zeichenfläche TCanvas

Klassen, die Nachfolger von TWincontrol sind (z. B. TForm, TFrame,...) besitzen eine Zeichenfläche des Typs TCanvas. TCanvas (dt. Canvas = Leinwand) ist die Schlüsselklasse für die grafische Darstellung. Sie besitzt zahlreiche Attribute und Methoden, die grafische Darstellungen ermöglichen.

Die (sichtbare) Zeichenfläche besitzt die Größe des jeweiligen Steuerelements. Also entweder die Größe des Formulars (beim Canvas des Formulars) oder die Größe von Steuerelementen wie Schaltflächen oder Texteingabefelder (Canvas des jeweili-

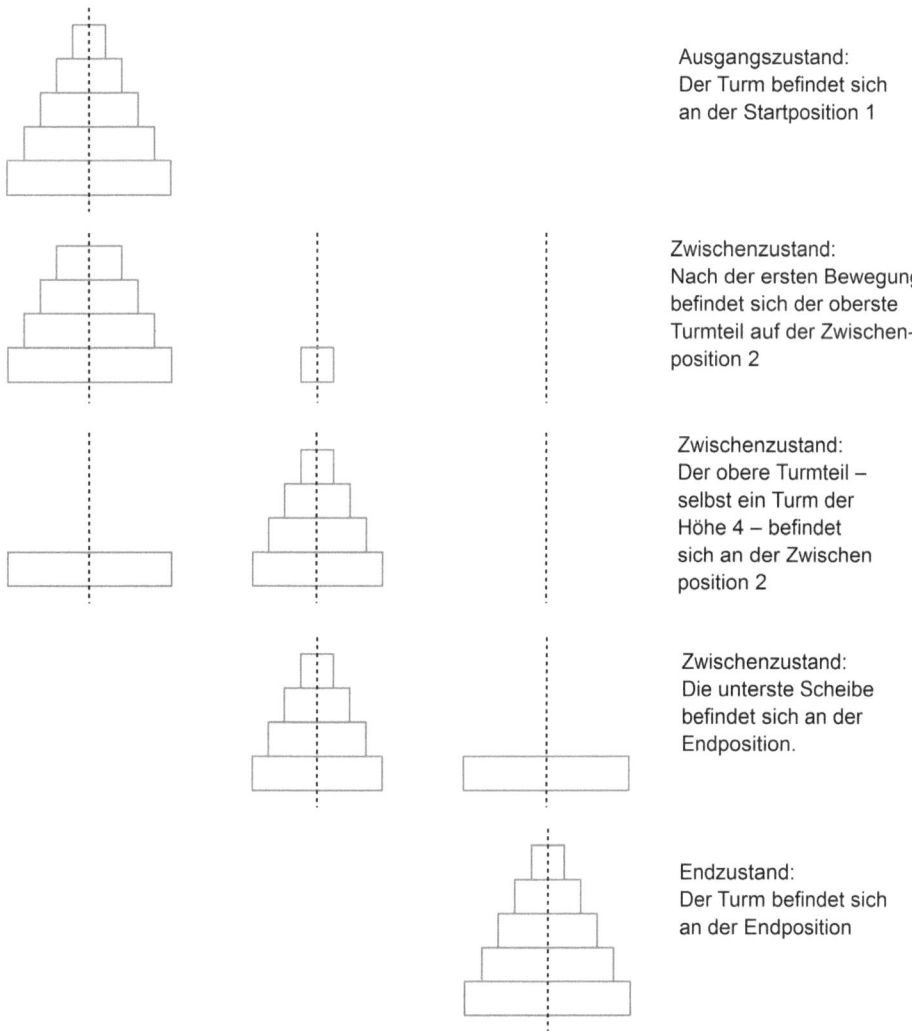

Ausgangszustand:
Der Turm befindet sich
an der Startposition 1

Zwischenzustand:
Nach der ersten Bewegung
befindet sich der oberste
Turmteil auf der Zwischenposition 2

Zwischenzustand:
Der obere Turmteil –
selbst ein Turm der
Höhe 4 – befindet
sich an der Zwischen
position 2

Zwischenzustand:
Die unterste Scheibe
befindet sich an der
Endposition.

Endzustand:
Der Turm befindet sich
an der Endposition

Abbildung 16.1: Turm von Hanoi: Ausschnitte aus dem Umsetzvorgang. Neben dem
  Anfangs- und dem Endzustand sind nur einige wenige Zwischenzustände darge-
  stellt.

gen Steuerelements, das von `TWincontrol` abgeleitet und auf einem Formular angeordnet ist). Wenn in Bereiche außerhalb der Darstellungsfläche gezeichnet wird

funktioniert die Zeichenmethode auch, es wird lediglich nichts gezeichnet (siehe auch Beispiel unter 16.3.3).

Die Koordinaten des Canvas beziehen sich auf das Steuerelement dessen Bestandteil der Canvas ist.

Wichtige Eigenschaften von TCanvas sind vor allem die Schreib- und Zeichenwerkzeuge. Diese sind unter 16.3.2 näher erläutert.

16.3.2. Schreib- und Zeichenwerkzeuge

Die Zeichenwerkzeuge *Brush* (Pinsel), *Font* (Zeichensatz) und *Pen* ((Zeichen-) Feder) treten als Eigenschaften von TCanvas auf. Sie besitzen die Typen TBrush, TFont und TPen.

16.3.2.1. *Zeichensatz - Font*

Klasse	TFont	
Eigen-schaften	CharSet: TFontCharSet	Zeichensatz. Gibt an, welches Zeichen durch welches Bitmuster codiert ist.
	Color: TColor	Zeichenfarbe
	Name: String	Schriftart, wie sie z. B. In der Auswahlliste von Textverarbeitungsprogrammen auftritt
	Size: integer	Zeichengröße
	Style:TFontStyles	Schriftstil, z. B. Fett oder kursiv.

Tabelle 16.1: Wichtige Eigenschaften und Methoden der Klasse TFont

Der Zeichensatz, der zum Schreiben auf der Zeichenfläche verwendet wird, ist in der Eigenschaft *Font* (Klasse *TFont*) angegeben.

TFont selbst ist wiederum eine Klasse, die folgende wichtige Eigenschaften besitzt:

CharSet: Zeichensatz, in der Regel durch Voreinstellung bei der Betriebssysteminstallation festgelegt. Bestimmt, welche Zeichen per Tastatur verfügbar sind.

Color: Farbe des geschriebenen Textes.

Verschieden Basisfarben sind vordefiniert (z. B. *clRed*, *clBlue*, *clBlack*,...). Weiterhin kann mittels der Funktion

```
function RGBToColor (R, D, B: Byte): TColor;
```

Bezeichner	Bedeutung
clBtnFace	Hintergrund von Schaltflächen
clBtnShadow	Hintergrundfarbe von
clGrayText	Schriftfarbe eines deaktivierten Element
clInfoBk	Hintergrundfarbe für Hinweisfelder
clInfoText	Schriftfarbe für Hinweisfelder
clMenuHighlight	HintergrundFarbe eines angewählten Menüpunktes

Tabelle 16.2:Beispiele für Systemfarben

jede beliebige Farbe definiert werden.

Weiterhin können sind so genannnte Systemfarben verwendet und geändert werden. Systemfarben sind Farben, die zur Darstellung bestimmter Elemente der Bedienoberfläche verwendet werden. Einige Beispiele finden Sie in Tabelle 16.2.

Name:
Schriftart. Hier ist der Bezeichnungstext wie er in der Auswahlliste für Schriftarten auftritt zu verwenden

Size:

Style: Schriftstil (normal, fett, kursiv, unterstrichen, durchgestrichen…). Style ist ein Mengentyp.

```
Canvas.Font.Style :=  []; //Normalschrift
Canvas.Font.Style :=  [fsBold]; //Fettschrift
Canvas.Font.Style :=  [fsBold, fsItalic]; //Fett- und Kursivschrift
```

16.3.2.2. Zeichenstift - Pen

Linien auf dem *Canvas* werden mit dem Werkzeug *Pen* (Zeichenstift) gezeichnet. *Pen* ist von der Klasse TPen. Wichtige Eigenschaften von TPen sind:

Color:
Die Linienfarbe. Das zu den Textfarben Gesagte gilt sinngemäß.

JoinStyle:
Gibt an, wie zwei Linien miteinander verbunden werden.

Mode:
Gibt an, zu welchem Ergebnis das Überschreiben eines bestehenden Pixels führt.

Klasse	TPen (Unit Graphics)	
Eigen-schaften	Color: TColor	Linienfarbe
	JoinStyle: TPenJoinStyle	Art und Weise der Verbindung zweier Linien
	Mode:TPenMode	Art und Weise der Kombination bestehender und neu geschriebener Linien.
	Style:TPenStyle	Linienstil
	Width: Integer	Linienbreite

Tabelle 16.3: Wichtige Eigenschaften und Methoden der Klasse TPen

Beispiel: bestehendes Pixel weiß, überschreibendes Pixel rot, `mode = pmXor` (Xor-Verknüpfung) führt zu einem blaugrünen Pixel. (blau = 255 = max, grün = 255 = max, rot = 0 = min).

Style:
Linienstil (z. B. *PsSolid* = durchgezogen, *psDot* = punktiert oder *psClear* = unsichtbar). `TPenStyle` ist ein Aufzählungstyp.

Width:
Linienbreite in Pixeln.

16.3.2.3. Pinsel - Brush

Klasse	TBrush	
Eigen-schaften	Color : TColor	Flächenfarbe
	Style: TBrushStyle	Stil in dem die Fläche bemalt wird.

Tabelle 16.4: Wichtige Eigenschaften und Methoden der Klasse TBrush

Der Pinsel (*Brush*, Klasse `TBrush`) wird zum Füllen von Flächen verwendet. Wichtige Eigenschaften von `TBrush` sind:

Color:
Die Flächenfarbe. Das zu den Textfarben Gesagte gilt sinngemäß.

Style:
Das Muster, mit dem die Fläche bemalt wird. (`bsSolid` = gefüllt, `bsClear` = unsichtbar). `TBrushStyle` ist ein Aufzählungstyp.

16.3.3. Methoden von TCanvas

Klasse	TCanvas	
Eigen-schaften	Brush: TBrush	Malwerkzeug zum Ausfüllen von Flächen
	Font: TFont	Zeichensatz für das Schreiben von Texten
	Pen: TPen	Werkzeug zum Zeichnen von Linien
Methoden (Parameter s. a. 16.3.3)	Arc();	Zeichnen eines Bogens
	CopyRect ()	Übertragung des Inhalts von einem Rechteck auf einem beliebigen Canvas auf ein Rechteck auf dem aktuellen Canvas.
	FloodFill ()	Füllt einen bestimmten Bereich mit einem vorgegebenen Farbmuster.
	LineTo ()	Linie ziehen
	MoveTo ()	Punkt anfahren ohne zu zeichnen
	TextHeight: integer	Liefert die Höhe einer Textkette in Pixeln
	TextOut()	Text ausgeben
	TextWidth: integer	Liefert die Breite einer Textkette in Pixeln

Tabelle 16.5: Wichtige Eigenschaften und Methoden von TCanvas. Die Methoden-schnittstellen sind in 16.3.3 erläutert.

Linienmethoden

Linienmethoden zeichnen Linien verschiedener Art. Alle Linien werden mit dem aktuell eingestellten Zeichenwerkzeug Pen gezeichnet.

Die wahrscheinlich wichtigsten (Linien-) Methoden von TCanvas sind *MoveTo* und *LineTo*.

Die Methode procedure MoveTo(x: integer, y: integer) bewegt den Zeichencursor ohne zu zeichnen vom aktuellen Punkt zum Punkt x, y. Sowohl der aktuelle Ort des Zeichencursors als auch der in der Parameterliste angegebene Zielort kann auf oder außerhalb der Zeichenfläche liegen. Dabei verläuft üblicherweise die positive x-Achse nach rechts und die positive y-Achse nach unten.

Die Methode procedure LineTo (x: integer, y: integer) zeichnet eine Linie von der augenblicklichen Position des Zeichencursors aus zum angegebenen Punkt P (x, y). Ob dabei tatsächlich eine sichtbare Linie gezeichnet wird hängt so-

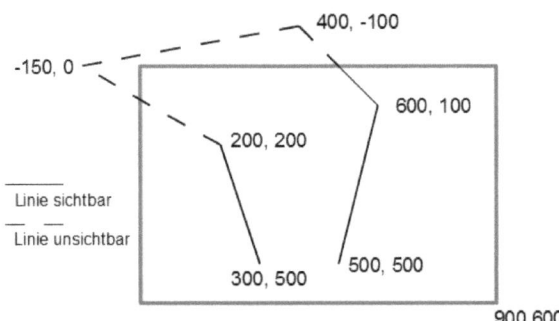

Abbildung 16.2 Polygonzug inner- und außerhalb der Darstellungsfläche

wohl von der Position des Zeichencursors beim Methodenaufruf, als auch von den Werten x und y ab. In Abbildung 16.2 wird dies näher erläutert.

- Der Polygonzug beginnt beim Punkt (300, 500). Dieser Punkt wird mit `MoveTo` angefahren.
- Vom Punkt (300, 500) zum Punkt (200, 200) wird mit `LineTo` eine Linie gezeichnet. Vom Punkt (200, 200) zum Punkt (-150, 0) wird mit `MoveTo` eine Linie gefahren aber nicht gezeichnet.
- Vom Punkt (-150, 0) aus wird der Punkt (400, -100) mit `MoveTo` oder `LineTo` angefahren. Eine Linie wird in keinem der beiden Fälle gezeichnet, da die Bahn vollständig außerhalb der Darstellungsfläche verläuft.
- Vom Punkt (400, -100) aus wird der Punkt (600, 100) mit `LineTo` angefahren. Zwischen (400, -100 und (500, 0) sehen Sie nichts. Ab (500, 0) wird die Linie sichtbar.
- Die Linie von (600, 100) nach (500, 500) wird mit `LineTo` gezeichnet.

Weitere wichtige Linienmethoden von `TCanvas` sind:

```
procedure Arc(ALeft: integer; ATop: integer; ARight: integer;
   ABottom: integer; Angle16Deg: integer;
   Angle16DegLength: integer);
```

Arc zeichnet eine elliptisch gekrümmte Linie. `ATop`, `ABottom`, `ARight` und `ALeft` beschreiben das umgebende Rechteck. `Angle16Deg` ist der Startwinkel in Sechzehntel Grad. Die Nullgradlinie verläuft dabei nach rechts („3 Uhr"). `Angle16DegLength` bezeichnet die Bogenlänge in Sechzehntel Grad. Bei einer vollen Ellipse beträgt der Wert dieses Parameters 5760 (16*360). Winkel werden im Gegenuhrzeigersinn positiv gezählt.

Flächenmethoden

```
procedure FloodFill
   (X: integer; Y: integer; FillColor: TColor; FillStyle: TFillstyle);
```

Kopiermethoden

Kopiermethoden belegen ebenso wie Flächenmethoden komplette Bereiche auf dem Canvas. Allerdings kommt bei ihnen der Pinsel (Brush) nicht zur Anwendung.

```
procedure CopyRect
   (const Dest: TRect; SrcCanvas: TCanvas;Source: TRect;
```

Textmethoden

Mit Textmethoden werden Texte auf dem Canvas ausgegeben.

```
 procedure TextOut (x: integer; y: integer; const Text:  string);
```

schreibt einen Text beginnend an den Pixelkoordinaten x und y.

16.3.4. Darstellung von Bitmaps

16.3.4.1. TBitmap

Klasse	TBitmap	
Eigen-schaften	Canvas: TCanvas (ro)	Zeichenfläche
	Height: integer (ro)	Höhe in Pixeln
	Width: integer (ro)	Breite in Pixeln

Tabelle 16.6: Wichtige Eigenschaften und Methoden der Klasse TBitmap (ro = read-only)

TBitmap kapselt die TBitmap-Klasse des Windows-API-SDK [79].
Bitmap:TBitmap tritt als Komponente in Bildcontainern wie z. B. TPicture auf.

Canvas: TCanvas[80] ist die Zeichenfläche des Bitmap-Objekts

16.3.4.2. TPicture

Während *Image* in der Größe anpassbar ist, enthält *Picture* das originale Bild.

---

79 Windows-API-SDK
80 read-only

Klasse		
Eigen-schaften	Bitmap: TBitmap	Darstellungsbereich für Bitmap-Bilder
	JPEG: TJPEG	Darstellungsbereich für JPEG-Bilder
	PNG: TPortableNetworkGraphic	Darstellungsbereich für PNG-Bilder
Methoden	LoadFromFile (Dateipfad: TString)	Lädt ein Bild von einer Datei.
	SaveToFile (Dateipfad: TString)	Schreibt ein Bild in eine Datei.

Tabelle 16.7: Wichtige Eigenschaften und Methoden der Klasse TPicture. Die Methodenschnittstellen sind in 16.3.4.2 erläutert.

Eigenschaften:

`Bitmap:TBitmap` siehe 16.3.4.1.

`JPEG:TJPEGImage`

und weitere Bildkomponenten.

Methoden:

`procedure LoadFromFile(Dateipfad: String);`

Lädt ein Bild aus der mit `Dateipfad` bezeichneten Datei. Wenn die angegebene Datei nicht existiert wird ein Fehlerereignis ausgelöst.

`procedure SaveToFile(Dateipfad: String);`

Speichert ein Bild in der mit `Dateipfad` bezeichneten Datei. Wenn der angegebene Dateipfad nicht existiert wird ein Fehlerereignis ausgelöst. Bei korrektem Dateipfad wird die angegebene Datei in der Standardeinstellung ggf. neu angelegt.

Klasse	**TImage**	
Eigen-schaften	Canvas: TCanvas	Zeichenfläche
	Picture: TPicture	Originale Bildinformation
	Proportional: Boolean	True = das Bild ist proportional dargestellt
	Stretch: Boolean	True = das Bild ist nicht in Originalgröße dargestellt sondern eingepasst.

Tabelle 16.8: Wichtige Eigenschaften und Methoden der Klasse TImage

16.3.4.3. TImage

`TImage` ist eine Klasse zur Darstellung von Bildern verschiedener Art. `TImage` enthält `TPicture` sozusagen als Originalvorlage, erlaubt dann aber von der Größe und Proportion her abweichende Darstellungen.

Canvas: `TCanvas` ist die Zeichenfläche für eine individuelle, ggf. vom Original abweichende Darstellung des Bildes.

Picture: `TPicture` ist die originale Bildinformation

Proportional : `boolean` gibt an, ob die Information aus *Picture* proportional auf dem Canvas von Timage abgebildet wird.

Stretch : `boolean` gibt an, ob die Abbildung von *Picture* auf `TImage` mit Größenveränderung erfolgt.

16.3.4.4. TPaintBox

Klasse	TPaintBox	
Eigen- schaften	*Canvas: TCanvas*	*Zeichenfläche*

Tabelle 16.9: Wichtige Eigenschaften und Methoden der Klasse TPaintBox

TPaintBox ist ein farbig gefülltes Rechteck, das eine Zeichenfläche besitzt. Auf dieser Zeichenfläche können die Methoden von `TCanvas` in beliebiger Weise zur Anwendung kommen.

Canvas: `TCanvas` ist die Zeichenfläche der PaintBox. Die Koordinaten werden ab deren oberer linker Ecke nach rechts und unten positiv gezählt. Mehr zu `TCanvas` finden Sie unter 16.3.1.

16.4. Lösungen

16.4.1. Darstellung eines Funktionsgraphen

16.4.1.1. Implementation der Funktionen

Gemäß der Aufgabenstellung werden sechs Funktionen erstellt. Alle sechs Funktionen besitzen drei Gleitkomma- (genau Extended-) Wertparameter. Dabei handelt es sich um die beiden Funktionsparameter a und b und die unabhängige Variable x. Ebenso besitzen alle sechs Funktionen denselben Typ. Entsprechend wird ein Funktionstyp Fabx mit drei Gleitkommaparametern vereinbart.

```
type
  Fabx = function (a: extended; b: extended; x:double):extended;
```

Im Hauptformular wird ein Feld von 3 Variablen des Typs Fabx angelegt.

```
//Array von Funktionsvariablen
    Fun: Array [1..3] of Fabx;
```

Diese werden per Wertzuweisung dynamisch mit den Adressen der tatsächlich gewählten Funktionen belegt.

16.4.1.2. Dateneingabe

Dateneingabe tritt in folgendem Zusammenhang auf:

* Bestimmung der Skalierungsart (proportional/nicht proportional)
* Angabe der Skalierungsdaten
* Auswahl der Funktionen f_i
* Vorgabe der Parameter a_i und b_i für die gewählten Funktionen.

Skalierungsart

Standardmäßig wird von einer nichtproportionalen Skalierung ausgegangen bei der die grafische Darstellung in x- und y-Richtung einen unterschiedlichen Maßstab besitzt. Wenn eine proportionale Skalierung gewünscht ist, muss ein Markierfeld (ChBProportional: TCheckbox) markiert werden (Eigenschaft Checked = true).

Skalierungsdaten

Durch drei bzw. vier Elemente des Typs TFloatSpinEdit können die Weltkoordinaten der linken unteren und der rechten oberen Ecke des Darstellungsbereichs vorgegeben werden.

Eigenschaft	Bedeutung	Wert
DecimalPlaces	Anzahl der Dezimalstellen	2
Increment	Betragsveränderung beim Anklicken des Spinners	0,5
MaxValue	Maximaler Wert, den der Parameter annehmen kann.	100
MinValue	Minimaler Wert, den der Parameter annehmen kann.	-100
Value	Wert des Parameters. Anfangsvorgabe im Objektinspektor. Überprüfung durch den Benutzer, keine Überwachung durch das Programm.	1

Tabelle 16.10: Eigenschaften (properties) der Bedienelemente zur Vorgabe der Funktionsparameter (Typ TFloatSpinEdit). Die Einstellung erfolgt im Objektinspektor.

Bei nichtproportionaler Darstellung finden alle vier Einstellelemente Verwendung, bei proportionaler Darstellung wird die x-Koordinate unten links nicht vorgegeben. Sondern die Koeffizienten werden aus den aus den drei übrigen Vorgabewerten errechnet (s. S. 375).

Funktionsauswahl

Zur Funktionsauswahl werden 3 Listenfelder (TListBox) - eines für jeden Summanden - verwendet. In jedem der drei Listenfelder sind die 6 möglichen Funktionen eingetragen. Der Eintrag für *LiBFun1* erfolgt zur Entwicklungszeit mittels des Objektinspektors. Der Eintrag für *LiBFun2* und *LiBFun3* erfolgt in der Ereignismethode des Formulars per Zuweisung zur Laufzeit.

Welche Funktion gewählt wurde geht aus der Eigenschaft *ItemIndex* hervor.. Wird die Auswahl am Listenfeld *LiBFuni* (i = 1...3) verändert, dann wird das Ereignis *OnLiBFuniSelectionChange* ausgelöst und die Ereignismethode *LiBFuniSelectionChange* aufgerufen.

Funktionsparameter

Jede der Funktionen hat zwei Parameter, die jeweils über ein Element vom Typ TFloatSpinEdit eingestellte werden. Die Einstellung der Eigenschaften (Properties) dieser Elemente vom Typ TFloatSpinEdit erfolgt im Objektinspektor.

Die Werteingabe kann durch Zeicheneingabe im Dialog oder durch Anklicken der Pfeile im Gleitkommadrehfeld (*TFloatSpinEdit*) erfolgen.

16.4.1.3. Datenausgabe

Die Ausgabe der Funktionsgraphen erfolgt in der PaintBox `PtBFun` mit der Methode `Zeichnen` der Hauptformularklasse `TFrmMainFunGraph`. Dabei wird über die Abszissenwerte der PaintBox iteriert. Aus den Bildabszissen werden die Originalabszissen ermittelt. Aus diesen Werten folgen die Originalfunktionswerte und daraus durch einen weiteren Skalierungsvorgang die Bildfunktionswerte.

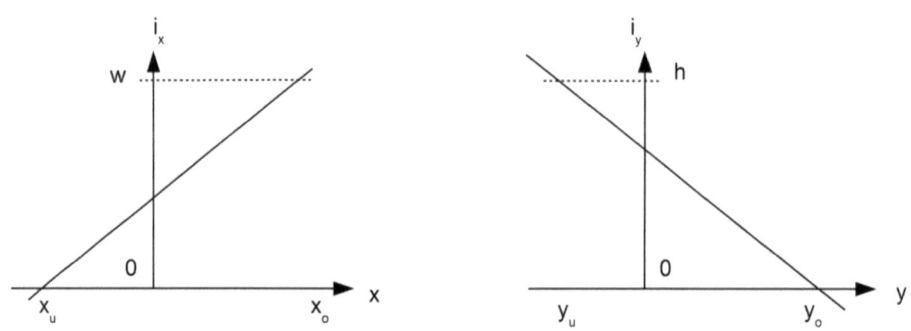

Abbildung 16.3: Zur Herleitung der Skalierungsformeln (nicht proportionale Darstellung). Links x-Achse, rechts y-Achse. Bildkoordinaten i_x und i_y, Weltkoordinaten x und y. Breite der PaintBox in Pixeln: w, Höhe: h.

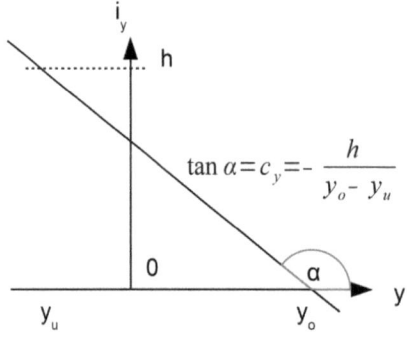

Abbildung 16.4: Skalierung bei nicht proportionaler Darstellung

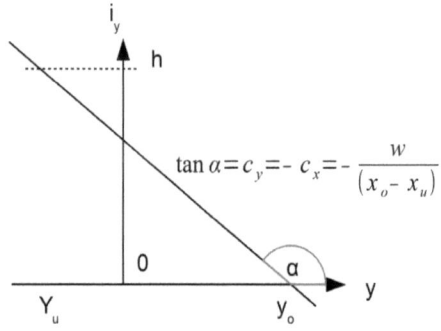

Abbildung 16.5: Skalierung bei proportionaler Darstellung

Skalierung

Die Skalierung umfasst die bidirektionale Umrechnung zwischen Problem- und Bildkoordinaten. Sie wird erforderlich weil der Darstellungsbereich beliebig definiert werden kann. Den fest vorgegebenen Bildkoordinaten (Bildschirmkoordinaten in Pixeln) können Weltkoordinaten in einem kartesischen Koordinatensystem in beliebiger Weise zugeordnet werden. Diese Zuordnung wird durch die in Abbildung 16.3 eingezeichneten schräg verlaufenden Geraden beschrieben. Bei den unten stehenden Darstellungen wurde von quadratischen Pixeln ausgegangen. Das trifft für die meisten Darstellungsgeräte zu.

Die Darstellung erfolgt für quadratische Pixel, was den Regelfall darstellt.

Der Bereich der Bildkoordinaten ist mit den Maßen der `PaintBox` identisch. Die Weltkoordinaten ergeben sich aus der Anwendung. Auf der Bedienoberfläche kann der Bereich der Weltkoordinaten mittels dreier (bei der proportionalen Darstellung) bzw. vierer (bei der nicht proportionalen Darstellung) Elemente vom Typ `TFloatSpinEdit` eingestellt werden. Dabei wird in unserem Fall angegeben, welche Weltkoordinaten P_o (x_o, y_o) bzw. P_u (x_u y_u) der oberen rechten und der unteren linkenEcke des Darstellungsbereichs zugeordnet sind.

Für die Darstellung eines Punktes P(x,y) auf dem `Canvas` der `PaintBox` gilt bei voller Ausnutzung des `Canvas`, d. h. bei Verzicht auf proportionale Darstellung

$$i_x = w \cdot \frac{(x - x_u)}{(x_o - x_u)} = c_x \cdot (x - x_u) \quad \text{und}$$

$$i_y = h - h \cdot \frac{(y - y_u)}{(y_o - y_u)} = h \cdot \frac{(y_o - y_u) - (y - y_u)}{(y_o - y_u)} = h \cdot \frac{(y_o - y)}{(y_o - y_u)} = c_y \cdot (y - y_o) \quad .$$

Bei proportionaler Darstellung gilt: $c_x = -c_y$

Im Gegensatz zur nichtproportionalen Darstellung sind hier nur drei Koordinaten der Eckpunkte frei wählbar. Die vierte wird errechnet. Welche Koordinate errechnet wird ist grundsätzlich frei wählbar. Im ausgeführten Programm ist es immer die Ordinate (y-Wert) unten links (y_{lu}).

16.4.1.4. Code Unit UFunktionen

```
unit UFunktionen;

{$mode objfpc}{$H+}

interface

uses
  Classes, SysUtils;
```

```pascal
type
  Fabx = function (a: extended; b: extended; x:double):extended;

//Schnittstellen der Funktionen
function Pot3P (a:extended; b: extended; x:double) : extended;
function Cos3P (a:extended; b: extended; x:double) : extended;
function Exp3P (a:extended; b: extended; x:double) : extended;
function Lnt3P (a:extended; b: extended; x:double) : extended;
function Sin3P (a:extended; b: extended; x:double) : extended;
function Tan3P (a:extended; b: extended; x:double) : extended;


implementation
uses math;

//Implementation der Funktionen
function Pot3P (a:extended; b: extended; x:double) : extended;
begin
  Pot3P := a * Power(x, b);
end;

function Sin3P (a:extended; b: extended; x:double) : extended;
begin
  Sin3P := a* Sin (b*x);
end;

function Cos3P (a:extended; b: extended; x:double) : extended;
begin
  Cos3P := a* Cos (b*x);
end;

function Tan3P (a:extended; b: extended; x:double) : extended;
begin
  Tan3P := a* Sin (b*x)/Cos (b*x)
end;

function Exp3P (a:extended; b: extended; x:double) : extended;
begin
  Exp3P := a* Exp(b*x);
end;

function Lnt3P (a:extended; b: extended; x:double) : extended;
begin
  Lnt3P := a* Ln(b*x)

end;

end.
```

16.4.1.5. Code Hauptformular

```pascal
unit UFrmMainFunktGraph;

{$mode objfpc}{$H+}

interface
```

```
uses
  Classes, SysUtils, FileUtil, Forms, Controls, Graphics, Dialogs,
StdCtrls,
  Spin, ExtCtrls,
  UFunktionen;

type

  { TFrmMainFunGraph }

  TFrmMainFunGraph = class(TForm)
    BtnStart: TButton;
    BtnLoeschen: TButton;
    ChBProportional: TCheckBox;
    FSEa1: TFloatSpinEdit;
    FSEXMin: TFloatSpinEdit;
    FSEa2: TFloatSpinEdit;
    FSEb1: TFloatSpinEdit;
    FSEa3: TFloatSpinEdit;
    FSEb2: TFloatSpinEdit;
    FSEb3: TFloatSpinEdit;
    FSEYMin: TFloatSpinEdit;
    FSEXMax: TFloatSpinEdit;
    FSEYMax: TFloatSpinEdit;
    Lbla1: TLabel;
    Lblb1: TLabel;
    Lbla3: TLabel;
    Lbla2: TLabel;
    Lblb2: TLabel;
    Lblb3: TLabel;
    LblXmax: TLabel;
    LblXMin: TLabel;
    LblYMax: TLabel;
    LblYMin: TLabel;
    LblFunktion3: TLabel;
    LblFunktion2: TLabel;
    LblFunktion1: TLabel;
    LiBFun1: TListBox;
    LiBFun2: TListBox;
    LiBFun3: TListBox;
    PtBFun: TPaintBox;
    procedure BtnLoeschenClick(Sender: TObject);
    procedure BtnStartClick(Sender: TObject);
    procedure ChBProportionalChange(Sender: TObject);
    procedure FormCreate(Sender: TObject);
    procedure FSEa2Change(Sender: TObject);
    procedure FSEKoeffChange(Sender: TObject);
    procedure FSEChange(Sender: TObject);
    procedure LiBFun1SelectionChange(Sender: TObject; User: boolean);
    procedure LiBFun2SelectionChange(Sender: TObject; User: boolean);
    procedure LiBFun3SelectionChange(Sender: TObject; User: boolean);
  private
    { private declarations }
// Eckpunkte der Darstellungsfläche in Koordinaten (Pixeln) der Client-
Fläche
// des Hauptformulars
// Proportionalitätskonstante
    Cx : double;
```

```
      Cy : double;
//Funktionskoeffizienten
    AKoeff: Array [1..3] of double;
    BKoeff: Array [1..3] of double;
//Array von Funktionsvariablen
    Fun: Array [1..3] of Fabx;
// Einzelfunktionen der darzustellenden Funktion
    function Funktionswert (x:double):double;
    procedure FunktionSetzen (i: integer);
    procedure KoeffizientenSetzen;
    procedure Skalieren;
    procedure Zeichnen;
  public
    { public declarations }
    LiBFunSel: TListBox;
  end;

var
  FrmMainFunGraph: TFrmMainFunGraph;

implementation
{$R *.lfm}


{ TFrmMainFunGraph }

procedure TFrmMainFunGraph.FormCreate(Sender: TObject);
begin
//Alle Listboxen für die Funktionsauswahl gleich einstellen
//All list boxes get the same settings for the selection of functions
  LiBFun2.Items := LiBFun1.Items;
  LiBFun3.Items := LiBFun1.Items;
  LibFun1.ItemIndex := 0;
  LibFun2.ItemIndex := 0;
  LibFun3.ItemIndex := 0;
// Definition der Eckpunkte
  KoeffizientenSetzen;
  Skalieren;
end;

procedure TFrmMainFunGraph.FSEa2Change(Sender: TObject);
begin

end;

procedure TFrmMainFunGraph.ChBProportionalChange(Sender: TObject);
begin
  Skalieren;
end;

procedure TFrmMainFunGraph.BtnStartClick(Sender: TObject);
begin
  Zeichnen;
end;

procedure TFrmMainFunGraph.BtnLoeschenClick(Sender: TObject);
begin
  PtBFun.Repaint;
```

```
end;

procedure TFrmMainFunGraph.FSEKoeffChange(Sender: TObject);//
begin
  KoeffizientenSetzen;
end;



procedure TFrmMainFunGraph.FSEChange(Sender: TObject);
begin
  Skalieren;
end;



procedure TFrmMainFunGraph.LiBFun1SelectionChange(Sender: TObject; User:
boolean);
begin
  LibFunSel :=  LiBFun1;
  FunktionSetzen (1) ;
end;


procedure TFrmMainFunGraph.LiBFun2SelectionChange(Sender: TObject; User:
boolean);
begin
  LibFunSel :=  LiBFun2;
  FunktionSetzen (2);
end;

procedure TFrmMainFunGraph.LiBFun3SelectionChange(Sender: TObject; User:
boolean);
begin
  LibFunSel :=  LiBFun3;
  FunktionSetzen (3);
end;

procedure TFrmMainFunGraph.FunktionSetzen (i: integer);
begin
  case LiBFunSel.ItemIndex of
    0:  Fun[i]  := @Pot3P;
    1:  Fun[i]  := @Sin3P;
    2:  Fun[i]  := @Cos3P;
    3:  Fun[i]  := @Tan3P;
    4:  Fun[i]  := @Exp3P;
    5:  Fun[i]  := @Lnt3P;
  end;
end;
function TFrmMainFunGraph.Funktionswert (x:double):double;
Var
  i: integer;
  y: double;
  v: extended;
begin
  v := 0;
  y := 0;
```

```
  for i := 1 to 3 do
  begin
    v := Fun[i](AKoeff[i], BKoeff[i], x);
    y:= v + y;
  end;
  Result := y;
end;
procedure TFrmMainFunGraph.KoeffizientenSetzen;
begin
//Funktionsparameter aus den FloatSpinEdit-Elementen setzen
    AKoeff[1] := FSEa1.Value;
    AKoeff[2] := FSEa2.Value;
    AKoeff[3] := FSEa3.Value;
    BKoeff[1] := FSEb1.Value;
    BKoeff[2] := FSEb2.Value;
    BKoeff[3] := FSEa3.Value;
end;

procedure TFrmMainFunGraph.Skalieren;
begin
  if ChBProportional.Checked then
//Proportionale Darstellung eingestellt.
    begin
//FloatSpinEdit für YMin sperren.
      FSEYMin.Enabled := false;
      Cx := (FSEXMax.Value-FSEXMin.Value)/PtBFun.Width;
      Cy := -Cx;
//Wert in FloatSpinEdit für YMin setzen.
      FSEYMin.Value := FSEYMax.Value+PtBFun.Height*Cy;
    end
  else
//Nicht-Proportionale Darstellung eingestellt.
    begin
      FSEYMin.Enabled := true;
      Cx := (FSEXMax.Value-FSEXMin.Value)/PtBFun.Width;
      Cy := -(FSEYMax.Value-FSEYMin.Value)/PtBFun.Height;
    end
end;

procedure TFrmMainFunGraph.Zeichnen;
var
  ix: integer; ///X-Koordinate des Funktionsgraphen in Bildschirmpunkten.
               ///X coordinate of the function graph in screen pixels.
  iy: integer; ///Y-Koordinate des Funktionsgraphen in Bildschirmpunkten.
               ///Y coordinate of the function graph in screen pixels.
  x: double;  ///X-Koordinate im Originalbereich
              ///X coordinate in original
  y: double;  ///Y-Koordinate im Originalbereich
              ///Y coordinate in original
begin
  for ix := 0 to PtBFun.Width do ///für die Breite der PaintBox PtBFun
    begin
      x := FSEXMin.Value + Cx* ix;  ///ermittle Originalabszisse
      y := Funktionswert(x);         ///ermittle Originalfunktionswert
///Rechne in PaintBox-Koordinaten um
      iy := Round ((y-FSEYMin.Value)/Cy)+PtBFun.Height;
      if ix = 0 then
///Anfangspunkt ohne zu zeichnen anfahren.
```

```
        PtBFun.Canvas.MoveTo (ix, iy)
      else
///Linie zum nächsten Punkt ziehen
        PtBFun.Canvas.LineTo (ix, iy);
    end;
end;

end.
```

16.4.1.6. *Formulardatei UFrmMainFunGraph.lfm*

Diese Datei wird bei der interaktiven Erstellung der Formulardatei automatisch generiert. Manuelle Änderung setzt vertiefte Kenntnisse voraus und sollte deshalb nur von erfahrenen Nutzern durchgeführt werden.

```
object FrmMainFunGraph: TFrmMainFunGraph
  Left = 449
  Height = 292
  Top = 3
  Width = 908
  BorderIcons = [biSystemMenu, biMinimize]
  Caption = 'FrmMainFunGraph'
  ClientHeight = 292
  ClientWidth = 908
  OnCreate = FormCreate
  LCLVersion = '1.0.14.0'
  object LiBFun1: TListBox
    Left = 24
    Height = 136
    Top = 40
    Width = 100
object FrmMainFunGraph: TFrmMainFunGraph
  Left = 449
  Height = 292
  Top = 3
  Width = 908
  BorderIcons = [biSystemMenu, biMinimize]
  Caption = 'FrmMainFunGraph'
  ClientHeight = 292
  ClientWidth = 908
OnCreate = FormCreate
  LCLVersion = '1.0.14.0'
  object LiBFun1: TListBox
    Left = 24
    Height = 136
    Top = 40
    Width = 100
    Items.Strings = (
      'a*x^b'
      'a*sin(b*x)'
      'a*cos(b*x)'
      'a*tan(b*x)'
      'a*exp(b*x)'
      'a*ln(b*x)'
    )
```

```
      ItemHeight = 15
      OnSelectionChange = LiBFun1SelectionChange
      TabOrder = 0
    end
    object LiBFun2: TListBox
      Left = 144
      Height = 136
      Top = 40
      Width = 100
      Items.Strings = (
        'a*x^b'
        'a*sin(b*x)'
        'a*cos(b*x)'
        'a*tan(b*x)'
        'a*exp(b*x)'
        'a*ln(b*x)'
      )
      ItemHeight = 15
      OnSelectionChange = LiBFun2SelectionChange
      TabOrder = 3
    end
    object LiBFun3: TListBox
      Left = 264
      Height = 136
      Top = 40
      Width = 100
      Items.Strings = (
        'a*x^b'
        'a*sin(b*x)'
        'a*cos(b*x)'
        'a*tan(b*x)'
        'a*exp(b*x)'
        'a*ln(b*x)'
      )
      ItemHeight = 15
      OnSelectionChange = LiBFun3SelectionChange
      TabOrder = 6
    end
    object FSEa1: TFloatSpinEdit
      Left = 64
      Height = 23
      Top = 192
      Width = 58
      Increment = 0.5
      MaxValue = 100
      MinValue = -100
      OnChange = FSEKoeffChange
      TabOrder = 1
      Value = 1
    end
    object FSEa2: TFloatSpinEdit
      Left = 184
      Height = 23
      Top = 192
      Width = 58
      Increment = 0.5
      MaxValue = 100
      MinValue = -100
```

```
    OnChange = FSEKoeffChange
    TabOrder = 4
    Value = 1
  end
object FSEb1: TFloatSpinEdit
    Left = 64
    Height = 23
    Top = 224
    Width = 58
    Increment = 1
    MaxValue = 100
    MinValue = -100
    OnChange = FSEKoeffChange
    TabOrder = 2
    Value = 1
  end
object FSEa3: TFloatSpinEdit
    Left = 306
    Height = 23
    Top = 192
    Width = 58
    Increment = 1
    MaxValue = 100
    MinValue = -100
    OnChange = FSEKoeffChange
    TabOrder = 7
    Value = 1
  end
object FSEb2: TFloatSpinEdit
    Left = 184
    Height = 23
    Top = 224
    Width = 60
    Increment = 1
    MaxValue = 100
    MinValue = -100
    OnChange = FSEKoeffChange
    TabOrder = 5
    Value = 1
  end
object FSEb3: TFloatSpinEdit
    Left = 304
    Height = 23
    Top = 224
    Width = 58
    Increment = 1
    MaxValue = 100
    MinValue = -100
    OnChange = FSEKoeffChange
    TabOrder = 8
    Value = 1
  end
object Lbla1: TLabel
    Left = 48
    Height = 16
    Top = 192
    Width = 13
    Caption = 'a1'
```

```
    ParentColor = False
end
object Lblb1: TLabel
  Left = 48
  Height = 16
  Top = 224
  Width = 14
  Caption = 'b1'
  ParentColor = False
end
object Lbla3: TLabel
  Left = 280
  Height = 16
  Top = 192
  Width = 13
  Caption = 'a3'
  ParentColor = False
end
object Lbla2: TLabel
  Left = 160
  Height = 16
  Top = 192
  Width = 13
  Caption = 'a2'
  ParentColor = False
end
object Lblb2: TLabel
  Left = 160
  Height = 16
  Top = 224
  Width = 14
  Caption = 'b2'
  ParentColor = False
end
object Lblb3: TLabel
  Left = 280
  Height = 16
  Top = 224
  Width = 14
  Caption = 'b3'
  ParentColor = False
end
object LblFunktion3: TLabel
  Left = 264
  Height = 16
  Top = 16
  Width = 54
  Caption = 'Funktion3'
  ParentColor = False
end
object LblFunktion2: TLabel
  Left = 144

  Height = 16
  Top = 16
  Width = 54
  Caption = 'Funktion2'
  ParentColor = False
```

```
end
object LblFunktion1: TLabel
  Left = 24
  Height = 16
  Top = 16
  Width = 54
  Caption = 'Funktion1'
  ParentColor = False
end
object FSEYMin: TFloatSpinEdit
  Left = 408
  Height = 23
  Top = 224
  Width = 58
  Increment = 1
  MaxValue = 100
  MinValue = -100
  OnChange = FSEChange
  TabOrder = 9
  Value = -1
end
object FSEXMax: TFloatSpinEdit
  Left = 752
  Height = 23
  Top = 9
  Width = 58
  Increment = 1
  MaxValue = 100
  MinValue = -100
  OnChange = FSEChange
  TabOrder = 11
  Value = 1
end
object FSEYMax: TFloatSpinEdit
  Left = 810
  Height = 23
  Top = 32
  Width = 58
  Increment = 1
  MaxValue = 100
  MinValue = -100
  OnChange = FSEChange
  TabOrder = 12
  Value = 1
end
object FSEXMin: TFloatSpinEdit
  Left = 466
  Height = 23
  Top = 247
  Width = 58
  Increment = 1
  MaxValue = 100
  MinValue = -100
  OnChange = FSEChange
  TabOrder = 10
  Value = -1
end
object ChBProportional: TCheckBox
```

```
    Left = 576
    Height = 19
    Top = 248
    Width = 157
    Caption = 'Proportionale Darstellung'
    OnChange = ChBProportionalChange
    TabOrder = 13
  end
  object LblYMin: TLabel
    Left = 376
    Height = 16
    Top = 224
    Width = 29
    Alignment = taRightJustify
    Caption = 'YMin'
    ParentColor = False
  end
  object LblXMin: TLabel
    Left = 432
    Height = 16
    Top = 251
    Width = 29
    Alignment = taRightJustify
    Caption = 'XMin'ParentColor = False
  end
  object LblXmax: TLabel
    Left = 816
    Height = 16
    Top = 9
    Width = 30
    Caption = 'Xmax'
    ParentColor = False
  end
  object LblYMax: TLabel
    Left = 872
    Height = 16
    Top = 32
    Width = 30
    Caption = 'YMax'
    ParentColor = False
  end
  object BtnStart: TButton
    Left = 400
    Height = 136
    Top = 40
    Width = 40
    Caption = 'Start'
    Font.CharSet = SHIFTJIS_CHARSET
    Font.Height = -13
    Font.Name = '@Adobe Gothic Std B'
    Font.Pitch = fpVariable
    Font.Quality = fqDraft
    Font.Style = [fsBold]
    OnClick = BtnStartClick
    ParentFont = False
    TabOrder = 14
  end
  object PtBFun: TPaintBox
```

```
     Left = 467
     Height = 216
     Top = 31
     Width = 343
   end
   object BtnLoeschen: TButton
     Left = 800
     Height = 25
     Top = 256
     Width = 75
     Caption = 'Loeschen'
     OnClick = BtnLoeschenClick
     TabOrder = 15
   end
end
```

16.4.1.7. Code Hauptprogramm

```
program ProFunktionsgraph;

{$mode objfpc}{$H+}

uses
  {$IFDEF UNIX}{$IFDEF UseCThreads}
  cthreads,
  {$ENDIF}{$ENDIF}
  Interfaces, // this includes the LCL widgetset
  Forms, UFrmMainFunktGraph, UFunktionen
  { you can add units after this };

{$R *.res}

begin
  Application.Initialize;
  Application.CreateForm(TFrmMainFunGraph, FrmMainFunGraph);
  Application.Run;
end.
```

16.4.2. Türme von Hanoi

16.4.2.1. Grundlagen der Programmlogik

Gegeben sei ein Turm der Höhe n an der Position 1, wobei die oberste Scheibe die Nummer 1 und die unterste die Nummer n trage. Das Versetzen des Turms kann dann z. B. folgendermaßen beginnen:

Ausgangsposition   [1,2,3,4,5],[],[][81]

Verschiebe Scheibe 1 von Position 1 nach Position 2. [2,3,4,5],[1],[]

---

81 Diese Kurzschreibweise besagt: Am Ort 1 (erste eckige Klammer) befinden sich die Scheiben 2, 3, 4 und 5, am Ort 2 (zweite eckige Klammer) die Scheibe 1, der Ort 3 (dritte eckige Klammer) ist nicht belegt.

Verschiebe Scheibe 2 von Position 1 nach Position 3. [3,4,5],[1],[2]

Verschiebe Scheibe 1 von Position 2 nach Position 3. [3,4,5],[],[1,2]

Verschiebe Scheibe 3 von Position 1 nach Position 2. [4,5],[3],[1,2]

Verschiebe Scheibe 1 von Position 3 nach Position 1. [1,4,5],[3],[2]

Verschiebe Scheibe 2 von Position 3 nach Position 2. [1,4,5],[2,3],[]

Verschiebe Scheibe 1 von Position 1 nach Position 2. [4,5],[1,2,3],[] usw.

Man sieht sehr schnell, dass die Darstellung dieses Ansatzes sehr aufwändig ist. Stellen Sie sich vor, der Turm besäße statt 5 Scheiben 50!!

Einfacher wird es, wenn man die Angelegenheit folgendermaßen betrachtet:

Die Aufgabe, einen Turm z. B. der Höhe 5 in der vorgeschriebenen Weise von der Startposition 1 auf die Zielposition 3 zu bringen leistet die (derzeit noch unbekannte) Prozedur *VerschiebeTurm,* deren Parameter die Höhe 5 sowie die Startposition 1 und die Zielposition 3 sind. Die entsprechende Prozeduranweisung würde also `VerschiebeTurm (5, 1, 3)` lauten.

Wir gehen davon aus, dass es eine solche Prozedur gibt oder geben wird. Die genaue Realisierung stellen wir aber zunächst zurück.

Was muss nun innerhalb der Prozedur `VerschiebeTurm (5, 1, 3)` geschehen?

- Die oberen 4 Scheiben müssen gemäß den gegebenen Regeln an einer Zwischenposition 2 als Turm aufgebaut werden. Das erreichen Sie mit `VerschiebeTurm (4, 1, 2)` .

- Die verbliebene Scheibe wird von der Startposition 1 des Turms an die Zielposition 3 verschoben.

- Der 4 Scheiben hohe Turm wird von der Zwischenposition 2 auf die Zielposition 3 verschoben: `VerschiebeTurm (4, 2, 3)`.

Wie geht es dann in der Prozedur `VerschiebeTurm (4, 1, 2)` weiter?

- Die oberen 3 Scheiben müssen gemäß den gegebenen Regeln an einer Zwischenposition 3 als Turm aufgebaut werden. Das erreichen Sie mit `VerschiebeTurm (3, 1, 3)` .

- Die verbliebene Scheibe wird von der Startposition 1 des Turms an die Zielposition 2 verschoben.

- Der 3 Scheiben hohe Turm wird von der Zwischenposition 3 auf die Zielposition 2 verschoben: `VerschiebeTurm (3, 3, 2)` .

In der Prozedur `VerschiebeTurm (4, 2, 3)` sieht es dann folgendermaßen aus:

- Die oberen 3 Scheiben müssen gemäß den gegebenen Regeln an einer Zwischenposition 1 als Turm aufgebaut werden. Das erreichen Sie mit `VerschiebeTurm (3, 2, 1)`.
- Die verbliebene Scheibe wird von der Startposition 2 des Turms an die Zielposition 3 verschoben.

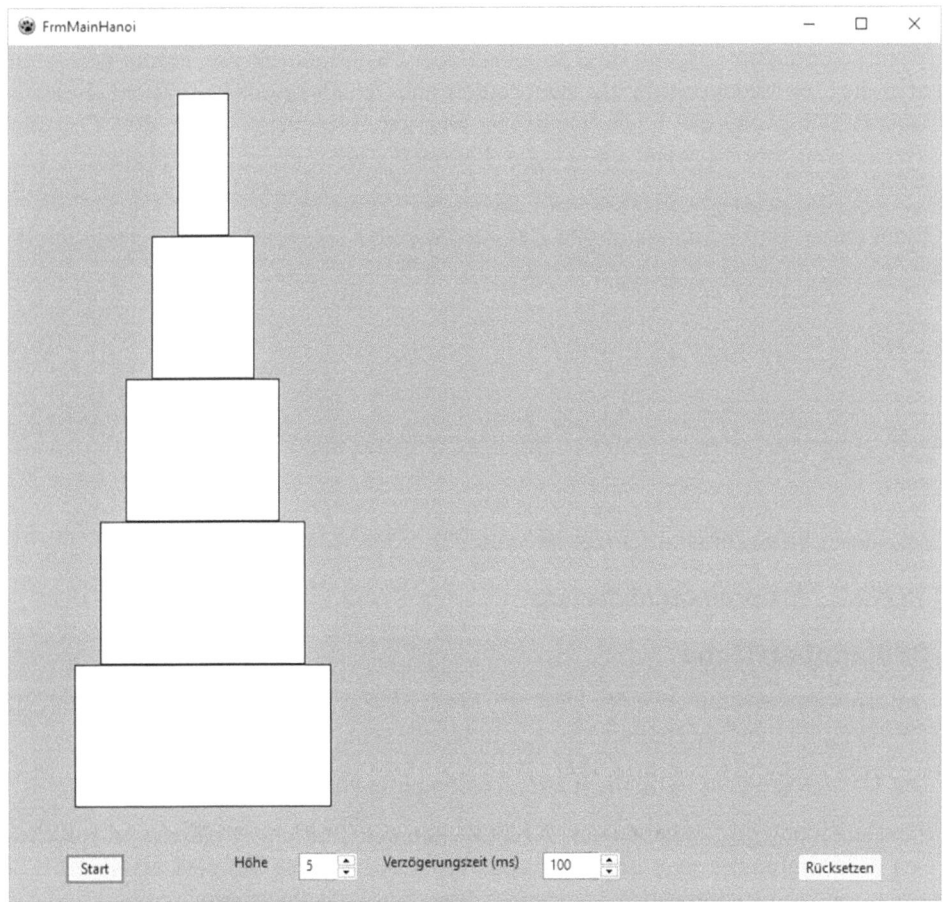

Abbildung 16.6: Bedienoberfläche des Programms Turm von Hanoi

- Der 3 Scheiben hohe Turm wird von der Zwischenposition 1 auf die Zielposition 3 verschoben: `VerschiebeTurm (3, 1, 3)` .

Der Vorgang wird solange fortgesetzt, solange die Turmhöhe größer als 0 ist. Für den Fall, dass die Turmhöhe 0 ist, führt *VerschiebeTurm* keine Aktion mehr aus.

Mit diesen Betrachtungen haben Sie schon fast die Lösung Ihres Problems gefunden. Lediglich ein bisschen Kosmetik und Verallgemeinerung ist noch erforderlich. *VerschiebeTurm* wird mit verschiedenen Start-Ziel-Kombinationen ausgeführt, die auch in der Parameterliste genannt werden. Neben der Start- und der Zielposition tritt in dem oben beschriebenen Algorithmus auch die Zwischenposition auf. Wenn man davon ausgeht, dass es genau drei Positionen für die Türme gibt, kann man die Zwischenposition aus den beiden anderen Positionen ermitteln. Leichter verständlich – wenn auch vielleicht weniger elegant – wird die Prozedur *VerschiebeTurm*, wenn ein vierter Parameter für die Zwischenposition eingeführt wird.

> Ein vierter Parameter vereinfacht die Programmierung.

Nach diesen Betrachtungen ergibt sich die Prozedur *VerschiebeTurm* wie folgt:

```
procedure  VerschiebeTurm
         (Hoehe: integer, Start: integer, Zwischen: integer, Ende:integer);
begin
  if Hoehe > 0 then
    begin
      VerschiebeTurm (Hoehe - 1, Start, Ende, Zwischen);
      VerschiebeScheibe (Start, Ende);
      VerschiebeTurm (Hoehe-1, Zwischen,Start, Ende);
    end;
end;
```

Mit dieser Prozedur ist der logische Kern der Aufgabe gelöst.

16.4.2.2. *Programmgliederung*

Bedienoberfläche

Auf dem Hauptformular in der Unit *UFrmMainHanoi* sind der Darstellungsbereich für die Grafik und die Bedienelemente untergebracht.

Der Darstellung der Grafik dient eine Komponente vom Typ `TPaintBox`.

Zur Bedienung gibt es neben den Schaltflächen zum Starten, Anhalten und Rücksetzen des Programms zwei Elemente vom Typ `TSpinEdit`. Mit dem einen wird die Höhe des Turms vorgegeben, mit dem anderen wird das Programm verzögert – nach jedem Umsetzen einer Scheibe wird das Programm kurzzeitig angehalten. Ohne diese Verzögerung erfolgt die Berechnung so schnell, dass das Umsetzen der Scheiben gar nicht visuell nachvollzogen werden kann.

Visualisierung

Zur grafischen Darstellung des Problems werden drei Klassen definiert.

- Die Klasse TAufbau zur Darstellung des gesamten Aufbaus.
- Die Klasse TTurm zur Darstellung eines Turms.
- Die Klasse TScheibe zur Darstellung einer Scheibe.

Die Elemente der drei Klassen stehen zueinander in hierarchischer Beziehung:

- Der Aufbau besteht aus Türmen.
- Die Türme bestehen aus Scheiben.

Klasse	TAufbau	
Eigen-schaften	BauHoehe: integer	Höhe des Turms in Scheiben
	iOrte: integer	Anzahl der Zwischentürme. Der Algorith-mus ist nur für iOrte = 3 ausgelegt.
	ScheibenHoehePix: single	Scheibenhöhe in Pixeln. Single zur Redu-zierung von Rundungsfehlern
	Tuerme: array[1:3] of TTurm	Alle 3 Türme
Metho-den	SetBauHoehe (ABauHoehe: integer)	Setzt die Eigenschaft BauHoehe
	SetPaintBox (const APaintBox: TPaintBox)	Setzt die PaintBox für den Gesamtaufbau. Das Setzen erfolgt aus der übergeordne-ten Programmeinheit.
	VerschiebeTurm (Hoehe: integer; Startpositi-on: integer; Endposition: integer)	Verschiebt einen Turm vorgegebener Höhe (in Scheiben) zwischen der Start- und der Endposition)
	VerschiebeScheibe (Startposition: integer; Endposition: integer)	Verschiebt eine Scheibe zwischen der Start- und der Endposition
	TuermeInit ()	Zeichnet den Gesamtaufbau, nutzt die Zeichenmethoden von TTurm und TSchei-be.

Tabelle 16.11: Wichtige Eigenschaften und Methoden der Klasse TAufbau

D. h. der Aufbau kennt die Türme, der Turm kennt die Scheiben. Aus diesem Grund muss - um eine Vorwärtsvereinbarung zu vermeiden – das hierarchisch niedrigste Element (die Scheibe) zuerst vereinbart werden[82].

Weiterhin werden die Konstanten `iOrte:integer`, Wert 3 (Anzahl der Zwischentürme. Der Algorithmus ist nur für iOrte = 3 ausgelegt.) und MaxScheibenzahl:`integer`, Wert 20 (maximale Zahl der Scheiben des Turms) definiert.

Als besonderer Typ wir `TScheibenfeld` implementiert. Variable dieses Typs enthalten alle Scheiben eines Turms.

```
type
  TScheibenfeld = array[1:MaxScheibenZahl] of TScheibe;
```

Allen drei Klassen ist das Darstellungselement vom Typ `TPaintBox` des jeweils zur Visualisierung verwendeten Formulars zur Laufzeit bekannt. Es wird den drei Klassen von der Formularklasse durch Aufruf der Methoden *SetPaintBox* mitgeteilt. Zur Entwurfszeit „wissen" die Visualisierungsklassen nur, dass Sie eine Paint-Box benötigen, aber nicht welche. Demnach müssen Sie nur die PaintBox an sich

Klasse	TTurm	
Eigen-schaften	*Hoehe: integer*	*Höhe des Turms in Scheiben*
	Mitte: integer	*Turmmitte in Pixeln ab linkem Formular-rand.*
	Scheiben: TScheibenfeld	*Im Turm vorhandene Scheiben*
	ZahlScheiben: integer	*Anzahl der Scheiben*
Methoden	*Loeschen ()*	*Löscht die Darstellung des Turmes.*
	ScheibeEntf (): TScheibe	*Ermittelt oberste Scheibe und entnimmt sie aus dem Turm.*
	ScheibeHinzu (NeueScheibe: TScheibe, Versatz: integer)	*Scheibe einem Turm hinzufügen. Versatz Abstand in Turmpositionen von der aktu-ellen Position*
	SetPaintBox (const APaintBox: TPaint-Box)	*Setzt die PaintBox für den Turm. Das Setzen erfolgt aus der Klasse TAufbau.*
	Zeichnen	*Zeichnet den Turm, nutzt die Zeichenme-thode von TScheibe.*

Tabelle 16.12: Wichtige Eigenschaften und Methoden der Klasse TTurm

---

82 Bei der Vereinbarung einer Hierarchie von Klassen gelten die selben Regeln wie bei einer Hierar-chie von Records (Seite 198).

Klasse	TScheibe	
Eigen-schaften	*Breite: integer*	*Breite der Scheibe in Pixeln*
	Groesse: integer	*Größe der Scheibe als Index. Kleinste Scheibe: 1*
Methoden	*Loeschen()*	*Löscht die Scheibe*
	SetPaintBox (APaintBox: TPaintBox)	*Setzt die PaintBox für die Scheibe. Das Setzen erfolgt aus der übergeordneten Programmeinheit.*
	Verschieben()	*Verschiebt die Scheibe zwischen zwei in der Parameterliste genannten Türmen*
	Zeichnen()	*Zeichnet die Scheibe*

Tabelle 16.13: Wichtige Eigenschaften und Methoden der Klasse TScheibe

(d. h. den Typ) nicht aber die konkrete Implementation (hier die Klasse
TFrmMainHanoi in der Unit *UFrmMainHanoi)* kennen.

Die Klasse TAufbau

Die Klasse TAufbau implementiert den Gesamtaufbau, der während des Umplatzierungsprozesses aus 3 Türmen besteht. Zu Beginn und am Ende des Programmlaufs ist nur ein Turm vorhanden.

Die Klasse TTurm

Die Klasse TTurm implementiert einen Turm beliebiger Höhe.

Die Klasse TScheibe

Die Klasse implementiert eine Scheibe der Türme.

16.4.2.3. Programmcode des Hauptprogramms ProHanoi

```
program ProHanoi;

{$mode objfpc}{$H+}

uses
  {$IFDEF UNIX}{$IFDEF UseCThreads}
     cthreads,
  {$ENDIF}{$ENDIF}
  Interfaces, // this includes the LCL widgetset
  Forms, UFrmMainHanoi, UHanoiVisualisierung
  { you can add units after this };

{$R *.res}

begin
```

```
   RequireDerivedFormResource := True;
   Application.Initialize;
   Application.CreateForm(TFrmMainHanoi, FrmMainHanoi);
   Application.Run;
end.
```

16.4.2.4. Programmcode der Hauptformularunit UFrmMainHanoi

```
unit UFrmMainHanoi;

{$mode objfpc}{$H+}

interface

uses
  Classes, SysUtils, FileUtil, Forms, Controls, Graphics, Dialogs,
ExtCtrls,
  StdCtrls, Spin,
  UHanoiVisualisierung;

type

  { TFrmMainHanoi }
  TFrmMainHanoi = class(TForm)
    BtnStart: TButton;
    BtnRuecksetzen: TButton;
    BtnStop: TButton;
    LblVerzZeit: TLabel;
    LblHoehe: TLabel;
    PaintBox1: TPaintBox;
    SpEHoehe: TSpinEdit;
    SpEVerzoegerung: TSpinEdit;
    procedure BtnStartClick(Sender: TObject);
    procedure BtnRuecksetzenClick(Sender: TObject);
    procedure BtnStopClick(Sender: TObject);
    procedure FormCreate(Senderlick(Sender: TObject);
begin
  OnPaint := nil;
  if Aufbau.Tuerme[3].Scheiben[1] <> nil then: TObject);
    procedure FormPaint(Sender: TObject);
    procedure SpEHoeheChange(Sender: TObject);
    procedure SpEVerzoegerungChange(Sender: TObject);

  private
    { private declarations }
  public
    { public declarations }
  end;

var
  FrmMainHanoi: TFrmMainHanoi;

implementation

{$R *.lfm}
```

```
procedure TFrmMainHanoi.FormCreate(Sender: TObject);
begin
 Aufbau:= TAufbau.Create;
 Aufbau.Verzoegerungszeit := SpEVerzoegerung.Value;
end;

procedure TFrmMainHanoi.FormPaint(Sender: TObject);
begin
  Aufbau.SetPaintBox (PaintBox1);
  Aufbau.SetIstHoehe (SpEHoehe.Value);
  Aufbau.TuermeInit;
  Aufbau.Tuerme[1].Zeichnen;
end;

procedure TFrmMainHanoi.SpEHoeheChange(Sender: TObject);
begin
  if Aufbau <> nil then
    begin
    Aufbau.Tuerme[1].Loeschen;
    Sleep(1000);
    Aufbau.IstHoehe := SpEHoehe.Value;
    Aufbau.TuermeInit;
    Aufbau.Tuerme[1].Zeichnen;
    end;
end;


procedure TFrmMainHanoi.SpEVerzoegerungChange(Sender: TObject);
begin
  Aufbau.Verzoegerungszeit := SpEVerzoegerung.Value;
end;


procedure TFrmMainHanoi.BtnStartC
    begin
    Aufbau.Tuerme[3].Loeschen;
    Sleep(1000);
    Aufbau.TuermeInit;
    Aufbau.Tuerme[1].Zeichnen;
    end;
  Aufbau.VerschiebeTurm (Aufbau.Tuerme[1].Hoehe,1,3);
end;


procedure TFrmMainHanoi.BtnRuecksetzenClick(Sender: TObject);
begin
    if Aufbau.Tuerme[3].Scheiben[1] <> nil then
    begin
    Aufbau.Tuerme[3].Loeschen;
    Sleep(1000);
    Aufbau.TuermeInit;
    Aufbau.Tuerme[1].Zeichnen;
    end;
end;

procedure TFrmMainHanoi.BtnStopClick(Sender: TObject);
begin
```

```
end;

end.
```

16.4.2.5. Programmcode der Visualisierungsunit UHanoiVisualisierung

```
unit UHanoiVisualisierung;

{$mode objfpc}{$H+}

interface

uses
  Classes, SysUtils
  ,ExtCtrls //wg. TPaintBox
  ,Forms //wg. TApplication
  ,Graphics //wg. TColor
  ;

  const
    MaxScheibenZahl = 20;

  TScheibe = class(TPersistent)  //Klasse für eine einzelne Scheibe
  public
    Breite: integer;  //Angabe in Pixeln
    Groesse:integer;  //1 ist die kleinste Scheibe
    FPaintBox: TPaintBox;
    Lage   : TRect; //In PaintBox-Koordinaten
    constructor Create ();
    procedure SetPaintBox(const APaintBox: TPaintBox);
    procedure Zeichnen ;
    procedure Loeschen ;
    procedure Verschieben (von: integer; nach : integer);
  end;

  type
    TScheibenfeld = Array [1..MaxScheibenZahl] of TScheibe;

  TTurm = class(TPersistent)    //Klasse für einen einzelnen Turm
  public
    FPaintBox: TPaintBox;
    Hoehe: integer;   //Hoehe de Turms in Scheiben.
    Mitte : integer; //Lage der Mittelachse des Turms in
                     //PaintBox-Koordinaten
    ZahlScheiben: integer;
    Scheiben : TScheibenfeld;
    constructor Create (belegt: boolean; aMitte: integer);
    function ScheibeEntf : TScheibe;
    procedure ScheibeHinzu (NeueScheibe : TScheibe; VersatzHor: integer);
    procedure SetPaintBox(const APaintBox: TPaintBox);
    procedure Loeschen ;
    procedure Zeichnen ;
  end;

  TAufbau = class(TPersistent)  //Klasse für den Gesamtaufbau
  public
```

```
    FPaintBox: TPaintBox;
    iOrte: integer; //Zahl der Orte, an denen Türme stehen können
                    //(i. d. R. 3)
    IstHoehe: integer;
    HorAbstand: integer;
    MaxBreitePix: integer;
    MaxHoehe: integer;
    MaxHoehePix: integer;
    RandVertPix: integer;
    Verzoegerungszeit : integer;
    ScheibenhoehePix: single; //zur Reduzierung von Rundungsfehlern
    Tuerme: Array [1..3] of TTurm;
    Position: Array [1..3] of integer;
    constructor Create ();
    procedure SetIstHoehe(AIstHoehe: integer);
    procedure SetPaintBox(const APaintBox: TPaintBox);
    procedure TuermeInit ();
    procedure VerschiebeTurm (Hoehe: integer; Startposition: integer;
                        Endposition: integer);
    procedure VerschiebeScheibe (Startposition: integer;
                                              Endposition: integer);
  end;

var
  AScheiben : TScheibenfeld;
  Pos1: TRect;
  Aufbau : TAufbau;

implementation

constructor TScheibe.Create();
begin
  inherited Create();
end;

procedure TScheibe.Loeschen ;
begin
  FPaintBox.Canvas.Pen.Color := clActiveBorder;
  FPaintBox.Canvas.Brush.Color := clActiveBorder;
  FPaintBox.Canvas.Rectangle(Lage);
end;

procedure TScheibe.SetPaintBox(const APaintBox: TPaintBox);
  begin
    FPaintBox:= APaintBox;
  end;

procedure TScheibe.Verschieben (von: integer; nach : integer);
begin

end;

procedure TScheibe.Zeichnen ();
begin
  FPaintBox.Canvas.Pen.Color := clBlack;
  FPaintBox.Canvas.Brush.Color := clWhite;
  FPaintBox.Canvas.Rectangle(Lage);
//  FPaintBox.Repaint;
```

```
end;

constructor TTurm.Create(belegt: boolean; aMitte: integer);
var
  izaehl: integer;
begin
  inherited Create();
  Mitte := aMitte;
  Self.FPaintBox := Aufbau.FPaintBox;
  ZahlScheiben := Aufbau.IstHoehe;
  if belegt then
    begin
    Hoehe:= ZahlScheiben;//Anfangshöhe an der Startposition.
    for izaehl := 1 to ZahlScheiben do
      begin
      AScheiben[izaehl] := TScheibe.Create;
      AScheiben[izaehl].FPaintBox:= Self.FPaintBox;
//Größenindex festlegen
      AScheiben[izaehl].Groesse := 1+Hoehe-izaehl;
//Maße festlegen
      AScheiben[izaehl].Breite:=    Round (Aufbau.MaxBreitePix*
                                    AScheiben[izaehl].Groesse /
                                    ZahlScheiben);
      AScheiben[izaehl].Lage.Left := Mitte-AScheiben[izaehl].Breite DIV 2;
      AScheiben[izaehl].Lage.Right := Mitte+AScheiben[izaehl].Breite DIV 2;
      AScheiben[izaehl].Lage.Top :=
                Round(AScheiben[izaehl].FPaintBox.Height -
                      Aufbau.RandVertPix -   //!!!!
                      Aufbau.ScheibenhoehePix * (izaehl));
      AScheiben[izaehl].Lage.Bottom :=
                Round(AScheiben[izaehl].FPaintBox.Height -
                      Aufbau.RandVertPix -
                      Aufbau.ScheibenhoehePix * (izaehl-1));
//Scheiben mit den Scheiben im Turm verzeigern.
      Scheiben [izaehl] := AScheiben[izaehl];
      end;
    end
    else
      begin
      Hoehe := 0; //Anfangshöhe an Zwischen- und Endposition.
      for izaehl := 1 to ZahlScheiben do
        begin
        Scheiben [izaehl] := nil; //Slots für die Scheiben mit leeren
                                  //Scheiben belegen
        end;
      end;

end;

function TTurm.ScheibeEntf : TScheibe;
//liefert die Größe der entfernten Scheibe
begin
//Scheibe bildlich löschen
  Scheiben[Hoehe].Loeschen;
  Application.ProcessMessages;
  Hoehe := Hoehe -1;
  ScheibeEntf := Scheiben[Hoehe+1];
end;
```

```
procedure TTurm.ScheibeHinzu (NeueScheibe : TScheibe; VersatzHor: integer);
//liefert die Größe der entfernten Scheibe
begin
  Hoehe := Hoehe + 1;
//Koordinaten der Scheibe in der neuen Position ermitteln
  Scheiben|Hoehe|:= NeueScheibe;
  Scheiben[Hoehe].Lage.Left := Scheiben[Hoehe].Lage.Left + VersatzHor;
  Scheiben[Hoehe].Lage.Right := Scheiben[Hoehe].Lage.Right + VersatzHor;
  Scheiben[Hoehe].Lage.Top := Round(AScheiben[Hoehe].FPaintBox.Height-
Aufbau.RandVertPix-  //!!!!
                                      Aufbau.ScheibenhoehePix *
(Hoehe));
  Scheiben[Hoehe].Lage.Bottom := Round(AScheiben[Hoehe].FPaintBox.Height-
Aufbau.RandVertPix-
                                      Aufbau.ScheibenhoehePix * (Hoehe-
1));
//Scheibe bildlich darstellen
  Scheiben[Hoehe].Zeichnen;
end;
procedure TTurm.SetPaintBox(const APaintBox: TPaintBox);
    begin
      FPaintBox:= APaintBox;
    end;

procedure TTurm.Loeschen ();
var
  izaehl : integer;
begin
  for izaehl := 1 to ZahlScheiben do
    Scheiben[izaehl].Loeschen;
end;

procedure TTurm.Zeichnen ();
var
  izaehl : integer;
begin
  for izaehl := 1 to ZahlScheiben do
    Scheiben[izaehl].Zeichnen;
end;

constructor TAufbau.Create();
begin
  inherited Create();
  iOrte := 3;
  MaxHoehe := 20;
  Verzoegerungszeit := 100;
end;

procedure TAufbau.SetIstHoehe (AIstHoehe: integer);
begin
  IstHoehe:= AIstHoehe;
end;

procedure TAufbau.SetPaintBox(const APaintBox: TPaintBox);
var itest:integer;
    begin
      FPaintBox:= APaintBox;
```

```
    end;

procedure TAufbau.TuermeInit ();
var
  iZaehl: integer;
begin
  Position[1] := 110;
  HorAbstand := 240;
  MaxBreitePix := 220;
  MaxHoehePix := 600;
  RandVertPix := 25;
  ScheibenhoehePix := MaxHoehePix/IstHoehe;
  Tuerme[1] := TTurm.Create(true, Position[1]);
  for iZaehl := 2 to iOrte do
    begin
    Tuerme[iZaehl] := TTurm.Create(false, Position[iZaehl]);
    Position[izaehl]:= Position[1]+(izaehl-1)*HorAbstand;
    end;
end;

procedure TAufbau.VerschiebeTurm (Hoehe: integer; Startposition: integer;
                   Endposition: integer);
var
    Positionssumme: integer;
    Zwischenposition: integer;
begin
  if Hoehe> 0 then
    begin
//Turm mit Ausnahme der untersten Scheibe an die Zwischenposition
verschieben
      Positionssumme :=  Startposition + Endposition;
      if (Positionssumme >= 3) and
          (Positionssumme <= 5) then
        Zwischenposition := 6-Positionssumme
      else
//unzulässiger Wert von Start- oder Endposition
      ;
      VerschiebeTurm
              (Hoehe-1, Startposition, Zwischenposition);
//Unterste Scheibe an die Endposition verschieben
      VerschiebeScheibe (Startposition, Endposition);
      Sleep(Verzoegerungszeit);
//Turm von der Zwischenposition an die Endposition verschieben
      VerschiebeTurm
              (Hoehe-1, Zwischenposition, Endposition);
    end;
end;

procedure TAufbau.VerschiebeScheibe (Startposition: integer;
                                       Endposition: integer);
begin
  Tuerme[Endposition].ScheibeHinzu (Tuerme[Startposition].ScheibeEntf,
                         HorAbstand*(Endposition - Startposition));

  end;
end.
```

17. Geben Sie es der Grafik zurück – Interaktive Grafikprogrammierung

17.1. Aufgaben

17.1.1. Interaktives Zeichnen von Funktionsgraphen

Entwickeln Sie ein Programm, das den Graphen einer Polynomfunktion n-ter Ordnung zeichnet. Per Dialog wird vorgegeben, von welcher Ordnung n ($10 \geq n \geq 0$) das zu zeichnende Polynom sein soll. Dann erscheint zunächst eine Gerade mit n + 1 Griffen auf dem Bildschirm. Durch Ziehen an den Griffen mit gedrückter linker Maustaste wird das gewünschte Polynom definiert. Die Griffe repräsentieren jeweils einen Punkt des Polynoms. Damit das Polynom eindeutig bestimmbar ist, müssen sich sämtliche Griffe an unterschiedlichen Orten befinden.

17.1.2. Grafische Lösung transzendenter Gleichungen

Zwei Funktionen $f_1(x)$ und $f_2(x)$ werden auf dem Bildschirm gezeichnet. Die Schnittpunkte der Funktionsgraphen stellen die reellen Lösungen der Gleichung
$$f_1(x) = f_2(x) \quad \text{bzw.} \quad f_1(x) - f_2(x) = 0 \quad \text{dar.}$$

Die Lösungen können näherungsweise vom Bildschirm abgelesen werden. Zu genaueren Ergebnissen kommen Sie jedoch, wenn Sie mit der Maus auf den Schnittpunkt zeigen und sich die Schnittpunktkoordinaten anzeigen lassen. Damit Sie kontrollieren können, wie genau Sie den Schnittpunkt mit der Maus getroffen haben, sollen neben der Mauskoordinaten x die Differenz der Funktionen d = $f_1(x)$-$f_2(x)$ (im Weltkoordinatensystem der Funktionsgraphen von f_1 und f_2) angezeigt werden. Die Anzeige erfolgt außerhalb des Schnittpunkts rot und sobald der Schnittpunkt erreicht wurde grün. Dabei wird der minimal erreichte Abstand d und das zugehörige y dargestellt. Weiterhin werden die aktuellen Werte von x und d in schwarz angezeigt.

Im Idealfall beträgt der Abstand d im Schnittpunkt 0. Wegen der Quantisierung des Bildschirms[83] entspricht in der Regel der Schnittpunkt nicht genau der nominellen Position eines Pixels. Der Abstand 0 kann also in vielen Fällen nicht genau erreicht werden. Deswegen erfolgt die Umschaltung von roter auf grüner Schrift ähnlich wie in 4.3.3.1 nicht erst wenn der Wert null erreicht wurde, sondern wenn ein kleiner

---

83

    Es gibt nur ganze Pixel was in der Regel zur Folge hat, dass der mathematische Schnittpunkt nicht nicht mit einem Pixel zusammenfällt.

anwendungsspezifisch vorgegebener Abstand zwischen den beiden Kurven unterschritten wird.

17.2. Der Beitrag von Pascal

Die erforderlichen Pascal-Sprachmittel sind bereits aus den vorangegangenen Kapiteln bekannt.

17.3. Der Beitrag von Lazarus

Zu den zuvor behandelten Sprachmitteln kommt in diesem Kapitel die verstärkte Nutzung der Ereignisbehandlung, insbesondere im Zusammenhang mit der Mausbewegung.

17.3.1. Mausereignisse

Für die Betätigung der Maus sind neben dem Klick (`Click`) und dem Doppelklick (`DblClick`) die Ereignisse `MouseDown`, `MouseMove` und `MouseUp` definiert.

Während `Click` und `DblClick` eine Bedienung der linken Maustaste voraussetzen treten die Ereignisse `MouseDown` und `MouseUp` beim Betätigen einer beliebigen Maustaste auf.

Bei Komponenten vom Typ `TRadioGroup` wird das Click-Ereignis nur dann ausgelöst, wenn sich gleichzeitig der Wert ändert (9.4.4.3).

17.4. Lösungen

17.4.1. Interaktives Zeichnen von Funktionsgraphen

Im Sinne einer softwaretechnisch ansprechenden Lösung wurde eine Schichtenlösung realisiert (Abbildung 17.2). Verbreitet sind Dreischichtenlösungen, die aus den Schichten Präsentation, Anwendungslogik und Datenhaltung bestehen.

In unserem Fall gibt es nur zwei Schichten, die Präsentationsschicht und die Anwendungslogik erstellt. Bei einer sauberen Schichtung greift die obere Schicht (hier die Präsentationsschicht) auf die darunter liegende Schicht (hier die Anwendungslo-

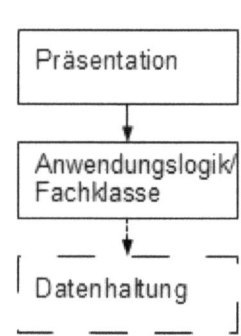

Abbildung 17.1: Aufbau dreischichtiger Software. Die Schicht Datenhaltung tritt im Beispiel nicht auf

gik) zu. Ein Zugriff von unten nach oben sollte hingegen unterbleiben. Zur Präsentationsschicht gehören die Units *UFrmMainPolynom* (gesamte Bedienoberfläche) und *UBildpolynom* (Funktionsgraph in Bildkoordinaten). Die Anwendungslogik umfasst die Units *UPolynom* und *UGauss*.

Die Schichtung kann erheblichen Einflusss auf die Softwarequalität haben.

Die Qualität der Schichtung kann die gesamte Qualität der Software stark beeinflussen. Besondere Auswirkungen hat sie in vielen Fällen auf die Wartbarkeit. Mehr dazu finden Sie in der einschlägigen Literatur aus dem Bereich des Software-Engineering.

17.4.1.1. Programmgliederung

Das Hauptprogramm *ProPolyGraph* (automatisch generiert) ist folgendermaßen gegliedert:

* Die Unit *UFrmMainPolynom* dient der Bedienung und der Kurvendarstellung.

Hinzu kommen drei nicht-visuelle Units:

* Die Unit *UBildpolynom* enthält die Polynomdaten in Bildschirmkoordinaten und zur Handhabung des Polynoms erforderliche Methoden und Hilfsdaten.
* Die Unit *UPolynom* liefert die Datenstruktur für das Polynom in Weltkoordinaten.
* Die Unit *UGauss* implementiert das Gausssche Eliminationsverfahren zur Lösung eines Linearen Gleichungssystems. Eine Fehlerbehandlung wurde der Übersichtlichkeit wegen nicht vorgesehen.

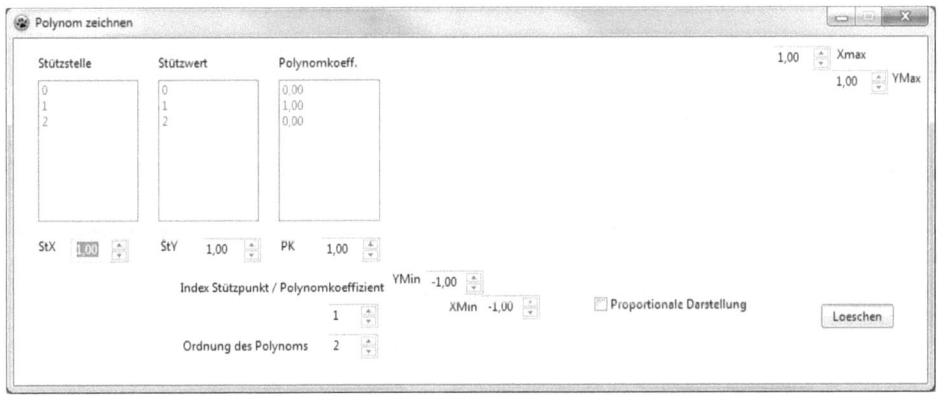

Abbildung 17.2: Bedienoberfläche für die interaktive Erstellung von Polynomgraphen

17.4.1.2. Dateneingabe

Eingabe der Ordnung und Definition der Zeichenfläche

Die Ordnung des Polynoms wird mittels eines Elements vom Typ `TSpinEdit` vorgegeben. Sie ist um 1 niedriger als die Zahl der erzeugten Stützpunkte.

Veränderungssperre

Vielfach werden Eingabewerte übernommen, wenn an Dialogfeldern Änderungen
vorgenommen werden. In unserem Fall kann einerseits das Dialogfeld
Index Stützpunkt / Polynomkoeffizient und andererseits das Dialogfeld StX auf
Änderungen reagieren. Eine Änderung an Index Stützpunkt / Polynomkoeffizient
soll Daten aus den Listenfeldern in die darunter liegenden Dreheditfelder kopieren,
aber die Listenfelser unverändert lassen. Eine Änderung an StX führt zur Neuberechnung der Polynomkoeffizienten. Die ist aber unerwünscht, wenn lediglich der
Koeffizientenindex geändert wird. Für diesen Fall kann man die Ereignisbehandlung sperren

```
FSEStX.OnChange := nil;
```

und zu gegebener Zeit wieder freigeben.

```
FSEStX.OnChange := @FSEStXYChange;
```

Realisierung der Geraden mit den Griffen

Für die Realisierung der des Polynoms wird das Objekt *Bildpolynom* der Klasse
`TBildPolynom` (Unit **UBildPolynom**) verwendet. An jedem Sützpunkt dieses
Datenelements wird ein Griff untergebracht. Die Griffe werden durch Kreise reali-
siert.

Die Zahl der Stützpunkte entspricht der Anzahl der Polynomkeffizienten. Die Ordnung des Polynoms ist um 1 kleiner als die Zahl seiner Koeffizienten.

Ziehen an den Griffen

Beim Drücken einer Maustaste wird zunächst geprüft, ob die linke Maustaste über
einem Griff betätigt wurde. Ist das der Fall, dann wird die Position des Griffs solange die Linke Maustaste gedrückt ist, entsprechend der Mausbewegung verändert.

17.4.1.3. Datenausgabe

Umrechnung zwischen Bild- und Weltkoordinaten

Die Umrechnung zwischen Bild- und Weltkoordinaten erfolgt sinngemäß wie in 16.4.1.2 dargestellt.

Bestimmung des Polynoms

Gemäß der Aufgabenstellung werden die Griffeinstellungen als Punkte des Polygons interpretiert.

Für das Polynom gilt:

$$y = f(x) = \sum_{i=0}^{n} a_i \cdot x^i$$

Gegeben sind n + 1 Punkte $P_j(x_j, y_j)$ auf dem Polynom (j = 0...n).

Gesucht sind die Polynomkoeffizienten a_i .

Mit den gegebenen Daten können Sie folgendes Gleichungssystem ansetzen:

$$y_0 = a_0 + a_1 \cdot x_0 + ... + a_n \cdot x_0^n$$
$$.............$$
$$.............$$
$$y_n = a_0 + a_1 \cdot x_n + ... + a_n \cdot x_n^n$$

Dieses Gleichungssystem ist in den Polynomkoeffizienten a_i linear. Auf der Basis der in 10.5.3 erarbeiteten Prozedur zur Lösung eines linearen Gleichungssystems mit dem Gauss-Algorithmus können diese Koeffizienten bestimmt werden.

In der Lösung wird die Unit *UGauss* aus Kapitel 10 weitgehend übernommen. Es werden lediglich in Kapitel 11 behandelte Themen (Aufzählungstypen, Teilbereichstypen) zusätzlich berücksichtigt.

Die Unit UGauss aus Kapitel 10 wird an den Lernfortschritt angepasst und hier wiederverwendet.

17.4.1.4. Zeichnen des Polynoms

Unmittelbar nach dem Lösen des Gleichungssystems kann das Polynom gezeichnet werden. Hierzu wird für jeden Abszissenpunkt x die zugehörige Ordinate y ermittelt. Das eigentliche Zeichnen erfolgt mit der Methode *Draw* der Klasse TCanvas.

17.4.1.5. Code des Hauptformulars (Unit UFrmMainPolynom)

```pascal
unit UFrmmainpolynom;

{$mode objfpc}{$H+}

interface

uses
  Classes, SysUtils, FileUtil, Forms, Controls, Graphics, Dialogs,
StdCtrls,
  Spin, ExtCtrls, UBildpolynom;

type

  { TFrmMainPolynom }

  TFrmMainPolynom = class(TForm)
    BtnLoeschen: TButton;
    ChBProportional: TCheckBox;
    FSEa2: TFloatSpinEdit;
    FSEStX: TFloatSpinEdit;
    FSEa3: TFloatSpinEdit;
    FSEStY: TFloatSpinEdit;
    FSEPolKoeff: TFloatSpinEdit;
    FSEXMin: TFloatSpinEdit;
    FSEYMin: TFloatSpinEdit;
    FSEXMax: TFloatSpinEdit;
    FSEYMax: TFloatSpinEdit;
    Lbla1: TLabel;
    LblStX: TLabel;
    LblPolOrdnung: TLabel;
    LblStuetzPoly: TLabel;
    LblStY: TLabel;
    LblPolKoeff: TLabel;
    LblXmax: TLabel;
    LblXMin: TLabel;
    LblYMax: TLabel;
    LblYMin: TLabel;
    LblLiBPolKoeff: TLabel;
    LblLiBStY: TLabel;
    LblLiBStX: TLabel;
    LiBStuetzX: TListBox;
    LiBStuetzY: TListBox;
    LiBPolKoeff: TListBox;
    PtBFun: TPaintBox;
    SEdKoeffIndex: TSpinEdit;
    SEdPolOrdnung: TSpinEdit;
    procedure BtnLoeschenClick(Sender: TObject);
    procedure BtnUebernehmenClick(Sender: TObject);
    procedure ChBProportionalChange(Sender: TObject);
    procedure FormActivate(Sender: TObject);
    procedure FormCreate(Sender: TObject);
    procedure FSEPolKoeffChange(Sender: TObject);
    procedure FSEChange(Sender: TObject);
    procedure FSEStXYChange(Sender: TObject);
    procedure PtBFunMouseDown(Sender: TObject; Button: TMouseButton;
```

```
      Shift: TShiftState; X, Y: Integer);
    procedure PtBFunMouseMove(Sender: TObject; Shift: TShiftState; X, Y:
Integer
      );
    procedure PtBFunMouseUp(Sender: TObject; Button: TMouseButton;
                            Shift: TShiftState; X, Y: Integer);
    procedure SEdKoeffIndexChange(Sender: TObject);
    procedure SEdPolOrdnungChange(Sender: TObject);
  private
    { private declarations }
    bFirstActive : boolean;
// Polynom wurde angeklickt
    PolGeklickt: boolean;
    Griffnummer : integer;
    XExzenter : integer; //X-Abstand vom Klickpunkt zum des Stützpunkt
    YExzenter :integer;  //Y-Abstand vom Klickpunkt zum des Stützpunkt
// Eckpunkte der Darstellungsfläche in Koordinaten (Pixeln) der
// Client-Fläche des Hauptformulars

// Einzelfunktionen der darzustellenden Funktion
    procedure Aktualisieren;
     procedure Skalieren;
    procedure Zeichnen;
  public
    { public declarations }
    BildPolynom: TBildPolynom;
    constructor Create;
  end;

var
  FrmMainPolynom: TFrmMainPolynom;

implementation
{$R *.lfm}

{ TFrmMainPolynom }

constructor TFrmMainPolynom.Create;
begin
 //
end;

procedure TFrmMainPolynom.Aktualisieren;
var
  i: integer;
begin
  Skalieren;
  PtBFun.Repaint;
//Bildkoordinaten der Stützpunkte anpassen
  for i := 0 To Bildpolynom.Polynom.Ordnung do
    begin
    Bildpolynom.BStuetzarray[i] :=
            Bildpolynom.WeltInBild(Bildpolynom.Polynom.Stuetzarray[i]);
    end;
  Zeichnen
end;

procedure TFrmMainPolynom.FormCreate(Sender: TObject);
```

```
begin
  bFirstActive := true;
  Bildpolynom:= TBildpolynom.Create(self);
//Angezeigte Kurve richtet sich nach den anfänglich angezeigten
//Stützwerten
end;

procedure TFrmMainPolynom.ChBProportionalChange(Sender: TObject);
begin
//FSEYMin bei "proportional" sperren.
  FSEYMin.Enabled := not ChBProportional.Checked;
  Aktualisieren;
end;

procedure TFrmMainPolynom.FormActivate(Sender: TObject);
var
  i: integer;
begin
  with Bildpolynom.Polynom do
    begin
      if bFirstActive then
        begin
        Skalieren;   //Muss hier sein, sonst funktioniert die Umrechnung
                     //der Stützpunkte nicht.
        Ordnung := LiBStuetzX.Items.Count-1;
  //   LiBStuetzX.Items.Count := SEdPolOrdnung.Value;
      for i := 0 to Ordnung do
        begin
        Stuetzarray[i].X := StrToFloat(LiBStuetzX.Items[i]);
        Stuetzarray[i].Y := StrToFloat (LiBStuetzY.Items[i]);
        Bildpolynom.BStuetzarray[i] :=
Bildpolynom.WeltinBild(Stuetzarray[i]);
        end;
      KoeffBest;
      for i := 0 to Ordnung do
        begin
        LiBPolKOeff.Items[i] :=
        FloatToStrF (Koeffizienten[i],fffixed,5,2);
        end;
      bFirstActive := false
        end;
      Aktualisieren
    end;
end;

procedure TFrmMainPolynom.PtBFunMouseDown(Sender: TObject;
  Button: TMouseButton; Shift: TShiftState; X, Y: Integer);
begin
//Feststellen, ob die Mausbetätigung auf einer Stützstelle erfolgte
  Griffnummer :=Bildpolynom.StuetzClicked (X, Y);
  if Griffnummer >= 0 then
    begin
    PolGeklickt := true;
//Abweichung des Klickorts vom Kreismittelpunkt
    XExzenter := X-Bildpolynom.BStuetzarray[Griffnummer].X;
    YExzenter := Y-Bildpolynom.BStuetzarray[Griffnummer].Y;
    end
  else;
```

```
end;

procedure TFrmMainPolynom.PtBFunMouseMove(Sender: TObject;
                              Shift: TShiftState; X, Y: Integer);
var
    i: integer;
begin
    with Bildpolynom, Bildpolynom.Polynom do
    begin
      if PolGeklickt then /// MouseMove nur "gültig", wenn zuvor MouseDown
                      /// auf Paintbox
      begin
  //Stuetzstelle setzen
        BStuetzarray[Griffnummer].X:= X - XExzenter;
        BStuetzarray[Griffnummer].Y:= Y - YExzenter;
        Stuetzarray[Griffnummer] := BildInWelt(BStuetzarray[Griffnummer]);
  //Polynomkoeffizienten neu rechnen
        KoeffBest;
        for i := 0 To Ordnung do
          begin
          LiBPolKoeff.Items[i]:= FloatToStrF(Koeffizienten[i],fffixed,5,2);
          LiBStuetzX.Items[i]:= FloatToStrF(Stuetzarray[i].X,fffixed,5,2);
          LiBStuetzY.Items[i]:= FloatToStrF(Polynomwert
                  (Stuetzarray[i].X),fffixed,5,2);
          BStuetzarray[i] := WeltInBild (Stuetzarray[i]);
          end;
  // Polynom rechnen und anzeigen
        Aktualisieren
      end;
    end;
end;

procedure TFrmMainPolynom.PtBFunMouseUp(Sender: TObject;
                              Button: TMouseButton;
  Shift: TShiftState; X, Y: Integer);
begin
  Polgeklickt := false;
    end;

procedure TFrmMainPolynom.BtnUebernehmenClick(Sender: TObject);
begin

end;

procedure TFrmMainPolynom.BtnLoeschenClick(Sender: TObject);
begin
  PtBFun.Repaint;
end;

procedure TFrmMainPolynom.FSEStXYChange(Sender: TObject);//
var
i: integer; //Zählvariable
begin
  try
//Änderungssperre für Eingabefeld PK
  FSEPolKoeff.OnChange := nil;
  begin
    Bildpolynom.Polynom.Stuetzarray[SEdKoeffIndex.Value].X
```

```
                                    := FSEStX.Value;
    Bildpolynom.Polynom.Stuetzarray[SEdKoeffIndex.Value].Y
                                    := FSEStY.Value;
    LiBStuetzX.Items[SEdKoeffIndex.Value]
                           := FloatToStrF (FSEStX.Value,fffixed,5,2);
    LiBStuetzY.Items[SEdKoeffIndex.Value]
                           := FloatToStrF (FSEStY.Value,fffixed,5,2);
    Bildpolynom.Polynom.KoeffBest;
    for i:= 0 to Bildpolynom.Polynom.Ordnung do
      LiBPolKoeff.Items[i] :=
        FloatToStrF (Bildpolynom.Polynom.Koeffizienten[i],fffixed,5,2);
    Aktualisieren
  end;
  finally
//Änderungssperre für Eingabefeld PK aufheben
      FSEPolKoeff.OnChange := @FSEPolKoeffChange;
  end;
end;

procedure TFrmMainPolynom.FSEPolKoeffChange(Sender: TObject);
var
i: integer; //Zählvariable
 begin

  try
  Bildpolynom.Polynom.Koeffizienten[SEdKoeffIndex.Value] :=
             FSEPolKoeff.Value;
  LiBPolKoeff.Items[SEdKoeffIndex.Value] :=
             FloatToStrF (FSEPolKoeff.Value,fffixed,5,2);
  for i:= 0 to Bildpolynom.Polynom.Ordnung do
    begin
    Bildpolynom.Polynom.Stuetzarray[i].Y :=
                    Bildpolynom.Polynom.Polynomwert
                              (Bildpolynom.Polynom.Stuetzarray[i].X);
    LiBStuetzY.Items[i] :=
      FloatToStrF (Bildpolynom.Polynom.Stuetzarray[i].Y,fffixed,5,2);
    end;
  Aktualisieren;
  finally
  end;
end;

//Größe oder Position der Darstellungsfläche geändert.
procedure TFrmMainPolynom.FSEChange(Sender: TObject);
begin
  Aktualisieren;
end;

procedure TFrmMainPolynom.SEdKoeffIndexChange(Sender: TObject);
begin
//Änderungssperre für Eingabefelder StX, StY und PK
  FSEStX.OnChange := nil;
  FSEStY.OnChange := nil;
  FSEPolKoeff.OnChange := nil;
  if SEdKoeffIndex.Value > Bildpolynom.Polynom.Ordnung then
    SEdKoeffIndex.Value := Bildpolynom.Polynom.Ordnung;
//andere Elemente eintragen
  FSEStX.Value:= Bildpolynom.Polynom.Stuetzarray[SEdKoeffIndex.Value].x;
```

```
  FSEStY.Value:= Bildpolynom.Polynom.Stuetzarray[SEdKoeffIndex.Value].y;
  FSEPolKoeff.Value:=
              Bildpolynom.Polynom.Koeffizienten[SEdKoeffIndex.Value];
//Änderungssperre aufheben für Eingabefelder StX, StY und PK
  FSEStX.OnChange := @FSEStXYChange;
  FSEStY.OnChange := @FSEStXYChange;
  FSEPolKoeff.OnChange := @FSEPolKoeffChange;
end;
//Polynomordnung wurde geändert
procedure TFrmMainPolynom.SEdPolOrdnungChange(Sender: TObject);
var
  i : integer;
  OrdnungAlt: integer;
begin
  OrdnungAlt := Bildpolynom.Polynom.Ordnung;
  if SEdPolOrdnung.Value >= Bildpolynom.Polynom.Ordnung then
    for i:= OrdnungAlt+1 to SEdPolOrdnung.Value do
      begin
/// Bei Vergrößerung neue Felder für Stützstellen und Stützwerte mit
/// Zufallszahlen vorbelegen
/// Eintrag in der Bedienoberfläche
      LiBStuetzX.Items.Add(FloatToStrF (10*Random,fffixed,5,2));
      LiBStuetzY.Items.Add(FloatToStrF (10*Random,fffixed,5,2));
/// Übernahme in die Problemdaten
      Bildpolynom.Polynom.Stuetzarray[i].X :=
                              StrToFloat(LiBStuetzX.Items[i]);
      Bildpolynom.Polynom.Stuetzarray[i].Y :=
                              StrToFloat(LiBStuetzY.Items[i]);
      end
  else
    for i:= OrdnungAlt downto SEdPolOrdnung.Value+1 do
      begin
/// Bei Verkleinerung Felder für Stützstellen, Stützwerte und
/// Polynomkoeffizienten löschen.
      LiBStuetzX.Items.Delete(i) ;
      LiBStuetzY.Items.Delete(i) ;
      LiBPolKoeff.Items.Delete(i) ;
      end;
/// Neuen Wert der Polynomordnung in die Problemdaten übernehmen.
  Bildpolynom.Polynom.Ordnung := SEdPolOrdnung.Value;
/// Polynomkoeffizienten (neu) bestimmen.
  Bildpolynom.Polynom.KoeffBest;
/// Neu ermittelte Polynomkoeffizienten in das Listenfelds eintragen
  for i:= 0 to Bildpolynom.Polynom.Ordnung do
    begin
      LiBPolKoeff.Items[i]:=
            FloatToStrF (Bildpolynom.Polynom.Koeffizienten[i],fffixed,5,2);
    end;
//Polynomkoeffizienten und Stützstellen mit höchsem Index anzeigen
  with  Bildpolynom.Polynom do
    begin
      SEdKoeffIndex.Value := Ordnung;
      FSEStX.Value := Stuetzarray[Ordnung].X;
      FSEStY.Value := Stuetzarray[Ordnung].Y;
      FSEPolKoeff.Value := Koeffizienten[Ordnung];
    end;
  Aktualisieren;
end;
```

```
procedure TFrmMainPolynom.Skalieren;
begin
  Bildpolynom.Steigung.X := (FSEXMax.Value-FSEXMin.Value)/PtBFun.Width;
  if ChBProportional.Checked then
//Proportionale Darstellung eingestellt.
    begin
      Bildpolynom.Steigung.Y := -Bildpolynom.Steigung.X;
//Wert in FloatSpinEdit für YMin setzen.
      FSEYMin.Value := FSEYMax.Value+PtBFun.Height*Bildpolynom.Steigung.Y;
    end
  else
//Nicht-Proportionale Darstellung eingestellt.
    begin
      Bildpolynom.Steigung.Y :=
                -(FSEYMax.Value-FSEYMin.Value)/PtBFun.Height;
    end ;
  Bildpolynom.Versatz.X := FSEXMin.Value;
  Bildpolynom.Versatz.Y := FSEYMax.Value;
end;

procedure TFrmMainPolynom.Zeichnen;
var
  ABottom, ALeft, ARight, ATop : integer; //Hilfskoordinaten für Markierung
  i: integer;
  ix: integer; ///X-Koordinate des Funktionsgraphen in Bildschirmpunkten.
  iy: integer; ///Y-Koordinate des Funktionsgraphen in Bildschirmpunkten.
  x: double;  ///X-Koordinate im Originalbereich
  y: double;  ///Y-Koordinate im Originalbereich
begin
//Kurve zeichnen
  for ix := 0 to PtBFun.Width do ///für die Breite der PaintBox PtBFun
    begin
      x := FSEXMin.Value + Bildpolynom.Steigung.X* ix;
                                  ///ermittle Originalabszisse
      y := Bildpolynom.Polynom.Polynomwert(x);
                                  ///ermittle Originalfunktionswert
///Rechne in PaintBox-Koordinaten um
      iy := Round ((y-FSEYMin.Value)/Bildpolynom.Steigung.Y)+PtBFun.Height;
      if ix = 0 then
///Anfangspunkt ohne zu zeichnen anfahren.
        PtBFun.Canvas.MoveTo (ix, iy)
      else
///Linie zum nächsten Punkt ziehen
        PtBFun.Canvas.LineTo (ix, iy);
    end;
//Stützstellen zeichnen
  for i := 0 to LiBStuetzX.Items.Count-1 do
    begin
      ix := Round ((StrToFloat(LiBStuetzX.Items[i])-
                    FSEXMin.Value)/Bildpolynom.Steigung.X);
      iy := Round ((StrToFloat(LiBStuetzY.Items[i])-
                    FSEYMin.Value)/Bildpolynom.Steigung.Y)+PtBFun.Height;
      ATop := iy - Bildpolynom.Radius;
      ABottom := iy + Bildpolynom.Radius;
      ALeft := ix - Bildpolynom.Radius;
      ARight := ix + Bildpolynom.Radius;
      PtBFun.Canvas.Arc (ALeft, ATop, ARight, ABottom, 0, 16*360);
```

```
     end;
end;

end.
```

17.4.1.6. Code der Unit UBildpolynom

```
unit UBildpolynom;
//Polynom in Bildschirmkoordinaten mit Handhabung
{$mode objfpc}{$H+}

interface

uses
  SysUtils
  , Controls //wg. TWinControl
  , ExtCtrls //u.a. TShape
  , Forms    //wg. TApplication
  , Types    //wg. PtInRect
  , Upolynom;//Daten des Polynoms

type
  TBStuetzarray = Array [TPolOrdnung] of TPoint;

TBildpolynom = class
private
public
  Radius : integer; //Radius der Stützpunktmarken in Pixel
  Steigung : TdPoint; // Proportionalitätskonstante,
                      // Umrechnung Bildschirm- in Weltkoordinaten
  Versatz :  TdPoint; // Proportionalitätskonstante,
                      // Umrechnung Bildschirm- in Weltkoordinaten
  Polynom: TPolynom;  //Dargestelltes Polynom
  BStuetzarray: TBStuetzarray; //Stützpunkte in Bildkoordinaten
  Parent : TWinControl; //wegen Darstellung im übergeordneten Fenster;
  constructor Create (aParent: TWinControl);
  function BildInWelt (PB : TPoint) : TdPoint;
  function StuetzClicked (X: integer; Y:integer): integer;
  function WeltInBild (PW : TdPoint) : TPoint;
  procedure PolynomAnlegen;
  procedure SetzeBildStuetzpunkte;
end;

implementation

uses
  math; //wegen pow

constructor TBildpolynom.Create(aParent: TWinControl) ;
begin
  Radius := 4;  //Grenzwert des Abstands für Klicken in Stützpunkt
  Parent := aParent;
  Polynom := TPolynom.Create;
end;

//Bild-(schirm-) Koordinaten in Welt- (Problem-) Koordinaten umrechnen.
function TBildpolynom.BildInWelt (PB : TPoint) : TdPoint;
```

```
var
  PW : TdPoint;
begin
  PW.X := PB.X*Steigung.X+Versatz.X;
  PW.Y := PB.Y*Steigung.Y+Versatz.Y;
  result := PW;
end;

//Feststellen, ob eine Stützstelle angeklickt wurde
//Resultat = Index der Stützstelle
//Resultat = -1 : Nicht auf Stützstelle geklickt.
function TBildpolynom.StuetzClicked (X: integer; Y:integer): integer;
var
  i: integer;
  r : integer;
begin
  for i := 0 to Polynom.Ordnung do
    begin
    r :=    Round(Sqrt (power(BStuetzarray[i].X-X,2)+
                                    power(BStuetzarray[i].Y-Y,2)));
    if Radius > r then
      begin
        Result := i;
        break;
      end
    else
      Result := -1;
    end;
end;

function TBildpolynom.WeltInBild (PW : TdPoint) : TPoint;
var
  PB : TPoint;
begin
  PB.X := Round((PW.X-Versatz.X)/Steigung.X);
  PB.Y := Round((PW.Y-Versatz.Y)/Steigung.Y);
  Result := PB;
end;


procedure TBildpolynom.PolynomAnlegen ;
begin
//  Polynom.Create
end;
procedure TBildpolynom.SetzeBildStuetzpunkte ;
begin
//  Polynom.Create
end;

end.
procedure TBildpolynom.SetzeBildStuetzpunkte ;
begin
//  Polynom.Create
end;

end.
```

17.4.1.7. Code der Unit UPolynom

```
unit UPolynom;
//Polynom in Weltkoordinaten
//Einschließlich Polynomermittlung aus Stützstellen
{$mode objfpc}{$H+}

interface

uses
  math;

const
  PolOrdnungMax = 10;
type
  TdPoint = record
    X: double;
    Y: double;
  end;

  TPolOrdnung = 0..PolOrdnungMax;
  TStuetzarray = Array [TPolOrdnung] of TdPoint;

TPolynom = class
private
  { private declarations }
public
  Koeffizienten: Array[TPolOrdnung] of double;
  Ordnung : TPolOrdnung;
  Stuetzarray: TStuetzarray;
  constructor Create;
  function Polynomwert (x:double):double;
  procedure KoeffBest;

end;

function dPoint (dX: double; dY: double): TdPoint;

implementation

uses UGauss;
constructor TPolynom.Create;
//Polynomkoeffizienten aus Punkten des Polynoms bestimmen.

begin

end;

function dPoint (dX: double; dY: double): TdPoint;
begin
  Result.X := dX;
  Result.Y := dY;
end;

function TPolynom.Polynomwert (x:double):double;
//Polynomkoeffizienten aus Punkten des Polynoms bestimmen.
var
  y: double;
```

```
   i: integer; //Zählvariable
begin
  y := 0;
//Polynomwerermittlung nach dem Hornerschema
  for i := Ordnung downto 0 do
    y := y*x + Koeffizienten[i];
  result := y;
end;

procedure TPolynom.KoeffBest;
//Polynomkoeffizienten aus Punkten des Polynoms bestimmen.
var
  APol: dimMatrix;
  BPol: dimVektor;
  XPol: dimVektor;
  Gaussordnung: integer;
  i, j: integer; //Zählvariable
begin
  Gaussordnung := Ordnung + 1;
  for i := 1 to Gaussordnung do
    begin
    BPol[i] := Stuetzarray[i-1].Y;
    for j := 1 to Gaussordnung do
      APol [i,j]:= power (Stuetzarray[i-1].X,j-1);
    end;
  GaussAlgorithmus (Gaussordnung, APol,BPol, XPol);
  for i := 1 to Gaussordnung do
    Koeffizienten[i-1] := XPol[i];
end;

end.
```

17.4.1.8. Code der Unit UGauss

Die Unit UGauss wurde gegenüber Kapitel 10.5.3 insofern geändert als für die Dimensionierung der Vektoren und Matrizen Bezeichner vereinbart wurden.

```
type
TIndex_20 = 1..20;
dimVektor = array [TIndex_20] of double;
dimMatrix = array [TIndex_20] of dimVektor;
```

17.4.1.9. Code des Hauptprogramms

```
program ProPolynom;

{$mode objfpc}{$H+}

uses
  {$IFDEF UNIX}{$IFDEF UseCThreads}
  cthreads,
  {$ENDIF}{$ENDIF}
  Interfaces, // this includes the LCL widgetset
  Forms, UPolynom, UBildpolynom, UFrmmainpolynom, UGauss
  { you can add units after this };
```

```
{$R *.res}

begin
  RequireDerivedFormResource := True;
  Application.Initialize;
  Application.CreateForm(TFrmMainPolynom, FrmMainPolynom);
  Application.Run;
end.
```

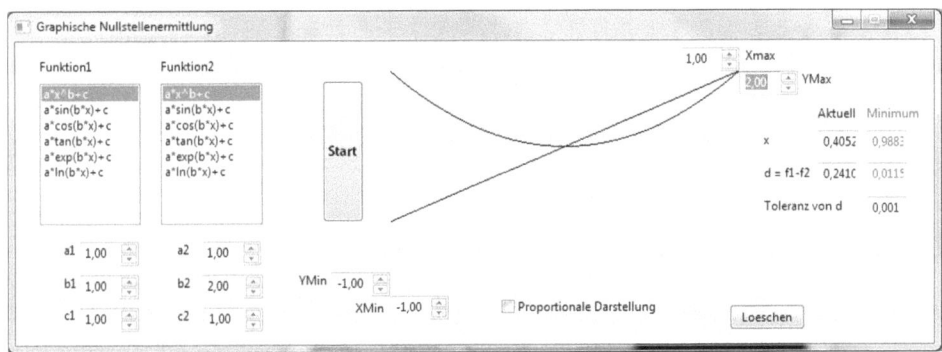

*Abbildung 17.3: Bedienoberfläche des Programms zur Graphischen Nullstellenbe-
stimmung von (transzendenten) Funktionen.*

17.4.2. Grafische Lösung transzendenter Gleichungen

Im Gegensatz zur vorherigen Lösung erfolgt hier der Programmaufbau weitgehend
monolithisch in dem sowohl die Programmbedienung als auch die Anwendungslogik des Programms in der Unit *UFrmMainFunGraph* untergebracht wird. Lediglich
die Implementation der Funktionen wurde auf die separate Unit *UFunktionen*
ausgelagert. Die Realisierung der Zeichenfläche mit der zugehörigen Skalierung erfolgt ähnlich wie in 17.4.1.

17.4.2.1. Funktionsdateneingabe

Die Funktionen f_1 und f_2 werden mittels zweier Listenfelder *LiBFun1* und
LiBFun2 ausgewählt. Die Auswahl erfolgt mittels der beiden Methoden
LiBFunxSelectionChange[84] und *FunktionSetzen*). Unter jedem der beiden
Listenfelder befindet sich drei Drehedit-Felder mittels derer die Parameter der jeweiligen Funktion eingestellt werden können. Die Parameter werden mit der Methode *KoeffizientenSetzen* gesetzt. Diese wird bei der Seitenaktivierung und
bei der Änderung eines Parameters aufgerufen.

---

84 X hat je nach angewähltem Listenfeld den Wert 1 oder 2.

17.4.2.2. Anzeigen der Mauskoordinaten

Die Anzeige der Funktionsdifferenz d und des zugehörigen Abszissenwertes x erfolgt über das *MouseMove*-Ereignis der *PaintboxPtBFun*. Dieses Ereignis tritt dann auf, wenn die Maus im Bereich der Paintbox, also dort wo die Funktionswerte gezeichnet werden bewegt wird. Bei jeder Ortsveränderung wird dann in der Methode *PtBFunMouseMove* von *FormMainFunktGraph* der aktuelle Abszissenwert ins Originalkoordinatensystem umgerechnet

17.4.2.3. Code des Hauptformulars (Unit UFrmMainFunktGraph)

```
unit UFrmMainFunktGraph;

{$mode objfpc}{$H+}

interface

uses
  Classes, SysUtils, FileUtil, Forms, Controls, Graphics, Dialogs,
StdCtrls,
  Spin, ExtCtrls,
  UFunktionen;

type

  Double2 = Array [1..2] of Double;

  { TFrmMainFunktGraph }

  TFrmMainFunktGraph = class(TForm)
    BtnStart: TButton;
    BtnLoeschen: TButton;
    ChBProportional: TCheckBox;
    Edxmin: TEdit;
    Edxakt: TEdit;
    EdToleranz: TEdit;
    Eddakt: TEdit;
    Eddmin: TEdit;
    FSEa1: TFloatSpinEdit;
    FSEa2: TFloatSpinEdit;
    FSEb1: TFloatSpinEdit;
    FSEb2: TFloatSpinEdit;
    FSEc1: TFloatSpinEdit;
    FSEc2: TFloatSpinEdit;
    FSEXMax: TFloatSpinEdit;
    FSEYMax: TFloatSpinEdit;
    FSEXMin: TFloatSpinEdit;
    FSEYMin: TfloatSpinEdit;
    Lblx: TLabel;
    LblAktuell: TLabel;
    LblMinimum: TLabel;
    LbldToleranz: TLabel;
    LblDiff: TLabel;
    Lbla1: TLabel;
    Lblb1: TLabel;
```

```
    Lbla3: TLabel;
    Lbla2: TLabel;
    Lblb2: TLabel;
    Lblb3: TLabel;
    LblXmax: TLabel;
    LblXMin: TLabel;
    LblYMax: TLabel;
    LblYMin: TLabel;
    LblFunktion2: TLabel;
    LblFunktion1: TLabel;
    LiBFun1: TListBox;
    LiBFun2: TListBox;
    PtBFun: TPaintBox;
    procedure BtnLoeschenClick(Sender: TObject);
    procedure BtnStartClick(Sender: TObject);
    procedure ChBProportionalChange(Sender: TObject);
    procedure FormActivate(Sender: TObject);
    procedure FormCreate(Sender: TObject);
    procedure FSEKoeffChange(Sender: TObject);
    procedure FSEChange(Sender: TObject);
    procedure LiBFun1SelectionChange(Sender: TObject; User: boolean);
    procedure LiBFun2SelectionChange(Sender: TObject; User: boolean);
    procedure PtBFunMouseMove(Sender: TObject; Shift: TShiftState;
              X, Y: Integer);
  private
    { private declarations }
// Eckpunkte der Darstellungsfläche in Koordinaten (Pixeln) der
// Client-Fläche des Hauptformulars
// Proportionalitätskonstante, Umrechnung Bildschirm in Weltkoordinaten
    Cx : double;
    Cy : double;
// Funktionskoeffizienten
    AKoeff: double2;
    BKoeff: double2;
    CKoeff: double2;
// Array von Funktionsvariablen
    Fun: Array [1..2] of Fabcx;
// Daten zum Schnittpunkt der Funktionen
    Dlim: double;
    Dmin: double;
    xmin: double;
// Einzelfunktionen der darzustellenden Funktion
    function Funktionswert (x:double):double2;
    procedure Aktualisieren;
    procedure FunktionSetzen (i: integer);
    procedure MinimumSetzen;
    procedure KoeffizientenSetzen;
    procedure Skalieren;
    procedure Zeichnen;
  public
    { public declarations }
    LiBFunSel: TListBox;
  end;

var
  FrmMainFunktGraph: TFrmMainFunktGraph;

implementation
```

```pascal
{$R *.lfm}

{ TFrmMainFunktGraph }
procedure TFrmMainFunktGraph.Aktualisieren;
begin
Skalieren;
PtBFun.Repaint;
Zeichnen;
end;

procedure TFrmMainFunktGraph.FormCreate(Sender: TObject);
begin
//Alle Listboxen für die Funktionsauswahl gleich einstellen
  LiBFun2.Items := LiBFun1.Items;
  LibFun1.ItemIndex := 0;
  LibFun2.ItemIndex := 0;
  MinimumSetzen;
end;

procedure TFrmMainFunktGraph.ChBProportionalChange(Sender: TObject);
begin
  Aktualisieren
end;

procedure TFrmMainFunktGraph.FormActivate(Sender: TObject);
begin
  // Definition der Eckpunkte
  KoeffizientenSetzen;
  Aktualisieren;
end;

procedure TFrmMainFunktGraph.BtnStartClick(Sender: TObject);
begin
  MinimumSetzen;
  PtBFun.Repaint;
  Zeichnen;
end;

procedure TFrmMainFunktGraph.BtnLoeschenClick(Sender: TObject);
begin
  MinimumSetzen;
  PtBFun.Repaint;
end;

procedure TFrmMainFunktGraph.FSEKoeffChange(Sender: TObject);//
begin
  KoeffizientenSetzen;
end;

procedure TFrmMainFunktGraph.FSEChange(Sender: TObject);
begin
  Aktualisieren;
end;

procedure TFrmMainFunktGraph.LiBFun1SelectionChange(Sender: TObject;
                                                    User: boolean);
begin
  LibFunSel :=  LiBFun1;
```

```
    FunktionSetzen (1) ;
end;

procedure TFrmMainFunktGraph.LiBFun2SelectionChange(Sender: TObject;
                                                    User: boolean);
begin
  LibFunSel :=  LiBFun2;
  FunktionSetzen (2);
cnd;

procedure TFrmMainFunktGraph.PtBFunMouseMove(Sender: TObject;
                                                    Shift: TShiftState;
    X, Y: Integer);
var
  dakt : double;
  xd: double;
  yd: double2;
begin
  Dlim := StrToFloat (EdToleranz.Text);
  xd := FSEXMin.Value + Cx* X;
  Edxakt.Text := FloattoStr (xd);
  yd := Funktionswert (xd);
  dakt := yd[1]-yd[2];
  Eddakt.Text := FloattoStr (dakt);
  if abs (dakt) < abs(dMin) then
    begin
    DMin := dakt;
    if (LblMinimum.Font.Color = clRed)and (abs(DMin)<DLim) then
      begin
        LblMinimum.Font.Color := clGreen;
        Edxmin.Font.Color := clGreen;
        Eddmin.Font.Color := clGreen;
      end;
    Eddmin.Text := FloattoStr (DMin);
    xmin := xd;
    Edxmin.Text := FloattoStr (xmin);
    end;
end;

procedure TFrmMainFunktGraph.FunktionSetzen (i: integer);
begin
  case LiBFunSel.ItemIndex of
    0:  Fun[i] := @Pot4P;
    1:  Fun[i] := @Sin4P;
    2:  Fun[i] := @Cos4P;
    3:  Fun[i] := @Tan4P;
    4:  Fun[i] := @Exp4P;
    5:  Fun[i] := @Lnt4P;
  end;
end;

function TFrmMainFunktGraph.Funktionswert (x:double):double2;
Var
  i: integer;
  v: double2;
begin
  for i := 1 to 2 do
  begin
```

```
     v [i] := Fun[i](AKoeff[i], BKoeff[i], CKoeff[i],x);
  end;
  Result := v;
end;

procedure TFrmMainFunktGraph.KoeffizientenSetzen;
begin
//Funktionsparameter aus den FloatSpinEdit-Elementen setzen
    AKoeff[1] := FSEa1.Value;
    BKoeff[1] := FSEb1.Value;
    CKoeff[1] := FSEc1.Value;
    AKoeff[2] := FSEa2.Value;
    BKoeff[2] := FSEb2.Value;
    CKoeff[2] := FSEc2.Value;
end;


procedure TFrmMainFunktGraph.Skalieren;
begin
  if ChBProportional.Checked then
//Proportionale Darstellung eingestellt.
    begin
//FloatSpinEdit für YMin sperren.
      FSEYMin.Enabled := false;
      Cx := (FSEXMax.Value-FSEXMin.Value)/PtBFun.Width;
      Cy := -Cx;
//Wert in FloatSpinEdit für YMin setzen.
      FSEYMin.Value := FSEYMax.Value+PtBFun.Height*Cy;
    end
  else
//Nicht-Proportionale Darstellung eingestellt.
    begin
      FSEYMin.Enabled := true;
      Cx := (FSEXMax.Value-FSEXMin.Value)/PtBFun.Width;
      Cy := -(FSEYMax.Value-FSEYMin.Value)/PtBFun.Height;
    end
end;


procedure TFrmMainFunktGraph.Zeichnen;
var
  ix: integer; ///X-Koordinate des Funktionsgraphen in Bildschirmpunkten.
  iy: integer; ///Y-Koordinate des Funktionsgraphen in Bildschirmpunkten.
  ixalt: Array[1..2] of integer;
  iyalt: Array[1..2] of integer;
  j : integer; //Zählvariable
  x: double;  ///X-Koordinate im Originalbereich
  y: double2;  ///Y-Koordinate im Originalbereich
begin
//Initialisierung zur Vermeidung von Warnungen
  ixalt [1] := 0;
  ixalt [1] := 0;
  iyalt [2] := 0;
  iyalt [2] := 0;
  for ix := 0 to PtBFun.Width do ///für die Breite der PaintBox PtBFun
    begin
      x := FSEXMin.Value + Cx* ix;  ///ermittle Originalabszisse

      y := Funktionswert(x);          ///ermittle Originalfunktionswert
      for j := 1 to 2 do
```

```
        begin
///Rechne in PaintBox-Koordinaten um
        iy := Round ((y[j]-FSEYMin.Value)/Cy)+PtBFun.Height;
        if ix = 0 then
///Anfangspunkt ohne zu zeichnen anfahren.
          PtBFun.Canvas.MoveTo (ix, iy)
        else
          begin
///Linie zum nächsten Punkt ziehen
          PtBFun.Canvas.MoveTo (ixalt[j], iyalt[j]);
          PtBFun.Canvas.LineTo (ix, iy);
          end;
        ixalt[j] := ix;
        iyalt[j] := iy;
        end;
    end;
end;

procedure TFrmMainFunktGraph.MinimumSetzen;
begin
  DMin := 9999;
  Eddakt.Text := FloatToStrF (Dmin, ffFixed, 5,3);
  Eddmin.Text := FloatToStrF (Dmin, ffFixed, 5,3);
  Edxakt.Text := FloatToStrF  (Dmin, ffFixed, 5,3);
  Edxmin.Text := FloatToStrF (Dmin, ffFixed, 5,3);
  LblMinimum.Font.Color := clRed;
  Edxmin.Font.Color := clRed;
  Eddmin.Font.Color := clRed;
end;
end.
```

17.4.2.4. *Code der Unit UFunktionen*

```
unit UFunktionen;

{$mode objfpc}{$H+}

interface

uses
  Classes, SysUtils;

type
  Fabcx = function (a:extended; b: extended; c: extended; x:double) :
extended;

//Schnittstellen der Funktionen
function Pot4P (a:extended; b: extended; c: extended; x:double) : extended;
function Cos4P (a:extended; b: extended; c: extended; x:double) : extended;
function Exp4P (a:extended; b: extended; c: extended; x:double) : extended;
function Lnt4P (a:extended; b: extended; c: extended; x:double) : extended;
function Sin4P (a:extended; b: extended; c: extended; x:double) : extended;
function Tan4P (a:extended; b: extended; c: extended; x:double) : extended;

implementation
uses math;
```

```
//Implementation der Funktionen
function Pot4P (a:extended; b: extended; c: extended; x:double) : extended;
begin
  Pot4P := a * Power(x, b) + c;
end;

function Sin4P (a:extended; b: extended; c: extended; x:double) : extended;
begin
  Sin4P := a* Sin (b*x) + c;
end;

function Cos4P (a:extended; b: extended; c: extended; x:double) : extended;
begin
  Cos4P := a* Cos (b*x) + c;
end;

function Tan4P (a:extended; b: extended; c: extended; x:double) : extended;
begin
  Tan4P := a* Sin (b*x)/Cos (b*x) + c
end;

function Exp4P (a:extended; b: extended; c: extended; x:double) : extended;
begin
  Exp4P := a* Exp(b*x) + c;
end;

function Lnt4P (a:extended; b: extended; c: extended; x:double) : extended;
begin
  Lnt4P := a* Ln(b*x) + c;
end;

end.
```

17.4.2.5. Code des Hauptprogramms ProFunktionsgraph

```
uses
  {$IFDEF UNIX}{$IFDEF UseCThreads}
  cthreads,
  {$ENDIF}{$ENDIF}
  Interfaces, // this includes the LCL widgetset
  Forms, UFrmMainFunktGraph, UFunktionen;
  { you can add units after this }

{$R *.res}

begin
  RequireDerivedFormResource := True;//Unterstützt Anzeige
  Application.Initialize;
  Application.CreateForm(TFrmMainFunGraph, FrmMainFunGraph);
  Application.Run;
end.
```

18. Denn was man schwarz auf weiß besitzt.... – Arbeiten mit dem Drucker

18.1. Aufgaben

18.1.1. Erster Umgang mit dem Drucker

Durch Betätigen einer Schaltfläche soll der Text

Ich habe meinen ersten Text auf dem >>Druckername<<[85] gedruckt. Datum/Uhrzeit:tt.mm.jjjj hh:mm:ss

auf dem momentan ausgewählten Standarddrucker gedruckt werden.

Genauere Einzelheiten werden nicht festgelegt.

18.1.2. Drucken eines einfachen Texts

Ein Text ohne Formatierung (Inhalt einer Text-Datei) soll in einem Memofeld angezeigt und evtl. nachbearbeitet werden. Danach wird er auf einem beliebigen im System vorhandenen Drucker linksbündig ausgegeben. Dabei sollen die Zeilen so umgebrochen werden, dass die verfügbare Druckbreite voll ausgenützt wird. Sie können davon ausgehen, dass die Länge eines einzelnen Wortes die verfügbare Druckbreite nicht überschreitet.

Einstellmöglichkeiten sollen im Programm vorhanden sein für:

- Auswahl des Druckers
- Einstellung der Auflage
- Ausrichtung der Druckseite (Hoch- oder Querformat)
- Abstand des Drucks vom Seitenrand
- Papierquelle (Kassette, Hinterer Schacht, ...)

Diese Einstellmöglichkeiten müssen nicht notwendigerweise innerhalb ein- und desselben Fensters implementiert sein.

18.1.3. Drucken eines Texts mit eingebauter Grafik

Auf einem DIN A4-Blatt soll eine Grafik im Format 10cm*15cm (Höhe * Breite) gedruckt werden. Die Oberseite des Bilds soll 10 cm vom oberen Blattrand entfernt

---

85 Hier soll der Name des aktuell von Ihnen verwendeten Druckers erscheinen.

sein. Unter dem Bild soll eine Bildunter-
schrift platziert werden. Über und unter
dem Text ist ein Fließtext anzuordnen.
Der Abstand zwischen dem Text und der
Oberkante des Bildes sowie zwischen der
Bildunterschrift und dem folgenden Text
soll mindestens 0,5 cm betragen. Eine
Maßskizze zur Aufgabe finden Sie in der
nebenstehenden Abbildung 18.1. Die
Textdatei befindet sich in **Text.txt**, die
Bilddatei finden Sie in **Bild.jpg**, die Bild-
unterschrift in einem dafür vorgesehenen
Eingabefeld vom Typ `TLabeledEdit`.

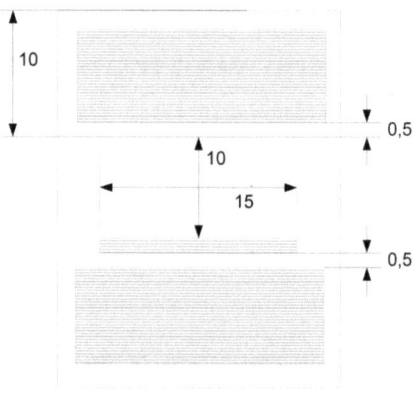

Abbildung 18.1: Drucken von Grafik und Text (Maßskizze zum Programmbeispiel, Maße in cm)

18.2. Der Beitrag von Lazarus

Lazarus bietet eine breite Palette von Werkzeugen zur Unterstützung des Drucks. Dabei geht es zum einen um die Erzeugung des Druckbilds an sich, zum anderen um die Einstellung verschiedener Druckerparameter.

Printer - Printers: Bedeutung von Singular und Plural beachten!

Alles was mit dem Erzeugen des Druckbilds zu tun hat ist in der Unit *Printers* (Plural!) implementiert. Der Drucker selbst wird durch die Variable *Printer* (Singular!) repräsentiert.

18.2.1. Drucker-Unit Printers

Die Unit Printers implementiert vor allem die Klasse TPrinter, verschiedene Datentypen zum Thema Drucken und Drucker sowie die Variable *Printer*,

Drucken erfordert die Unit Printers

Wenn Sie in Lazarus drucken möchten, müssen Sie die Unit *Printers* unter **uses** in Ihr Programm einbinden wobei in der Regel eine Einbindung im Implementationsteil ausreichend ist.

18.2.1.1. Die Klasse TPrinter

Die Klasse TPrinter der Unit *Printers* bietet die wesentlichen Werkzeuge die zum Programmieren von Druckaufgaben erforderlich sind. Das sind vor allem die Schreib-/Zeichenfläche *Canvas* und die Methoden *BeginDoc*, *EndDoc* und *NewPage* zur Drucksteuerung

Klasse	**TPrinter** (unit Printers)	
Eigenschaften	Canvas: TCanvas	Schreib-/ Zeichenfläche. s. a. Abschnitt 16.3.1
	Copies: Integer	Auflagenhöhe (Anzahl der zu erstellenden Drucke)
	Orientation: TPrinterOrientation;	Ausrichtung beim Drucken (Hoch- oder Querformat)
	PaperSize: TPaperSize	Papierformat mit zahlreichen Detailinformationen
	PageNumber: Integer	Nummer der laufenden Druckseite
	PrinterIndex: Integer	Index des aktuellen Druckers in der Druckerliste Ihres Rechners
	PrinterName:String;	Name des aktuellen Druckers
	XDPI: Integer	Horizontale Druckauflösung in dots per inch (dpi, Pixel pro Zoll)
	YDPI: Integer	Vertikale Druckauflösung in dots per inch (dpi, Pixel pro Zoll)
Methoden	BeginDoc ()	Beginn des Dokumentenaufbaus
	EndDoc ()	Ende des Dokumentenaufbaus und Start des Drucks
	NewPage ()	Beginn einer neue Seite

Tabelle 18.2: Wichtige Eigenschaften und Methoden der Klasse TPrinter

Klasse	**TPaperSize** (unit Printers)	
Eigenschaften	DefaultPapers: Boolean	true= die Standardeinstellung für das Papier ist eingestellt.
	DefaultPaperName: String	Name des Standardpapierformats
	Height: Integer	Druckhöhe
	Width: Integer	Druckbreite
	PaperName: String	Name des eingestellten Papierformats
	PaperRect: TPaperRect	Maße und Papier und Arbeitsfläche
	SupportedPapers: TStrings	Liste der verfügbaren Papierformate
	PaperRectOf: TPaperRect	Horizontale Druckauflösung

Tabelle 18.1: Wichtige Eigenschaften der Klasse TPaperSize

18.2.1.2. Die Klasse TPaperSize

18.2.1.3. Wichtige Datentypen aus der Unit Printers

In den Tabellen 18.2 und 18.1 neu eingeführte Datentypen:

Skalare Typen (Einzelwerte):

Bedruckung des Papiers im Hoch- oder Querformat.

```
type
  TPrinterOrientation = (poPortrait, poLandscape,
                     poReverseLandscape, poReversePortrait);
```

Record-Typen:

```
type
  TPaperRect = record
    PhysicalRect: TRect;
    WorkRect: TRect;
  end;
```

18.2.2. Dialoge zum Einrichten des Drucks und des Druckers

Lazarus bietet in der Unit *PrintersDlgs* drei visuelle Komponenten zur Bedienung der im System vorhandenen Drucker.

* TPrinterSetupDialog
* TPageSetupDialog und
* TPrintDialog.

18.2.2.1. Gemeinsamkeiten der Dialogklassen für den Druck

In allen drei Fällen wird der Dialog mit der Methode (Funktion vom Typ boolean) *Execute* ausgeführt. Die Ausführung der Methode öffnet in allen drei Fällen ein modales Dialogfenster in dem die gewünschten Einstellungen vorgenommen werden können. Wird das Fenster durch Betätigen der Schaltfläche ⬚ OK ⬚ geschlossen, dann gibt die Methode *Execute* den Wert *true* zurück. Betätigt man die Schaltfläche ⬚ Abbrechen ⬚ oder die Schaltfläche Schließen (⬚ x ⬚) ist der Rückgabewert *false*.

18.2.2.2. Einrichten des Druckers: TPrinterSetupDialog

TPrinterSetUpDialog erlaubt die Einstellung alle relevanten Parameter sowie des Druckers selbst. Direkt können Sie einstellen:

*Abbildung 18.2: Dialog zur Druckereinrichtung
(TPrinterSetupDialog)*

- Den Drucker selbst (Listbox).
- Das Papierformat (ListBox)
- Die Quelle des Druckerpapiers (z. B. Kassette, Papierschacht...). Die Papierquelle wird druckerspezifisch angeboten.
- Die Druckausrichtung (Hoch- oder Querformat)

Über die Schaltfläche Eigenschaften... kann auf einen Dialog umgeschaltet werden, mittels dessen alle Eigenschaften des aktuell eingestellten Druckers eingestellt werden können. Dieser Dialog ist für den jeweiligen Drucker spezifisch. Die erforderliche Software wird in der Regel mit dem Drucker geliefert und muss zu dessen Betrieb installiert werden. Abbildung zeigt das Dialogfenster, das bei Canon Inkjet S9000 als aktivem Drucker und Betätigung der Schaltfläche Eigenschaften... angezeigt wird.

Allc Eingaben im Dialog zur Druckereinrichtung werden direkt in die Daten des Drucker übertragen. Erstellung von Programmcode ist hierfür nicht erforderlich.

18.2.2.3. Einrichten der Druckseite TPageSetupDialog

Dieser Dialog bezieht sich auf den aktuell eingestellten Drucker. Wie in TPrinterSetupDialog können die Papiergröße, die Papierquelle und Ausrichtung des Drucks eingestellt werden. Zusätzlich ist die Einstellung der Seitenränder möglich. Die eingestellten Seitenränder werden skizzenhaft in einer Miniatur der

Die Seitenrän-
der werden
nicht automa-
tisch in die
Druckerdaten
übernommen.

Seite, die an der Oberseite des Dialogfensters erscheint, dargestellt. Die Seitenränder werden allerdings nicht automatisch   in   die   Druckerdaten
übernommen. Dieser Schritt muss individuell programmiert werden.

In TPageSetupDialog stehen die Attribute *Margins* vom Typ TRect und
Units vom Typ TMeasureUnits zur
Verfügung. *Margins* enthält die Lage
der Eckpunkte des Druckbereichs bezo-
gen auf die Eckpunkte der Seite. Positive Werte bezeichnen dabei Punkte auf
der Seite. Abhängig vom Wert von Units
enthält   Margins   die   Abstände   in
Hundertstel Millimetern (*Margins =
unMM*) oder in Tausendstel Zoll (*Margins = unINCH*). In TPageSetup kann
der Wert von *Units* nur gelesen werden. Gesetzt wird er z. B. unter System-

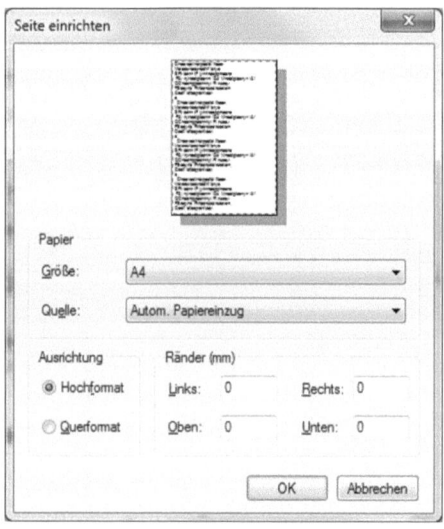

*Abbildung 18.3: Dialog zur Einrich-
tung   einer   Druckseite
(TPageSetupDialog)*

steuerung|Region und Sprache|Weitere Einstellungen.... Die aktuelle Einstellung
wird im Dialogfenster angezeigt.

18.2.2.4. Einrichten und Starten des Drucks TPrintDialog

Mit dem Dialogfenster TPrintDialog kann der Druck gestartet werden (Schaltfläche [OK]). Weiterhin kann der aktuelle Drucker, der Druckbereich (alles,
einzelne im Dialogfenster angebbare Seiten oder der markierte Bereich) und die
Auflage angegeben werden. Bei eine Auflage größer als 1 kann darüber hinaus
durch Ankreuzen des Feldes Sortieren angegeben werden ob die Seiten sortiert gedruckt werden werden sollen.

Wie schon in TPrinterSetupDialog steht eine Schaltfläche zur Verfügung mittels derer sämtliche am aktuellen Drucker mögliche Einstellungen vorgenommen
werden können.

18.2.3. Umgang mit JPEG-Dateien

Bis jetzt haben Sie die Behandlung unkomprimierter Bilder (Bitmap-Dateien, Bitmaps), kennen gelernt.

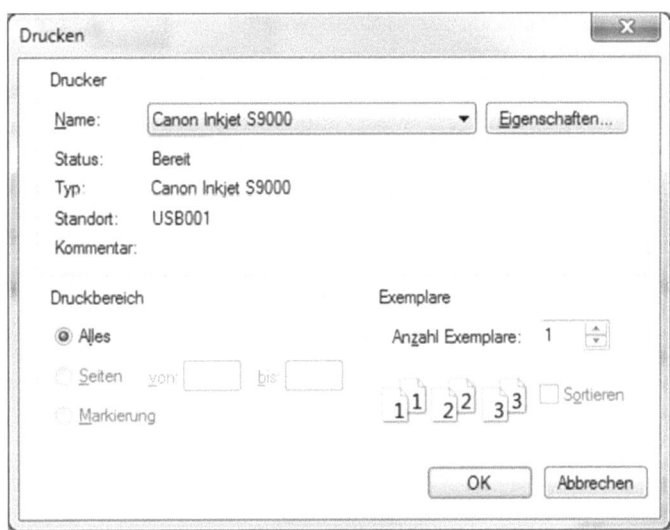

Abbildung : Dialog zur Einrichtung des Druckbereichs (zu druckende Seiten) und zum Starten des Drucks (TPrint-Dialog)

Der Typ `TPicture` besitzt neben der Komponente zur Behandlung von Bitmap-Daten auch eine zum Umgang mit JPEG-Daten. Wenn mit der Methode `LoadFromFile` eine JPEG-Datei nach `TPicture` geladen wird, kann über die Eigenschaft JPEG auf verschiedene Daten des Bildes (z. B. Position und Maße) zugegriffen werden. Außerdem können JPEG-spezifische Einstellungen wie die Bildqualität beim Komprimieren festgelegt werden.

18.3. Lösungen

18.3.1. Erster Umgang mit dem Drucker

Die Lösung dieser Aufgabe wird im Programm *ProErsterUmgang* implementiert.

Im Hauptformular wird eine Schaltfläche *BtnDruck* angelegt, deren Betätigung zum Drucken des Textes führt.

Kern der Lösung sind die Methoden *BeginDoc* und *EndDoc* des Objekts *Printer*, das den aktuellen Drucker realisiert.

Nach Ausführen der Methode *BeginDoc* werden gewisse Einstellungen für den Druckcanvas gesetzt[86] (z. B. Art und Größe der Schrift) und die Zeichenfläche des Drucker wird beschrieben. Dabei wird prinzipiell in der gleichen Weise wie beim Zeichnen von Bitmaps verfahren. Wenn alle Objekte auf der Zeichenfläche aufge-bracht sind, wird der Dokumentenaufbau mit der Methode *EndDoc* abgeschlossen und gleichzeitig der eigentliche Druckvorgang, die Produktion des Dokuments auf Papier oder einem sonstigen Datenträger gestartet.

18.3.1.1. Code des Hauptformulars UFrmMainErsterUmgang

```
unit UFrmMainErsterUmgang;

{$mode objfpc}{$H+}

interface

uses
  Classes, SysUtils, FileUtil, PrintersDlgs, Forms, Controls, Graphics,
Dialogs,
  StdCtrls, Printers;

type

  { TFrmMainErsterUmgang }

  TFrmMainErsterUmgang = class(TForm)
    BtnDruck: TButton;
    procedure BtnDruckClick(Sender: TObject);
    procedure FormCreate(Sender: TObject);
  private
    { private declarations }
  public
    { public declarations }
  end;

var
  FrmMainErsterUmgang: TFrmMainErsterUmgang;

implementation

{$R *.lfm}

{ TFrmMainErsterUmgang }

procedure TFrmMainErsterUmgang.BtnDruckClick(Sender: TObject);
const
  KOPFZEILE_ANF = 'Ich habe meinen ersten Text auf dem ';
  KOPFZEILE_END = ' gedruckt. Datum/Uhrzeit:';
var
  Ausgabetext: String;
```

---

86 Praktische Erprobungen ergaben, dass Zuweisungen an den Druckercanvas – zumindest soweit sie die Eigenschaft Font betreffen – wirkungslos sind, wenn sie vor der Ausführung von BeginDoc erfolgen.

```
begin
    with Printer do
    try
        BeginDoc;
        Canvas.Font.Name := 'Courier New';
        Canvas.Font.Size := 8;
        Canvas.Font.Color := clBlack;
        Ausgabetext := KOPFZEILE_ANF + PrinterName + KOPFZEILE_END
+DateTimeToStr(Now);
        Canvas.TextOut(0, 100, Ausgabetext);
    finally
        EndDoc;
    end;
end;
```

18.3.1.2. Hauptprogramm

```
program ProErsterUmgang;

{$mode objfpc}{$H+}

uses
  {$IFDEF UNIX}{$IFDEF UseCThreads}
  cthreads,
  {$ENDIF}{$ENDIF}
  Interfaces, // this includes the LCL widgetset
  Forms, printer4lazarus, ufrmmaineersterumgang
  { you can add units after this };

{$R *.res}

begin
  RequireDerivedFormResource := True;
  Application.Initialize;
  Application.CreateForm(TForm1, Form1);
  Application.Run;
end.
```

18.3.2. Drucker- und Seiteneinstellungen vornehmen und einen Text drucken

18.3.2.1. Code des Hauptformulars (Unit UFrmMainEinfachTextDruck)

Das Hauptformular wird recht einfach gestaltet (Abbildung 18.4). Es enthält ein Memofeld für die Erstellung des Textest und drei Schaltflächen Für das Drucken, die Druckereinrichtung und die Seiteneinrichtung.

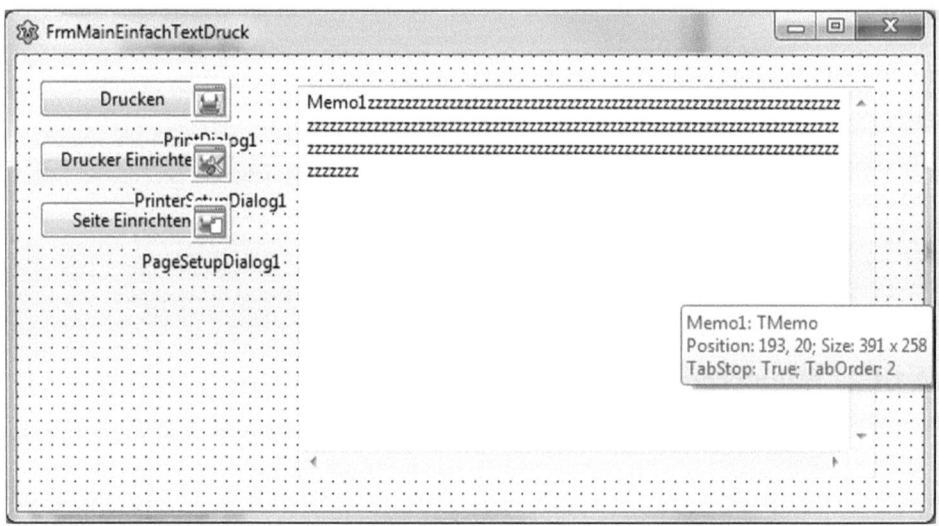

Abbildung 18.4: Formular zur Vornahme der Drucker- und Seiteneinstellungen und
  zur Texteingabe

```
unit UFrmMainEinfachTextDruck;

{$mode objfpc}{$H+}

interface

uses
  Classes, SysUtils, FileUtil, PrintersDlgs, IpHtml, Forms, Controls,
  Graphics, Dialogs, StdCtrls, Printers;

type

  { TFrmMainEinfachTextDruck }

  TFrmMainEinfachTextDruck = class(TForm)
    BtnDruck: TButton;
    BtnDruckerEinrichten: TButton;
    BtnSeiteEinrichten: TButton;
    Memo1: TMemo;
    PageSetupDialog1: TPageSetupDialog;
    PrintDialog1: TPrintDialog;
    PrinterSetupDialog1: TPrinterSetupDialog;
    procedure BtnDruckClick(Sender: TObject);
    procedure BtnDruckerEinrichtenClick(Sender: TObject);
    procedure BtnSeiteEinrichtenClick(Sender: TObject);
     procedure FormCreate(Sender: TObject);
     procedure Memo1Change(Sender: TObject);
  private
    { private declarations }
```

```
   Druckrand: TRect;
   Druckbreite: integer;
   Druckhoehe: integer;
   ZeilenProSeite: integer;
 public
   { public declarations }
   function RandInPix (Raender: TRect; Einheit: TMeasureUnits ): TRect;
 end;

var
 FrmMainEinfachTextDruck: TFrmMainEinfachTextDruck;

implementation

uses windows;

{$R *.lfm}

{ TFrmMainEinfachTextDruck }


procedure TFrmMainEinfachTextDruck.BtnDruckClick(Sender: TObject);
var
 LineCheck: Boolean;
 iLines, blankPos, Druckzeile: integer;
 LineHeight, BottomMargin, TopMargin, YPos, ZeilenAufDerSeite: integer;
 DruckTextNeu: AnsiString; //Bisher aufgebaute aktuelle Druckzeile
 DruckTextAlt:AnsiString;
 Nach, ThisLine, Vor: AnsiString;
 MyPrinter : TPrinter;
begin
 MyPrinter := Printer;
 if PrintDialog1.Execute then
   with MyPrinter do
   try
     BeginDoc;
///Lazarus 1.2.6; FPC 2.6.4
///Zeicheneinstellung muss nach dem BeginDoc Erfolgen, sonst ist sie
///wirkungslos.
///Grund nicht ersichtlich.
///getestet 20150121 WK
     Canvas.Font.Name := 'Courier New';
     Canvas.Font.Size := 10;
     Canvas.Font.Color := clBlack;
     LineHeight := Round(1.2 * Abs(Canvas.TextHeight('I')));
     BottomMargin := Druckrand.Bottom;
     TopMargin := Druckrand.Top;
     YPos := TopMargin;
     Druckzeile := 1;
///Zeilenzahl aus Hoehe der Seite - oberem und unterem Rand
     ZeilenAufderSeite := Druckhoehe DIV LineHeight;
     for iLines := 1 to Memo1.Lines.Count do //Iteration über Memozeilen
       begin
//Vorlauf Eintrag Zeilenanfang
         DruckTextNeu := '';
         DruckTextAlt := '';
         Vor := '';
```

```
        Nach := '';
        ThisLine := Memo1.Lines[iLines-1];
        BlankPos := Pos (' ',ThisLine);
        Nach := Copy(ThisLine, BlankPos+1, Length(ThisLine) - BlankPos);
        Vor := Copy (ThisLine, 1, BlankPos);
        ThisLine := Nach;
        DruckTextNeu := DruckTextNeu + Vor;
        while blankPos > 0 do //letztes Wort noch nicht gelesen
          begin
            LineCheck :=   Canvas.TextWidth (DruckTextNeu) > Druckbreite;
///Zeile voll?
            if LineCheck  then begin //Weicher Umbruch
              Canvas.TextOut(Druckrand.Left, YPos, DruckTextAlt);
              //Alte Zeile drucken
              if (Druckzeile mod ZeilenAufDerSeite) = 0 then
                  begin
                  NewPage;
                  YPos := TopMargin;
                  Druckzeile := 0;
                  end;
              inc (Druckzeile);
              YPos := YPos+LineHeight;
              DruckTextNeu := Vor;
              DruckTextAlt := '';
              end //then
            else begin
///Zeile nicht voll
              DruckTextAlt := DruckTextNeu;
              BlankPos := Pos (' ',ThisLine);
              Nach := Copy (ThisLine, BlankPos+1,
                                        Length (ThisLine) - BlankPos);
              Vor := Copy (ThisLine, 1, BlankPos);
              ThisLine := Nach;
              DruckTextNeu := DruckTextNeu + Vor;
            end;//else
          end; //while
        DruckTextNeu := DruckTextNeu + Nach;
        Canvas.TextOut(Druckrand.Left, YPos, DruckTextNeu);
        //Alte Zeile drucken
        if (Druckzeile mod ZeilenAufDerSeite) = 0 then
          begin
          NewPage;
          YPos := TopMargin;
          Druckzeile := 0;
          end;
        inc (Druckzeile);
        YPos := YPos+LineHeight;
      end;
    finally
      EndDoc;
    end;
end;

procedure TFrmMainEinfachTextDruck.BtnDruckerEinrichtenClick
                                                (Sender: TObject);
  begin
    if PrinterSetupDialog1.Execute then
      try
```

```
        finally

        end;
end;



procedure TFrmMainEinfachTextDruck.BtnSeiteEinrichtenClick
                                          (Sender: TObject);



begin

   if PageSetupDialog1.Execute then

      try
         Druckrand:= RandInPix (PageSetupDialog1.Margins,
                     PageSetupDialog1.Units);
         Druckbreite := Printer.PaperSize.Width -
                          Druckrand.Left - Druckrand.Right;
         Druckhoehe := Printer.PaperSize.Height -
                          Druckrand.Top - Druckrand.Bottom;
      finally

      end;
end;

function TFrmMainEinfachTextDruck.RandInPix (Raender: TRect;
                                      Einheit: TMeasureUnits ): TRect;
begin
   case Einheit of
      unMM:
        begin
           Result.Left:= Round (Raender.Left*Printer.XDPI/2540);
           Result.Right:=Round (Raender.Right*Printer.XDPI/2540);
           Result.Bottom:=Round (Raender.Bottom*Printer.YDPI/2540);
           Result.Top:=Round (Raender.Top*Printer.YDPI/2540);
        end;
      unInch:
        begin
           Result.Left:=Round (Raender.Left*Printer.XDPI/1000);
           Result.Right:=Round (Raender.Right*Printer.XDPI/1000);
           Result.Bottom:= Round (Raender.Bottom*Printer.YDPI/1000);
           Result.Top:= Round (Raender.Top*Printer.YDPI/1000);
        end;
      else; //Fehler
   end;
end;

procedure TFrmMainEinfachTextDruck.FormCreate(Sender: TObject);
begin
   Memo1.Lines.LoadFromFile ('Beispiel.Txt');
   ZeilenProSeite := 50;
//Vereinfacht:
   Druckbreite := Printer.PaperSize.Width;
   Druckhoehe := Printer.PaperSize.Height;
end;
```

```
procedure TFrmMainEinfachTextDruck.Memo1Change(Sender: TObject);
begin

end;


end.
```

18.3.2.2. Code des Hauptprogramms ProEinfachTextDruck

```
program ProEinfachTextDruck;

{$mode objfpc}{$H+}

uses
  {$IFDEF UNIX}{$IFDEF UseCThreads}
  cthreads,
  {$ENDIF}{$ENDIF}
  Interfaces, // this includes the LCL widgetset
  Forms, printer4lazarus, Ufrmmaineinfachtextdruck
  { you can add units after this };

{$R *.res}

begin
  RequireDerivedFormResource := True;
  Application.Initialize;  Application.CreateForm(TFrmMainEinfachTextDruck,
FrmMainEinfachTextDruck);
  Application.Run;
end.
```

18.3.3. Drucken eines Texts mit eingebauter Grafik

Die Bedienoberfläche enthät zunächst einmal die aus Abbildung 18.4 bekannten
Elemente. Hinzu kommt eine Bildkomponente vom Typ TImage (*Image1*) zur Anzeige des auszudruckenden Bildes und ein Texteingabefeld zur Eingabe der Bildunterschrift. Bild und Text sind hardcodiert, d. h. Sie werden aus fest vorgegebenen
Dateien übernommen. Das erforderliche Know-How in den Kapiteln für eine fle-
xiblere Lösung finden Sie in den Kapiteln 9, 15 und 16.

18.3.3.1. Code des Hauptformulars UFrmMainTextUndGrafikDruck

```
unit UFrmMainTextUndGrafikDruck;

{$mode objfpc}{$H+}

interface

uses
  Classes, PrintersDlgs, Forms, Graphics,
  StdCtrls, Printers, ExtCtrls;
```

```
type

  { TFrmMainTextUndGrafik }


  TFrmMainTextUndGrafik = class(TForm)
     BtnDruck: TButton;
     BtnDruckerEinrichten: TButton;
     BtnSeiteEinrichten: TButton;
     Image1: TImage;
     Image2: TImage;
     Label1: TLabel;
     LEdUnterschrift: TLabeledEdit;
     LblDruckBild: TLabel;
     Memo1: TMemo;
     PageSetupDialog1: TPageSetupDialog;
     PrintDialog1: TPrintDialog;
     PrinterSetupDialog1: TPrinterSetupDialog;
```

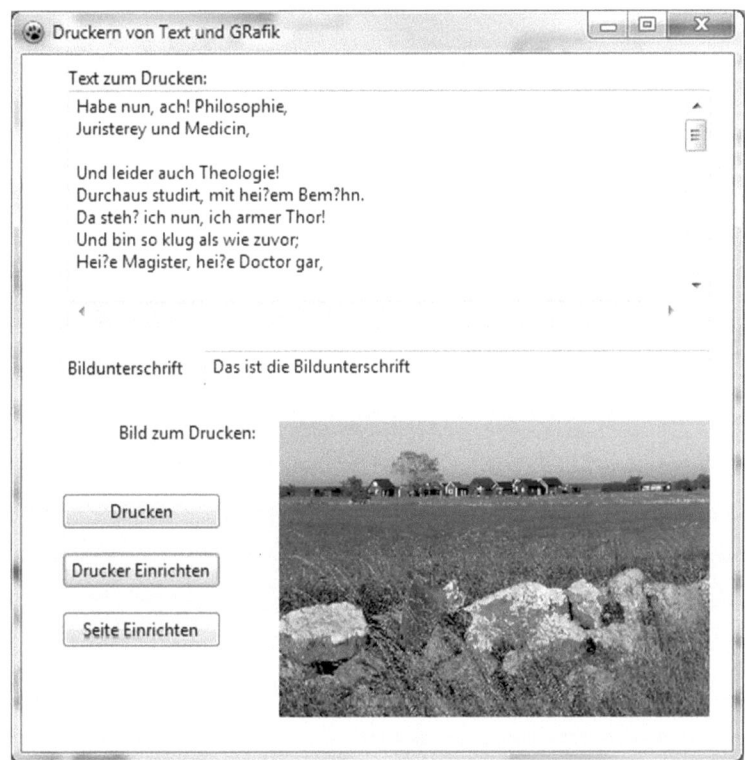

*Abbildung 18.5: Formular zur Anwahl der Drucker und Seiten-
einrichtung, zur Bildkontrolle und zur Eingabe von Text und
Bildunterschrift.*

```
    procedure BtnDruckClick(Sender: TObject);
    procedure BtnDruckerEinrichtenClick(Sender: TObject);
    procedure BtnSeiteEinrichtenClick(Sender: TObject);
    procedure FormCreate(Sender: TObject);
  private
    { private declarations }
    Bildareal : TRect; //Platz den das Bild einschließlich beansprucht.
                       //Die Angabe erfolgt in      mm.
    BildPix : TRect; //Platz den das Bild beansprucht. Die Angabe erfolgt
                       //in Pixeln.
    Druckrand: TRect;   //Abstand des Druckbereichs vom Seitenrand in
                       //Pixeln.
    Druckbreite: integer; //Verfügbare Druckbreite nach Abzug der Ränder.
    Druckhoehe: integer; //Verfügbare Druckhoehe nach Abzug der Ränder.
    procedure BildEinfuegen (DestRect: TRect);
    function RandInPix (Raender: TRect; Einheit: TMeasureUnits ): TRect;
    function WertYInPix (WertY: Integer; Einheit: TMeasureUnits ) :Integer;
  public
    { public declarations }
  end;

var
  FrmMainTextUndGrafik: TFrmMainTextUndGrafik;

implementation

uses windows;

{$R *.lfm}

{ TFrmMainTextUndGrafik }
//PUBLISHED Methoden

procedure TFrmMainTextUndGrafik.BtnDruckClick(Sender: TObject);
//Druckt Text samt Grafik.
var
  LineCheck: Boolean; // true = Text passt auf die Seite
  blankPos : integer; // Position des ersten blans (0 = kein blank)
  iLines : integer;    //Zählvariable für Zeilen
  LineHeight : integer;   //Zeilenhöhe in Pixeln
  PixVertAbst5mm : integer; //5mm vertikaler Absatnd in Pixeln
  YPos : integer; //Höhe der Schreibposition (Grundlinie der Zeile) ab
                  //Oberkante Seite.
  DruckTextAlt:AnsiString;//Aufbereitete Druckzeile, voriger Stand
  DruckTextNeu: AnsiString;//Aufbereitete Druckzeile, aktueller Stand
  Nach : AnsiString;//Text ab nächstem blank
  ThisLine : AnsiString; //Aktuelle Zeile bzw. Zeilenrest
  Vor: AnsiString;//Text bis einschließlich nächstem blank

  procedure EvtlBildDrucken;
  begin
/// Vertikale Pixel für 5mm ermitteln
    PixVertAbst5mm := WertYInPix (500, unMM);
    if (Printer.PageNumber = 1) and (YPos >= BildPix.Top-PixVertAbst5mm)
                              and (YPos <= BildPix.Bottom+PixVertAbst5mm)
///Keine Größenüberwachung, es wird angeommen, dass das Bild auf die
///Seite passt.
                                                               then
```

```
    begin
//5mm oberen Rand einbauen.
    YPos := YPos + PixVertAbst5mm;
    YPos := BildPix.Bottom + LineHeight;
    BildEinfuegen (BildPix);
                              //Fortsetzung unterhalb des Bildes
    Printer.Canvas.TextOut(Druckrand.Left, YPos, LEdUnterschrift.Text);
  //5mm unteren Rand einbauen.
    YPos := YPos + PixVertAbst5mm ;
    YPos := YPos + LineHeight;
    end;
  end;

  procedure EvtlNeueSeite;
  begin
    if YPos > (Druckhoehe+Druckrand.Top) then       //!!!!!
        begin
        Printer.NewPage;
        YPos := Druckrand.Top;
        end
    else
       YPos := YPos+LineHeight;
  end;

begin
  if PrintDialog1.Execute then
    with Printer do
    try
      BeginDoc;
//Lazarus 1.2.6; FPC 2.6.4
//Programmtest ergibt, dass Zeicheneinstellung nach dem BeginDoc erfolgen
// muss, sonst ist sie wirkungslos. Grund nicht ersichtlich.
//getestet 20150121 WK
      Canvas.Font.Name := 'Courier New';
      Canvas.Font.Size := 10;   //Höhe 10 pt = 10/72 Inch (ca. 3,5 mm)
      Canvas.Font.Color := clBlack;
      LineHeight := Round(1.2 * Abs(Canvas.TextHeight('I'))); //in Pixeln
      YPos := Druckrand.Top; //Anfaengliche Schreibposition einstellen.

      BildPix  := RandInPix (Bildareal, unMM);
      EvtlBildDrucken;
      EvtlNeueSeite;
      for iLines := 1 to Memo1.Lines.Count do //Iteration über Memozeilen
        begin
          DruckTextNeu := '';
          DruckTextAlt := '';
          ThisLine := Memo1.Lines[iLines-1];
          BlankPos := Pos (' ',ThisLine);
          Nach := Copy(ThisLine, BlankPos+1, Length(ThisLine) - BlankPos);
          Vor := Copy (ThisLine, 1, BlankPos);

          ThisLine := Nach;
          DruckTextNeu := DruckTextNeu + Vor;

          while blankPos > 0 do //letztes Wort noch nicht gelesen
            begin
              LineCheck := Canvas.TextWidth (DruckTextNeu) <= Druckbreite;
              if not (LineCheck)  then begin //Weicher Umbruch
```

```
                    Canvas.TextOut(Druckrand.Left, YPos, DruckTextAlt);
                    //Alte Zeile drucken
                    EvtlBildDrucken;
                    EvtlNeueSeite;
                    DruckTextNeu := Vor;
                    DruckTextAlt := '';
                    end //then
                  else begin
                    DruckTextAlt := DruckTextNeu;
                    BlankPos := Pos (' ',ThisLine);
                    Nach := Copy (ThisLine, BlankPos+1,
                                        Length (ThisLine) - BlankPos);
                    Vor := Copy (ThisLine, 1, BlankPos);
                    ThisLine := Nach;
                    DruckTextNeu := DruckTextNeu + Vor;
                  end;//else
                end; //while
            DruckTextNeu := DruckTextNeu + Nach;
            Canvas.TextOut(Druckrand.Left, YPos, DruckTextNeu);
            EvtlBildDrucken;
            EvtlNeueSeite;
          end;
    finally
      EndDoc;
    end;
end;

procedure TFrmMainTextUndGrafik.BtnDruckerEinrichtenClick(Sender: TObject);
// var
//   MyPrinter: TPrinter;
 begin
//   MyPrinter := Printer;
    if PrinterSetupDialog1.Execute then
//     with MyPrinter do
      try
//
      finally
//
      end;
end;

procedure TFrmMainTextUndGrafik.BtnSeiteEinrichtenClick(Sender: TObject);
begin
  if PageSetupDialog1.Execute then
    try
      Druckrand:= RandInPix
                   (PageSetupDialog1.Margins, PageSetupDialog1.Units);
      Druckbreite :=
              Printer.PaperSize.Width - Druckrand.Left - Druckrand.Right;
      Druckhoehe :=
              Printer.PaperSize.Height - Druckrand.Top - Druckrand.Bottom;
    finally
//
    end;
end;

procedure TFrmMainTextUndGrafik.FormCreate(Sender: TObject);
begin
```

```
//Dateien festlegen
  Memo1.Lines.LoadFromFile ('Text.Txt');
  Image1.Picture.LoadFromFile ('Bild.JPG');
  LEdUnterschrift.Text := 'Das ist die Bildunterschrift';
//Bild übernehmen Positionen in mm/100
  Bildareal.Top := 12000;
  Bildareal.Left := 3000;
  Bildareal.Bottom := 22000;
  Bildareal.Right := 18000;
  BildPix := RandInPix (Bildareal ,unMM);
//Vereinfacht:
  Druckbreite := Printer.PaperSize.Width;
  Druckhoehe := Printer.PaperSize.Height;
end;

//PRIVATE Methoden
//
procedure TFrmMainTextUndGrafik.BildEinfuegen (DestRect: TRect);
var
  SourceRect: TRect;
begin
//Maße des Quellrechtecks in Pixeln festlegen.
  SourceRect.Top:= 0;
  SourceRect.Left := 0;
  SourceRect.Bottom := Image1.Picture.Jpeg.Height;
  SourceRect.Right := Image1.Picture.Jpeg.Width;
//Bild auf Drucker-Canvas kopieren. Bild wird ggf. verzerrt.
  Printer.Canvas.CopyRect (DestRect, Image1.Picture.Jpeg.Canvas,
                                                      SourceRect);
end;

//Rechteck von mm oder Zoll in Pixel umrechnen
function TFrmMainTextUndGrafik.RandInPix (Raender: TRect;
                                    Einheit: TMeasureUnits ): TRect;
var
  UFaktor : double;
begin
  case Einheit of
    unMM:
      begin
        UFaktor := Printer.XDPI/2540;
      end;
    unInch:
      begin
        UFaktor := Printer.XDPI/1000;
      end;
    else; //Fehler
  end;
  Result.Left:=Round (Raender.Left*UFaktor);
  Result.Right:=Round (Raender.Right*UFaktor);
  Result.Bottom:= Round (Raender.Bottom*UFaktor);
  Result.Top:= Round (Raender.Top*UFaktor);
end;
//Einzelwert in Y-Richtung von mm oder Zoll in Pixel umrechnen
function TFrmMainTextUndGrafik.WertYInPix (WertY: Integer;
                                    Einheit: TMeasureUnits ): Integer;
var
  UFaktor : double;
```

```
begin
  case Einheit of
    unMM:
      begin
        UFaktor := Printer.YDPI/2540;
      end;
    unInch:
      begin
        UFaktor := Printer.YDPI/1000;
      end;
    else; //Fehler
  end;
  Result:=Round (WertY*UFaktor);

end;


 end.
```

18.3.3.2. Code des Hauptprogramms ProTextUndGrafikDruck

```
program ProTextUndGrafikDruck;

{$mode objfpc}{$H+}

uses
  {$IFDEF UNIX}{$IFDEF UseCThreads}
  cthreads,
  {$ENDIF}{$ENDIF}
  Interfaces, // this includes the LCL widgetset
  Forms, UFrmMainTextUndGrafikDruck, printer4lazarus;

{$R *.res}

begin
  RequireDerivedFormResource := True;
  Application.Initialize;
  Application.CreateForm(TFrmMainTextUndGrafik, FrmMainTextUndGrafik);
  Application.Run;
end.
```

Literaturverzeichnis

LAZHOME: Lazarus and Free Pascal Team, LazarusThe professional Free Pascal RAD IDE , http://www.lazarus-ide.org/, abgerufen: 2016-06-01 / 19:46 MESZ

FPREFFCL: Michaël Van Canneyt, Free Component Library (FCL), Reference Guide , ftp://ftp.freepascal.org/pub/fpc/docs-pdf/fcl.pdf, abgerufen: 2016-06-02 / 18:52 MESZ

FPREFRTL: Michaël Van Canneyt, Free Pascal version 2.6.2: Reference guide for RTL units.Document version 2.6, February 2013 , ftp://ftp.freepascal.org/pub/fpc/docs-pdf/rtl.pdf, abgerufen: 2013-08-22, 06:09 MESZ

WIKDATTIM: Free Pascal Beitragende, Date/time routines , http://www.freepascal.org/docs-html/rtl/sysutils/datetimeroutines.html, abgerufen: 2016-01-06 / 20:08 MESZ

MASKEDTUT: N. N., Lazarus Free Pascal Tutorials, Mask Edit Tutorial , http://lazarustutorials.blogspot.de/2014/03/mask-edit-tutorial.html, abgerufen: 2016-06-01 / 20:05 MESZ

CLASUB: N. N. , SUBWYTRN, Clipart-Bild Subway , http://www.clipartseite.de/cliparts/transport/subwytrn, abgerufen: 2016-06-01 / 20.16 MESZ

CLASTEAM: N.N, STEAMLOC, Clipart-Bild Dampflok , http://www.clipartseite.de/cliparts/transport/steamloc, abgerufen: 2016-06-01 / 20.16 MESZ

HEAPTRC: Free Pascal Beitragende, HeapTrc Usage , http://www.freepascal.org/docs-html/rtl/heaptrc/usage.html, abgerufen: 2016-06-01 / 20:20 MESZ

FPREFGUIDE: Van Canneyt, Michael, Free Pascal Reference Guide , , abgerufen:

LAZSOURCE: Lazarus and Free Pascal Team, LazarusThe professional Free Pascal RAD IDE , , abgerufen: 2016-06-01/19:46 MESZ

FPREFRTLHYPOT: , Free Pascal Referenz, Funktion hypot , http://www.freepascal.org/docs-html/rtl/math/hypot.html, abgerufen:

LAZPLANET: N. N., LazPalnet, Blogseiten , http://lazplanet.blogspot.de/, abgerufen: 2016-06-02 / 18:50 MESZ

MSDOSLATIN1: Microsoft, Code Page 850 MS-DOS Latin 1 , http://msdn.microsoft.com/en-us/library/cc195064.aspx, abgerufen: 2016-06-01 / 19:58 MESZ

Stichwortverzeichnis

Abs 103

Anwendungslogik 403

Anwendungsthemen ....

    Berechnung der Dichte für verschiedene
    Materialien..78

    DeMorgansche Regeln................................91

    Ermittlung von Polynomwerten (ganzzahlig) 50

    Ermittlung von Polynomwerten (Gleitkomma)
   66

    Gleichungssystem lösen............................255

    Hornerschema.......................................62

    Mehrfachverzweigungen............................133

    Messwerttabelle...................................253

    Physikalische Ausgleichsvorgänge.................96

    Polynomwertermittlung.........................50, 66

    Rechentrainer................................134, 139

    rechtwinkliges Dreieck............................96

    Spannungsverlauf in einem RC-Glied...........96

    Trigonometrische Berechnungen....................96

    Verhältnisgleichung...............................79

    Verhältnisgleichungen.............................79

    Volumensberechnung für verschiedene Körper
   75

    Zinseszinsrechnung...............................143

    „Mitternachtsformel"..............................131

API 21, 369

Arccos 105

Arcsin 105

Arctan 105

Aufrufstack ....185, 202f.

Backus-Naur-Form 18, 25

Bedienoberfläche ..6, 10f., 15f., 29, 39, 41f., 46,
    71, 214, 221, 223, 225, 241, 250, 253f., 260f.,
    270, 272, 332, 347, 349, 355, 358, 362, 365,
    375, 390, 403, 411, 438, 451, 455, 459ff.

Benutzeroberfläche 16, 23, 41, 223, 227

Bereichsüberprüfung 280

Bezeichner ....

    Gültigkeitsbereich............................**199**

BNF 18, 25

Code-Browser 347

CodeExplorer 347

Copy 106

Cos 105

Cotan 105

currency 70

Dateiarten 165

Dateibehandlung 98

Datenfelder ....

    dynamisch...258

    eindimensional....................................258

    mehrdimensional...................................258

Datensatzposition 165

Datenstrukturen ....

    dynamische.......................................306

    Ringspeicher......................................321

Datumsangaben 108

Debugger 129

Dec 103

Delete 106

Dezimalseparator 70

DIN 66261 119

DiskFree 107

Editor ....

    Auf- und Zuklappen von Blöcken.................43

    individuelle Einstellungen.........................44

    syntaxsensitiver..................................123

Eingabeüberwachung 143

Ereignismethoden ....

    löschen...233

Exp 103

ExpandFileName 107, 113

ExtractFileExt 107

FCL ....99f.

FIFO 304

FileExists 107, 113

Finalisierungsteil 213
FloatToStr 141
Formulardatei 227
forward 198
Frac 103
Gleichungssystem 255, 261, 266ff., 273, 405
Grundsymbol 119
Gültigkeitsbereich von Bezeichnern 199
Haltepunkte ....
    bedingte..............................137
    einfache..............................136
heap 101
Heap ....101, 343f.
Heapüberwachung 308
Hi 103
Hilfefunktion 251
Hypot 105
IEU 20, 29, 38
Implementationsteil 211
Inc 103
Initialisierungsteil 213
Insert 106
Interfaceteil 210
Interpretation 19
Interpreter 19
IntToStr 141
Klassenmethode 345
Kommentare 48
Konsolanwendung 23
Konstruktor 344
Laufzeitbibliothek 99
LeftStr 106
Length 106
LIFO 303
Ln 104
Log10 104

lokalisieren 142
Mauskoordinaten 401, 418
Mean 106
Mehrfachverzweigungen 133
Menüpunkt Fenster 226
Nassi-Shneidcrman-Diagramme 119
Niklaus Wirth 20
Objektorientierte Programmierung 342
Odd 102
OOP 342
Operatoren ....
    Boolesche..............................89
    Logische...............................87
    Relationale...........................89
Ord 103
Parameterübergabe 182, 187, 190
Pascal 15ff., 27, 105
Pi 104
Polynom ....50, 66, 75, 401, 404f.
Pos 106
Power 104
Pred 102
private 347
Programmschablone 41
Projekteinstellungen 125
protected 347
public 347
published 347
Randg 106
Random 104
Randomize 104
Relationale Ausdrücke 93
RenameFile 107, 113
RightStr 107
Ringspeicher 304
Round 103
RTL ....99f.

Schichtung ....350, 354, 402f.

Schlüsselwort ...23, 56, 80, 144, 174, 184, 210f.

Schnittpunkt 401

Schnittpunktkoordinaten 401

Selbstdokumentation 58

semantisch ....18f.

SetHeapTraceOutput 309

Sin 105

Sqr 104

Sqrt 104

Steuerstrukturen 116

StrToFloat 141

StrToInt 141

Struktogramm 119

Struktogramme 119

Succ 103

Symbolische Konstante 56

syntaktisch 19, 48, 63, 74, 143

Syntaktisch 18

Syntaxdiagramm ....

    Bezeichner...26

    Buchstabe...27

    Ganzzahl..55

    Konstantenvereinbarung...........................57

    Pascal-Programm (vereinfacht)...................26

    Variablenvereinbarung..............................57

    Vereinbarungsteil...................................54

    Vorzeichenlose Ganzzahl..........................55

Syntaxdiagramme 18, 25f., 175

Syntaxhervorhebung 123

Tan 105

TButton 237

TCheckBox 239

TCheckGroup 239

TDateTime 108

TEdit 240

Teilbereichstypen 275, 281, 288

Textkonstante 27, 186

Textvervollständigung 124

TFloatSpinEdit   361, 372f., 375, 377, 382f., 385

TGroupBox 250

TLabeledEdit 241

TMemo 246

TPageSetupDialog 429

TPanel 249

TRadioGroup 240

transzendente ....

    Gleichung..417

    Mauskoordinaten......................................418

Traversieren 325

Trunc 103

Turm von Hanoi 376, 387

Unit 99

Verzeichnisbehandlung 98

Vorwärtsvereinbarung 392

Weltkoordinaten 403

Wertebereich ....

    zuässiger..63

Zeichnen ....

    Polynom.....................................50, 401, 405

Zeiger 305

Zeitangaben 108

Zeitdifferenz 98

Zeiten ....

    Addition...114

    Subtraktion...114

Zeitsumme 98

Zirkularreferenz 212

In der Reihe „Informatik ganz einfach" (Herausgeber Prof. Dr.-Ing. Wilfried Koch, früher Hochschule Ravensburg-Weingarten) sind bis-

Band 1   **C++Builder Rezeptbuch – Teil 1**, *ISBN 978-783839-03592-6 (Print)*
          Service-Seite: www.okomedien.de/service/cpp1

Band 4   **C++Builder Rezeptbuch – Teil 2**, *ISBN 978-783839-18678-7 (Print)*
          Service-Seite: www.okomedien.de/service/cpp2

In der selben Reihe sind geplant: für die nächste Zeit folgende Neuerscheinungen geplant:

Band 2   *Multimediaprogrammierung leicht gemacht – Teil 1 Video*
          ISBN 978-3-945899-05-2 (Print),

Band 5   *Multimediaprogrammierung leicht gemacht – Teil 2 Audio*
          ISBN 978-3-945899-06-9 (Print),

Band 6   *Professionelles Programmieren von Anfang an - Teil 2*
          ISBN 978-3-945899-04-5 (Print),

Vom selben Verfasser ist im Oberkochener Medienverlag erschienen:

Hausarbeiten leicht gemacht *ISBN 978-3-945899-02-1 (Print), ISBN 978-3-945899-03-8 (Ebook). Service-Seite: www.okomedien.de/service/hlg*

Zu diesem und den oben genannten Büchern sind die folgenden Datenträger erhältlich:

Programme zu **C++Builder Rezeptbuch – Teil 1**

Programme zu **C++Builder Rezeptbuch – Teil 2**

Programme zu **C++Builder Rezeptbuch – Teile 1 und 2** *ISBN 978-394589900-7*

Programme zu **Lazarus, Professionelles Programmieren von Anfang an - Teil 1**

Die genannten Bücher und Datenträger erhalten Sie im Fachhandel oder direkt im Internetshop des Oberkochener Medienverlags (www.okomedien.de).

Innerhalb Deutschlands erfolgt der Versand von Büchern kostenfrei!!

Preisänderungen vorbehalten. Die unten angegebenen Preise gelten zum Zeitpunkt der Veröffentlichung dieses Buchs.

Inhalt:

Der C++-Builder steht vielfach im Schatten ihres "großen Bruders" Visual C++ . Ein Grund dafür besteht sicher darin, dass es kaum Literatur gibt, die zum Arbeiten mit diesem sehr effektiven Entwicklungswerkzeug einlädt. Hier schließt das C++-Builder-Rezeptbuch eine Lücke. Pragmatisch und zielorientiert führt es denjenigen, der bereits Erfahrungen mit der Programmiersprache C++ gesammelt hat, direkt zum erfolgreichen Arbeiten mit dem C++-Builder.

Anhand typischer Beispiele lernt der Leser rasch, typische Anwendungen zu erstellen.

Typische Anwendungsbeispiele werden systematisch erarbeitet und übersichtlich präsentiert. Dabei wird auf typische Fallstricke deutlich hingewiesen.

Im vorliegenden Teil 1 liegt der inhaltliche Schwerpunkt auf der grafischen Bedienoberfläche und der Grafik. U. a. werden die folgenden Themen behandelt:

- Installation und wichtige Grundeinstellungen
- Anwendungen mit einem und mehreren Formularen
- Visuelle Komponenten zur Gestaltung von Bedienoberflächen
- Verbesserung der Wartbarkeit von Bedienoberflächen
- Dynamische Programmierung von Bedienoberflächen
- Implementation und Darstellung von Bäumen
- Umgang mit Textdateien
- Erstellung und Bearbeitung einfacher Grafiken

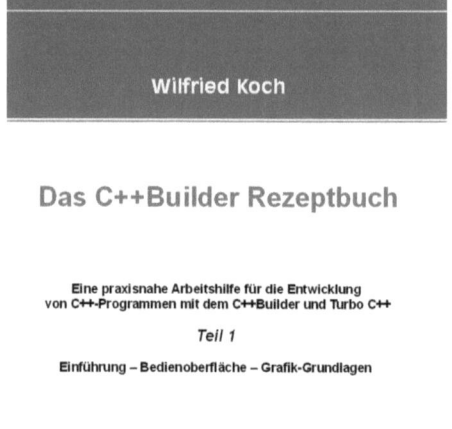

Wilfried Koch

Das C++Builder Rezeptbuch

Eine praxisnahe Arbeitshilfe für die Entwicklung
von C++-Programmen mit dem C++Builder und Turbo C++

Teil 1

Einführung – Bedienoberfläche – Grafik-Grundlagen

Reihe „Informatik ganz einfach"
Band 1

Zielgruppen:

Studierende der Informatik, Mathematik, Ingenieur- und Naturwissenschaften sowie Anwendungsprogrammierer mit Grundkenntnissen in C++, die die Möglichkeitendes C++ Builders intensiver kennenlernen möchten oder einen Umstieg auf dieses Entwicklungswerkzeug planen.

Erhältlich beim Oberkochener Medienverlag, booklooker.de oder unter amazon.de. Die Preisangaben gelten nur für Deutschland. **Der Versand durch den Verlag erfolgt innerhalb Deutschlands kostenfrei.**

www.okomedien.de; Oberkochener Medienverlag, Dopplerweg 3, 73447 Oberkochen

Buch (Druck)	14,90 €	ISBN
*164 Seiten, Paperback, Hochglanz, 17*22cm, 45 Abbildungen*		978-3-837-035926

Inhalt:

In diesem Band werden u. a. die folgenden Themen behandelt:
- Eingriffe in den Programmablauf
- Erstellung von Geschäftsgrafiken mit der Komponente TChart
- Einführung in die Programmierung relationaler Datenbanken
- Erstellung von Datenbank-Berichten mit Rave Reports
- Dynamische Link-Bibliotheken
- Ankopplung von Moduln aus anderen Programmiersprachen
- Verbindung zum Internet mit den INDY-Komponenten

Durch zahlreiche charakteristische Anwendungsbeispiele wird der Leser rasch in die Lage versetzt, individuelle Anwendungen mit dem C++Builder selbst zu erstellen. Selbstverständlich wird dabei auf typische Fallstricke deutlich hingewiesen.

Weitere Bände, die sich u. a. mit fortgeschrittenen Datenbanktechniken, Data Snap – Client/Server-Lösungen und der Nutzung in integrierter Softwareentwicklung befassen sind geplant. Weitere Informationen zum Buch finden Sie unter www.informatik-ganz-einfach.de

Zielgruppen:

Studierende der Informatik, Mathematik, Ingenieur- und Naturwissenschaften sowie Anwendungsprogrammierer mit Grundkenntnissen in C++, die die Möglichkeiten des C++ Builders intensiver kennenlernen möchten oder einen Umstieg auf dieses Entwicklungswerkzeug planen.

Erhältlich beim Oberkochener Medienverlag, booklooker.de oder unter amazon.de. Die Preisangaben gelten nur für Deutschland. **Der Versand durch den Verlag erfolgt innerhalb Deutschlands kostenfrei.**

www.okomedien.de; Oberkochener Medienverlag, Dopplerweg 3, 73447 Oberkochen

Buch (Druck)	18,90 €	ISBN
240 Seiten, Paperback, Hochglanz, 17*22cm, 85 Abbildungen		978-3-839-186787

Kennen Sie das folgende Problem?

Sie schreiben an einer wissenschaftlichen Arbeit. Der Inhalt „steht" weitgehend. Das betrifft den Text, Bilder und Grafiken, die Quellenangaben und alles was sonst noch dazu gehört. Zur Fertigstellung des Textes begeben Sie sich dann in die vermeintlichen Niederungen des handwerklichen – eigentlich sollte ja alles was jetzt noch aussteht reine Routinearbeit sein – und unvermittelt holt Sie die Realität ein:

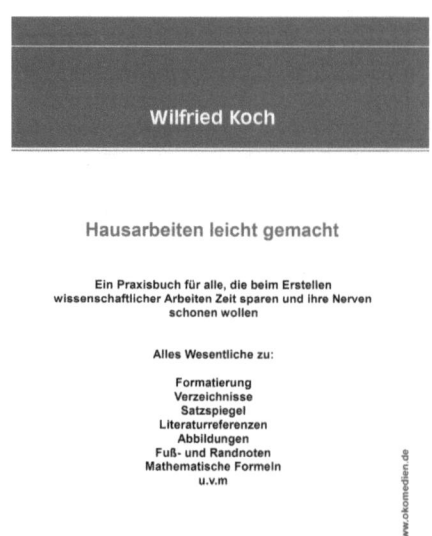

Wilfried Koch

Hausarbeiten leicht gemacht

Ein Praxisbuch für alle, die beim Erstellen wissenschaftlicher Arbeiten Zeit sparen und ihre Nerven schonen wollen

Alles Wesentliche zu:

Formatierung
Verzeichnisse
Satzspiegel
Literaturreferenzen
Abbildungen
Fuß- und Randnoten
Mathematische Formeln
u.v.m

www.okomedien.de

Bilder, denen Sie schon ihren Platz im Text zugewiesen haben, finden sich plötzlich mal hier und mal dort, Randnoten folgen dem Zufallsprinzip und spazieren unkontrolliert durch die Gegend, die Kapitelnummerierung entspricht überhaupt nicht mehr Ihren Vorstellungen, mühsam erstellte Quellreferenzen verschwinden auf Nimmerwiedersehen. Bei all diesem Durcheinander steigt Ihre Nervenanspannung aufs äußerste, denn der Abgabetermin – die einzige Konstante in einem offenbar sehr fragilen System – rückt erbarmungslos und unaufhaltsam näher...

Dabei wäre mit dem richtigen Einstieg alles ganz einfach gewesen.... Diesen Stress können Sie vermeiden, wenn Sie beim Erstellen Ihrer Dokumente ein paar einfache Regeln beachten.

Dieses Buch zeigt Ihnen – gestützt auf Beispiele in OpenOffice/LibreOffice, die leicht auch auf MS Word übertragen werden können – in Kürze, worauf Sie bei der Erstellung wissenschaftlicher Arbeiten auf dem Computer achten müssen, damit Sie die technische Seite der Dokumentenerstellung nicht mehr belastet als die fachliche.

Zielgruppen:

Alle – von SchülerInnen bis zu WissenschaftlerInnen – die beim Erstellen wissenschaftlicher Arbeiten Zeit sparen und ihre Nerven schonen möchten.

Buch (Druck) *72 Seiten, Paperback, Hochglanz, 17*22cm, 43 Abbildungen*	*5,99 €*	ISBN 978-3-945899-02-1
Ebook	*4,99 €*	ISBN 978-3-945899-03-8

Erhältlich im Buchhandel oder beim Verlag. Die Preisangaben gelten nur für Deutschland. **Der Versand durch den Verlag erfolgt innerhalb Deutschlands kostenfrei.**
www.okomedien.de; Oberkochener Medienverlag, Dopplerweg 3, 73447 Oberkochen